함수형 자바스크립트 프로그래밍

함수형 자바스크립트 프로그래밍

초판 1쇄 발행 2017년 11월 24일 **3쇄 발행** 2024년 10월 8일 **지은이** 유인동 **펴낸이** 한기성 **펴낸곳** (주)도서출판인사이트 **편집** 조은별 **본문 디자인** 윤영준 **제작·관리** 이유현 **용지** 유피에스 **인쇄·제본** 천광인쇄사 **후가공** 에이스코팅 **등록번호** 제2002-000049호 **등록일자** 2002년 2월 19일 **주소** 서울시 마포구 연남로5길 19-5 **전화** 02-322-5143 **팩스** 02-3143-5579 **이메일** insight@insightbook.co.kr **ISBN** 978-89-6626-212-0 책값은 뒤표지에 있습니다. 잘못 만들어진 책은 바꾸어 드립니다. 이 책의 정오표는 https://blog.insightbook.co.kr에서 확인하실 수 있습니다.

프로그래밍 인사이트

함수형 자바스크립트 프로그래밍

유인동 지음

인사이트

차례

1장 함수형 자바스크립트 소개   1

2장 함수형 자바스크립트를 위한 문법 다시 보기   51

3장　Underscore.js를 직접 만들며 함수형 자바스크립트의 뼈대 익히기　105

5장 Partial.js와 함수 조립

6장　값에 대해

7장　실전에서 함수형 자바스크립트 더 많이 사용하기　303

추천사

이 책으로는 '함수'를 통해 자바스크립트의 특징과 깊이를 배울 수 있다.

자바스크립트를 활용한 웹 개발은 클라이언트와 백엔드 분야에 걸쳐 점점 더 많은 것을 할 수 있고 계속 발전 중이다. 자바스크립트가 제멋대로인 언어라고 생각하는 사람들이 아직도 있지만, 사실 자바스크립트는 웹이 빠르게 발전하는 상황에서도 잘 견뎌내며 같이 성장 중이다. 그 이유 중 하나는 자바스크립트 언어의 유연함에 있다. 실제로 자바스크립트는 객체지향적인 프로그래밍도 가능하고, 함수형 프로그래밍도 가능하다. 자바스크립트에서는 객체지향적인 구현 방법도 여러 가지 방법으로 표현할 수 있는데 최근에는 아예 'class' 키워드를 통해 모듈화할 수 있다. 그런데 ECMAScript에 추가된 'class' 키워드도 결국 함수다. 자바스크립트 함수를 'new' 키워드로 호출하면 'class' 키워드를 사용한 것과 비슷하게 동작하게 된다. 사실 자바스크립트 클래스 개념이 따로 존재한다고 보기는 어렵다. 오히려 함수를 어떻게 호출하고 활용하는가에 의해서 그 함수의 역할이 달라진다고 봐야 한다.

자바스크립트의 함수는 꽤 복잡하고 다양한 모습으로 구현할 수 있다. 그래서 자바스크립트 함수를 잘 다룬다는 건, 자바스크립트를 잘 안다고도 말할 수 있다. 그만큼 자바스크립트에서 제일 중요한 개념은 함수이며, 이를 충분히 이해하고 활용하는 것이 더 효율적이고 좀 더 간결한 코드를 구현할 수 있는 방법이다. 이 책은 자바스크립트에 대한 중요한 개념을 설명하고 있는데, 그 중심에는 함수가 있다. 우리는 이 책을 통해 함수를 중심으로 한 다양한 자바스크립트의 구현 패턴을 배울 수 있다.

최근 사용자의 기기는 점점 다양해지고 더 뛰어난 성능을 제공하며 네트워크 속도는 그 한계점에 다다를 정도로 빠르다. 따라서 브라우저에서도 복잡한 비동기 상황을 처리하고 더 많은 데이터를 빈번하게 처리하는 데 그다지 어려움이 없다. 우리는 이런 환경에서 인터랙티브한 웹 UI를 마음껏 구현하며 향상된 UX를 제공할 수 있다. 다만 풍부한 기능은 그만큼 자바스크립트 코드가 늘어남을 의미하고 복잡한 코드로 이어짐을 의미한다. 결국 유지보수가 더 어렵게 될 수 있다. 자바스크립트 함수의 적절한 활용은 이 부분의 문제를 분명히 개선시켜 줄 수 있다. 콜백을 잘 설계해서 범용성을 높일 수도 있고, 파이프라인으로 연결된 메서드를 호출하면서 복잡한 조건 상황을 보다 가독성 있는 코드를 만들 수 있다. 함수형 프로그래밍을 통해 좀더 쉽고 이해하기 좋은 코드를 만드는 것은 충분히 가능하다.

웹 프론트엔드에서는 과거보다 더 많은 데이터를 다루게 됐다. React, Vue, Angular와 같은 프레임워크들은 데이터를 어떻게 다루는 것이 좋을지에 대해 심각하게 고민하며 그 방법을 제시하고 있다.

실제로 과거에 DOM과 Template 조작을 주로 하던 개발 업무가 이제는 데이터를 변경하는 작업으로 조금씩 옮겨 가고 있다. 데이터 조작을 백엔드에서만 다루는 것이 아니라 프론트엔드에서도 자주 하고 있다. 실제로 이미 많은 웹사이트에서 데이터를 추가하고, 변경하고, 조회하는 등의 상태 관리를 프론트엔드 쪽에서 하고 있다.

당연하지만 그 데이터 조작은 자바스크립트의 오브젝트와 배열을 통해 가능하다. 이 작업은 배열과 오브젝트에서 제공하는 다양한 함수형 프로그래밍 방법들로 이루어진다. 이 책에서 소개된 여러가지 라이브러리를 통한 방법뿐 아니라 ECMAScript의 배열과 오브젝트 API에서도 유용한 메서드들이 계속 추가되고 있다. 함수형 프로그래밍을 통해 성능을 보장하며 더 가독성 좋은 코드를 만드는 데 이 책이 도움을 줄 것이다.

마지막으로 이 책은 Underscore, lodash 그리고 저자가 개발한 Partial.js를 통해 많은 예제를 다룸으로써 함수형 프로그래밍 방법을 깨닫게 한다. 그러면서 프론트엔드와 백엔드에 걸쳐 자바스크립트의 특징을 깊이 있게 설명하고 있다. 라이브러리에 대한 단순한 사용법에 그치는 것이 아니고, 함수형 프로그래밍으로 어떤 상황을 쉽게 해결할 수 있는지, 나아가 어떻게 프로그래밍 API 디자인을 하는 것이 좋은지도 알게 된다. 이런 점에서 라이브러리를 만들고 오픈 소스를 개발하는 데도 책이 상당한 도움을 줄 것으로 기대한다.

이 책을 통해 많은 자바스크립트 개발자가 새로운 방법을 알게 되고, 더 윤택한 삶을 살게 되길 바란다.

— 코드스쿼드, 윤지수

추천사

처음 접하는 사람에게 함수형 프로그래밍을 설명하는 건 쉬운 일이 아니다. 기본적인 개념을 전달하는 데 초점을 두면 설명이 불충분해지고, 많은 내용을 담으면 이해할 수 없는 설명이 되기 때문이다. 그래서 친절함과 전문성 사이에서 골디락스의 균형을 찾는 것은 책을 쓰는 모든 저자가 마주하는 어려운 퍼즐이다. 유인동 저자는 그 어려운 일을 해냈다. 함수형 패러다임을 익히기 위해서 알아야 하는 개념을 빠짐없이 담아내면서 동시에 실용적이고 깊이 있는 코드까지 포함시킨 것이다. 심지어 자바스크립트 언어를 사용해서.

2000년대 초반 이후로 자바스크립트를 사용하지 않은 나는 책을 읽으면서 수시로 놀랐다. 함수형 스타일의 코딩을 허락하는 자바스크립트의 문법적 유연성에 놀랐고, 자바스크립트의 속살에 대한 유인동 저자의 깊고 풍부한 인식에 놀랐다. 시중에 유통되는 책의 다수가 저자의 경험과 고민을 담지 못하고 최신 트렌드의 껍데기를 나열하는 데 급급한 것은 유감이다. 그에 비해서 이 책은 읽는 동안 수시로 저자의 인식과 통찰을 만날 수 있다는 점에서 특별하다. 함수형 프로그래밍에 관심이 있는 자바스크립트 개발자라면 반드시 읽어야 하는 필독서고, 다른 언어를 사용하는 개발자라도 인식의 지평을 넓히는 차원에서 읽으면 좋은 교양서다.

앞에서 '함수형 코딩'이라고 말하는 대신 '함수형 스타일의 코딩'이라고 말한 데에는 이유가 있다. 함수형 패러다임에 담긴 수많은 개념을 하나로 압축해야 한다면 나는 그것을 주로 불변(immutability)이라고 이야기한다. 책의 6장에서 순수 함수와 불변이 훌륭하게 설명되고 있는데 자바스크립트에서 불변이라는 속성은 언어가 강제하는 법칙이 아니라 개발자 자신이 선택할 수 있는 취향이다. 불변이 취향이면 함수형 프로그래밍도 취향, 즉 스타일의 문제가 된다. 그런 면에서 자바스크립트는 함수형 언어가 아니라 함수형 스타일을 허락하는 비함수형 언어다. 이 차이를 강조하는 이유는 독자들이 자바스크립트를 함수형 언어로 잘못 이해하지 않았으면 하는 노파심이 있기 때문이다.

책의 내용이 자바스크립트를 이용해서 함수형 패러다임을 설명하는 것에서 끝났으면 별 다섯 만점에 네 개를 주었을지도 모르겠다. 그런데 책이 후반부로 접어들면 자바스크립트 언어를 사용하는 함수형 프로그래밍의 완성도를 높이기 위해서 저자가 직접 만든 라이브러리인 Partial.js가 등장한다. 자신이 직접 만든 라이브러리를 이용해서 함수의 조합(composition)이나 연속(continuation) 같은 개념을 멋지게 설명한다. 이 도저한 집요함과 개발자스러움에 매료되어 나는 별 다섯 만점에 다섯 개를 다 주지 않을 수 없다.

　이 책의 등장과 더불어 자바 못지않게 사용자 수가 많은 자바스크립트 개발자들도 함수형 패러다임이라는 특급열차에 올라탈 수 있는 티켓을 손에 넣게 되었다. 이로써 유인동 저자는 자바스크립트 커뮤니티와 함수형 프로그래밍 커뮤니티 양쪽에서 주목을 받는 개발자, 저자, 리더로 자리를 잡게 되었다. 이 책이 많은 독자에게 읽히고 사랑 받아서 앞으로 저자가 더 많은 활동을 하는 데 계기가 되었으면 하는 바람이다.

— 2017년 7월 15일 뉴저지에서 임백준

지은이의 글

스멀스멀 다가오는 함수형 프로그래밍

자바스크립트는 하루가 다르게 발전하고 있고, 새로운 방향성이 계속해서 제시되고 있으며 수많은 신기술이 나오고 있다. 재밌는 것은 이 새로움 안에 '함수형 (functional)'이 자주 함께 등장하고 있다는 점이다.

함수형 프로그래밍은 곳곳에 스며들고 있다. 페이스북은 React, Redux 등을 만들 때 Elm과 같은 함수형 프로그래밍의 영향을 많이 받았다고 얘기했고, immutable.js와 같은 불변 객체 라이브러리도 만들었다. RxJS는 자신의 기술을 함수형 프로그래밍이라고 설명한다. 좀 더 확대해서 보아도 많은 언어와 플랫폼들이 함수형 패러다임의 영향을 받고 있다. 함수형 프로그래밍 패러다임은 소문과는 다르게 매우 실용적으로 우리에게 다가오고 있다.

함수형 프로그래밍은 매우 실용적이다

함수형 프로그래밍의 함수는 범용적이다. 객체지향 프로그래밍에서는 객체가 기준이라면 함수형 프로그래밍에서는 함수가 기준이다. 객체가 기준이라는 말은 데이터 형이 기준이 된다는 의미이고, 함수가 기준이라는 말은 로직이 기준이 된다는 의미다. 객체지향 프로그래밍이 데이터 형을 설계한 후 데이터 형에 맞는 메서드를 붙여 가는 식이라면, 함수형 프로그래밍은 함수로 로직을 설계한 후 로직에 맞는 데이터를 인자로 사용한다.

함수형 프로그래밍은 각기 다르게 생긴 데이터 형을 더 많이 지원하기 위해 함수 내부를 함수로 추상화한다. 덕분에 함수 하나가 처리할 수 있는 데이터 형은 끝이 없다. 함수형 프로그래밍에서는 데이터가 user인지 post인지 posts인지 comments인지는 별로 중요하지 않으며, 모두 처리할 수 있는 아주 높은 다형성 (polymorphism)을 가진 하나의 함수를 만드는 방식으로 프로그래밍을 한다.

함수형 프로그래밍은 코드가 짧다. 메서드가 계층 구조의 상속이나 인스턴스 생성으로 기능을 공유해야 한다면, 함수는 혼자 존재하기에 아무렇게나 조합하면 된다. 데이터 형에서 자유롭고 조합이 자유로워 재사용성과 조합성이 매우 높다. 함수형 프로그래밍으로 작성된 코드를 보면 데이터의 생김새가 잘 보이지 않는다. 추상화의 정도가 높아 데이터 형이 코드에 잘 등장하지 않고 변수 명이나 데이터의 구조가 표현되는 일이 적다. 대입문도 적어진다. 이런 점들 때문에 코드가 매우 짧아진다.

함수형 프로그래밍은 읽기 쉽다. 일단 분기가 적고 for i j while 같은 구조가 잘 등장하지 않아서 코드의 모양이 단순하다. 다양한 형을 지원함에도 보조 함수의 조합을 통해 분기를 대신하기에 if문도 적다. 위에서 아래로, 왼쪽에서 오른쪽으로 읽히는 코드는 읽기 쉽다. 분기 없이 앞으로만 가는 코드는 오류가 발생할 확률도 적고 고치기도 쉽다.

함수형 프로그래밍은 생명주기가 단순하다. 선언과 실행이라는 단순한 생명주기를 갖기 때문에 언제든지 어디서든지 사용하기 쉽다. 함수는 언제 선언되었는가, 어느 스코프에서 선언되었는가, 언제 실행되었는가, 언제 실행될 것인가만 중요하다. 또한 대부분의 함수들은 만든 이가 담은 설계, 철학과 같은 추가적인 개념들이 적어서, 빨리 이해할 수 있고 쉽게 사용할 수 있다. 누가 만든 함수이든 인자와 결과만으로 가볍게 소통할 수 있다.

이 책에 대하여

개인적으로 최근 몇 년 동안 함수적 기법들을 실무에 적용하고자 많은 시도를 했다. 결과적으로 현재 마플 서비스(*http://www.marpple.com*) 코드 중 아주 많은 영역이 함수적 기법으로 채워져 있다. 이 과정에서 몇 개의 함수형 자바스크립트 라이브러리들을 사용하기도 하고 만들기도 했는데, 생각 이상으로 정말 실용적이었다. 이 책을 통해 이런 함수적 기법들이 얼마나 실용적인지 대해 이야기하고자 한다.

최근 들어 함수형 프로그래밍은 빠르게 발전하고 있으며 실전에서의 의미를 찾아가는 과정에 있다. 임백준 님은 칼럼 「리액티브 개발 패러다임에 담긴 메시지」 (*http://www.zdnet.co.kr/column/column_view.asp?artice_id=20161010104628*)를 통해 함수형 패러다임 등의 용어들이 '최종적인 의미를 획득하기 위한 여정을 끝마치지 않은 상태'라고 했고, 저서『폴리글랏 프로그래밍』(한빛미디어, 2014)에서 함수형 프로그래밍에 대해 '오래된 뿌리를 가지고 있는 오래된 미래'라고 했다. 마이클 포거스(Michael Fogus)는 저서『클로저 프로그래밍의 즐거움(2판)』(비제이퍼블릭, 2016)에서 함수형 프로그래밍의 정의에 대해 '우리도 정답을 모른다. 함수형 프로그래밍은 명확한 정의가 없는 컴퓨팅 용어 중 하나'라고 했고, '컴퓨터 과학 전문가의 정의들끼리도 종종 서로 모순되기도 한다'고 했다. 또한 '어떤 언어를 선호하는지에 따라 달라지게 마련'이라고 하면서, 자신이 클로저(Clojure)와 클로저스크립트(ClojureScript)의 핵심적인 기여자임에도 불구하고 '어떤 사람이, 어떤 책이, 또는 어떤 언어가 함수형 프로그래밍에 대한 권위를 주장할 수 있겠는가?'라고 했다. (그는 『함수형 자바스크립트』(한빛미디어, 2014)라는 책을 집필하기도 했다.)

마이클 포거스는 『클로저 프로그래밍의 즐거움(2판)』에서 함수형 프로그래밍의 실제적인 정의로 '함수형 프로그래밍은 애플리케이션, 함수의 구성 요소, 더 나아가 언어 자체를 함수처럼 여기도록 만들고, 이러한 함수 개념을 가장 우선순위에 놓는다. 함수는 (값으로 다룰 수 있어서) 다른 데이터들과 마찬가지로 저장이 가능하고, 전달하거나, 리턴 받을 수도 있다. 이것이 함수형 프로그래밍의 가장 중요한 개념이다'라고 했다. 그러면서 '함수형 사고방식은 문제의 해결 방법을 동사(함수)들의 구성으로 접근한다'고 했다. 이처럼 '함수를 가장 우선순위에 놓는 것', '함수를 값으로 다루는 것', '문제를 동사(함수)들의 구성으로 해결하는 것'은 자바스크립트에서도 충분히 가능하다.

자바스크립트 진영에서도 함수를 우선으로 두고 프로그래밍하는 사례들이 계속해서 생기고 있다. 함수형 자바스크립트에 대한 새로운 시도와 해석, 그리고 다양한 라이브러리와 프레임워크들이 나오고 있다. Underscore.js, Bacon.js, Elm, Promise, Redux, immutable.js, RxJS, Cycle.js 등을 포함한 많은 함수형 자바스크립트 관련 코드들은 앞서 말한 탐구가 꽤 오래전부터 진행되어 왔고 현재 진행형임을 보여 준다.

기존에 구현된 코드들을 따라가 보면 이미 진행된 탐구에 대해 많은 것들을 배울 수 있다. 이 책에서는 이런 사례들을 소개하고, 새로운 사례들을 공유할 것이다. 이 책은 언어의 문법이나 사용처를 소개하는 책이 아니며, 어떤 라이브러리나 프레임워크의 튜토리얼도 아니다. 그렇다고 방법론이나 큰 그림만을 다루는 책도 아니다. 이 책의 특징은 다음과 같다.

- 자바스크립트를 함수형으로 다루는 데 있어서 필요한 문법들에 대해 집중적으로 다룬다.
- Underscore.js를 직접 구현해 보면서 제작자의 생각을 따라가 본다.
- Underscore.js, Promise, Partial.js 등의 사용법과 사용처를 실무적인 예제로 다룬다.
- 스펙이나 튜토리얼을 다루기보다는 새로운 스타일과 콘셉트를 던지는 책이다.
- 최대한 실무적인 상황과 예제를 많이 담았다.

이 책은 필자가 현재까지 탐구해 온 것들을 나누면서 질문하는 책이다. 『함수형 자바스크립트 프로그래밍』이 독자들에게 영감이 되어 더 재밌고 더 실용적이고 더 새로운 '함수형 자바스크립트'로 발전하고 그 의미를 찾는 데 보탬이 되었으면 한다. 그리고 독자의 코딩 생활에 즐거움을 더할 수 있다면 좋겠다.

이 책의 구성

1. 함수형 자바스크립트 소개

절차지향적으로 작성된 코드를 함수형으로 리팩터링하면서 함수형 자바스크립트의 실용성을 확인한다. 실무에서 사용할 만한 데이터와 코드에서 map, filter, find 등 고차 함수의 로직을 발견한다. 클로저에 대해서는 함수형 자바스크립트적인 관점으로 다시 접근하여 설명한다.

2. 함수형 자바스크립트를 위한 문법 다시 보기

함수 하나가 정의되고 실행되고 참조되는 과정, 인자를 받거나 넘기는 과정, 클로저가 되거나 비동기가 일어나는 과정, 괄호, 대괄호, 점, 쉼표 등이 의미하는 바와 동작을 정확히 확인해 가며 문법적 감각을 키운다. 단순히 문법을 익히기 위함이 아닌 추상화의 도구들을 찾고자 다양한 관점과 예제로 언어의 기능을 설명한다.

3. Underscore.js를 직접 만들며 함수형 자바스크립트의 뼈대 익히기

함수형 자바스크립트의 뼈대를 제시한 Underscore.js에 대해 소개하고 Lodash 등과 비교한다. Underscore.js의 주요 함수들을 사용해 보고 _.each, _.map, _.filter, _.reject, _.find, _.findIndex, _.some, _.every, _.reduce, _.values, _.keys, _.rest를 구현해 보면서 그 속에 담긴 콘셉트와 함수형 자바스크립트의 매력을 찾아본다.

4. 함수 조립하기

작은 함수들을 조합해 큰 함수를 만드는 방법들을 다룬다. 다양한 고차 함수와 보조 함수를 조합하는 노하우를 소개하고 부분 적용, 체인, 파이프라인 등으로 함수를 조립해 본다.

5. Partial.js와 함수 조립

Partial.js는 함수형 자바스크립트를 더 많은 영역에서 확대하여 사용하기 위해 몇 가지 기능을 확장한 함수형 자바스크립트 라이브러리다. Partial.js가 제공하는 부분 적용, 파이프라인, 불변 객체, 템플릿 엔진, 비동기 제어, 지연 평가 등을 확인해 보고, 함수 조합과 컬렉션 중심 프로그래밍에 대한 더 많은 아이디어들을 확인해 본다.

6. 값에 대해

순수 함수, 불변성에 대해 다루고 immutable.js 등의 커스텀 객체와 기본 객체를 비교한다. 중첩 구조의 데이터를 다루는 새로운 해법과 값을 정확히 다루는 법에 대해 알아 본다.

7. 실전에서 함수형 자바스크립트를 더 많이 사용하기

실전에서 만날 만한 상황과 문제들을 함수형 자바스크립트 기법으로 해결해 본다. _.reduce 등의 고차 함수를 이용해 Ajax 통신을 위한 form data를 만들어 보고, _.map과 다양한 함수 조합을 통해 SQL의 insert 문을 생성하는 함수 등을 만들어 본다. 그룹 채팅 초대, 커머스 서비스의 장바구니, 비동기 프로그래밍 등의 코드 조각을 통해 함수형 자바스크립트가 실무에서 어떻게 사용되는지 확인해 본다.

8. 함수형으로 만드는 할 일 앱

TodoMVC 사이트의 할 일 앱을 함수형 자바스크립트로 만들어 보면서 View를 다루는 고차 함수 기법들을 확인한다.

9. 메모이제이션

동일한 계산의 반복을 줄여 성능을 높이는 기법인 메모이제이션(memoization)에 대해 알아본다. 메모이제이션 함수를 구현해 보고 실무적으로 사용된 사례를 확인한다.

대상 독자

이 책은 프로그래밍 경험이 어느 정도 있는 독자를 대상으로 한다. 함수형 프로그래밍에 대해서는 전혀 몰라도 괜찮지만, 자바스크립트 혹은 다른 프로그래밍 언어를 이미 다루어 본 개발자를 대상으로 작성했다. 실무 경험이 있는 개발자라면 더욱 좋다.

자바스크립트에 대해서는 함수형 프로그래밍과 관련이 있는 문법과 기능을 주로 다룬다. 그중 특히 함수의 응용을 매우 깊이 다룬다. 이 책은 패러다임에 대해서 다루지만 실용적인 접근을 항상 함께 한다. 독자가 실무에 바로 적용할 수 있는 코드와 기법들을 담았다.

예제 코드

이 책의 모든 예제는 *https://github.com/indongyoo/functional-javascript*에서 확인할 수 있다. 코드를 직접 작성하면서 읽는 것이 가장 좋지만 예제 코드를 다운로드해 조금씩 변경하면서 보는 것도 좋다. 에러가 발생하는 코드는 없을 것을 약속한다. 꼭 코드를 작성해 보길 권한다. 각 절에 해당하는 HTML 파일을 크롬에서 실행하여 확인하면 된다.

또한 이 책의 GitHub 이슈 탭이나 필자 이메일(*indong.yoo@gmail.com*)로 질문을 해도 좋다. 최대한 모든 질문에 답변을 하도록 하겠다.

예제 코드의 컨벤션에 대해 이야기해야 할 것 같다. 이 책 대부분의 예제에서는 스네이크 표기법을 사용하고 있다. 자바스크립트는 기본적으로 카멜 표기법 중심으로 되어 있고 필자도 언어의 컨벤션을 깨지 않는 것을 선호했었다. 그런데 함수형 자바스크립트를 하면서 데이터베이스의 테이블 명이나 필드 명을 자바스크립트에서 동적으로 접근할 일이 많아지고, 이것이 HTML의 attributes 등에도 사용되다 보니 하이픈 표기, 스네이크 표기, 카멜 표기, 파스칼 표기가 혼용되는 것은 더욱 유연한 자바스크립트 사용에 제약이 되기도 했다. 사람들이 좋아하지 않는 걸 알지만 필자의 경우 스네이크 표기로 통일하여 사용하고 있다. 스네이크 표기법을 강요하는 것은 절대 아니니 오해가 없길 바란다. 여러분과 여러분의 개발팀에서 원하는 컨벤션을 따르면 된다. 책에서 소개되는 Partial.js의 경우 카멜 표기법으로도 함수 이름을 지원하고 있다.

동영상 강의

인프런에 책과 함께 보면 좋을 동영상 강의가 등록되어 있다. 강의 제목은 '자바스크립트로 알아보는 함수형 프로그래밍'이다. *https://www.inflearn.com/course/함수형-프로그래밍/*에서 무료로 수강할 수 있으니 참고하자.

1장

Functional JavaScript

함수형 자바스크립트 소개

모든 프로그래밍 패러다임은 성공적인 프로그래밍을 위해 존재한다. 성공적인 프로그래밍은 좋은 프로그램을 만드는 일이다. 좋은 프로그램의 척도에는 사용성, 성능, 확장성, 기획 변경에 대한 대응력 등이 있으며, 이것들을 효율적이고 생산적으로 이루는 일이 성공적인 프로그래밍이다.

함수형 프로그래밍은 성공적인 프로그래밍을 위해 부수 효과를 최대한 멀리하고 조합성을 강조하는 프로그래밍 패러다임이다. 함수형 프로그래밍이 부수 효과를 최대한 멀리하는 이유는 다음 두 가지를 위해서다. 하나는 오류를 줄이기 위해서고, 또 하나는 조합성 혹은 모듈화 수준을 높이기 위해서다. 오류가 없는 것은 좋은 프로그램의 가장 중요한 척도이고, 높은 모듈화 수준은 성공적인 프로그래밍의 핵심 요소다. 높은 모듈화 수준은 생산성을 높이고, 오류 없는 함수들의 조합은 프로그램 전체의 안정성을 높여 준다.

1장에서는 평소 많이 사용할 만한 코드들을 함수형으로 고쳐 가면서, 함수형 자바스크립트의 실용성과 콘셉트를 알아볼 것이다. 재밌고 새로운 함수형 자바스크립트 기법들을 지금 바로 확인해 보자.

1.1 함수형 프로그래밍 그거 먹는 건가요?

1.1.1 함수형 자바스크립트를 검색하면 나오는 예제

커링, 부분 적용 등 함수형 자바스크립트 관련 예제들을 처음 보았을 때, 개인적으로는 실용성에 대한 의문이 제일 먼저 들었었다. 대표적인 함수형 자바스크립트 라이브러리인 Underscore.js의 `each`, `map`, `filter`, `reduce` 등을 보았을 때에도 사용법은 이해했지만 무엇이 특별한지는 잘 느끼지 못했고, 그냥 for문을 대체하는 건가 싶기도 했다.

"어떻게 돌아가는지는 알겠는데, 왜 이걸 쓰는 거지?"

함수형 자바스크립트에 관심을 가져 본 적이 있다면 아마 코드 1-1과 같은 예제들을 봤을 것이다. 커링 혹은 부분 적용과 관련된 코드들이다. 함수를 리턴한다거나 괄호가 많은 코드들을 처음 보면 난해하고 생소하게 느껴진다. 개인적으로는 addMaker 같은 함수를 처음 봤을 때, 실용성이 떨어질 거라고 생각했다. 그러나 지금은 addMaker처럼 함수로 함수를 리턴하는 기법을 정말 많이 사용하고 있다.

코드 1-1 addMaker

```
function addMaker(a) {
  return function(b) {
    return a + b;
  }
}
addMaker(10)(5); // 15

/*
* addMaker(10)의 결과는 function(b) { return 10 + b; }와 같고 함수다.
* (function(b) { return 10 + b; })(5)와 같으므로 15가 된다.
* */
```

addMaker는 함수를 값으로 다루는 함수다. addMaker에서는 단 하나의 값이 선언되며 그 값은 함수다. 그리고 그 값은 즉시 리턴된다. addMaker(10)의 결과가 함수이므로 addMaker(10)(5)처럼 바로 실행할 수 있다. 두 개의 함수가 한 번씩 실행되었고, 실행 결과는 15다. 괄호가 두 번 열린 것이 익숙하지 않더라도 자세히 들여다보자. addMaker 함수에 인자 10을 넘겨주며 실행했다. 바로 함수가 리턴되었고, 리턴된 함수를 인자 5와 함께 바로 실행했다.

코드 1-2 addMaker로 만든 함수

```
var add5 = addMaker(5);
add5(3); // 8
add5(4); // 9
```

이번엔 addMaker(5)를 실행하여 add5라고 이름을 지어주었다. 그러고는 3도 더하고 4도 더해 결과를 얻었다. 이 예제들은 간단하지만 값으로서의 함수, 클로저, 스코프 등의 많은 이야기를 담고 있다.

코드 1-3 값으로서의 함수

```
var v1 = 100;
var v2 = function() {};
function f1() { return 100; }
function f2() { return function() {}; }
```

v1은 변수에 100을, v2는 변수에 함수를 담고 있다. f1 함수는 100을 리턴하며, f2 함수는 함수를 리턴한다. v2와 f2처럼 함수는 값으로 다뤄질 수 있다.

1.1.2 값으로써의 함수와 클로저

다시 addMaker로 돌아와 예제에 담겨 있는 몇 가지 이야기를 살펴 보자. 앞서 다룬 코드의 전체 모습이다.

코드 1-4 addMaker 다시보기

```
function addMaker(a) {
  return function(b) {
    return a + b;
  }
}
addMaker(10)(5); // 15

var add5 = addMaker(5);
add5(3); // 8
add5(4); // 9

var add3 = addMaker(3);
add3(3); // 6
add3(4); // 7
```

함수는 값을 리턴할 수 있고 함수는 값이 될 수 있다. addMaker는 내부에서 함수를 정의하고 리턴했다. addMaker가 리턴한 익명 함수는 클로저가 되었다. 리턴된 익명 함수 내부에서 a가 정의된 적은 없지만 a를 참조하고 있고 a는 부모 스코프에 있다. 클로저가 무엇인지 정확히 설명하려면 많은 예제와 설명이 필요하다. 지금 당장은 클로저에 대해 모르더라도 넘어가자. 예제에서 a가 한 번은 5이고 한 번은 3이어서 각각의 결과로 8, 9와 6, 7이 나왔다.

코드 1-4의 addMaker가 실행된 후, 어디서도 addMaker의 인자인 a 값을 변경시키지 않고 있기 때문에 항상 동일한 값을 갖는다. 때문에 위 상황에서 a는 불변하며 상수로 쓰이게 된다. 이 상황에서의 a는 불변하지만, 모든 경우의 클로저가 그렇지는 않다. 클로저가 기억하는 변수의 값은 변할 수 있다. 클로저에 대한 자세한 설명과 예제는 26쪽 1.4절에서 다룬다. 지금은 그저 위와 같은 코드가 '값으로

서의 함수'와 '클로저'를 이용한 함수형 자바스크립트 스타일 중 하나라는 것을 기억하자. 이제 좀 더 실무적인 코드를 만나보자.

1.2 함수형 자바스크립트의 실용성

절차지향적으로 작성된 코드를 함수형으로 변경하면서 함수형 자바스크립트의 실용성을 알아 보자. 회원 목록 중 특정 나이의 회원들만 뽑거나 특정 조건의 회원 한 명을 찾는 코드들을 함수형 자바스크립트로 리팩터링할 것이다.

1.2.1 회원 목록 중 여러 명 찾기

코드 1-5 for문으로 필터링하기

```
var users = [
  { id: 1, name: "ID", age: 32 },
  { id: 2, name: "HA", age: 25 },
  { id: 3, name: "BJ", age: 32 },
  { id: 4, name: "PJ", age: 28 },
  { id: 5, name: "JE", age: 27 },
  { id: 6, name: "JM", age: 32 },
  { id: 7, name: "HI", age: 24 }
];

// ❶
var temp_users = [];
for (var i = 0, len = users.length; i < len; i++) {
  if (users[i].age < 30) temp_users.push(users[i]);
}
console.log(temp_users.length);
// 4

// ❷
var ages = [];
for (var i = 0, len = temp_users.length; i < len; i++) {
  ages.push(temp_users[i].age);
}
console.log(ages);
// [25, 28, 27, 24]

// ❸
var temp_users = [];
for (var i = 0, len = users.length; i < len; i++) {
  if (users[i].age >= 30) temp_users.push(users[i]);
}
console.log(temp_users.length);
// 3

// ❹
var names = [];
for (var i = 0, len = temp_users.length; i < len; i++) {
```

```
    names.push(temp_users[i].name);
}
console.log(names);
// ["ID", "BJ", "JM"]
```

위 코드는 실무에서 자주 다뤄질 법한 코드다. ❶에서는 users 중에 age가 30 미만인 users[i]만 모아서 몇 명인지를 출력하고 ❷에서는 그들의 나이만 다시 모아 출력한다. ❸에서는 나이가 30 이상인 temp_users가 몇 명인지를 출력하고 ❹에서는 그들의 이름만 다시 모아 출력한다.

위 코드를 함수형으로 리팩터링해 보자. 먼저 중복되는 부분을 찾아보자. ❶과 ❸의 for문에서 users를 돌며 특정 조건의 users[i]를 새로운 배열에 담고 있는데, if문의 조건절 부분을 제외하고는 모두 동일한 코드를 가지고 있다. 한 번은 .age < 30, 한 번은 .age >= 30으로 다를 뿐 그 외 부분은 모두 동일하다. 어떻게 중복을 제거해야 할까? 30 부분은 변수로 바꿀 수 있겠지만 .age, <, >= 등은 쉽지 않아 보인다. 이럴 때 함수를 활용하면 이런 부분까지도 쉽게 추상화할 수 있다.

1.2.2 for에서 filter로, if에서 predicate로

기존의 코드를 활용해 filter 함수를 만들었다. 사용해 보기 전에 filter 함수를 들여다 보자.

코드 1-6 filter

```
// 기존 코드
/*
var temp_users = [];
for (var i = 0, len = users.length; i < len; i++) {
  if (users[i].age < 30) temp_users.push(users[i]);
}
console.log(temp_users.length); // 4
*/

// 바꾼 코드
function filter(list, predicate) {
  var new_list = [];
  for (var i = 0, len = list.length; i < len; i++) {
    if (predicate(list[i])) new_list.push(list[i]);
  }
  return new_list;
}
```

filter 함수는 인자로 list와 predicate 함수를 받는다. 루프를 돌며 list의 i번째의 값을 predicate에게 넘겨준다. predicate 함수는 list.length 만큼 실행되며, predicate 함수의 결과가 참일 때만 new_list.push를 실행한다. new_list.push가 실

행될지 여부를 predicate 함수에게 완전히 위임한 것이다. filter 함수는 predicate 함수 내부에서 어떤 일을 하는지 모른다. id를 조회할지 age를 조회할지 어떤 조건을 만들지를 filter는 전혀 모른다. 오직 predicate의 결과에만 의존한다.

마지막에는 new_list를 리턴한다. 이름을 new_라고 붙였는데 이는 함수형 프로그래밍적인 관점에서 굉장히 상징적인 부분이다. 이전 값의 상태를 변경하지 않고(조건에 맞지 않는 값을 지운다거나 하지 않고) 새로운 값을 만드는 식으로 값을 다루는 것은 함수형 프로그래밍의 매우 중요한 콘셉트 중 하나다.

이제 filter를 사용해 보자.

코드 1-7 filter 사용

```
                                // predicate
var users_under_30 = filter(users, function(user) { return user.age < 30 });
console.log(users_under_30.length);
// 4

var ages = [];
for (var i = 0, len = users_under_30.length; i < len; i++) {
  ages.push(users_under_30[i].age);
}
console.log(ages);
// [25, 28, 27, 24]
                                // predicate
var users_over_30 = filter(users, function(user) { return user.age >= 30 });
console.log(users_over_30.length);
// 3

var names = [];
for (var i = 0, len = users_over_30.length; i < len; i++) {
  names.push(users_over_30[i].name);
}
console.log(names);
// ["ID", "BJ", "JM"]
```

filter 함수를 실행하면서 predicate 자리에 익명 함수를 정의해서 넘겼다. 익명 함수란, 말 그대로 이름이 없는 함수다. 첫 번째 익명 함수를 보면 user를 받아, user.age < 30일 때 true를 리턴하고 있다. 이 익명 함수는 users.length만큼 실행될 것이므로 총 7번 실행되며 그중 4번은 true를, 3번은 false를 리턴한다. 이 익명 함수가 코드 1-6의 filter 함수와 어떻게 협업을 하는지 천천히 그려보길 권한다.

두 번째 filter를 실행한 곳에서도 predicate에 익명 함수를 정의해서 넘겼다. 똑같이 7번 실행된다. 그리고 filter 함수는 조건부를 대신하여 predicate가 true를 넘겨줄 때만 new_list에 user를 담아 리턴한다.

코드 1-5와 비교해 코드가 꽤 짧아졌고 재사용성 높은 함수 filter를 하나 얻었다.

1.2.3 함수형 프로그래밍 관점으로 filter 보기

함수형 프로그래밍 관점에서 filter와 predicate 사이에는 많은 이야기가 담겨 있다. filter 함수에는 for도 있고 if도 있지만, filter 함수는 항상 동일하게 동작하는 함수다. 한 가지 로직을 가졌다는 얘기다. 동일한 인자가 들어오면 항상 동일하게 동작한다. filter 함수의 로직은 외부나 내부의 어떤 상태 변화에도 의존하지 않는다. new_list의 값을 바꾸고 있지만 그 변화에 의존하는 다른 로직이 없다. for는 list.length 만큼 무조건 루프를 돈다. i의 변화에 의존하여 루프를 돌지만 그 외에 i의 변화에 의존한 다른 로직은 없다. i++는 루프를 거들 뿐이다. list[i]의 값을 변경하거나 list의 개수를 변경하는 코드는 없다.

new_list는 이 함수에서 최초로 만들어졌고 외부의 어떠한 상황이나 상태와도 무관하다. new_list가 완성될 때까지는 외부에서 어떠한 접근도 할 수 없기 때문에 filter의 결과도 달라질 수 없다. new_list가 완성되고 나면 new_list를 리턴해버리고 filter는 완전히 종료된다. new_list가 외부로 전달되고 나면 new_list와 filter와의 연관성도 없어진다.

filter의 if는 predicate의 결과에만 의존한다. filter를 사용하는 부분을 다시 보자. filter와 users, 그리고 filter가 사용할 predicate 함수만 있다. 코드에는 for도 없고 if도 없다. 별도의 로직이 없고 매우 단순하고 쉽다. predicate에서도 역시 값을 변경하지는 않으며, true인지 false인지를 filter의 if에게 전달하는 일만 한다. 코드 1-7의 일부, filter를 사용하는 부분을 다시 보자.

```
filter(users, function(user) { return user.age < 30 });
```

절차지향 프로그래밍에서는 위에서 아래로 내려가면서 특정 변수의 값을 변경해 나가는 식으로 로직을 만든다. 객체지향 프로그래밍에서는 객체들을 만들어 놓고 객체들 간의 협업을 통해 로직을 만든다. 이벤트 등으로 서로를 연결한 후 상태의 변화를 감지하여 스스로 자신이 가진 값을 변경하거나, 상대의 메서드를 직접 실행하여 상태를 변경하는 식으로 프로그래밍을 한다.

함수형 프로그래밍에서는 '항상 동일하게 동작하는 함수'를 만들고 보조 함수를 조합하는 식으로 로직을 완성한다. 내부에서 관리하고 있는 상태를 따로 두지 않고 넘겨진 인자에만 의존한다. 동일한 인자가 들어오면 항상 동일한 값을 리턴하도록 한다. 보조 함수 역시 인자이며, 보조 함수에서도 상태를 변경하지 않으면 보조 함수를 받은 함수는 항상 동일한 결과를 만드는 함수가 된다.

객체지향적으로 작성된 코드에서도 이전 객체와 같은 상태를 지닌 새 객체를 만드는 식으로 부수 효과를 줄일 수 있다. 그러나 무수히 많고 각기 다른 종류로 나누어진 객체들을 복사하는 식으로 다루는 것은 운용도 어렵고 객체지향과 어울리지 않는다. 자신의 상태를 메서드를 통해 변경하는 것은 객체지향의 단점이 아니라 객체지향의 방법론 그 자체이다. 반면에 함수형 프로그래밍은 부수 효과를 최소화하는 것이 목표에 가깝다. 이것은 단점이냐 장점이냐의 이야기가 아니라 지향점의 차이에 대한 것이다.

많은 사람들이 함수형 프로그래밍은 객체지향과 완전한 대척점에 있다고 생각하거나 그런 주장을 하기도 한다. 이것은 오해다. 결국에는 함께 동작해야 한다. 현대 프로그래밍에서 다루는 값은 대부분 객체이므로 함수형 프로그래밍에서도 결국 객체를 다뤄야 한다. 다만 기능 확장을 객체의 확장으로 풀어가느냐 함수 확장으로 풀어가느냐의 차이다. 객체를 확장하느냐 객체를 다루는 함수를 늘리느냐의 차이이며 추상화의 단위가 클래스이냐 함수이냐의 차이이다.

1.2.4 map 함수

리팩터링의 핵심은 중복을 제거하고 의도를 드러내는 것이다. 코드 1-8의 '기존 코드'를 보면 회원 목록을 통해 나이와 이름들을 추출하는데 두 코드에도 중복이 있다. 둘 다 for문에서 사용하는 회원 목록을 활용해 같은 크기의 새로운 배열을 만들고 원재료와 1:1로 매핑되는 다른 값을 만들어 담고 있다. 기존 코드를 그대로 활용하여 map이라는 함수를 만들어 보자.

코드 1-8 map

```
// 기존 코드
/*
var ages = [];
for (var i = 0, len = users_under_30.length; i < len; i++) {
  ages.push(users_under_30[i].age);
}
console.log(ages);

var names = [];
for (var i = 0, len = users_over_30.length; i < len; i++) {
  names.push(users_over_30[i].name);
}
console.log(names);
*/

// 바꾼 코드
function map(list, iteratee) {
  var new_list = [];
```

```
  for (var i = 0, len = list.length; i < len; i++) {
    new_list.push(iteratee(list[i]));
  }
  return new_list;
}
```

이번에도 기존에 중복되었던 코드와 거의 동일하며 아주 약간만 고쳤다. new_
list에 무엇을 push할지에 대해 iteratee 함수에게 위임했다. 이제 map 함수를 사
용해 보자.

코드 1-9 map 사용

```
var users_under_30 = filter(users, function(user) { return user.age < 30 });
console.log(users_under_30.length);
// 4
                                       // iteratee
var ages = map(users_under_30, function(user) { return user.age; });
console.log(ages);
// [25, 28, 27, 24]

var users_over_30 = filter(users, function(user) { return user.age >= 30 });
console.log(users_over_30.length);
// 3
                                       // iteratee
var names = map(users_over_30, function(user) { return user.name; });
console.log(names);
// ["ID", "BJ", "JM"]
```

코드가 매우 단순해졌다. for도 없고 if도 없다. 코드를 읽어보면 아래와 같다.

- 회원 중 나이가 30세 미만인 사람들을 뽑아 users_under_30에 담는다.
- users_under_30에 담긴 회원의 나이만 뽑아서 출력한다.
- 회원 중 나이가 30세 이상인 사람들을 뽑아 users_over_30에 담는다.
- users_over_30에 담긴 회원의 이름만 뽑아서 출력한다.

코드를 해석한 내용과 코드의 내용이 거의 일치하고 읽기 쉽다.

map에 대해서는 3장에서 더욱 자세히 다룬다.

1.2.5 실행 결과로 바로 실행하기

함수의 리턴값을 바로 다른 함수의 인자로 사용하면 변수 할당을 줄일 수 있다.
filter 함수의 결과가 배열이므로 map의 첫 번째 인자로 바로 사용 가능하다.

코드 1-10 함수 중첩

```
var ages = map(
  filter(users, function(user) { return user.age < 30 }),
  function(user) { return user.age; });

console.log(ages.length);
// 4
console.log(ages);
// [25, 28, 27, 24]

var names = map(
  filter(users, function(user) { return user.age >= 30 }),
  function(user) { return user.name; });

console.log(names.length);
// 3
console.log(names);
// ["ID", "BJ", "JM"]
```

작은 함수를 하나 더 만들면 변수 할당을 모두 없앨 수 있다.

코드 1-11 함수 중첩2

```
function log_length(value) {
  console.log(value.length);
  return value;
}

console.log(log_length(
  map(
    filter(users, function(user) { return user.age < 30 }),
    function(user) { return user.age; })));
// 4
// [25, 28, 27, 24]

console.log(log_length(
  map(
    filter(users, function(user) { return user.age >= 30 }),
    function(user) { return user.name; })));
// 3
// ["ID", "BJ", "JM"]
```

filter 함수는 predicate를 통해 값을 필터링하여 map에게 전달하고 map은 받은 iteratee를 통해 새로운 값들을 만들어 log_length에게 전달한다. log_length는 length를 출력한 후 받은 인자를 그대로 console.log에게 전달하고 console.log는 받은 값을 출력한다.

지금까지 만든 코드 1-12를 코드 1-5와 비교해 보자.

코드 1-12 filter, map

```
function filter(list, predicate) {
```

```
  var new_list = [];
  for (var i = 0, len = list.length; i < len; i++) {
    if (predicate(list[i])) new_list.push(list[i]);
  }
  return new_list;
}

function map(list, iteratee) {
  var new_list = [];
  for (var i = 0, len = list.length; i < len; i++) {
    new_list.push(iteratee(list[i]));
  }
  return new_list;
}

function log_length(value) {
  console.log(value.length);
  return value;
}

console.log(log_length(
  map(
    filter(users, function(user) { return user.age < 30 }),
    function(user) { return user.age; })));

console.log(log_length(
  map(
    filter(users, function(user) { return user.age >= 30 }),
    function(user) { return user.name; })));
```

1.2.6 함수를 값으로 다룬 예제의 실용성

1.1절에서 소개했던 addMaker와 비슷한 패턴의 함수가 실제로도 많이 사용된다. addMaker와 비슷한 패턴의 함수인 bvalue 함수를 만들면 코드 1-12의 코드를 더 줄일 수 있다.

코드 1-13 함수를 리턴하는 함수 bvalue

```
// 1.1의 addMaker
function addMaker(a) {
  return function(b) {
    return a + b;
  }
}

function bvalue(key) {
  return function(obj) {
    return obj[key];
  }
}

bvalue('a')({ a: 'hi', b: 'hello' }); // hi
```

bvalue를 실행할 때 넘겨준 인자 key를 나중에 obj를 받을 익명 함수가 기억한다. (클로저가 된다.) bvalue의 실행 결과는 key를 기억하는 함수이고 이 함수에는 key/value 쌍으로 구성된 객체를 인자로 넘길 수 있다. 이 함수는 obj를 받아 앞서 받아 두었던 key로 value 값을 리턴한다. 위에서는 a를 기억해 두었다가 넘겨진 객체의 obj['a']에 해당하는 결과를 리턴한다.

bvalue를 map과 함께 사용해 보자.

코드 1-14 bvalue로 map의 iteratee 만들기

```
console.log(log_length(
  map(
    filter(users, function(user) { return user.age < 30 }),
    bvalue('age'))));

console.log(log_length(
  map(
    filter(users, function(user) { return user.age >= 30 }),
    bvalue('name'))));
```

map이 사용할 iteratee 함수를 bvalue가 리턴한 함수로 대체했다. 익명 함수 선언이 사라져 코드가 더욱 짧아졌다. addMaker 같은 패턴의 함수도 이처럼 실용적으로 사용된다. 생각보다 실용적이지 않은가? 앞으로도 함수를 리턴하는 함수나 아주 작은 단위의 함수들이 매우 실용적으로 사용되는 사례들을 자주 만나게 될 것이다.

> **참고**
>
> bvalue에 b를 붙인 이유는 인자를 미리 부분적으로 bind해 둔 함수를 만들고 있음을 간결하게 표현한 것이다. 이런 표현은 독자와 소통하기 위함이고 책의 3장 정도까지만 사용한다.

코드 1-15는 ES6의 화살표 함수를 활용한 경우다. 독자가 Node.js를 다루고 있고 버전이 4 이상이라면 지금 바로 화살표 함수를 사용할 수 있다. 아쉽게도 몇몇 브라우저에서는 아직 동작하지 않는다. 화살표 함수에 대한 자세한 설명은 98쪽 '2.6 화살표 함수'에서 확인할 수 있다. 지금은 예쁘니까 그냥 보자.

u => u.age < 30은 function(u) { return u.age < 30; }과 같은 동작을 한다.

u => u.age는 function(u) { return u.age; }와 같은 동작을 한다.

코드 1-15 화살표 함수와 함께

```
// ES6
console.log(log_length(
  map(filter(users, u => u.age < 30), u => u.age)));
```

```
console.log(log_length(
  map(filter(users, u => u.age >= 30), u => u.name)));

// 이것도 괜찮다.
var under_30 = u => u.age < 30;
var over_30 = u => u.age >= 30;

console.log(log_length(
  map(filter(users, under_30), u => u.age)));

console.log(log_length(
  map(filter(users, over_30), u => u.name)));

// 아니면 이것도 괜찮다
var ages = list => map(list, v => v.age);
var names = list => map(list, v => v.name);

console.log(log_length(ages(filter(users, under_30))));
console.log(log_length(names(filter(users, over_30))));

// 마지막으로 한 번만 고쳐보자
var bvalues = key => list => map(list, v => v[key]);
var ages = bvalues('age');
var names = bvalues('name');

// bvalues가 있으면 화살표 함수가 아니어도 충분히 간결해진다.
function bvalues(key) {
  return function(list) {
    return map(list, function(v) { return v[key]; });
  }
}
var ages = bvalues('age');
var names = bvalues('name');
var under_30 = function(u) { return u.age < 30; };
var over_30 = function(u) { return u.age >= 30; };

console.log(log_length(ages(filter(users, under_30))));
console.log(log_length(names(filter(users, over_30))));

// bvalues는 이렇게도 할 수 있다. (진짜 마지막)
function bvalues(key) {
  var value = bvalue(key);
  return function(list) { return map(list, value); }
}
```

표기법에 대해

temp_users, new_list, log_length를 보고 카멜 표기법이 아니어서 갸우뚱하는 독자가 있을 것 같다. 코드 컨벤션에 대한 이야기는 지은이의 글의 **예제 코드**(xxi쪽) 참고해 달라. 필자 역시 자바스크립트에서는 카멜 표기법을 사용해야 한다는 의견을 존중한다. 이 책의 표기법이 불편한 분에게는 양해를 구한다.

1.3 함수형 자바스크립트의 실용성 2

1.3.1 회원 목록 중 한 명 찾기

이번에는 회원 목록 중에 특정 조건을 가진 회원 한 명을 찾고 싶다. 예를 들면 id 값으로 말이다. 우선 filter를 통해 찾아보자.

코드 1-16 filter로 한 명 찾기

```
var users = [
  { id: 1, name: "ID", age: 32 },
  { id: 2, name: "HA", age: 25 },
  { id: 3, name: "BJ", age: 32 },
  { id: 4, name: "PJ", age: 28 },
  { id: 5, name: "JE", age: 27 },
  { id: 6, name: "JM", age: 32 },
  { id: 7, name: "HI", age: 24 }
];

console.log(
  filter(users, function(user) { return user.id == 3 })[0]
);
// { id: 3, name: "BJ", age: 32 }
```

filter를 통해 걸러낸 후 [0]으로 user를 얻어냈고 원하는 결과가 나오긴 했다. filter를 사용하여 찾을 수 있지만 filter 함수는 무조건 list.length만큼 predicate가 실행되기 때문에 효율적이지 못하고, 동일 조건에 값이 두 개 이상이라면 두 개 이상의 값을 찾는다. 아무래도 코드 1-17 같은 코드가 효율적일 것이다.

코드 1-17 break

```
var user;
for (var i = 0, len = users.length; i < len; i++) {
  if (users[i].id == 3) {
    user = users[i];
    break;
  }
}
console.log(user);
// { id: 3, name: "BJ", age: 32 }
```

원하는 user를 찾은 후 break로 for문을 빠져나왔다. 앞선 filter 통해 찾은 것보다 훨씬 효율적이다. 하지만 위 코드는 재사용이 불가능하다. 위 코드를 함수로 만들어서 재사용이 가능하도록 만들어 보자. 아마 자주 본 함수일 것이다.

코드 1-18 findById

```
function findById(list, id) {
  for (var i = 0, len = list.length; i < len; i++) {
```

```
    if (list[i].id == id) return list[i];
  }
}
console.log( findById(users, 3) );
// { id: 3, name: "BJ", age: 32 }
console.log( findById(users, 5) );
// { id: 5, name: "JE", age: 27 }
```

findById는 list와 id를 받아 루프를 돌다가 id가 동일한 객체를 만나면 그 값을 리턴한다. 동시에 함수도 종료되고 for도 멈춘다. 만일 못 찾는다면 기본 리턴값인 undefined가 리턴된다. 이름으로도 찾고자 한다면 다음과 같은 함수를 만들어야 한다.

코드 1-19 findByName

```
function findByName(list, name) {
  for (var i = 0, len = list.length; i < len; i++) {
    if (list[i].name == name) return list[i];
  }
}
console.log( findByName(users, 'BJ') );
// { id: 3, name: "BJ", age: 32 }
console.log( findByName(users, 'JE') );
// { id: 5, name: "JE", age: 27 }
```

이쯤 되면 왠지 나이로 찾는 함수도 만들어 두고 싶어진다(앞으로 사용하게 될지 모르겠지만).

코드 1-20 findByAge

```
function findByAge(list, age) {
  for (var i = 0, len = list.length; i < len; i++) {
    if (list[i].age == age) return list[i];
  }
}
console.log( findByAge(users, 28) );
// { id: 4, name: "PJ", age: 28 }
console.log( findByAge(users, 25) );
// { id: 2, name: "HA", age: 25 }
```

위와 같은 방식은 그동안 많이 사용해 온 방식이다. for와 if 등의 로직이 숨겨졌고 깔끔해졌지만 아직 아쉬움이 있다. 일단 findById, findByName, findByAge 사이에 중복이 있다는 점이 아쉽다. 결론부터 얘기하면 이 함수들은 함수형적이지 않다.

다음과 같이 인자를 하나 더 늘리면 중복을 제거할 수 있다.

코드 1-21 findBy

```
function findBy(key, list, val) {
  for (var i = 0, len = list.length; i < len; i++) {
    if (list[i][key] === val) return list[i];
  }
}
console.log( findBy('name', users, 'BJ') );
// { id: 3, name: "BJ", age: 32 }
console.log( findBy('id', users, 2) );
// { id: 2, name: "HA", age: 25 }
console.log( findBy('age', users, 28) );
// { id: 4, name: "PJ", age: 28 }
```

코드가 1/3로 줄었다. 아니 정확히 말하면 앞으로의 코드도 줄였다. 무슨 말일까?
findBy 함수는 users, posts, comments, products 등 key로 value를 얻을 수 있는
객체들을 가진 배열이라면 무엇이든 받을 수 있다. 객체의 key 값이 무엇이든지
간에 찾아줄 수 있으므로 훨씬 많은 경우를 대응할 수 있는 함수가 되었다.

좋아지긴 했지만 아직 다음과 같은 상황을 지원하지 못하는 아쉬움이 있다.

- key가 아닌 메서드를 통해 값을 얻어야 할 때
- 두 가지 이상의 조건이 필요할 때
- ===이 아닌 다른 조건으로 찾고자 할 때

다음 예제는 user 객체가 메서드로 값을 얻어야 하는 객체일 경우에 발생하는 난
감한 상황을 보여 준다.

코드 1-22 findBy로 안 되는 경우

```
function User(id, name, age) {
  this.getId = function() {
    return id;
  };
  this.getName = function() {
    return name;
  };
  this.getAge = function() {
    return age;
  };
}

var users2 = [
  new User(1, "ID", 32),
  new User(2, "HA", 25),
  new User(3, "BJ", 32),
  new User(4, "PJ", 28),
  new User(5, "JE", 27),
  new User(6, "JM", 32),
  new User(7, "HI", 24)
];
```

```
function findBy(key, list, val) {
  for (var i = 0, len = list.length; i < len; i++) {
    if (list[i][key] === val) return list[i];
  }
}

console.log( findBy('age', users2, 25) );
// undefined
```

코드 1-22를 보면 user의 나이를 .getAge()로 얻어내야 하기 때문에 findBy 함수
로는 위 상황을 대응할 수 없음을 알 수 있다. 이름에 'P'가 포함된 user를 찾고 싶
다거나 나이가 32이면서 이름이 'JM'인 user를 찾고 싶다거나 하는 것도 불가능하
다. 나이가 30세 미만인 사람을 찾는 것도 findBy로는 할 수 없다. 이번엔 보다 함
수적인 프로그래밍을 해 보자.

1.3.2 값에서 함수로

앞서 만들었던 filter나 map처럼, 인자로 키와 값 대신 함수를 사용해 보자. 그렇
게 하면 모든 상황에 대응 가능한 find 함수를 만들 수 있다.

코드 1-23 find

```
function find(list, predicate) {
  for (var i = 0, len = list.length; i < len; i++) {
    if (predicate(list[i])) return list[i];
  }
}

console.log(
  find(users2, function(u) { return u.getAge() == 25; }).getName()
);
// HA
console.log(
  find(users, function(u) { return u.name.indexOf('P') != -1; })
);
// { id: 4, name: "PJ", age: 28 }
console.log(
  find(users, function(u) { return u.age == 32 && u.name == 'JM'; })
);
// { id: 6, name: "JM", age: 32 }
console.log(
  find(users2, function(u) { return u.getAge() < 30; }).getName()
);
// HA
```

find의 인자로 key와 val 대신 predicate 함수 하나를 받았다. 값 대신 함수를 받
았다. 덕분에 if 안쪽에서 할 수 있는 일이 정말 많아졌다. getAge 같은 메서드 실
행을 통해 값을 비교하기도 했고, indexOf 같은 메서드를 통해 이름에 'P'가 포함

되었는지를 알아내기도 했다. 두 가지 조건을 모두 만족하는지 보기도 했다. 연산자 역시 마음대로 사용 가능하다.

인자를 String이나 Number 대신 Function으로 변경한 작은 차이가 매우 큰 차이를 만들었다. find는 이제 배열에 어떤 값이 들어 있든 사용할 수 있게 되었다. 앞서 만든 map과 filter도 마찬가지다. 함수형 자바스크립트는 이처럼 다형성이 높은 기법을 많이 사용하며 이러한 기법은 정말 실용적이다.

filter, map, find 함수들은 들어온 데이터가 무엇이든지 루프를 돌리거나 분기를 만들거나 push를 하거나 predicate를 실행하거나 등의 자기 할 일을 한다. find는 전달 받을 데이터와 데이터의 특성에 맞는 보조 함수(predicate)도 함께 전달받는다. 들어온 데이터의 특성은 보조 함수가 대응해 주기 때문에 find 함수는 데이터의 특성에서 완전히 분리될 수 있다. 이러한 방식은 다형성을 높이며 동시에 안정성도 높인다.

filter나 find는 list 내부에 무엇이 들어 있는지에 대해서 관심이 없다. 배열 내부 값의 상태를 변경하지도 않고 들여다보지도 않는다. 객체지향 프로그래밍이 약속된 이름의 메서드를 대신 실행해 주는 식으로 외부 객체에게 위임을 한다면, 함수형 프로그래밍은 보조 함수를 통해 완전히 위임하는 방식을 취한다. 이는 더 높은 다형성과 안정성을 보장한다.

다음은 같은 함수들을 사용하면서 각 데이터에 맞는 보조 함수로 대응하는 사례다.

코드 1-24 다형성

```
// 코드 1-16에서 선언한 users
console.log(
  map(
    filter(users, function(u) { return u.age >= 30 }),
    function(u) { return u.name; }));
// ["ID", "BJ", "JM"];

// [코드 1-22]에서 선언한 users2로 교체
console.log(map(
  filter(users2, function(u) { return u.getAge() > 30 }), // 메서드 실행으로 변경
  function(u) { return u.getName(); })); // 메서드 실행으로 변경
// ["ID", "BJ", "JM"];
```

1.3.3 함수를 만드는 함수와 find, filter 조합하기

User 등의 커스텀 객체가 아닌 자바스크립트 기본 객체로 만들어진 users를 사용한 예제로 돌아오자. 함수로 함수를 만들어 find 함수와 함께 사용하면 코드를 더

욱 간결하게 만들 수 있다.

코드 1-25 bmatch1로 predicate 만들기

```
function bmatch1(key, val) {
  return function(obj) {
    return obj[key] === val;
  }
}

console.log( find(users, bmatch1('id', 1)) );
// {id: 1, name: "ID", age: 32}
console.log( find(users, bmatch1('name', 'HI')) );
// {id: 7, name: "HI", age: 24}
console.log( find(users, bmatch1('age', 27)) );
// {id: 5, name: "JE", age: 27}
```

bmatch1의 실행 결과는 함수다. key와 val을 미리 받아서 나중에 들어올 obj와 비교하는 익명 함수를 클로저로 만들어 리턴한다. bmatch1을 통해 id, name, age를 비교하는 predicate 3개를 만들어 find에게 넘겼다. 짧고 간결하다.

bmatch1은 함수를 리턴하기 때문에 filter나 map과도 조합이 가능하다. 인자와 결과만으로 협업하기 때문에 여기저기 붙이기 쉽다.

코드 1-26 bmatch1로 함수를 만들어 고차 함수와 협업하기

```
console.log( filter(users, bmatch1('age', 32)) );
// [{ id: 1, name: "ID", age: 32},
//  { id: 3, name: "BJ", age: 32},
//  { id: 6, name: "JM", age: 32}]

console.log( map(users, bmatch1('age', 32)) );
// [true, false, true, false, false, true, false]
```

bmatch1은 하나의 key에 대한 value만 비교할 수 있다. 여러 개의 key에 해당하는 value들을 비교하는 함수를 만들어보자.

코드 1-27 bmatch

```
function object(key, val) {
  var obj = {};
  obj[key] = val;
  return obj;
}
function match(obj, obj2) {
  for (var key in obj2) {
    if (obj[key] !== obj2[key]) return false;
  }
  return true;
}
function bmatch(obj2, val) {
```

```
    if (arguments.length == 2) obj2 = object(obj2, val);
    return function(obj) {
      return match(obj, obj2);
    }
}

console.log(
  match(find(users, bmatch('id', 3)), find(users, bmatch('name', 'BJ')))
);
// true

console.log(
  find(users, function(u) { return u.age == 32 && u.name == 'JM' })
);
// { id: 6, name: "JM", age: 32 }

console.log(
  find(users, bmatch({ name: 'JM', age: 32 }))
);
// { id: 6, name: "JM", age: 32 }
```

이제는 (key, val)와 ({ key: val }) 두 가지 방식으로 사용할 수 있다. ({ key: val }) 방식을 사용하면 두 가지 이상의 값이 모두 동일한지도 확인할 수 있다. bmatch1을 bmatch로 발전시키면서 유용한 함수인 match와 object도 만들어졌다. 이처럼 작은 기능을 하는 함수로 쪼개거나 재조합하는 식으로 코드를 발전시키는 것도 좋은 방법이다.

이번엔 코드를 조금만 고쳐서 새로운 함수를 만들어 보자. find를 조금만 고치면 값 비교만 하는 Array.prototype.indexOf보다 활용도가 훨씬 높은 findIndex를 만들 수 있다.

코드 1-28 findIndex

```
function findIndex(list, predicate) {
  for (var i = 0, len = list.length; i < len; i++) {
    if (predicate(list[i])) return i;
  }
  return -1;
}

console.log( findIndex(users, bmatch({ name: 'JM', age: 32 })) );
// 5
console.log( findIndex(users, bmatch({ age: 36 })) );
// -1
```

1.3.4 고차 함수

앞서 구현했던 map, filter, find, findIndex, bvalue, bmatch 같은 함수들은 모두 고차 함수다. 고차 함수란, 함수를 인자로 받거나 함수를 리턴하는 함수를 말한다. 당연히 둘 다 하는 경우도 고차 함수다. 보통 고차 함수는 함수를 인자로 받아 필요한 때에 실행하거나 클로저를 만들어 리턴한다.

앞서 만든 map, filter, find, findIndex는 Underscore.js에도 있는 함수들이다. Underscore.js는 GitHub 별이 20,000개가 넘는 유명한 함수형 자바스크립트 라이브러리다. Underscore.js의 _.map, _.filter, _.find, _.findIndex는 iteratee와 predicate가 사용할 인자를 몇 가지 더 제공한다. 재료가 많으면 더 다양한 로직을 만들 수 있다. map, filter, find, findIndex를 Underscore.js의 _.map, _.filter, _.find, _.findIndex에 가깝게 좀 더 고쳐 보자.

코드 1-29 인자 늘리기

```
_.map = function(list, iteratee) {
  var new_list = [];
  for (var i = 0, len = list.length; i < len; i++) {
    new_list.push(iteratee(list[i], i, list));
  }
  return new_list;
};
_.filter = function(list, predicate) {
  var new_list = [];
  for (var i = 0, len = list.length; i < len; i++) {
    if (predicate(list[i], i, list)) new_list.push(list[i]);
  }
  return new_list;
};
_.find = function(list, predicate) {
  for (var i = 0, len = list.length; i < len; i++) {
    if (predicate(list[i], i, list)) return list[i];
  }
};
_.findIndex = function(list, predicate) {
  for (var i = 0, len = list.length; i < len; i++) {
    if (predicate(list[i], i, list)) return i;
  }
  return -1;
};
```

원래는 iteratee(list[i])처럼 한 개의 인자를 넘겼지만, 이제는 iteratee(list[i], i, list)처럼 두 개의 인자를 추가했다. 이제 iteratee와 predicate 함수가 받는 인자가 많아져 좀 더 다양한 일을 할 수 있게 되었다. _.filter 함수의 predicate에게 두 번째 인자로 i가 넘어오는 덕에 다음과 같은 함수 조합도 가능해졌다.

코드 1-30 predicate에서 두 번째 인자 사용하기

```
console.log(_.filter([1, 2, 3, 4], function(val, idx) {
  return idx > 1;
}));
// [3, 4]
```

```
console.log(_.filter([1, 2, 3, 4], function(val, idx) {
  return idx % 2 == 0;
}));
// [1, 3]
```

1.3.5 function identity(v) { return v; }, 이건 어디다 쓰는 거지?

정말 쓸모 없어 보이는 이상한 함수 하나를 소개한다. 이것은 Underscore.js에 있는 함수이기도 하다.

코드 1-31 _.identity

```
_.identity = function(v) { return v; };
var a = 10;
console.log( _.identity(a) );
// 10
```

함수를 정의하고 실행해 보았다. 받은 인자를 그냥 그대로 뱉는 함수다. 나는 이미 a가 10인 걸 알고 있는데 _.identity 같은 아무런 기능이 없는 함수는 대체 언제 사용해야 하는 걸까? 다음을 보자.

코드 1-32 predicate로 _.identity를 사용한 경우

```
console.log(_.filter([true, 0, 10, 'a', false, null], _.identity));
// [true, 10, 'a']
```

_.filter를 _.identity와 함께 사용했더니 Truthy Values(Boolean으로 평가했을 때 true로 평가되는 값들)만 남았다. 이렇게 놓고 보니 _.identity가 생각보다 실용적으로 보인다. _.identity를 다른 고차 함수와 조합하는 식으로 코드 1-33과 같은 유용한 함수들을 만들 수 있다.

> **참고**
>
> false, undefined, null, 0, NaN, ""은 모두 Boolean으로 평가했을 때 false다. 이것들은 모두 Falsy Values다. Falsy Values가 아닌 모든 값들은 Truthy Values다.
>
> ```
> _.falsy = function(v) { return !v; };
> _.truthy = function(v) { return !!v; };
> ```

코드 1-33 some, every 만들기 1

```
_.some = function(list) {
  return !!_.find(list, _.identity);
};
_.every = function(list) {
```

```
  return _.filter(list, _.identity).length == list.length;
};
console.log(_.some([0, null, 2]));    // true
console.log(_.some([0, null, false])); // false

console.log(_.every([0, null, 2]));  // false
console.log(_.every([{}, true, 2])); // true
```

_.some은 배열에 들어 있는 값 중 하나라도 긍정적인 값이 있으면 true를, 하나도 없다면 false를 리턴한다. _.every는 모두 긍정적인 값이어야 true를 리턴한다. _.some, _.every는 if나 predicate 등과 함께 사용할 때 매우 유용하다.

그런데 코드 1-33의 _.every는 좀 아쉬운 점이 있다. filter를 사용했기 때문에 항상 루프를 끝까지 돌게 된다. 정말 쓸모 없어 보이지만 함수 두 개를 더 만들면 로직을 개선할 수 있다. 예제를 살펴 보자.

1.3.6 연산자 대신 함수로

코드 1-34 아주 작은 함수 not, beq

```
function not(v) { return !v; }
function beq(a) {
  return function(b) {
    return a === b;
  }
}
```

!를 써도 되는데 not이 왜 필요할까? ===로 비교하면 되는데 beq는 왜 필요할까? 굳이 not와 beg을 함수로 만들 필요가 있을까? 코드들을 하나씩 보면서 이러한 궁금증을 해결해 보자.

코드 1-35 some, every 만들기2

```
_.some = function(list) {
  return !!_.find(list, _.identity);
};
_.every = function(list) {
  return beq(-1)(_.findIndex(list, not));
};

console.log(_.some([0, null, 2]));    // true
console.log(_.some([0, null, false])); // false
console.log(_.every([0, null, 2]));   // false
console.log(_.every([{}, true, 2]));  // true
```

not은 연산자 !가 아닌 함수이기 때문에 _.findIndex와 함께 사용할 수 있다. list 의 값 중 하나라도 부정적인 값을 만나면 predicate가 not이므로 true를 리턴하여

해당 번째 i 값을 리턴하게 된다. 중간에 부정적인 값을 한 번이라도 만나면 루프
가 중단된다. 만일 부정적인 값이 하나도 없다면 −1을 리턴한다. −1이 나왔다면,
beq(−1)이 리턴한 함수에게 인자로 넣어 true가 나올 것이고, 이것은 _.every의
리턴값이 된다. findIndex로 부정적인 값을 하나도 찾지 못했다는 얘기는 결국 모
두 긍정적인 값이라는 얘기가 된다.

_.every는 쓸모 없어 보이는 정말 작은 함수 not 덕분에 로직이 개선되었다. 좀
더 함수를 쪼개보자. 함수가 가능하면 한 가지 일만 하게끔 말이다.

코드 1-36 함수 쪼개기

```
function positive(list) {
  return _.find(list, _.identity);
}
function negativeIndex(list) {
  return _.findIndex(list, not);
}
_.some = function(list) {
  return not(not(positive(list)));
};
_.every = function(list) {
  return beq(-1)(negativeIndex(list));
};

console.log(_.some([0, null, 2]));      // true
console.log(_.some([0, null, false])); // false
console.log(_.every([0, null, 2]));     // false
console.log(_.every([{}, true, 2]));    // true
```

일단 좀 더 깔끔해졌다. positive와 negativeIndex라는 재사용 가능한 함수도 얻
었다.

1.3.7 함수 합성

함수를 쪼갤수록 함수 합성은 쉬워진다. 다음은 다양한 함수 합성 기법 중 하나
인 Underscore.js의 _.compose다. _.compose는 오른쪽의 함수의 결과를 바로 왼
쪽의 함수에게 전달한다. 그리고 해당 함수의 결과를 다시 자신의 왼쪽의 함수
에게 전달하는 고차 함수다. 코드 1-37은 Underscore.js 사이트에 있는 예제와
Underscore.js 내부의 코드다.

arguments, apply, call 객체 등이 익숙하다면 _.compose 함수의 코드를 읽는 것
이 크게 어렵지 않을 것이다. arguments 객체는 함수형 자바스크립트를 다루다 보
면 자주 만나게 된다. arguments 객체가 익숙하지 않은 개발자는 굳이 _.compose
를 자세히 읽을 필요는 없다. 여기서는 _.compose의 용도가 무엇인지만 알아 두면

마지막 예제를 이해할 수 있다. arguments 객체에 대해서는 2장에서 자세히 다룰 것이니 2장을 살펴본 후에 다시 돌아와서 확인해도 좋다.

코드 1-37 _.compose

```
// underscore.js 중
_.compose = function() {
  var args = arguments;
  var start = args.length - 1;
  return function() {
    var i = start;
    var result = args[start].apply(this, arguments);
    while (i--) result = args[i].call(this, result);
    return result;
  };
};

var greet = function(name) { return "hi: " + name; };
var exclaim = function(statement) { return statement.toUpperCase() + "!"; };
var welcome = _.compose(greet, exclaim);
welcome("moe");
// 'hi: MOE!'
```

welcome을 실행하면 먼저 exclaim을 실행하면서 "moe"를 인자로 넘겨준다. exclaim의 결과는 대문자로 변환된 "MOE!"이고 그 결과는 다시 greet의 인자로 넘어가 최종 결과로 "hi: MOE!"를 리턴한다.

이번엔 _.compose를 이용해 _.some과 _.every를 만들어 보자.

코드 1-38 _.compose로 함수 합성하기

```
/* 원래 코드
_.some = function(list) {
  return not(not(positive(list)));
};
_.every = function(list) {
  return beq(-1)(negativeIndex(list));
}; */

_.some = _.compose(not, not, positive);
_.every = _.compose(beq(-1), negativeIndex);
```

_.compose로 _.some과 _.every를 더 간결하게 표현했다. 주석으로 표시해 둔 원래 코드와 동일하게 동작한다. 맨 오른쪽의 함수가 인자를 받아 결과를 만들고 결과는 다시 그 왼쪽의 함수에게 인자로 전달된다. 오른쪽에서부터 왼쪽으로 연속적으로 실행되어 최종 결과를 만든다.

값 대신 함수로, for와 if 대신 고차 함수와 보조 함수로, 연산자 대신 함수로, 함수 합성 등 앞서 설명한 함수적 기법들을 사용하면 코드도 간결해지고 함수명을 통해 로직을 더 명확히 전달할 수 있어 읽기 좋은 코드가 된다.

짧고 읽기 좋은 코드도 중요한 가치이지만 좀 더 고상한 이점이 있다. 인자 선언이나 변수 선언이 적어진다는 점이다. 코드에 인자와 변수가 등장하지 않고 함수의 내부({statements})가 보이지 않는다는 것은 새로운 상황도 생기지 않는다는 말이다. 새로운 상황이 생기지 않는다는 것은 개발자가 예측하지 못할 상황이 없다는 말이다. 에러 없는 함수들이 인자와 결과에 맞게 잘 조합되어 있다면 전체의 결과 역시 에러가 날 수 없다. 상태를 공유하지 않는 작은 단위의 함수들은 테스트하기도 쉽고 테스트 케이스를 작성하기도 쉽다.

대규모 애플리케이션을 개발하다 보면 새로운 요구 사항을 반영하거나 버그를 잡거나 성능을 높이기 위해 이미 완성되었던 코드를 고쳐야 할 때가 많다. 배포된 지 시간이 좀 지난 코드라면 자신이 작성한 코드일지라도 그 내용이 어림짐작만 될 뿐 아주 익숙하지 않을 것이다. 만일 지역 변수와 if문이 많고 중간에 for문도 몇 번 나오고, j++도 있으며 push 등으로 상태를 변경하는 코드라면, 당시 고려했던 모든 상황들을 다시 머릿속에 그리기 어렵다. 코드 윗부분에서 선언된 지역 변수가 특정 부분의 if문 안쪽에서 사용되고, 중간에 값이 변경된 다음, 그 아래 어딘가의 if문에서 또 사용된다면 어느 부분이 망가질지 몰라 선뜻 손대기가 어렵다.

만일 지역 변수도 없고 if, else, for문도 없고, 커스텀 객체의 메서드도 없고, 인자 외의 외부 상태에 의존하고 있지 않다면, 자신이 고쳐야 하는 함수의 문제에만 집중할 수 있다. 인자와 변수 자체가 적을수록, 함수의 {statements}가 없거나 짧을수록, 함수들의 복잡성도 줄어들고 오류가 생길 가능성도 줄어들며 부수 효과도 줄어든다. 또한 작성한 지 오래된 코드일지라도 다시 읽고 고치기가 쉬워진다. 함수 하나하나가 무슨 일을 하는지에 대해 인자와 결과 위주로만 생각하면서 읽고 고치면 되기 때문이다.

작게 쪼개다 보면 정말 쓸모 없어 보이는 함수가 많이 나오기도 한다. 그래도 더 작은 단위로 쪼개 보라. 재사용성이 높고 재밌는 코드들이 나올 것이다. 제어문 대신 함수를, 값 대신 함수를, 연산자 대신 함수를 사용해 보자. 프로그래밍에 대한 새롭고 재밌는 아이디어들을 만나게 될 것이다.

1.4 함수형 자바스크립트를 위한 기초

함수형 자바스크립트를 잘 익히기 위해서는 함수를 실행하는 법이나 유명한 함수의 사용법 등을 익히는 것도 중요하지만 무엇보다 함수를 다루는 다양한 방법들을 잘 익히는 것이 중요하다. 함수를 잘 다루려면 함수와 관련된 개념들과 관련된 몇 가지 기능들에 대해 잘 알아야 하는데 이를테면 일급 함수, 클로저, 고차 함수, 콜백 패턴, 부분 적용, arguments 객체 다루기, 함수 객체의 메서드(bind, call, apply) 등이 있다. 대개는 함수에 대해 깊게 공부하지 않고, 객체지향적 기능을 배우기 전에 거쳐가는 단계 정도로만 보고 넘어가는 경향이 있다. 변수와 제어문, 기본적인 함수 선언과 실행을 익힌 후 빠르게 다음 단계로 넘어가 클래스와 상속, 인스턴스, 메서드 등을 배우는 식으로 말이다.

그런데 자바스크립트에서의 함수는 대충 익히고 넘기기엔 너무나 중요하다. 특히 소프트웨어 규모가 커지고 복잡도가 높아질수록 함수의 중요성은 더욱 커진다. 함수의 다양한 기능을 알고 있다면 복잡한 로직이나 기능을 더욱 효과적으로 구현할 수 있다. jQuery를 개발한 존 레식(John Resig)의 저서 『자바스크립트 닌자 비급』에서는 함수에 대한 이해도가 높아야 닌자(고수)의 코드를 작성할 수 있다고 했다.

물론 함수에 대해 잘 몰라도 소프트웨어를 완성할 수는 있다. 그러나 앞서 말한 기능이나 개념들에 대한 이해도는 소프트웨어의 완성도나 코드 스타일에 있어 분명한 차이를 만들며, 이후 운영이나 기획 변경에 대한 대응책에 있어서도 차이를 만든다. 더 나아가 사용자 경험에도 영향을 끼칠 수 있다고 생각한다.

이번 절에서는 함수와 관련된 개념을 다룬다. 일급 함수, 클로저, 고차 함수, 콜백 함수, 보조 함수, 함수를 만드는 함수, 함수의 부분 적용 등을 보면서 보다 함수적인 개념에 대해 알아보자. (여기에서는 bind에 대해서만 다룬다. call, apply에 대해서는 2장에서 다룬다. arguments 객체를 다루는 예제들도 있는데, 이는 2장에서 call, apply와 함께 좀 더 자세히 다시 다룬다.)

1.4.1 일급 함수

자바스크립트에서 함수는 일급 객체이자 일급 함수다. 자바스크립트에서 객체는 일급 객체다. 여기서 '일급'은 값으로 다룰 수 있다는 의미로, 아래와 같은 조건을 만족해야 한다.

- 변수에 담을 수 있다.
- 함수나 메서드의 인자로 넘길 수 있다.
- 함수나 메서드에서 리턴할 수 있다.

자바스크립트에서 모든 값은 일급이다. 자바스크립트에서 모든 객체는 일급 객체이며 함수도 객체이자 일급 객체다. 그럼 일급 함수는 무엇일까? 보통 일급 함수는 아래와 같은 추가적인 조건을 더 만족한다.

- 아무 때나(런타임에서도) 선언이 가능하다.
- 익명으로 선언할 수 있다.
- 익명으로 선언한 함수도 함수나 메서드의 인자로 넘길 수 있다.

자바스크립트의 함수는 위 조건을 모두 만족하는 일급 함수다.

코드 1-39

```
// ❶
function f1() {}
var a = typeof f1 == 'function' ? f1 : function() {};

// ❷
function f2() {
  return function() {};
}

// ❸
(function(a, b) { return a + b; })(10, 5);
// 15

// ❹
function callAndAdd(a, b) {
  return a() + b();
}
callAndAdd(function() { return 10; }, function() { return 5; });
// 15
```

❶ f1은 함수를 값으로 다룰 수 있음을 보여준다. typeof 연산자를 사용하여 'function'인지 확인하고 변수 a에 f1을 담고 있다.

❷ f2는 함수를 리턴한다.

❸ a와 b를 더하는 익명 함수를 선언하였으며, a와 b에 각각 10, 5를 전달하여 즉시 실행했다.

❹ callAndAdd를 실행하면서 익명 함수들을 선언했고 바로 인자로 사용되었다. callAndAdd는 넘겨받은 함수 둘을 실행하여 결과들을 더한다.

함수는 언제든지 선언할 수 있고 인자로 사용할 수 있다. 또한 함수는 인자로 받은 함수를 실행할 수 있고, 함수를 리턴할 수 있다. 메서드를 가진 객체와 달리 자기 자신이 곧 기능인 함수는 보다 쉽게 참조할 수 있고 쉽게 전달할 수 있으며, 쉽게 실행할 수 있다. 함수로 기능을 동작시키는 것은 만들어 둔 클래스의 인스턴스를 생성하고 다루면서 기능을 동작시키는 것보다 간단하고 쉽다.

1.4.2 클로저

자바스크립트의 클로저는 꽤나 유명해서 많은 개발자들이 잘 알고 있을 것이다. 그래도 클로저에 대해서 다시 한번 잘 정리해 보자. 클로저에 대해 어느 정도 알고 있다고 할지라도 해당 내용을 건너뛰지 말길 바란다. 클로저는 함수형 자바스크립트에서 매우 중요하며 계속해서 활용되기 때문에 보다 정확한 이해가 필요하다.

스코프에 대한 개념을 잘 알고 있다면 이 글을 읽는 데 더욱 도움이 될 것이다. 스코프란 변수를 어디에서 어떻게 찾을지를 정한 규칙으로, 여기에서 다루는 스코프는 함수 단위의 변수 참조에 대한 것이다.

함수는 변수 참조 범위를 결정하는 중요한 기준이다. 함수가 중첩되어 있다면 스코프들 역시 중첩되어 생겨난다. (스코프에 대해 자세한 설명이 없음에 양해를 구한다. 스코프나 스코프 체인에 대해서는 다른 책이나 인터넷에도 정리가 잘 되어 있다. 여기서는 클로저의 개념과 동작에 집중하여 설명한다.)

클로저는 자신이 생성될 때의 환경을 기억하는 함수다.

이 말을 보다 실용적으로 표현해 보면 '클로저는 자신의 상위 스코프의 변수를 참조할 수 있다'고 할 수 있다. 맞는 말이지만 오해의 소지가 많은 표현이다. 오해의 소지를 좀 더 줄인 정의를 만들어 보면 다음 정도이다.

클로저는 자신이 생성될 때의 스코프에서 알 수 있었던 변수를 기억하는 함수다.

> **참고**
>
> 첫 번째 정의는 빌려온 표현인데 '때'와 '환경'이라는 단어를 사용한 이유가 있다. 일단 느낌적으로 설명하면 '때'는 생각하는 것보다 좀 더 길다. 이 '때'라는 표현 때문에 클로저가 기억하는 변수의 값이 변하지 않을 것이라고 오해하기 쉽다. 클로저가 기억하는 환경은 결국 변수이고 변수의 값은 언제나 그렇듯 변할 수 있다. 이것에 대해 유념하면서 예제를 살펴봐 주길 바란다.
>
> '환경'이란 단어가 쓰이는 이유는 참조 가능한 변수의 범위가 바로 위 스코프만은 아니기 때문일 것이다. 그래서 필자는 다소 추상적인 표현인 '환경'을 두 번째 정의에서 '스코프에서 알 수 있었던'으로 고쳐 보았다.
>
> 예제 없이 이를 모두 설명하긴 어렵고 글이 너무 길어질 것 같다. 단지 이런 표현들을 기억해 주길 바라서 짚어 보았다. 이 글이 충분히 이해가 되지 않아도 괜찮다. 단지 이 뉘앙스들을 기억해 두자.

자바스크립트의 모든 함수는 글로벌 스코프에 선언되거나 함수 안에서 선언된다. 자바스크립트의 모든 함수는 상위 스코프를 가지며 모든 함수는 자신이 정의되는 순간의(정의되는 곳의) 실행 컨텍스트 안에 있다. 자바스크립트의 모든 함수는 어느 곳에서 생성하든 어떤 방법으로 생성하든 자신이 생성될 때의 환경을 기억할 수 있다. 그렇다면 모든 함수는 곧 클로저일까?

관점에 따라 그렇게 해석하거나 정의하는 경우도 있다. 개인적으로는 클로저라는 용어에 담긴 속성이나 특징들을 모두 빠짐없이 가지고 있는 특별한 함수만을 클로저라고 칭하는 것이 옳다고 생각한다. 함수가 의미적으로나 실제적으로나 진짜 클로저가 되기 위한 가장 중요한 조건은 다음과 같다.

클로저로 만들 함수가 myfn이라면, myfn 내부에서 사용하고 있는 변수 중에 myfn 내부에서 선언되지 않은 변수가 있어야 한다. 그 변수를 a라고 한다면, a라는 이름의 변수가 myfn을 생성하는 스코프에서 선언되었거나 알 수 있어야 한다.

코드 1-40

```
function parent() {
  var a = 5;
  function myfn() {
    console.log(a);
  }
  //... 생략
}

// 혹은
function parent2() {
  var a = 5;
  function parent1() {
    function myfn() {
      console.log(a);
    }
    //... 생략
  }
  //... 생략
}
```

parent와 parent2의 myfn에서는 a라는 변수을 선언하지 않았지만 사용하고 있다. parent의 변수 a는 myfn을 생성하는 스코프에서 정의되었고 parent2의 변수 a는 myfn을 생성하는 스코프의 상위 스코프에 정의되었다.

위와 같은 조건을 충족시키지 않는다면 그 함수가 아무리 함수 안에서 선언되었다고 하더라도 일반 함수와 전혀 다를 바가 없다. 클로저가 기억할 환경이라는 것은 외부의 변수들밖에 없기 때문이다. (여기서 외부의 변수들이란 외부의 함수들도 포함한다.) 또한 자신의 상위 스코프에서 알 수 있는 변수를 자신이 사용하고 있지 않다면 그 환경을 기억해야 할 필요가 없다. (자바스크립트 엔진에 따라 기억하는 경우가 있지만 사용하지 않기에 의미가 없다.)

글로벌 스코프를 제외한 외부 스코프에 있었던 변수 중 클로저 혹은 다른 누군가가 참조하고 있지 않는 모든 변수는 실행 컨텍스트가 끝난 후 가비지 컬렉션 대상이 된다. 어떤 함수가 외부 스코프의 변수를 사용하지 않았고, 그래서 외부 스코프의 환경이 가비지 컬렉션 대상이 된다면 그렇게 내버려 두는 함수를 클로저라고 보기는 어렵다.

자바스크립트 엔진이 클로저와 관련하여 어떻게 동작하는가는 클로저에 대한 실제적인 관점이 될 것이다. 2016년을 기준으로 자바스크립트를 사용하는 대부분의 환경들에서는 특정 조건의 함수만 클로저가 된다. 클로저 생성에 대해서는 V8 > 파이어폭스 > 사파리 등의 순으로 최적화가 잘 되어 있다. V8은 크롬, Node.js, 오페라 등에서 사용하고 있다. 우선 V8과 파이어폭스는 내부 함수가 사용하는 변수 중 외부 스코프의 변수가 하나도 없는 경우에는 클로저가 되지 않는다. 또한 클로저가 된 경우에도 자신이 사용한 변수만 기억하며 외부 스코프의 나머지 변수는 전혀 기억하지 않는다. 2016년을 기준으로 자바스크립트가 가장 많이 사용되는 환경은 Node.js와 크롬일 텐데, V8에서 특히 클로저에 대한 최적화가 잘 되어 있어 클로저를 사용하는 데 부담이 적다. 그 외의 환경에서도 클로저를 외부로 리턴하여 지속적으로 참조해야만 메모리에 남는다. 그렇지 않다면 모두 가비지 컬렉션 대상이 된다.

앞서 29쪽 정의에서는 문장이 너무 길면 이해가 어렵고 복잡할 것 같아 짧게 표현했었다. 내용을 좀 더 정확하게 정의해 보면 다음과 같다.

클로저는 자신이 생성될 때의 스코프에서 알 수 있었던 변수 중 언젠가 자신이 실행될 때 사용할 변수들만 기억하여 유지시키는 함수다.

예제들을 통해 클로저에 대해 더 자세히 확인해 보자.

코드 1-41

```
var a = 10;
var b = 20;
function f1() {
  return a + b;
}
f1();
// 30
```

f1의 실행 결과가 30으로 나오는 것으로 보아 f1에서 a와 b를 참조할 수 있는 것으로 보인다.

이 예제에서 f1은 클로저일까? 결론부터 말하면 클로저가 아니다. 일단 f1은 클로저처럼 외부 변수를 참조하여 결과를 만든다. 게다가 상위 스코프의 변수를 사용하고 있으므로 앞서 강조했던 조건을 모두 충족시키고 있다. 그런데 왜 클로저가 아니라는 걸까?

글로벌 스코프에서 선언된 모든 변수는 그 변수를 사용하는 함수가 있는지 없는지와 관계없이 유지된다. a와 b 변수가 f1에 의해 사라지지 못하는 상황이 아니므로 f1은 클로저가 아니다.

그렇다면 클로저는 '함수 안에서 함수가 생성될 때'만 생성된다고 할 수 있을까? 그렇지 않다. 웹 브라우저에서는 함수 내부가 아니라면 모두 글로벌 스코프지만, 요즘 자바스크립트에서는 함수 내부가 아니면서 글로벌 스코프도 아닌 경우가 있다. Node.js가 그렇다. Node.js에서 사용하는 js 파일 하나의 스코프는 글로벌 스코프가 아니다. 그러므로 만일 해당 예제와 동일한 코드가 브라우저가 아닌 Node.js에서 사용할 특정 js 파일에 작성되어 있었다면 f1은 클로저다.

코드 1-42

```
function f2() {
  var a = 10;
  var b = 20;
  function f3(c, d) {
    return c + d;
  }
  return f3;
}
var f4 = f2();
f4(5, 7);
// 12
```

코드 1-42에 클로저가 있을까? 특히 f3처럼 함수 안에서 함수를 리턴하면 클로저처럼 보인다. 하지만 이 코드의 f4에 담긴 f3도 클로저가 아니다.

f3은 f2 안에서 생성되었고 f3 바로 위에는 a, b라는 지역 변수도 있다. 하지만 f3 안에서 사용하고 있는 변수는 c, d이고 두 변수는 모두 f3에서 정의되었다. 자신이 생성될 때의 스코프가 알고 있는 변수 a, b는 사용하지 않았다. 그러므로 f3이 기억해야 할 변수는 하나도 없다. 자신이 스스로 정의한 c, d는 f3이 실행되고 나면 없어진다. 다시 실행되면 c, d를 다시 생성하고 리턴 후에 변수는 사라진다. f3은 기억해 두는 환경도 변수도 없다. 그러므로 클로저가 아니다. f2에서 정의된

a와 b는 f2에서만 쓰였을 뿐이다. f2 안에 f3이 있지만 f3에는 a, b가 없다. 이 점이 중요하다. a와 b는 기억될 필요가 없으므로 f2가 실행되고 나면 사라진다.

f3이 클로저가 아닌 것은 자바스크립트로 프로그래밍을 하는 데 있어서 너무나다행이고 당연한 일이다. 만일 f3이 클로저라면 거의 모든 함수가 클로저일 것이고, 가비지 컬렉터가 메모리를 해제할 수 있는 대상도 없을 것이다.

코드 1-43

```
function f4() {
  var a = 10;
  var b = 20;
  function f5() {
    return a + b;
  }
  return f5();
}
f4();
// 30
```

그렇다면 코드 1-43에는 클로저가 있을까? 정확한 표현은 '있었다'가 되겠다. 결과적으로는 클로저는 없다고 볼 수 있다.

f4가 실행되고 a, b가 할당된 후 f5가 정의된다. 그리고 f5에서는 a, b가 사용되고 있으므로 f5는 자신이 생성된 환경을 기억하는 클로저가 된다. 그런데 f4의 마지막 라인을 보면 f5를 실행하여 리턴한다. 결국 f5를 참조하고 있는 곳이 어디에도 없기 때문에 f5는 사라지고, f5가 사라지면 a, b도 사라질 수 있기에 클로저는 f4가 실행되는 사이에만 생겼다가 사라진다.

혹시 그동안 내부에 함수를 정의하여 외부 변수를 참조하는 것만으로 클로저가 될 것 같아 함수 내부에서 함수를 정의하는 것을 꺼렸다면, 그것만으로는 클로저가 되지 않으니 마음껏 사용해도 된다. 이런 부분들을 잘 숙지해 두면 더욱 편하게 프로그래밍을 할 수 있다.

코드 1-44

```
function f6() {
  var a = 10;
  function f7(b) {
    return a + b;
  }
  return f7;
}
var f8 = f6();
f8(20);
// 30
f8(10);
// 20
```

드디어 클로저를 만났다. f7은 진짜 클로저다. 이제 a는 사라지지 않는다. f7이 a
를 사용하기에 a를 기억해야 하고 f7이 f8에 담겼기 때문에 클로저가 되었다. 원
래대로라면 f6의 지역 변수는 모두 사라져야 하지만 f6 실행이 끝났어도 f7이 a를
기억하는 클로저가 되었기 때문에 a는 사라지지 않으며, f8을 실행할 때마다 새로
운 변수인 b 함께 사용되어 결과를 만든다. (여기서도 만약 f6의 실행 결과인 f7을
f8에 담지 않았다면 f7은 클로저가 되지 않는다.)

혹시 위 상황에 메모리 누수가 있다고 볼 수 있을까? 그렇지 않다. 메모리가 해제
되지 않는 것과 메모리 누수는 다르다. 메모리 누수는 메모리가 해제되지 않을 때
일어나는 것은 맞지만, 위 상황을 메모리 누수라고 할 수는 없다. 위 상황은 개발
자가 의도한 것이기 때문이다. a는 한 번 생겨날 뿐, 계속해서 생겨나거나 하지 않
는다.

메모리 누수란 개발자가 '의도하지 않았는데' 메모리가 해제되지 않고 계속 남
는 것을 말하며, 메모리 누수가 지속적으로 반복될 때는 치명적인 문제를 만든다.
계속해서 모르는 사이에 새어 나가야 누수라고 할 수 있다.

어쨌든 코드 1-44는 f8이 아무리 많이 실행되더라도 이미 할당된 a가 그대로 유
지되기 때문에 메모리 누수는 일어나지 않는다. 이와 같은 패턴도 필요한 상황에
잘 선택하여 얼마든지 사용해도 된다.

코드 1-45

```
function f9() {
  var a = 10;
  var f10 = function(c) {
    return a + b + c;
  };
  var b = 20;
  return f10;
}
var f11 = f9();
f11(30);
// 60
```

위 예제의 결과는 어떻게 나올까? 혹시 에러가 날까? f11(30)의 실행 결과는 60이
다. 10 + 20 + 30이 되어 60이 나온다. 클로저는 자신이 생성될 '때'의 스코프에
서 알 수 있었던 변수를 기억하는 함수라고 했었는데, 여기서 '때'는 생각하는 것
보다 조금 길다고 했다. 이 예제는 그것을 보여 주는 예제다. 그리고 '스코프에
서 알 수 있었던'이라고 했었는데 그것의 일부도 이 예제에서 설명된다.

f10에는 익명 함수를 담았다. (f10의 정의를 function f10(c) { ... }로 해도

위 예제는 정상 동작한다.) 해당 예제에서 f10이 생성되기 딱 이전 시점에는 b가 20으로 초기화되지 않았다. 클로저는 자신이 생성되는 스코프의 모든 라인, 어느 곳에서 선언된 변수든지 참조하고 기억할 수 있다. 그리고 그것은 변수이기에 클로저가 생성된 이후 언제라도 그 값은 변경될 수 있다. (해당 예제에서 일어나는 일들의 과정에는 호이스팅도 연관이 있으나 함께 설명하려면 예제가 너무 길어질 것 같아 여기서 설명하지는 않았다. 호이스팅에 대해서는 2.2절에서 보고 필요하다면 다시 와서 확인해 보자.)

- '때가 조금 길다'
- '스코프에서 알 수 있었던'

"때가 조금 길다"고 했던 이유는, 여기서 말하는 '때'가 함수가 생성이 되는 라인이나 그 이전을 의미하는 것이 아니라 그 스코프가 실행되고 있는 컨텍스트 전체를 말하기 때문이다. 이 안에서 비동기가 일어나면 더욱 길어지기도 할 것이다. 간혹 클로저를 설명할 때 캡처라는 단어를 사용하기도 하는데 이는 오해를 일으킬 만하다.

여기서 그 스코프는 함수일 수 있다. 만일 함수라면 함수가 실행될 때마다 그 스코프의 환경은 새로 만들어진다. 클로저 자신이 생성될 '때의 스코프에서 알 수 있었던'의 의미는 '클로저가 생성되고 있는 이번 실행 컨텍스트에서 알 수 있었던'이라는 의미다. '이번 실행 컨텍스트'라고 표현한 것은 그것이 계속해서 다시 발생하는 실행 컨텍스트이기 때문이고, 자신의 부모 스코프의 실행 컨텍스트도 특정 시점 안에 있는 것이기 때문에 '있었던'이라는 시점을 담은 표현으로 설명했다.

클로저에는 시점과 연관된 이야기가 많다. '흔한 클로저 실수' 예제인 for문에서 i가 바뀌는 예제도 시점과 관련된 이야기이다. 이 책에서도 잠깐 '흔한 클로저 실수' 예제를 다루는데, 해결법과 관점이 조금 다르다. 함수형 프로그래밍을 하면 애초에 for문을 사용하지 않아서 해당 실수를 할 일이 거의 없기 때문이다.

다시 한번 클로저를 조금 더 풀어서 정의해 보자.

클로저는 자신이 생성되는 스코프의 실행 컨텍스트에서 만들어졌거나 알 수 있었던 변수 중 언젠가 자신이 실행될 때 사용할 변수들만 기억하는 함수이다. 클로저가 기억하는 변수의 값은 언제든지 남이나 자신에 의해 변경될 수 있다.

1.4.3 클로저의 실용 사례

클로저를 가르쳐 주는 많은 예제를 보면 은닉으로 끝나는 경우가 많다. 클로저의 강력함이나 실용성은 사실 은닉에 있지 않다. 은닉은 의미 있는 기술이자 개념이지만 은닉 자체가 달성해야 하는 과제이거나 목적은 아니다. 사실 클로저가 정말로 강력하고 실용적인 상황은 따로 있다.

- 이전 상황을 나중에 일어날 상황과 이어 나갈 때
- 함수로 함수를 만들거나 부분 적용을 할 때

이 중에서 '이전 상황을 나중에 일어날 상황과 이어 나갈 때'란 다음을 의미한다.

이벤트 리스너로 함수를 넘기기 이전에 알 수 있던 상황들을 변수에 담아 클로저로 만들어 기억해 두면, 이벤트가 발생되어 클로저가 실행되었을 때 기억해 두었던 변수들로 이전 상황들을 이어갈 수 있다. 콜백 패턴에서도 마찬가지로 콜백으로 함수를 넘기기 이전 상황을 클로저로 만들어 기억해 두는 식으로 이전의 상황들을 이어 갈 수 있다.

아래 예제는 jQuery와 Underscore.js가 있다고 가정했다.

코드 1-46 팔로잉 버튼

```
<div class="user-list"></div>

<script>
var users = [
  { id: 1, name: "HA", age: 25 },
  { id: 2, name: "PJ", age: 28 },
  { id: 3, name: "JE", age: 27 }
];

$('.user-list').append(
  _.map(users, function(user) { // ❶ 이 함수는 클로저가 아니다.
    var button = $('<button>').text(user.name); // ❷
    button.click(function() { // ❸ 계속 유지되는 클로저 (내부에서 user를 사용했다.)
      if (confirm(user.name + "님을 팔로잉 하시겠습니까?")) follow(user); // ❹
    });
    return button; // ❺
  }));

function follow(user) {
  $.post('/follow', { user_id: user.id }, function() { // ❻ 클로저가 되었다가
                                                       // 없어지는 클로저
    alert("이제 " + user.name + "님의 소식을 보실 수 있습니다.");
  });
}
</script>
```

이 예제는 앞서 말한 클로저의 실용성을 충분히 설명해 준다. users를 통해 버튼들을 만들어 화면에 그려 주었고, 버튼을 클릭하면 리스너에 기억된 user를 팔로잉하게 된다. 예제에서 클로저가 되는 함수는 위에서 표시한 3, 6 두 개의 익명 함수다. 각각이 클로저 조건에 어떻게 부합하는지, 예제를 보면서 생각해 보자.

1. ❶과 ❺를 보면 users로 _.map을 실행하면서 user마다 버튼으로 바꿔 준 배열을 리턴하고 있다. 그렇게 만들어진 버튼 배열은 바로 $('.user-list').append에 넘겨져 화면에 그려진다.

2. ❷에서 button을 생성하면서 user.name을 새겼다. _.map이 보조 함수를 user마다 각각 실행해 주기 때문에 user 하나에 대한 코드만 생각하면 된다.

3. ❸에서는 클릭 이벤트를 달면서 익명 함수를 생성했고 그 함수는 클로저가 된다.

4. ❸에서 생성된 클로저는 ❶의 익명 함수의 실행 컨텍스트에서의 환경을 기억한다. 그중 기억하고 있는 외부 변수는 내부에서 사용하고 있는 user뿐이다. ❸에서 클로저를 만들 때의 컨텍스트는 해당 번째 user를 알고 있었다. 그 user는 외부에서 인자로 선언되었고 ❸의 내부에서 사용하기 때문에 클로저가 되어 기억하고 유지시킨다. 나중에 클릭을 통해 이 클로저가 실행되면 자신이 기억하고 있던 user를 이용해 ❶을 실행했을 때의 흐름을 이어 간다.

5. ❹에서 user.name으로 confirm을 띄우고 기억해 둔 user를 follow 함수에게 넘긴다.

6. follow 함수는 user를 받는다. 어떤 button을 클릭하든지 그에 맞는 user가 넘어온다.

7. ❻에서는 $.post를 실행하면서 콜백 함수로 클로저를 만들어 넘겼다. 이 클로저는 방금 follow가 실행되었을 때의 환경을 기억한다. 서버가 응답을 주어 콜백 함수가 실행되고 나면 기억하고 있던 user를 통해 흐름을 이어 간다.

4번과 7번 내용은 앞서 설명했던 클로저의 실용 사례 중 '1. 이전 상황을 나중에 일어날 상황과 이어 갈 때'를 보여준다. 이 사례는 굉장히 일반적인 사례이며, 이러한 사례를 지탱하고 있는 기술이 클로저였다는 점을 강조하고 싶다. 위 상황을 좀 더 세밀하게 펼쳐 놓고 이해하는 것이 중요하다. 그러면 앞으로 어떤 프레임워크나 라이브러리를 만나더라도 라이브러리 내부 코드의 상황을 쉽게 연결할 수 있을 것이다.

코드 1-46에는 아주 재밌는 부분이 있다. 흔한 클로저 실수 사례를 잘 알고 있는 독자라면 코드 1-46에서 for + click을 해결하기 위한 별도의 코드가 없다는 것을 눈치챘을 것이다. for문을 돌면서 click 이벤트에 리스너를 등록할 경우 i++(상태 변화) 때문에 지역 변수의 값이 먼저 변해서 에러가 나는데, 해당 예제에서는 별도의 일을 하지 않고도 잘 동작하고 있다. 이미 i 값이 변할 때마다 _.map 함수가 iteratee를 실행하여 항상 새로운 실행 컨텍스트를 만들어 주기 때문이다.

_.map과 같은 함수는 동시성이 생길 만한 상황이더라도, 상태 변화로 인한 부수 효과로부터 자유롭고 편하게 프로그래밍할 수 있도록 해 준다. 함수형 프로그래밍은 서로 다른 실행 컨텍스트에 영향을 줄 수 있을 만한 상태 공유나 상태 변화를 만들지 않는 것이 목표에 가깝고, 이런 함수형 프로그래밍의 특성은 '흔한 클로저 실수'와 같은 문제들을 애초에 차단한다.

다음 코드 1-47는 이러한 점을 설명하는 내용이다. let 활용을 통한 해결 사례는 제외했다.

코드 1-47

```
// 1. 흔한 클로저 실수 - 어떤 버튼을 클릭해도 JE
var buttons = [];
for (var i = 0; i < users.length; i++) {
  var user = users[i];
  buttons.push($('<button>').text(user.name).click(function() {
    console.log(user.name);
  }));
}
$('.user-list').append(buttons);

// 2. 절차지향적 해결 - 어차피 함수의 도움을 받아야 함, 각각 다른 이름이 잘 나옴
var buttons = [];
for (var i = 0; i < users.length; i++) {
  (function(user) {
    buttons.push($('<button>').text(user.name).click(function() {
      console.log(user.name);
    }));
  })(users[i]);
}
$('.user-list').append(buttons);

// 3. 함수적 해결 - 깔끔한 코드는 덤
$('.user-list').append(
  _.map(users, function(user) {
    return $('<button>').text(user.name).click(function() {
      console.log(user.name);
    });
  }));
```

1.4.4 클로저를 많이 사용하라!

지금까지 클로저에 대해 알아보았다. 클로저는 어려운 듯하지만 사실 별로 어렵지 않으며 오히려 간단하다. 간단한 사용법을 가지고 있는 클로저는 자바스크립트에서 절차지향 프로그래밍, 객체지향 프로그래밍, 함수형 프로그래밍 모두를 지탱하는 매우 중요한 기능이자 개념이다. 서로 분리된 컨텍스트나 객체를 이토록 쉬운 개념으로 이어줄 수 있다는 것이 너무나 강력하고 아름답게 느껴진다.

 분명 클로저는 메모리 누수 같은 위험성을 가지고 있다. 그러나 메모리 누수나 성능 저하의 문제는 클로저의 단점이나 문제가 아니다. 무턱대고 성능상 문제가 있으니 조심해야 한다는 말은 클로저를 적극적으로 사용하면 안 될 것처럼 생각하게 만든다. 필자는 오히려 클로저를 마음껏 쓰라고 추천하고 싶다. 조심하라는 표현보다는 정확하게 사용해야 한다는 표현이 더욱 적합하며, 사실 이것은 생각보다 어렵지 않다. 자꾸 사용하다 보면 그리 어렵지 않게 정확한 사용법을 알게 될 것이다. 그러고 나면 클로저와 관련된 이야기들이 문제로 느껴지지 않을 것이다. 오히려 메모리 누수가 일어나지 않는 로직 설계법을 더욱 깨우치게 되고, 클로저를 활용한 아름다운 패턴들도 자연스럽게 알게 될 것이다.

 무조건 많이 사용하기를 권한다. 문제가 일어나면 그때 해결하면 된다. 그리고 사실 웬만해서는 문제를 일으키지 않을 것이다.

1.4.5 고차 함수

이 책에서 고차 함수에 대해서 정의하는 것은 처음이지만, 이미 1.1, 1.2, 1.3절에서 다양한 고차 함수들을 만들고 사용해 보았다. 고차 함수란, 함수를 다루는 함수를 말한다. 함수를 다룬다는 것은 다음과 같은 것들을 말한다.

1. 함수를 인자로 받아 대신 실행하는 함수
2. 함수를 리턴하는 함수
3. 함수를 인자로 받아서 또 다른 함수를 리턴하는 함수

사실상 함수형 프로그래밍의 절반은 '고차 함수를 적극적으로 활용하는 프로그래밍'이라고도 할 수 있다. 유명한 고차 함수들로는 _.map, _.filter, _.reduce 등이 있고, 이 책에서는 계속해서 다양한 고차 함수들을 소개할 것이다. 여기서는 어떤 함수를 고차 함수라고 하는지 정도를 정리해 보자.

 우선 함수를 인자로 받아서 대신 실행하는 함수는 1.2, 1.3절에서도 만들어 보았던 _.map, _.filter 등과 같은 함수다. 이런 함수들은 함수를 인자로 받아 대

신 실행해 준다. 이런 함수들은 받은 함수를 한 번만 실행하기도 하고 _.map,
_.filter처럼 여러 번 실행하기도 한다.

아래는 함수를 인자로 받아 대신 실행하는 함수다.

코드 1-48 함수를 인자로 받아 대신 실행하는 함수

```
function callWith10(val, func) {
  return func(10, val);
}
function add(a, b) {
  return a + b;
}
function sub(a, b) {
  return a - b;
}
callWith10(20, add);
// 30
callWith10(5, sub);
// 5
```

여기서 add와 sub는 일반 함수다. 함수를 인자로 받거나 함수를 리턴하지 않기 때
문이다. callWith10은 고차 함수다. 함수를 받아 내부에서 대신 실행하기 때문이
다. func라는 이름의 인자로 add나 sub 함수를 받아, 역시 인자로 받았던 val과 함
께 10을 인자로 넘기면서 대신 실행한다.

> **참고**
>
> 함수형 프로그래밍은 함수에 인자를 언제 어떻게 적용할 것인가, 함수를 인자로 언제 어떻게 적
> 용할 것인가, 인자로 받은 함수를 언제 어디서 평가할 것인가 대한 이야기이기도 하다. 응용형
> 함수, 부분 적용(partial application), 커링(currying), 고차 함수(higher-order function) 등
> 은 모두 인자와 관련한 함수형 프로그래밍의 특징들이다.
>
> 코드 1-48에서 callWith10는 고차 함수이자 응용형 함수다. 응용형 프로그래밍(applica-
> tive programming)은 함수를 인자로 받아 내부에서 실행하면서, 받아 둔 함수에 자신이 알고
> 있는 값을 인자로 적용하는 식으로 이루어진다. 대표적인 응용형 함수는 map, filter, reduce
> 등이다. 응용형 프로그래밍은 함수형 프로그래밍의 중요한 특징 중 하나이다. 우리는 1.2, 1.3
> 절에서 이미 응용형 함수들인 map, filter, find 등을 만들어 보았다. 그리고 _.compose 함수
> 를 이용하여 함수를 합성해 보기도 했다.
>
> 함수형 프로그래밍은 응용형 함수와 고차 함수들을 만들고, 클로저, 인자 합성 등의 함수 기
> 능을 충분히 활용하여 부분 적용, 함수 합성, 함수를 다루는 함수들을 만들어간다. 이것들로 더
> 많은 함수를 만들고 조합하고 연속적으로 실행하고 응용(applicative) 하면서, 점진적으로 사
> 람이 이해하기 좋은 함수들로 발전시켜 나간다.

이번에는 함수를 리턴하는 함수를 확인해 보자. 이미 함수를 리턴하는 함수도 보았었다. 1.1절에서 봤던 addMaker와 같은 함수다. constant 함수는 '이런 걸 어디에 쓸까' 싶을 수 있지만 정말 많이 사용되는 함수이기도 하다.

코드 1-49 함수를 리턴하는 함수

```
function constant(val) {
  return function() {
    return val;
  }
}

var always10 = constant(10);

always10();
// 10
always10();
// 10
always10();
// 10
```

constant 함수는 실행 당시 받았던 10이라는 값을 받아 내부에서 익명 함수를 클로저로 만들어 val을 기억하게 만든 후 리턴한다. 리턴된 함수에는 always10이라는 이름을 지어주었다. always10을 실행하면 항상 10을 리턴한다. constant처럼 함수를 리턴하는 함수도 고차 함수다.

　이번에는 constant처럼 함수를 리턴하는 기법과 callWith10과 같이 인자로 받은 함수를 대신 실행해 주는 기법이 모두 등장하게끔 조합해 보자.

코드 1-50 함수를 대신 실행하는 함수를 리턴하는 함수

```
function callWith(val1) {
  return function(val2, func) {
    return func(val1, val2);
  }
}

var callWith10 = callWith(10);
callWith10(20, add);
// 30

var callWith5 = callWith(5);
callWith5(5, sub);
// 0
```

여기서는 callWith라는 함수를 만들었다. callWith는 함수를 리턴하는 함수다. val1을 받아서 val1을 기억하는 함수를 리턴했다. 리턴된 그 함수는 이후에 val2와 func를 받아 대신 func를 실행해 준다. callWith에 10을 넣어 앞서 만들었던

callWith10과 동일하게 동작하는 함수를 만들었다. 이제는 callWith를 이용해 callWith5든 callWith30든 만들 수 있다. 함수를 리턴하는 함수를 사용할 경우 다음처럼 변수에 담지 않고 바로 실행해도 된다.

코드 1-51 괄호 두번

```
callWith(30)(20, add);
// 50

callWith(20)(20, sub);
// 0
```

callWith가 callWith10이 아닌 callWith가 되어 또 다른 가능성이 생겼다. 숫자가 아닌 값도 활용이 가능하다.

코드 1-52

```
callWith([1, 2, 3])(function(v) { return v * 10; }, _.map);
// [10, 20, 30]

_.get = function(list, idx) {
  return list[idx];
};
var callWithUsers = callWith([
  { id: 2, name: "HA", age: 25 },
  { id: 4, name: "PJ", age: 28 },
  { id: 5, name: "JE", age: 27 }
]);

callWithUsers(2, _.get);
// { id: 5, name: "JE", age: 27 }

callWithUsers(function(user) {
  return user.age > 25;
}, _.find);
// { id: 4, name: "PJ", age: 28 }

callWithUsers(function(user) {
  return user.age > 25;
}, _.filter);
// [{ id: 4, name: "PJ", age: 28 },
//  { id: 5, name: "JE", age: 27 }];

callWithUsers(function(user) {
  return user.age > 25;
}, _.some);
// true

callWithUsers(function(user) {
  return user.age > 25;
}, _.every);
// false
```

1.2, 1.3절에서 연산자 대신 함수로, 값 대신 함수로 등의 사례를 확인했었는데, 이번에는 변수 대신 인자를 통한 활용을 확인해 봤다. 앞의 코드에서는 변수를 선언하는 대신, 함수의 요소인 인자를 활용하여 더 많은 가능성을 열었다.

함수형 프로그래밍은 함수의 응용을 중시하는 프로그래밍이다. 코드 1-52가 특별하거나 실용성이 있는 코드는 아니다. 그렇지만 함수로 함수를 실행하는 기법과 함수로 함수를 만드는 기법이 있다는 것을 눈으로 잘 익혀 두고, 함수를 실행하는 것 외에도 다루는 기법이 있음을 기억하자.

1.4.6 콜백 함수라 잘못 불리는 보조 함수

콜백 함수를 받아 자신이 해야 할 일을 모두 끝낸 후 결과를 되돌려 주는 함수도 고차 함수다. 보통은 비동기가 일어나는 상황에서 사용되며 콜백 함수를 통해 다시 원래 위치로 돌아오기 위해 사용되는 패턴이다. 콜백 패턴은 클로저 등과 함께 사용할 수 있는 매우 강력한 표현이자 비동기 프로그래밍에 있어 없어서는 안 될 매우 중요한 패턴이다. 콜백 패턴은 끝이 나면 컨텍스트를 다시 돌려주는 단순한 협업 로직을 가진다.

필자는 위 경우만을 '콜백' 함수라고 부르는 것이 맞다고 생각한다. 컨텍스트를 다시 돌려주는 역할을 가졌기 때문에 callback이라고 함수 이름을 지은 것이다. 인자로 사용된 모든 함수를, 혹은 익명 함수가 넘겨지고 있는 모양을 보면 무조건 모두 '콜백' 함수라고 칭하는 경향이 있다. 콜백 함수는 반드시 익명 함수일 필요가 없을 뿐 아니라, 익명 함수가 넘어가는 모양을 가졌다고 반드시 콜백 함수는 아니다.

button.click(function() {})과 같은 코드의 익명 함수도 콜백 함수라고 표현되는 것을 많이 보았지만, 이 익명 함수는 '이벤트 리스너'라고 칭하는 것이 적합하다. 함수가 고차 함수에서 쓰이는 역할의 이름으로 불러주면 된다. _.each([1, 2, 3], function() {})에서의 익명 함수는 callback이 아니라 iteratee이며 _.filter(users, function() {})에서의 익명 함수는 predicate다. callback은 종료가 되었을 때 단 한 번 실행되지만 iteratee나 predicate, listener 등은 종료될 때 실행되지 않으며 상황에 따라 여러 번 실행되기도 하고 각각 다른 역할을 한다.

표현의 제약은 상상력에도 제약을 만든다. 모든 익명 함수는 콜백 함수가 아니다. 다양한 로직을 가진 각기 다른 고차 함수들을 만들 수 있고, 그 함수에서 사용될 보조 함수에게도 역할에 가장 맞는 이름이 있는 것이 좋다. 함수형 자바스크립트를 더 재밌고 풍성하게 다루려면 재밌고 유용한 고차 함수를 많이 만들어야 한다. 고차 함수가 많다는 얘기는 그만큼 보조 함수의 역할도 다양할 수 있다는 얘기가 된다.

또한 함수형 자바스크립트 라이브러리 등을 공부할 때는 고차 함수를 익히는 것도 중요하지만, 보조 함수의 역할, 인자 개수 등의 스펙을 정확히 아는 것이 좋다. 알수록 활용 사례도 더욱 풍성해진다. 보조 함수가 오히려 고차 함수보다 중요한 역할을 할 때도 많다. 모든 익명 함수를 콜백 함수라고 부르지 않고 보조 함수가 더욱 특별한 역할을 할 수 있도록 프로그래밍을 하다 보면 더 새롭고 재밌는 사례들을 많이 만날 수 있다.

1.4.7 함수를 리턴하는 함수와 부분 적용

앞서 곳곳에서 미리 필요한 인자를 넘겨 두고 그 인자를 기억하는 클로저를 리턴하는 함수들을 확인했다. addMaker, bvalue, bmatch, callWith와 같은 함수들은 약속된 개수의 인자를 미리 받아 둔다. 그 후 클로저로 만들어진 함수가 추가적으로 인자를 받아 로직을 완성해 나가는 패턴을 갖는다. 이와 유사한 기법들로 bind, curry, partial 등이 있다. 이런 기법들을 통틀어 칭하는 특별한 용어는 없지만 다음과 같은 공통점을 갖는다.

'기억하는 인자 혹은 변수가 있는 클로저'를 리턴한다.

함수형 자바스크립트에서 함수를 리턴하는 함수의 실용성은 꽤 높다.

> **참고**
>
> 관련 용어로 Partial application, Currying 등이 있지만, 위와 같은 것을 통칭하는 용어는 찾지 못했다. 이 책에서는 보통 Partial application을 지칭하기 위해 '부분 적용'이라는 표현을 사용하지만, 인자가 미리 부분적으로 적용되었다는 좀 더 포괄적인 의미로 사용하기도 한다.

bind는 this와 인자들이 부분적으로 적용된 함수를 리턴한다. bind의 경우 인자보다는 주로 함수 안에서 사용될 this를 적용해 두는데 많이 사용한다. 그 이유는 아마 this 적용을 스킵할 수 없다는 점과 인자의 부분 적용을 왼쪽에서부터 순서대로만 할 수 있는 점 때문일 것이다.

코드 1-53 bind

```
function add(a, b) {
  return a + b;
}

var add10 = add.bind(null, 10);
add10(20);
// 30
```

bind는 첫 번째 인자로 bind가 리턴할 함수에서 사용될 this를 받는다. 두 번째 인자부터 함수에 미리 적용될 인자들이다. 인자를 미리 적용해 두기 위해 this로 사용될 첫 번째 인자에 null을 넣은 후 10을 넣었다. add10과 같이 this를 사용하지 않는 함수이면서 왼쪽에서부터 순서대로만 인자를 적용하면 되는 상황에서는 원하는 결과를 얻을 수 있다. bind의 아쉬운 점은 두 가지다. 인자를 왼쪽에서부터 순서대로만 적용할 수 있다는 점과 bind를 한 번 실행한 함수의 this는 무엇을 적용해 두었든 앞으로 바꿀 수 없다는 점이다.

많은 자바스크립트 개발자들이 bind에서 this가 제외된 버전의 curry를 만들어 좀 더 간결한 코드를 제안했다. 잘 구현된 사례로 Lodash의 _.curry가 있다. _.curry는 함수가 필요로 하는 인자의 개수가 모두 채워질 때까지는 실행이 되지 않다가 인자의 수가 모두 채워지는 시점에 실행된다. _.curry는 bind와 달리 this를 제외하고 인자만 적용해 둘 수 있어 좀 더 간결하게 코딩할 수 있고, 이후에 this를 적용할 수 있다는 점에서 bind보다 낫다.

그러나 커링은 인자의 수나 형이 명확하게 정해지지 않은 함수와는 잘 맞지 않는다. 자바스크립트에서는 인자 개수를 동적으로 사용하는 기법이 종종 사용되기 때문에 커링과 잘 어울리지 않는 편이다. Lodash의 _.curry는 옵션으로 함수를 실행시킬 최소 인자 개수를 받기도 하지만 숫자만으로 제어해야 해서 조심히 다뤄야 하며 이것만으로는 대응하지 못하는 경우들이 있다. 필자는 커링이 자바스크립트의 유연성과는 잘 어울리지 않는다고 생각한다. 이 책에서는 실용성이 다소 떨어지는 커링에 대해서는 설명하지 않는다. 『함수형 자바스크립트』(한빛미디어, 2014)의 저자인 마이클 포거스도 '자바스크립트에서는 커링보다는 부분 적용이 더 실용적'이라고 말한다. 자바스크립트에서의 커링 예제를 확인하고자 한다면 Lodash의 웹 사이트에서 확인할 수 있다.

bind는 왼쪽에서부터 원하는 만큼의 인자를 지정해 둘 수 있지만 원하는 지점을 비워 두고 적용할 수는 없다. 예를 들어 어떤 함수가 필요로 하는 인자가 3개가 있는데 그중 두 번째 인자만을 적용해 두고 싶다면 bind로는 이것을 할 수 없다.

이러한 점을 개선한 방식이 있는데 바로 partial이다. 다음은 『자바스크립트 닌자 비급』에서 존 레식이 소개했던 partial 코드이다.

코드 1-54 존 레식의 partial

```
Function.prototype.partial = function() {
  var fn = this, args = Array.prototype.slice.call(arguments); // ❶
  return function() { // ❷
    var arg = 0;
    for (var i = 0; i < args.length && arg < arguments.length; i++) // ❺
      if (args[i] === undefined) args[i] = arguments[arg++]; // ❻
    return fn.apply(this, args);
  };
};

function abc(a, b, c) {
  console.log(a, b, c);
}

var ac = abc.partial(undefined, 'b', undefined); // ❸
ac('a', 'c'); // ❹
// a b c
```

❶ 우선 partial이 실행되면 fn에 자기 자신인 this를 담는다. 여기서 자기 자신은 abc 같은 함수다. args에는 partial이 실행될 때 넘어온 인자들을 배열로 변경하여 args에 담아 둔다. ❷ fn과 args는 리턴된 익명 함수가 기억하게 되므로 지워지지 않는다. ❸ abc.partial을 실행할 때 첫 번째 인자와 세 번째 인자로 넘긴 undefined 자리는 나중에 ac가 실행될 때 채워질 것이다. ❹ ac를 실행하면서 넘긴 'a'와 'c'는 ❺ 리턴된 익명 함수의 arguments에 담겨 있다. ❻ for를 돌면서 미리 받아 두었던 args에 undefined가 들어 있던 자리를 arguments에서 앞에서부터 꺼내면서 모두 채운다. 다 채우고 나면 미리 받아 두었던 fn을 apply로 실행하면서 인자들을 배열로 넘긴다.

사실 partial은 구현이 잘 된 것은 아니다. 함수의 인자로 undefined를 사용하고 싶을 수도 있는데 undefined가 인자를 비워 두기 위한 구분자로 사용되고 있기 때문에, undefined를 미리 적용하고 싶다면 방법이 없다. 또한 초기에 partial을 실행할 때 나중에 실제로 실행될 함수에서 사용할 인자의 개수만큼 꼭 미리 채워 놓아야만 한다. 만일 개수를 채워 놓지 않으면 아래와 같이 동작한다.

코드 1-55

```
var ac2 = abc.partial(undefined, 'b');
ac2('a', 'c');
// a c undefined
```

이처럼 partial이 가진 제약은 '인자 개수 동적으로 사용하기'나 'arguments 객체 활용'과 같은 자바스크립트의 유연함을 반영하지 못한다는 점에서 특히 아쉽다.

이렇다면 커링에 비해 특별히 좋을 것이 없다. 자바스크립트에서는 함수 상단 부에서 정의해 둔 인자 개수보다 적게 인자를 넘기거나 arguments 객체를 이용해 더 많은 인자를 넘기는 기법을 많이 사용하기 때문이다. 특히 함수형 자바스크립 트에서는 이런 기법이 더욱 많이 사용된다. 만일 add라는 함수가 다음과 같이 구현되어 있었다면 partial과는 합이 더욱 맞지 않는다.

코드 1-56

```
function add() {
  var result = 0;
  for (var i = 0; i < arguments.length; i++) {
    result += arguments[i];
  }
  return result;
}
add(1, 2, 3, 4, 5);
// 15

var add2 = add.partial(undefined, 2);
add2(1, 3, 4, 5);
// 3

var add3 = add.partial(undefined, undefined, 3, undefined, undefined);
add3(1, 2, 4, 5);
// 15

add3(50, 50, 50, 50);
// 15 <--- 버그

add3(100, 100, 100, 100);
// 15 <--- 버그
```

위 상황에서 add2는 3, 4, 5 인자를 무시하게 된다. add3처럼 하면 1, 2, 4, 5를 모두 사용할 수 있게 되지만 undefined로라도 인자 개수를 채워놔야 해서 코드가 깔끔하지 못하고, partial 이후에는 역시 4개 이상의 인자를 사용할 수 없다는 단점이 생긴다. 인자를 적게 넣을 수도 없다.

그런데 이런 것을 떠나 위 코드에는 훨씬 치명적인 문제가 있다. 존 레식이 의도한 것인지는 모르겠지만 그가 만든 partial 함수로 만든 함수는 재사용이 사실상 불가능하다. 한번 partial을 통해 만들어진 함수를 실행하고 나면 클로저로 생성된 args의 상태를 직접 변경하기 때문에, 다음번에 다시 실행해도 같은 args를 바라보고 이전에 적용된 인자가 남는다. 결과적으로 partial로 만들어진 함수는 단 한 번만 정상적으로 동작한다. 아마도 실수일 것이다. 다음 ❶, ❷와 같이 두 줄만 변경하면 두 번 이상 실행해도 정상적으로 동작한다.

코드 1-57 실수 고치기

```
Function.prototype.partial = function() {
  var fn = this, _args = arguments; // ❶ 클로저가 기억할 변수에는 원본을 남기기
  return function() {
    var args = Array.prototype.slice.call(_args); // ❷ 리턴된 함수가 실행될 때마다
                                                  // 복사하여 원본 지키기

    var arg = 0;
    for (var i = 0; i < args.length && arg < arguments.length; i++)
      if (args[i] === undefined) args[i] = arguments[arg++]; // 실행 때마다 새로
                                                             // 들어온 인자 채우기
    return fn.apply(this, args);
  };
};

var add3 = add.partial(undefined, undefined, 3, undefined, undefined);
add3(1, 2, 4, 5);
// 15

add3(50, 50, 50, 50);
// 203

add3(10, 20, 30, 40);
// 103
```

자바스크립트 개발자는 이 같은 실수를 많이 할 수 있다. 클로저가 기억하는 변수도 변수이며 값은 변할 수 있다. 이처럼 상태를 변경하는 코드는 위험하다. 더 함수적인 프로그래밍을 하면 위와 같은 실수를 최소화할 수 있다.

이제 좀 더 나은 버전의 partial 함수를 확인해 보자. Underscore.js의 _.partial은 앞서 소개된 partial의 아쉬운 점들이 해결된 부분 적용 함수다. Underscore.js나 Lodash의 _.partial은 내부의 많은 다른 함수들과 본체를 공유하고 있어 꽤나 복잡하기 때문에 여기서 내부를 함께 소개하기는 좀 어렵다. 여기서는 앞서 보여 준 partial보다 발전된 사용법과 동작만 확인하자.

코드 1-58 Underscore.js의 _.partial

```
var ac = _.partial(abc, _, 'b'); // a가 올 자리를 비워 두었고 c 자리는 생략
ac('a', 'c');
// a b c

var b = _.partial(abc, 'a', _, 'c'); // b가 올 자리를 비워 둠
b('b');
// a b c

var ab = _.partial(abc, _, _, 'c'); // a, b가 올 자리를 비워 둠
```

```
ab('a', 'b');
// a b c

var add2 = _.partial(add, _, 2); // 1이 올자리를 비워 둠
add2(1, 3, 4, 5); // 이후에 인자를 더 많이 넘겨도 모두 add에게 전달됨
// 15
add2(3, 5);
// 10

function equal(a, b) {
  return a === b;
}
var isUndefined = _.partial(equal, undefined); // a 자리에 undefined를 적용해 둠
isUndefined(undefined); // b 자리에 undefiend가 들어와 true를 리턴함
// true

var bj = {
  name: "BJ",
  greet: _.partial(function(a, b) { // Underscore.js, Lodash의 _.partial은
    return a + this.name + b;        // 함수가 실행될 때 결정되는 this를 잘 연결해 줌
  }, "저는 ", "입니다.")
};
bj.greet();
// 저는 BJ입니다.

bj.greet.call({ name: "HA" }); // 이후에도 this를 바꿀 수 있음
// 저는 HA입니다.

var greetPj = bj.greet.bind({ name: "PJ" }); // bind는 새로운 함수를 리턴함
greetPj();
// 저는 PJ입니다.

bj.greet(); // 여전히 잘 보존됨
// 저는 BJ입니다.
```

_.partial은 적용해 둘 인자와 비워둘 인자를 구분하는 구분자로 undefined 대신 _를 사용한다. _는 자바스크립트에서 사용하는 일반 값이 아니므로 구분자로 사용하기 더 적합하며 표현력도 좋다. 다른 언어의 Partial application에서도 _를 사용하니 더욱 어울린다. 한 가지 더 좋아진 점은 모든 인자 자리를 미리 확보해 두지 않아도 된다는 점이다. 실행 타이밍에서 인자를 많이 사용하든 적게 사용하든 모두 잘 동작한다. 인자 개수가 동적인 자바스크립트와 잘 어울린다. 또한 bind와 달리 this를 적용해 두지 않았으므로 메서드로도 사용이 가능하다.

1.5 정리

일급 함수, 클로저, 고차 함수, 콜백 함수, 부분 적용 등에 대해 알아보았다. 함수에 대해 보다 함수적인 시각들도 다루었다. 앞으로도 다양한 함수를 구현하고 발

전시키면서 함수에 대한 개념들을 더욱 확장할 것이다.

1.4절의 예제에는 아주 특별한 마법이 있는 것은 아니다. 애니메이션이 동작하는 것도 아니고 실시간으로 내용이 갱신되는 것도 아니다. 터치나 드래그가 되는 것도 아니다. 그저 문법과 개념에 대한 이야기다. 그렇지만 이런 띄어쓰기, 쉼표, 괄호 사이에서 일어나는 일과 기능을 특별하게 여기길 권한다. 함수를 리턴하거나 함수를 실행하고 익명 함수를 선언하고 넘겨주면서 일어나는 여러 가지 일에 담긴 재밌고 특별한 점들을 발견해 보자.

사람이 만든 언어가 특정하게 동작한다는 것에는 어떤 의도와 의미가 담겨 있다는 것이다. 언어를 만든 사람이 예측했든 못했든 그 언어를 사용하는 수많은 개발자들은 정해진 규칙 안에서 아주 창의적이고 재밌는 활용 사례들을 만들어 낸다. 함수를 변수에 담을 수 있다는 사실 하나가 마법이 될 순 없지만 때로는 이것이 눈에 보이는 마법들보다 더욱 아름답게 느껴질 때가 있다.

함수를 아무 때나 아무 데서나 정의하고 사용해 보라. 자연스럽게 값으로서의 함수가 가진 가능성을 발견하게 될 것이다. 클로저를 마음껏 사용해 보라. 컨텍스트를 내 맘대로 제어할 수 있게 될 것이다. 특정 방법론이나 프레임워크의 제약에서 벗어나 언어 자체의 기능을 다양하게 사용해 보라. 언어에 대한 기초를 단단하게 해주고 응용력을 길러줄 것이다. 이렇게 발견한 것들과 쌓은 기본들은 큰 규모의 소프트웨어를 만들고 지탱할 기반이 된다.

2장

F u n c t i o n a l   J a v a S c r i p t

함수형 자바스크립트를 위한 문법 다시 보기

함수형 자바스크립트를 잘 다루기 위해서는 숲을 보는 것보다 나무의 결을 들여다보는 것이 중요하다. 추상화, 모듈화, 패턴, 클래스, 프레임워크, 아키텍처 등에서 잠시 눈을 돌려 자바스크립트 문법과 기본적인 동작에 집중해 보자. 함수 하나가 정의되고 실행되고 참조되는 과정, 인자를 받거나 넘기는 과정, 클로저가 되거나 비동기가 일어나는 과정, 괄호, 대괄호, 점, 쉼표 등을 자세히 들여다 보자. 문법적 감각이 좋아지면 원하는 곳 어디에서나 함수를 열고 실행할 수 있게 된다.

함수를 어디서나 열고 실행할 수 있게 되면 프레임워크나 라이브러리들도 더욱잘 사용할 수 있다. 프레임워크나 라이브러리들 역시 개발자에게 함수나 함수가들어 있는 객체를 요구한다. 요즘에는 더더욱 함수를 많이 받고 있다. 받은 함수로 특정 일을 대신 처리해 주거나, 어떤 로직 사이에 들어가거나, 일을 마친 후 함수에게 결과를 준다거나 하는 식으로 함수 단위로 협업하는 API가 점점 늘어나고있다.

2.1 객체와 대괄호 다시 보기

2.1.1 난해해 보이는 문법들을 확인하는 목적

2장의 예제에는 약간 변칙적인 문법들이 많이 나온다. 문법적인 감각을 기르기위한 예제이다. 대체 이런 걸 왜 확인하나 싶을 수도 있는데, 필자는 실제로 자바스크립트 라이브러리 혹은 프레임워크들에서 난해한 문법들이 사용되는 것을 많이 보았다. 이유는 다양했지만 주로 다음과 같은 목적들을 가지고 있다.

1. 더 짧은 코드를 위해

2. 추상화의 다양한 기법

3. if를 없애기 위해

4. 특별한 로직을 위해

5. 캐시를 위해

6. 은닉을 위해

7. 함수를 선언하고 참조하기 위해

8. 컨텍스트를 이어주기 위해

다양한 라이브러리 혹은 프레임워크의 코드를 읽고 테스트 케이스도 함께 살펴보는 것은 코딩 실력을 키우는 데 매우 큰 도움이 된다. 코드와 테스트 케이스를 읽음으로써 어떻게 사용해주길 바라는지 알 수 있고, 어떤 사항들을 고려했는지도 알 수 있다. 또한 데이터나 데이터 형과 관련된 주변 코드를 더욱 많이 익히게 되며 문서에는 나오지 않는 내용이나 그 외 많은 노하우를 얻을 수 있다.

문법에 따른 세밀한 기능 차이에 대해 잘 알고 있다면 난해하고 변칙적인 문법이 사용된 오픈 소스를 읽기가 훨씬 좋을 것이다. 이를 위한 연습들은 다음과 같은 일을 가능하게 한다.

"아무 곳에서나 함수 열기. 함수 실행을 원하는 시점으로 미뤄서 실행하기."

위 내용의 의미는 이 책을 모두 읽고 나면 자연스럽게 알게 될 것이다. 우선 자바스크립트의 객체에서 문법적으로나 기능적으로 다시 볼 만한 부분들을 꼼꼼히 확인해 보자.

2.1.2 객체와 key

코드 2-1 다양한 key/value 정의 방법

```
var obj = { a: 1, "b": 2 }; // ❶
obj.c = 3;
obj['d'] = 4; // ❷
var e = 'e';
obj[e] = 5;
function f() { return 'f'; }
obj[f()] = 6;
console.log(obj);
// { a: 1, b: 2, c: 3, d: 4, e: 5, f: 6 }
```

일단 객체의 key와 value에 대한 부분이다. 객체의 key와 value는 {}, ., [] 등을 통해 설정할 수 있다. 그중 어떤 문자열이든 key로 정의할 수 있는 곳이 있는데 ❶ "b"와 ❷ [] 같은 곳이다. 이 두 가지 방식이 가진 공통점이 있다면 띄어쓰기, 특수 문자, 숫자 등을 가리지 않고 어떤 문자열이든 key로 만들 수 있다는 점이다.

코드 2-2 띄어쓰기, 특수 문자, 숫자

```
// 띄어쓰기를 써도 key로 만들 수 있다.
var obj2 = { " a a a ": 1 };
obj2[' b b b '] = 2;
console.log(obj2);
// { " a a a ": 1, " b b b ": 2 }

// 특수 문자를 써도 key로 만들 수 있다.
var obj3 = { "margin-top": 5 };
obj3["padding-bottom"] = 20;
console.log(obj3);
// { margin-top: 5, padding-bottom: 20 }

// 숫자도 key로 쓸 수 있다.
var obj4 = { 1: 10 };
obj4[2] = 20;
console.log(obj4);
// { 1: 10, 2: 20 }
```

그렇다면 {} 안쪽에서 key를 선언하는 것과 [] 안에서 선언하는 것은 차이가 없을까? {}의 문자열 부분에서는 코드를 실행할 수 없고 []의 안쪽에서는 코드를 실행할 수 있다.

코드 2-3 코드가 실행되지 않는 key 영역

```
var obj5 = { (true ? "a" : "b"): 1 };
// Uncaught SyntaxError: Unexpected token (
```

{} 안쪽의 key 영역에서는 코드를 실행할 수 없다.

코드 2-4 코드가 실행되는 key 영역

```
var obj6 = {};
obj6[true ? "a" : "b"] = 1;
console.log(obj6);
// { a: 1 }
```

[] 사이에는 문자열이 담긴 변수도 넣을 수 있고, 연산자도 사용할 수 있으며 함수도 실행할 수 있다. 즉, []에서는 코드를 실행할 수 있다.

ES6의 경우, 코드 2-5와 같이 작성이 가능하다. 이 부분은 필자도 몰랐었는데 베타 리딩에 참여한 김성원 님(k10526)이 작성해 준 예제다.

코드 2-5 ES6에서 동작하는 {} 안쪽에 대괄호 사용하기

```
var obj5 = { [true ? "a" : "b"]: 1 };
// { a: 1 }
```

2.1.3 함수나 배열에 달기

코드 2-6 함수를 객체로 사용

```
function obj8() {}
obj8.a = 1;
obj8.b = 2;
console.log(obj8.a);
// 1
console.log(obj8.b);
// 2
```

자바스크립트에서는 함수도 객체다. 그러므로 함수도 key/value 쌍으로 구성할
수 있다.

코드 2-7 호이스팅

```
obj9.a = 1;
obj9.b = 2;
console.log(obj9.a + obj9.b);
// 3
```

함수로 선언할 경우 호이스팅(hoisting)에 의해 위와 같은 코드도 정상적으로 동
작한다. 호이스팅에 대해서는 58쪽에서 자세히 설명한다. 혹시 호이스팅을 잘 모
른다면, 호이스팅에 의해 obj9를 선언하기 이전 라인에서도 obj9를 참조할 수 있
다는 것 정도만 알고 넘어가자.

코드 2-8 배열에 숫자가 아닌 key 사용하기

```
var obj10 = [];
obj10.a = 1;
console.log(obj10);
// [a: 1]
console.log(obj10.length);
// 0
```

배열도 객체이며 배열에도 숫자가 아닌 key를 사용할 수 있다. 단, 숫자가 아닌
key로 값을 할당할 경우 length는 변하지 않는다.

코드 2-9 배열에 숫자로 key 사용하기

```
var obj11 = [];
obj11[0] = 1;
obj11[1] = 2;
console.log(obj11);
```

```
// [1, 2]
console.log(obj11.length);
// 2
```

배열에 숫자로 key를 직접 할당해도 push와 동일하게 동작한다. 자동으로 length 도 올라간다.

코드 2-10 한 번에 length 올리기

```
var obj12 = [];
obj12.length = 5;
console.log(obj12);
// Array[5]

var obj13 = [1, 2];
obj13[5] = 5;
console.log(obj13);
// [1, 2, 5: 5]
console.log(obj13.length);
// 6
obj13.push(6);
console.log(obj13);
// [1, 2, 5: 5, 6: 6]
console.log(obj13.length);
// 7
```

> **참고**
>
> 일반적인 상황에서는 length를 한번에 올린다거나 Array(length) 혹은 arr[i] = 1과 같은 변칙적인 기법을 사용하지 않을 것을 권한다. 이 코드 자체는 정상적으로 동작하지만 중간이 비워진 배열을 사용할 경우, 특정 메서드가 일관성 없이 동작하기도 한다.
>
> 이런 기법이 유용할 때도 있다. 예를 들어 배열의 값을 채우면서 의도적으로 동시성(비동기)을 만든 경우라면 순서를 보장하지 않으므로, 오히려 좋은 해법이 되기도 한다. 사례로는 bluebird.js의 all, map 등이 있다.
>
> 다른 얘기로 매우 근소한 차이지만 arr.push(1)보다 arr[i] = 1이 성능이 좋다. IE에서는 5배 이상의 차이가 나기도 한다. 아래는 크롬 기준(2016~2017)이다.
>
> ```
> var l = 100000;
> var list = [];
> for (var i = 0; i < l; i++) { list.push(i); }
> // 3ms~4.8ms
>
> var l = 100000;
> var list = [];
> for (var i = 0; i < l; i++) { list[list.length] = i; }
> // 2.3ms~3.4ms
>
> var l = 100000;
> ```

```
var list = [];
list.length = l;
for (var i = 0; i < l; i++) { list[i] = i; }
// 1.6ms~2.2ms

var l = 100000;
var list = Array(l);
for (var i = 0; i < l; i++) { list[i] = i; }
// 1.5ms~1.97ms
```

배열의 메서드를 사용하지 않고, 위 코드의 list[i]처럼 key로 할당하는 식으로만 사용한다면 Array(length) 같은 기법은 얼마든지 사용해도 괜찮다.

　배열의 메서드를 사용하면서도 아무 문제가 없도록 '한번에 크기 늘리기'를 하는 방법도 있긴 하다. 한번에 크기를 늘리면서 undefined들로 채워진 배열을 안전하게 만들고 싶다면, apply를 활용하면 된다. 꼭 필요할 때라면 아래와 같이 사용할 수 있다. 큰 차이는 아니지만 Array(length)에 비해 필요 없는 객체 생성이 있다는 점과 일반 함수 실행보다 약간 무겁다는 단점이 있다.

```
// 카일 심슨의 You Don't Know JS – 타입과 문법 중...
Array.apply(null, { length: 3 });
// [undefined, undefined, undefined]
```

다시 본문 예제로 돌아오자. 배열의 length도 ['length']로 참조 및 할당이 가능하다.

코드 2-11

```
console.log(obj13['len' + 'gth']);
// 7

obj13['len' + 'gth'] = 10;
console.log(obj13.length);
// 10

obj13.push(11);
console.log(obj13);
// [1, 2, 5: 5, 6: 6, 10: 11]
```

모두 정상적으로 동작했다. 앞에서처럼 자바스크립트에서 객체는 개발자가 특별하게 만든 객체든 원래 존재하는 Object, Array, String, Function 등의 기본 객체든 구분 없이 key의 참조, 수정 등에 대한 제약이 없고 유연하다. 자바스크립트는 전체적으로 유연함과 자유로움이라는 일관성을 가지고 있다.

2.1.4 delete

자바스크립트에서는 기본 객체의 메서드나 프로퍼티도 지울 수 있다.

코드 2-12 기본 객체의 메서드 지우기

```
var obj = { a: 1, b: 2, c: 3 };
delete obj.a;
delete obj['b'];
delete obj['C'.toLowerCase()];
console.log(obj);
// {};

delete Array.prototype.push;
var arr1 = [1, 2, 3];
arr1.push(4);
// Uncaught TypeError: arr1.push is not a function
```

다른 언어를 다루었던 개발자라면 delete로 아무거나 지우기, 배열에 숫자가 아닌 key 사용하기 등을 봤을 때, 자바스크립트의 유연함을 난해하다거나 위험하다고 느낄 수 있다. 필자도 그랬다. Objective-C나 Java 등과 비교했을 때 자바스크립트가 부족하다고 느꼈던 부분이 있었다. 하지만 이러한 차이는 틀림이 아닌 다름이었다. 이 특징들을 문제가 아닌 자바스크립트의 특성으로 받아들인 후에 더욱 다양한 기법들이 나오기 시작했고 더 잘 동작하기까지 했다. 이렇게 발견한 새로운 해법들은 효율성이나 실용적인 면에서 분명한 장점이 많았고 자바스크립트의 다른 기능들과 더 잘 맞아떨어지기도 했다.

2.1.5 코드가 실행될 수 있는 영역

객체에서의 키를 대괄호로 참조하면, 대괄호 사이에서 코드를 실행할 수 있다. 함수를 실행할 수도 함수를 정의한 후 즉시 실행할 수도 있다. 코드의 특정 부분에서 함수를 정의하거나 실행할 수 있다는 이야기는 그 부분을 높은 수준으로 추상화할 수 있다는 말이 된다. 함수를 실행할 수 있다면 웬만한 모든 일을 할 수 있다. 괄호, 대괄호, 연산자, 리턴문 등 사이에서 자유롭게 코드를 실행할 수 있는 영역을 찾고 다양한 시도를 하다 보면 감각 있는 해법들을 만나게 되고, 유명 라이브러리들에서 비슷하게 사용된 창의적인 기법들과 노하우도 더욱 읽기 쉬워질 것이다.

2.2 함수 정의 다시 보기

2.2.1 기본 정의

자바스크립트에서 함수를 정의하는 방법은 다양하다. 대표적인 방법들은 다음과 같다.

코드 2-13 일반적인 함수 정의

```
function add1(a, b) {
  return a + b;
}
var add2 = function(a, b) {
  return a + b;
};
var m = {
  add3: function(a, b) {
    return a + b;
  }
};
```

함수를 정의하는 것은 이미 익숙하겠지만 확인해 볼 만한 부분이 있다. 바로 호이스팅인데, 호이스팅에 대해 어느 정도 알고 있더라도 읽어 보기를 권한다.

2.2.2 호이스팅

호이스팅(hoisting)이란 변수나 함수가 어디서 선언되든지 해당 스코프 최상단에 위치하게 되어 동일 스코프 어디서든 참조할 수 있는 것을 말한다. 코드 2-14의 add1과 add2에는 호이스팅이 적용된다. 'add2는 실행이 안 될 텐데 호이스팅이 아니지 않나?'하고 갸우뚱할 수 있지만 이것은 오해다. 물론 코드 2-14에서 에러가 난 걸로 알 수 있듯이 add2는 선언하기 전 라인에서 실행할 수 없다. 하지만 분명히 add2도 호이스팅이 적용된 것이다. 결론부터 말하면 선언은 되었지만 아직 초기화되지 않은 상태에서 실행했기 때문에 에러가 난 것이다. 예제들을 보면서 하나씩 확인해 보자.

우선 그 전에 중요한 키워드를 짚고 넘어가자. 바로 '선언'과 '참조'다.

코드 2-14 에러가 나는 상황이지만 호이스팅이다

```
add1(10, 5);
// 15;

add2(10, 5);
// Uncaught TypeError: add2 is not a function(…)(anonymous function)

function add1(a, b) {
  return a + b;
}
var add2 = function(a, b) {
  return a + b;
};
```

예제에서 add2는 실행되지 않았고, 'add2 is not a function'이라는 에러 메시지가 출력되었다. 이번에는 선언한 적 없는 함수를 실행해 보자.

코드 2-15 선언한 적 없는 함수 실행

```
hi();
// Uncaught ReferenceError: hi is not defined
```

에러 메시지가 다르다. 자바스크립트에서는 아예 선언된 적이 없는 것을 참조하려고 할 때 이러한 에러가 난다. 실행하지 않고 참조만 하려고 해도 동일한 에러가 난다.

코드 2-16 선언한 적 없는 변수 참조하기

```
var a = hi;
// Uncaught ReferenceError: hi is not defined
```

이 에러 메시지는 코드 2-14의 add2를 실행했을 때 출력된 메시지 'add2 is not a function'과는 차이가 있다. 코드 2-14에서의 에러는 호이스팅에 의해 참조는 가능하지만 아직 function이 아니라는 에러고 코드 2-15와 코드 2-16의 에러는 선언되지 않았다는 에러이다. 다음 코드를 통해 둘의 차이를 더 명확히 알아보자.

코드 2-17 실행하지 않고 참조만 해보기

```
console.log(add1);
// function add1(a, b) { return a + b; }

console.log(add2); // 에러가 나지 않는다.
// undefined

function add1(a, b) {
  return a + b;
}
var add2 = function(a, b) {
  return a + b;
};
```

이번엔 에러가 나지 않았고 undefined가 출력되었다. 그렇다면 add1와 add2는 어떤 차이에 의해 실행이 되고 안 되는 것일까?

이는 변수 선언과 함수 선언에서의 차이 때문이다. 변수는 선언 단계와 초기화 단계가 구분되어 있다. 변수는 선언과 초기화가 동시에 이루어지지 않기 때문에 호이스팅에 의해 참조만 가능하고, 아직 값이 담기지 않아 실행은 불가능하다. 반면에 함수 선언은 선언과 동시에 초기화가 이루어지기 때문에 참조뿐 아니라 실행도 가능하다.

add2는 변수를 선언하여 익명 함수를 담았고 add1은 함수로 선언했다. 호이스팅에 의해 add1은 미리 실행할 수 있고 add2는 호이스팅에 의해 미리 참조할 수 있지만 값이 없어 실행할 수는 없다.

2.2.3 호이스팅 활용하기

함수 선언과 호이스팅을 이용하면 다음과 같이 코드를 작성할 수 있다.

코드 2-18 호이스팅을 이용하여 return문 아래에 함수 선언하기

```
function add(a, b) {
  return valid() ? a + b : new Error();

  function valid() {
    return Number.isInteger(a) && Number.isInteger(b);
  }
}

console.log(add(10, 5));
// 15;

console.log(add(10, "a"));
// Error(...)
```

위와 같이 return문 아래에 정의한 함수도 실행이 가능하다. 비교적 복잡한 코드를 하단부에 정의하고 실행부 코드는 깔끔하게 유지하는 등으로 활용할 수도 있다.

코드 2-18 같은 코드는 모 스타일 가이드에서는 권장하지 않는 형식이다. 그러나 이 책의 목적은 스타일을 제약하려는 것이 아니고, 이러한 기법이 유용할 때가 있다. 한 가지 사례를 소개해 보겠다.

코드 2-19 호이스팅을 이용해 코드의 순서를 이해하기 편하게 배치

```
// ❶ end가 먼저 정의되어 코드가 다소 복잡하게 읽힌다.
app.post('/login', function(req, res) {
  db.select("users", { where: { email: req.body.email } }, function(err, user) {
    function end(user) {
      req.session.user = user;
      res.redirect('/');
    }

    if (user && user.password === req.body.password) return end(user);

    db.insert("users", {
      email: req.body.email,
      password: req.body.password
    }, function(err, user) {
      end(user);
    });
  });
});

// ❷ 호이스팅 덕분에 end를 나중에 정의해도 잘 동작한다. 읽기 더 편하다.
app.post('/login', function(req, res) { // ❸
  db.select("users", { where: { email: req.body.email } }, function(err, user) {
```

```
    if (user && user.password === req.body.password) return end(user);

    db.insert("users", {
      email: req.body.email,
      password: req.body.password
    }, function(err, user) {
      end(user);
    });

    function end(user) {
      req.session.user = user;
      res.redirect('/');
    }
  });
});
```

이 코드는 Node.js와 Express.js 등으로 개발하는 상황에서 호이스팅을 이용해 코드의 가독성을 높인 사례다. 로그인 창에서 로그인을 시도했을 때 이미 가입했던 회원이면 바로 로그인시키고, 없는 회원이면 새로 insert하여 로그인시키는 간단한 로그인/회원가입이라고 가정해 보았다. Node.js나 Express.js 기능에 대한 자세한 설명은 하지 않겠다.

코드 2-19는 비동기 상황에서 분기도 필요해서 약간은 복잡해질 수 있다. ❶을 보면, end는 마지막에 실행되는 일이지만 코드가 먼저 나와 있어서 실행 순서와 달라 읽기가 불편하다. 로직이 복잡하고 길었다면 더욱 불편할 것이다. ❷는 이런 점을 개선하기 위해 호이스팅의 특성을 활용하여 좀 더 읽기 좋은 코드로 만들었다.

여기에서 클로저가 사용되었다고 메모리 누수를 걱정할 필요는 없다. end에서 req, res를 사용하기 때문에 end는 클로저다. 그러나 end를 참조하는 곳이 익명 함수인 ❸ function(req, res) { ... } 외에는 없으므로 ❹와 내부의 함수들이 실행되고 나면 end, req, res 모두 메모리에 남지 않는다.

2.2.4 괄호 없이 즉시 실행하기

코드 2-20 일반적인 즉시 실행 방식

```
(function(a) {
  console.log(a);
  // 100
})(100);
```

자바스크립트에서는 위와 같이 괄호를 통해 익명 함수를 즉시 실행할 수 있다. 괄호 없이 실행하면 어떻게 될까?

코드 2-21 에러가 난 경우

```
function(a) {
  console.log(a);
}(100);
// Uncaught SyntaxError: Unexpected token (
```

에러가 났다. 에러가 난 원인은 무엇일까? 세번째 줄의 (100) 때문일까? 아니면 정의된 익명 함수를 잘못 실행했기 때문일까? 많은 경우, 위 코드에서 참조가 잘못되어 에러가 났다고 생각할 수 있지만 그렇지 않다. 에러가 난 이유는 익명 함수를 잘못 실행한 것이 아니라 익명 함수 선언 자체가 실패했기 때문이다. 다음 예제를 보면 쉽게 알 수 있다.

코드 2-22 선언만 시도해도 에러가 나는 경우

```
function() {
}
// Uncaught SyntaxError: Unexpected token (
```

실행 없이 선언만 시도해도 에러가 난다. 그런데 우리는 이와 비슷한데 에러가 나지 않는 코드를 봤었다.

코드 2-23 괄호 없이 정의했는데 에러가 나지 않는 경우

```
function f1() {
  return function() {
  }
}
f1();
```

이 예제는 1장에서 봤었던 함수를 값으로 다루는 패턴 중 하나다. 위 코드는 함수를 괄호로 감싸지 않았는데 문법 에러가 나지 않고 정상적으로 동작한다. 이 상황에서 에러가 나지 않는다면 괄호 없이 즉시 실행도 되지 않을까?

코드 2-24 괄호 없이 즉시 실행했는데 에러가 나지 않는 경우

```
function f1() {
  return function(a) {
    console.log(a);
    // 1
  }(1);
}
f1();
```

이 코드는 정상적으로 동작한다. f1이라는 함수 안에 있는 익명 함수는 괄호 없이도 즉시 실행이 되었다. 만일 f1이라는 함수의 return 바로 뒤에서 함수를 즉시 실

행하고 싶다면, 그 상황에서는 괄호 없이도 익명 함수를 즉시 실행할 수 있다. 또
다른 케이스가 있을까? 다음을 보자.

코드 2-25 괄호 없이 정의가 가능한(즉시 실행도 가능한) 다양한 상황

```
!function(a) {
  console.log(a);
  // 1
}(1);

true && function(a) {
  console.log(a);
  // 1
}(1);

1 ? function(a) {
  console.log(a);
  // 1
}(1) : 5;

0, function(a) {
  console.log(a);
  // 1
}(1);

var b = function(a) {
  console.log(a);
  // 1
}(1);

function f2() {}
f2(function(a) {
  console.log(a);
  // 1
}(1));

var f3 = function c(a) {
  console.log(a);
  // 1
}(1);

new function() {
  console.log(1);
  // 1
};
// 개인적으로는 이 방법이 제일 재밌게 느껴진다. 괄호 없이도 익명 함수를 즉시 실행했다.
```

위와 같은 상황들에서는 괄호 없이도 익명 함수를 즉시 실행할 수 있다. 이 중 !를
이용한 방법은 꽤 알려진 편이다. 이 상황에서의 공통점은 무엇일까? 일단 모두
연산자와 함께 있고, 함수가 값으로 다뤄졌다. 그리고 모두 익명 함수 선언에 대
한 오류가 나지 않는다. 앞에서 즉시 실행이 실패했던 것은 익명 함수를 잘못 실

행한 것이 아니라 익명 함수 선언 자체를 하지 못해서였다. 익명 함수뿐 아니라 유명(named) 함수도 즉시 실행할 수 있다. 유명 함수에 대해서는 71쪽에서 다시 자세히 다룰 것이다.

함수를 정의할 수 있는 곳이라면 그곳이 어디든 실행도 할 수 있다. 코드를 실행할 수 있는 모든 곳에서 모든 종류의 함수를 선언할 수는 없지만, 함수를 선언할 수 있는 모든 영역에서는 익명 함수든 유명 함수든 일반 함수든 메서드든 모두 실행할 수 있다. 연산자의 피연산자가 되면, 혹은 return 등과 함께 사용되면, 익명 함수를 선언할 수 있게 되고 익명 함수를 선언할 수 있으면 즉시 실행도 할 수 있다.

다음과 같이 하면 객체도 하나 만들 수 있다. 단, 함수형 프로그래밍과는 무관하다.

코드 2-26

```
var pj = new function() {
  this.name = 'PJ';
  this.age = 28;
  this.constructor.prototype.hi = function() {
    console.log('hi');
  }
};
console.log(pj);
// { name: "PJ", age: 28 }
pj.hi();
// hi
```

다양한 즉시 실행 방법에 대해 알아보았다. (f)()나 (f())보다 !f()처럼 짧고 재밌는 방법이 있다는 얘기를 하려는 것이 아니다. 값으로 함수를 잘 다룰 수 있다면 즉시 실행도 자유롭게 잘 다룰 수 있다는 얘기를 하고 싶다. 심지어는 다음과 같이 응용할 수도 있다.

코드 2-27 즉시 실행하며 this 할당하기

```
var a = function(a) {
  console.log(this, a);
  // [1], 1
}.call([1], 1);
```

함수의 메서드인 call을 바로 .으로 접근할 수도 있으며, 익명 함수를 즉시 실행하면서 this를 할당할 수도 있다.

즉시 실행 기법은 최상위 스코프에서만 사용하는 것이 아니다. 모듈 간의 혼선을 보호하거나 은닉을 하기 위해서만 사용하는 것도 아니다. (f())만 써야 하는 것도, (f)()만 써야 하는 것도 아니다. 특정 상황에 꼭 맞는 문법을 선택하면 된다.

'(function() {})()보다 !function{}()이 더 짧으니까 이렇게도 써보자.'하는 얘기를 하는 것이 아니다. 문법에 대해 정확히 짚어 보자는 것이다. 즉시 실행 결과를 반대로 바꾸고 싶다면 !를 사용할 수 있고, 이 상황에서는 굳이 괄호를 쓰지 않아도 된다는 얘기다. 즉시 실행 함수의 '코딩 컨벤션'을 (f)()나 (f())로 한정하는 것은 이상한 일이라고 생각한다. a * b + c를 반드시 (a * b) + c로 하자고 정하지는 않는다. 필자는 코드 어느 부분에서든 괄호나 중괄호를 쓰지 않아도 되는 경우라면 이를 생략해도 된다고 생각한다.

2.2.5 new Function이나 eval을 써도 될까요?

함수를 정의하는 방법 중에는 new Function을 활용하는 방법이 있다. new Function이나 eval 같은 기법은 보안 문제가 있으니 사용하지 말라는 이야기가 많다. 필자는 그렇게 생각하지 않는다. 서버에서 클라이언트가 보낸 값을 이용해 new Function이나 eval을 하는 것이 아니라면 사실상 보안 문제라는 것은 있을 수 없다. 만약 new Function이나 eval을 클라이언트에서만 동작하는 코드에서 사용하고 있다면 어떤 보안 문제도 있을 수 없다.

서버에서도 마찬가지로 서버에서 생성한 값만으로 new Function이나 eval을 한다면 보안적인 문제가 생기지 않는다. eval을 하든 안 하든 어차피 클라이언트에서 콘솔 창을 열면 온갖 자바스크립트를 실행할 수 있고, 서버 입장에서는 클라이언트의 요청은 어떤 것이든 일단 받아야 한다. 보안과 eval과의 직접적인 연관은 없으며, 어디까지나 보안에 대한 과제는 클라이언트의 특정 요청에 대해 서버에서 응답을 줘도 될 것인지 안 될 것인지 잘 판단하는 데 달려 있다.

또한 new Function과 eval을 성능상의 이유로 사용하지 말라고도 하는데, new Function이나 eval을 사용하면 정말 성능에 문제가 생길까? eval이 일반 코드에 비해 느린 것은 당연하다. 문자열을 자바스크립트 코드로 변환해야 하기 때문이다. 하지만 eval이나 new Function을 성능 저하의 직접적인 원인이 되지 않도록 사용하면 성능 문제는 최소화된다.

소프트웨어의 성능이 좋지 않은 원인은 다양하고 그중에 가장 직접적인 원인이 있다. 어떤 기법을 사용했는지가 직접적인 원인이 될 때도 있지만 대부분은 어떻게 사용했는지에 따라 결정된다. 이슈가 있는 코드가 자주 또는 반복적으로 사용되거나 반복문 안에 있다면 성능에 미치는 영향이 커질 것이다. 만일 한 번만 실행해도 되는 부분이 여러 번 실행되고 있다면 사용된 기법 자체가 문제라기보다 여러 번 실행되는 것이 직접적인 원인일 수 있다. 해당 기법을 대체할 기능이 없다면 그 기법이 느리든 빠르든 써야만 한다. 특정 기법이 느리다고 할지라도 개발 생산성이나 로직에 있어 매우 안정적이고 효율적이라면 다른 부분을 보완하는 것으로 해결할 수 있을지 검토해 볼 필요가 있다. 어떤 기법이든 좋은 로직이 뒷받침되어야, 알맞고 효율적으로 사용할 수 있다.

new Function도 그렇다. 자바스크립트로 HTML 템플릿 엔진을 만든다거나, 기타 특정 상황에서는 new Function이 꼭 필요할 때가 있다. 그럴 때 로직을 잘 보완하면 해당 코드가 성능에 미칠 부정적인 영향을 얼마든지 최소화할 수 있다. 어떻게 하면 new Function을 사용하면서도 성능적인 문제를 최소화할 수 있는지 함께 확인해 보자.

우선 eval과 new Function의 사용법을 간단히 익히고 넘어가자.

코드 2-28

```
var a = eval('10 + 5');
console.log(a);
// 15

var add = new Function('a, b', 'return a + b;');
add(10, 5);
// 15
```

2.2.6 간단 버전 문자열 화살표 함수와 new Function 성능

화살표 함수는 ES6에서 사용할 수 있다. ES5 환경에서도 화살표 함수의 짧고 간결한 표현을 사용하고 싶다면 다음과 같이 만들어서 사용할 수 있다. 화살표 함수를 아예 모른다면 먼저 98쪽 '2.6 화살표 함수'의 '익명 함수와의 문법 비교' 부분만 읽고 오면 좋을 것 같다.

코드 2-29 간단 버전 문자열 화살표 함수

```
function L(str) {
  var splitted = str.split('=>');
  return new Function(splitted[0], 'return (' + splitted[1] + ');');
}

L('n => n * 10')(10);
// 100
L('n => n * 10')(20);
// 200
L('n => n * 10')(30);
// 300

L('a, b => a + b')(10, 20);
```

```
// 30
L('a, b => a + b')(10, 5);
// 15
```

구현은 간단하다. 문자열에서 =>를 기준으로 나눠 앞부분을 new Function의 첫
번째 인자에 넣었다. new Function의 첫 번째 인자는 함수의 인자 선언부에 사용
될 코드가 된다. splitted[1]는 함수의 몸통 부분으로 사용된다. L을 사용하면 간
단한 한 줄짜리 코드를 화살표 함수처럼 작성할 수 있다.

성능상의 차이는 어느 정도일까? 다음 코드는 일반적인 익명 함수 선언과 new
Function의 성능 차이를 보여 준다.

코드 2-30 10,000번 선언해 보기

```
console.time('익명 함수');
for (var i = 0; i < 10000; i++) {
  (function(v) { return v; })(i);
}
console.timeEnd('익명 함수');
// 익명 함수: 0.9ms~1.7ms

console.time('new Function');
for (var i = 0; i < 10000; i++) {
  L('v => v')(i); // new Function
}
console.timeEnd('new Function');
// new Function: 337ms~420ms
```

결과는 약 300배 정도의 차이가 난다. 둘 다 동일한 일을 하지만 함수를 선언하는
데 소요된 시간의 차이가 꽤 크다.

이번에는 _.map을 이용해 length가 10,000인 배열을 돌면서 i를 곱해 [0, 2, 4,
6, ...]의 새로운 배열 객체를 만드는 코드로 성능을 비교해 보자.

코드 2-31 익명 함수와 문자열 화살표 함수

```
console.time('1');
var arr = Array(10000);
_.map(arr, function(v, i) {
  return i * 2;
});
console.timeEnd('1');
// 1: 0.5ms~0.7ms

console.time('2');
var arr = Array(10000);
_.map(arr, L('v, i => i * 2')); // new Function
console.timeEnd('2');
// 2: 0.5ms~0.8ms
```

성능 차이가 거의 없다. 분명히 new Function이 느려야 하는데 성능이 거의 비슷하다. 0.1ms 정도 시간이 더 걸리기도 했지만 0.1ms는 만 분의 1초이기에 크게 의미가 없다. 10,000번이나 반복되어야 하고 new Function도 해야 하고 .split('=>')도 해야 하고 이를 통해 새로운 배열 객체도 생겨날 텐데, 어째서 성능 차이가 없을까? 크롬이 대단해서 그럴까? 하지만 어떤 브라우저에서든 성능 차이는 거의 없을 것이다. 이유가 뭘까?

예제를 다시 잘 확인해 보면 10,000번 반복되었지만 new Function은 한 번만 실행된다. L 함수는 한 번만 실행되었고 한 번의 new Function으로 만들어진 함수를 iteratee로 _.map에게 넘겼다. 그리고 _.map은 그 함수를 10,000번 실행한다. _.map 입장에서는 함수가 일반 자바스크립트 코드로 정의되었든지 new Function으로 정의되었든 그저 함수일 뿐이다. 전자나 후자나 똑같이 그냥 하나의 함수를 만 번 실행한 것이다.

eval을 사용해도 동일하다. 다음처럼 eval로 한 번 더 감싸도 성능 차이는 거의 없다.

코드 2-32 eval로 한 번 더 감싼 경우

```
console.time('3');
var arr = Array(10000);
_.map(arr, eval("L('v, i => i * 2')")); // eval + new Function
console.timeEnd('3');
// 3: 0.6ms~0.9ms
```

최적화를 해 보기도 전에 이미 성능 차이가 거의 없어서 의아할 것 같다. 크게 느리지 않은 것도 사실이다. 하지만 분명히 차이는 있다. new Function이 코드 2-33처럼 사용되면 성능 차이가 생긴다.

코드 2-33 300배의 성능 차이

```
// ❶
console.time('4');
var arr = Array(10000);
_.map(arr, function(v, i) {
  return function(v, i) { // 안에서 익명 함수를 한 번 더 만들어 즉시 실행
    return i * 2;
  }(v, i);
});
console.timeEnd('4');
// 4: 0.8ms ~ 1.8ms

console.time('5');
var arr = Array(10000);
```

```
_.map(arr, function(v, i) {
  return L('v, i => i * 2')(v, i); // 안에서 문자열 화살표 함수로 함수를 만들어 즉시 실행
});
console.timeEnd('5');
// 5: 362ms~480ms
```

다시 약 300배 정도의 성능 차이가 나는 것을 알 수 있다. 소프트웨어에서 0.4초
정도의 시간은 굉장히 큰 시간이다. 두 경우 모두 10,000번의 루프를 돌며 계속해
서 새로운 함수를 생성하여 즉시 실행하는데, 둘의 성능 차이는 꽤나 크다. 아무
래도 위와 같은 상황에서는 new Function과 같은 기법을 사용하면 안 될 것 같다.

하지만 그렇지 않다. 이런 상황에서도 성능 이슈를 없앨 수 있다. L 함수를 조금
만 고치면 된다. (메모이제이션에 관해서는 9장에서 자세히 설명하고 있다.)

코드 2-34 메모이제이션(memoization) 기법

```
// 원래의 L
function L(str) {
  var splitted = str.split('=>');
  return new Function(splitted[0], 'return (' + splitted[1] + ');');
}

// 메모이제이션 기법
function L2(str) {
  if (L2[str]) return L2[str]; // ❶ 혹시 이미 같은 `str`로 만든 함수가 있다면 즉시 리턴
  var splitted = str.split('=>');
  return L2[str] = new Function(splitted[0], 'return (' + splitted[1] + ');');
  // 함수를 만든 후 L2[str]에 캐시하면서 리턴
}
```

L을 간단하게 고쳐 L2를 만들었다. L2는 이전에 들어왔던 것과 동일한 인자가 들
어오면, 새롭게 함수를 생성하지 않고 원래 있던 함수를 리턴한다. 이전에 들어왔
던 문자열과 동일한 문자열로 작성된 화살표 함수 표현식이 들어오면, 기존에 만
들어 둔 함수를 활용한다. 51쪽 2.1절에서 난해한 문법들을 확인했었는데 해당
절에서 봤던 기법이 응용되었다. 함수도 객체라는 점과 객체의 키를 []를 통해 동
적으로 정할 수 있다는 점을 활용했다. 이제 L2로 변경하여 돌려보자.

코드 2-35 코드 구조는 그대로지만 성능은 다시 좋아졌다

```
console.time('6');
var arr = Array(10000);
_.map(arr, function(v, i) {
  return L2('v, i => i * 2')(v, i);
});
console.timeEnd('6');
// 6: 0.5ms ~ 1.2ms
```

코드 2-33의 ❶과 성능 차이는 없어졌고 오히려 더 빠른 경우가 많아졌다. 코드 2-33의 ❶은 익명 함수를 매번 생성하지만, 코드 2-35는 L2 함수를 통해 함수를 한 번만 생성하고, 다시 들어왔을 때는 기존에 만들어진 함수를 참조만 하기 때문이다. L2를 통해 화살표 함수를 사용하면 코드 2-35처럼 반복되는 부분에서 지속적으로 문자열 화살표 함수를 만드는 상황에서도 (사실은 만들지 않기 때문에) 성능 이슈가 생기지 않는다.

그리고 다른 부분 어디에서든 v, i => i * 2와 동일한 문자열을 다시 사용한다면 L2의 캐시가 동작할 것이다. 필자는 실무에서도 문자열 화살표 함수를 만들어 사용해도 된다고 생각한다. 하나의 웹 앱이나 웹 사이트에서 사용될 모든 화살표 함수 개수를 합해도 만 개가 되지는 않을 것이다. 때에 따라 화살표 함수를 로딩할 때 미리 만들어 둘 수도 있고, 반대로 사용자의 클릭과 같은 어떤 액션이 있기 전까지는 생성을 미뤄둘 수도 있다. 성능 이슈를 최소화할 수 있는데다 간단하고 예쁜 코드를 좋아한다면 써도 되지 않을까? 특정 상황에서는 오히려 빠른 경우도 있다. 상황에 잘 맞춰 사용하면 심각하게 느린 것도 아니니 화살표 함수 표현식을 사용해 얻는 이점이 있다면 써도 된다고 생각한다.

필자의 팀에서는 문자열 화살표 함수를 실무에서 사용하고 있다. 다음은 필자의 팀에서 개발한 Partial.js에 있는 문자열 화살표 함수 _.l이다. ❶ 동일한 str이 들어오면 캐시된 함수를 리턴한다. ❸ 화살표 함수가 정식 지원되고 있는 경우에는 ES6에게 위임하고 아닐 때는 ❹ new Function을 활용한다. 정규식을 이용해 인자 부분에 필요 없는 내용을 없앤다. ❷ ES6의 화살표 함수에서 인자를 생략한 더욱 간결한 문법도 추가로 지원하고 있다.

코드 2-36 Partial.js의 문자열 화살표 함수

```
try { var has_lambda = true; eval('a=>a'); } catch (err) { var has_lambda = false; }
_.l = _.lambda = function f(str) {
  if (typeof str !== 'string') return str;
  if (f[str]) return f[str]; // ❶
  if (!str.match(/=>/)) return f[str] = new Function('$', 'return (' + str + ')'); // ❷
  if (has_lambda) return f[str] = eval(str); // ❸ ES6
  var ex_par = str.split(/\s*=>\s*/);
  return f[str] = new Function( // ❹
    ex_par[0].replace(/(?:\b[A-Z]|\.[a-zA-Z_$])[a-zA-Z_$\d]*|[a-zA-Z_$][a-zA-Z_$\d]*\s*:
    |this|arguments|'(?:[^'\\]|\\.)*'|"(?:[^"\\]|\\.)*"/g, '').match(/([a-z_$]
    [a-z_$\d]*)/gi) || [],
    'return (' + ex_par[1] + ')');
};

console.log( _.l('(a, b) => a + b')(10, 10) );
// 20
```

```
console.log( _.l('a => a * 5')(10) );
// 50
console.log( _.l('$ => $ * 10')(10) );
// 100

// 사용하는 인자가 하나일 때 인자 선언부를 생략한 문자열 화살표 함수
console.log( _.l('$ * 10')(10) );
// 100
console.log( _.l('++$')(1) );
// 2
```

2016년을 기준으로 Node.js 환경에서는 ES6의 화살표 함수가 정식으로 지원되고 있다. 화살표 함수는 매우 편하고 유용하며 ES6 정식 스펙에는 단순히 짧은 표현식 외에 함수적으로 유용한 기능들도 있다. 화살표 함수에 대해서는 98쪽 2.6절에서 좀 더 다룬다.

2.2.7 유명(named) 함수

코드 2-37 유명 함수 표현식

```
var f1 = function f() {
  console.log(f);
};
```

함수를 값으로 다루면서 익명이 아닌 f()처럼 이름을 지은 함수를 유명(named) 함수라고 한다. 함수를 즉시 실행한다거나 함수를 클로저로 만들어 리턴할 때, 함수를 메서드로 만들 때는 주로 익명 함수를 사용하게 된다. 이와 같은 상황에서 익명 함수 대신 유명 함수로 사용하는 것이 유용할 때가 있다. 특히 재귀 등을 이용할 때 편하다. 유명 함수 표현식을 사용하면 함수 자신을 가리키기 정말 편하다. 익명 함수에서 자신을 참조하는 방법과 비교해 보자. 아래는 익명 함수에서 함수 자신을 참조하는 방법들이다.

코드 2-38 익명 함수에서 함수가 자신을 참조하는 법 1

```
var f1 = function() {
  console.log(f1);
};

f1();
// function() {
//   console.log(f1);
// }

// 위험 상황
var f2 = f1;
f1 = 'hi~';
```

```
f2();
// hi~~;
```

이렇게 하면 참조가 가능하지만 '위험 상황' 부분처럼 함수 생성 이후 변경이 일어나면 더 이상 자기 자신을 참조하지 못하게 될 수 있다.

코드 2-39 익명 함수에서 함수가 자신을 참조하는 법 2

```
var f1 = function() {
  console.log(arguments.callee);
};

f1();
// function() {
//   console.log(arguments.callee);
// }

var f2 = f1;
f1 = null;

f2();
// function() {
//   console.log(arguments.callee);
// }
```

위 방법은 코드 2-38의 문제를 해결하지만 arguments.callee는 ES5의 Strict mode에서 사용할 수 없다. 유명 함수식을 사용하면 argument.callee를 대체할 수 있다. 유명 함수는 함수가 값으로 사용되는 상황에서 자신을 참조하기 매우 편하다. 함수의 이름이 바뀌든 메서드 안에서 생성한 함수를 다시 참조하고 싶은 상황이든 어떤 상황에서든 상관없이 자기 자신을 정확히 참조할 수 있다.

코드 2-40 유명 함수의 자기 참조

```
var f1 = function f() {
  console.log(f);
};
f1();
// function f() {
//   console.log(f);
// }

var f2 = f1;
f1 = null;

f2();
// function f() {
//   console.log(f);
// }
```

코드 2-40의 사례 외에도 유명 함수식의 편리한 점이 하나 더 있는데, 이 내용은 보통 잘 소개되지 않은 듯하다. 유명 함수식에서의 함수 이름은 내부 스코프에서만 참조가 가능하고 외부에서는 그 이름을 참조할 수 없고 없애지도 못해서 매우 안전하다.

코드 2-41 아주 안전하고 편한 자기 참조

```
var hi = 1;
var hello = function hi() {
  console.log(hi);
};

hello();
// function hi() {
//   console.log(hi);
// }

console.log(hi);
// 1

console.log(++hi);
// 2

hello();
// function hi() {
//   console.log(hi);
// }

console.log(hello.name == 'hi');
// true

var z1 = function z() {
  console.log(z, 1);
};
var z2 = function z() {
  console.log(z, 2);
};
z1();
// function z() {
//   console.log(z, 1);
// }
z2();
// function z() {
//   console.log(z, 2);
// }
console.log(z1.name == z2.name);
// true

z;
// Uncaught ReferenceError: z is not defined
```

7처럼 이름이 중복되어도 상관없다. 동일한 이름의 유명 함수가 많아도 상관없으며 그 이름을 로직에서 활용할 수도 있다. 위와 같은 특성 덕분에 유명 함수는 이름을 짓는 데 오래 고민할 필요도 없고 안전하고 편하게 사용할 수 있다.

2.2.8 유명 함수를 이용한 재귀

유명 함수는 재귀를 만들 때에도 편리하다. 다음은 깊이를 가진 배열을 펴 주는 flatten 함수다. 아래와 같은 함수를 만들 때 재귀와 유명 함수는 특히 유용하다. 코드 2-42에는 재귀, 유명 함수, 괄호 없는 즉시 실행 등의 기법이 사용되었다.

코드 2-42 재귀를 이용한 flatten

```
function flatten(arr) {
  return function f(arr, new_arr) { // ❶
    arr.forEach(function(v) {
      Array.isArray(v) ? f(v, new_arr) : new_arr.push(v); // ❷
    });
    return new_arr;
  }(arr, []); // ❸
}

flatten([1, [2], [3, 4]]);
// [1, 2, 3, 4]
flatten([1, [2], [[3], 4]]);
// [1, 2, 3, 4]
flatten([1, [[2], [[3], [[4], 5]]]]);
// [1, 2, 3, 4, 5]
```

❶ flatten 함수가 실행되면 먼저 즉시 실행할 f라는 이름의 유명 함수로 만든다. 함수 이름은 가볍게 flatten의 줄임말인 f로 지었다.

❷ 함수 f를 즉시 실행하면서 새로운 배열 객체를 생성하여 넘겨준다.

❸ 루프를 돌면서 배열이 아닐 때만 값을 push하고 배열인 경우에는 f를 다시 실행하여 배열을 펴고 있다.

이 코드가 재밌는 점은 즉시 실행과 유명 함수를 이용한 재귀라는 것이다. 만일 재귀로만 이 로직을 구현한다면 함수를 사용하는 개발자가 빈 배열을 항상 직접 넘겨주거나 if문을 체크하는 식으로 재귀를 제어해야 한다.

코드 2-43 즉시 실행 + 유명 함수 기법이 아닌 경우

```
function flatten2(arr, new_arr) {
  arr.forEach(function(v) {
    Array.isArray(v) ? flatten2(v, new_arr) : new_arr.push(v); // ❸
  });
  return new_arr;
```

```
}
flatten2([1, [2], [3, 4]], []); // 항상 빈 Array를 추가로 넘겨야 하는 복잡도 증가

function flatten3(arr, new_arr) {
  if (!new_arr) return flatten3(arr, []); // if문이 생김
  arr.forEach(function(v) {
    Array.isArray(v) ? flatten3(v, new_arr) : new_arr.push(v); // ❸
  });
  return new_arr;
}
flatten3([1, [2], [3, 4]]); // 사용 부분은 [코드 2-42]과 동일해짐
```

세 가지 방식의 코드 모두 장단점이 있다. flatten2는 if가 없고 가장 빠르지만 함수를 사용할 때 개발자가 직접 배열을 넘겨주어야 한다. flatten3은 사용하기 간단하지만 if가 있다. flatten은 if가 없으면서 사용하기 간단하지만 함수를 한 번 생성한다. 무엇이 더 낫다라는 이야기가 아니며, 지금까지의 코드는 모두 의미가 있다.

그중 가장 특이한 해법인 flatten 패턴은 로직에 장점이 있다. 만일 반복적으로 if가 사용되어야 하는 경우, if에서 체크하는 일이 오래 걸리거나 비동기가 매번 일어나야 하는 상황이라면 flatten과 같은 패턴이 가장 좋은 선택이 될 수 있다. 어쨌든 flatten처럼 함수 실행을 나열함으로써 if나 for 등의 로직을 대체할 수 있다.

2.2.9 자바스크립트에서 재귀의 아쉬움

재귀를 이용하면 복잡한 로직이나 중복되는 로직을 제거할 수 있고 읽기 쉬운 로직을 만들 수 있어 편하다. 그러나 아직까지는 자바스크립트에서 재귀를 사용하는 것에 약간 부담스러운면이 있다. 환경에 따라 다르지만 대략 15,000번 이상 재귀가 일어나면 'Maximum call stack size exceeded'라는 에러가 발생하고 소프트웨어가 죽는다. 따라서 자바스크립트에서 얼마나 깊은 재귀가 일어날 것인가 유의하며 함수를 작성해야 한다. flatten 같은 함수는 배열 깊이가 10,000단계 이상일 경우가 사실상 거의 없기 때문에 재귀를 사용해도 괜찮다.

아직 자바스크립트의 실제 동작 환경에서는 꼬리 재귀 최적화가 되지 않았다. 필자도 꼬리 재귀 최적화가 모든 환경에서 이루어지길 간절히 바란다. 그렇다고 자바스크립트에서 성능 때문에 재귀를 사용할 일이 없다는 것은 잘못된 얘기다. 자바스크립트의 실제 동작 환경에서는 비동기 프로그래밍이 많이 쓰이고 비동기가 일어나면 스택이 초기화된다. 애초에 비동기 상황이었다면 어차피 스택이 초기화될 것이므로 재귀 사용을 피할 이유가 없다. 개인적으로는 재귀를 비동기 상

황을 제어하는 아주 좋은 방법으로 꼽는다. 자바스크립트에서의 재귀는 아직 아쉬움이 있긴 하지만 꼭 필요하다.

> **참고**
> ES6 스펙상에는 꼬리 재귀 최적화(tail regursion optimization)가 명시되어 있다. 하루빨리 모든 환경에서 꼬리 재귀 최적화가 구현되었으면 좋겠다.

2.3 함수 실행과 인자 그리고 점 다시 보기

2.3.1 () 다시 보기

함수를 실행하는 방법에는 (), call, apply가 있고, 함수 안에서는 arguments 객체와 this 키워드를 사용할 수 있다. 각각의 사용법과 용도, 특이사항들을 하나씩 확인해 보자. call, apply, arguments, this 등에 대해 알고 있더라도 이 내용을 꼭 확인해 주길 바란다.

코드 2-44 인자, this, arguments 출력

```
function test(a, b, c) {
  console.log("a b c: ", a, b, c);
  console.log('this:', this);
  console.log('arguments:', arguments);
}
```

함수 실행 방법에 따른 차이를 정확히 확인하기 위해 test 함수를 만들었다. 먼저 일반적인 방식으로 실행을 해 보자.

코드 2-45 실행하면서 넘긴 인자와 출력된 정보들

```
test(10); // ❶
// a b c: 10 undefined undefined
// this: Window {...}
// arguments: [10]

test(10, undefined); // ❷
// a b c: 10 undefined undefined
// this: Window {...}
// arguments: [10, undefined]

test(10, 20, 30); // ❸
// a b c: 10 20 30
// this: Window {...}
// arguments: [10, 20, 30]
```

arguments는 함수가 실행될 때 넘겨받은 모든 인자를 배열과 비슷한 형태로 담은 객체다. length로 넘겨받은 인자의 수를 확인할 수 있고 index로 순서별 인자를 확인할 수 있다. ❷의 경우 ❶과 거의 유사하지만 arguments 객체가 다르게 생성이 된다. 인자로 undefined를 직접 넘긴 경우와 넘기지 않아 자연히 undefined 상태가 되는 것 사이에는 분명한 차이가 있다.

2.3.2 인자 다시 보기

인자는 일반 변수 혹은 객체와 약간 다르게 동작하는 부분이 있다. 아마 생소할 것이다. 필자도 처음 알게 되었을 때 매우 당황했었다.

코드 2-46 이게 맞아?

```
function test2(a, b) {
  b = 10;
  console.log(arguments);
}
test2(1); // ❶
// [1]

test2(1, 2); // ❷
// [1, 10]
```

❶의 경우는 당연하다는 생각이 든다. 그런데 ❷는 어떤가? [1, 2]가 [1, 10]로 바뀌는 게 이상하지 않은가? 다음을 보자.

코드 2-47 객체의 값과 변수의 값

```
var obj1 = {
  0: 1,
  1: 2
};
console.log(obj1);
// { 0: 1, 1: 2 }

var a = obj1[0];
var b = obj1[1];
b = 10;
console.log(obj1);
// { 0: 1, 1: 2 } <------- 바뀌지 않음
console.log(obj1[1]);
// 2
console.log(b);
// 10              <------- b만 바뀜
```

이것이 정상이지 않은가? obj1[1] 값이 b에 담겼다고 하더라도 b를 변경했을 때는 b가 바라보는 값이 바뀔 뿐, obj1에는 영향을 주지 않아야 한다. 코드 2-47에서는 영향을 주지 않았다. 그런데 코드 2-46의 arguments 사례에선 객체의 값이 바뀌었

다. 이것이 인자와 변수와의 차이다.

코드 2-46의 ❶도 다시 자세히 보자. ❷는 arguments[1]에 해당하는 값이 넘어왔고, 인자인 b와 arguments[1]은 서로 마치 링크가 걸린 것처럼 연결되어 있다. b를 고치니 arguments[1]도 바뀌었다. ❶에서도 b를 고쳤는데 arguments[1]에 영향을 주지 않는다. ❷에서는 두 번째 인자가 넘어오지 않았다. 함수 실행 당시 넘어오지 않은 인자는 서로 연결되어 있지 않다.

반대로 해도 같은 결과가 나올까?

코드 2-48 반대로 해보기

```
function test3(a, b) {
  arguments[1] = 10;
  console.log(b);
}

test3(1, 2);
// 10
```

반대로 해도 같은 결과가 나왔다. 이번에는 arguments[1]의 값을 변경했는데 b도 함께 변경되었다. 이 부분에 대해서 정확히 알고 있지 않은 상태에서 인자를 변경하는 코드를 작성할 경우, 의도와 다른 상황이 일어날 수 있을 것이다.

2.3.3 this 다시 보기

코드 2-49

```
test(10); // ❶
// a b c: 10 undefined undefined
// this: Window {...}
// arguments: [10]

test(10, undefined); // ❷
// a b c: 10 undefined undefined
// this: Window {...}
// arguments: [10, undefined]

test(10, 20, 30); // ❸
// a b c: 10 20 30
// this: Window {...}
// arguments: [10, 20, 30]
```

위 예제에서는 모든 this가 window 객체다. 브라우저에서는 window 객체, Node.js에서는 global 객체가 출력된다. 그렇다면 어떻게 해야 this에 다른 값이 들어갈 수 있을까?

코드 2-50 메서드로 만들기

```
var o1 = { name: "obj1" };
o1.test = test;              // test 함수를 o1의 메서드로 할당함
o1.test(3, 2, 1);
// a b c: 3 2 1
// this: Object {name: "obj1"}
// arguments: [3, 2, 1]

var a1 = [1, 2, 3];
a1.test = test;              // test 함수를 a1의 메서드로 할당함
a1.test(3, 3, 3);
// a b c: 3 3 3
// this: Array [1, 2, 3]
// arguments: [3, 3, 3]
```

기존에 있던 test 함수를 o1에 연결한 후 o1.test를 실행하니 this가 o1이 되었다. a1 역시 연결 후 실행하니 this가 a1이 되었다. 자바스크립트에서는 객체에 함수를 붙인 다음 그 함수를 .으로 접근하여 실행하면 함수 내부의 this가 . 왼쪽의 객체가 된다. 다음 예제도 잘 확인해야 하며 중요하다.

코드 2-51

```
var o1_test = o1.test;
o1_test(5, 6, 7);
// a b c: 5 6 7
// this: Window {...}
// arguments: [5, 6, 7]
```

o1.test를 o1_test에 담은 다음 . 없이 o1_test를 실행했더니 this가 다시 window가 되었다. 이런 차이를 알아야 함수를 값으로 잘 다룰 수 있다. 실제로 메서드로 정의된 함수를 일반 함수처럼 사용하는 경우가 있다. o1.test에 붙였기 때문에 o1이 this가 되는 것이 아니라 .으로 접근하여 실행했기 때문에 o1이 this가 되는 것이다. 어디에 붙어 있는 함수인지보다 어떻게 실행했는지가 중요하다. 다음 예제도 잘 확인해야 한다.

코드 2-52

```
(a1.test)(8, 9, 10);
// a b c: 8 9 10
// this: Array [1, 2, 3]
// arguments: [8, 9, 10]

a1['test'](8, 9, 10);
// a b c: 8 9 10
// this: Array [1, 2, 3]
// arguments: [8, 9, 10]
```

괄호로 전체를 감쌌지만 여전히 this는 a1이 찍히고 있다. 참조를 어떻게 했느냐가 중요하다. [] 대괄호를 이용해 test 메서드를 참조 후 실행해도 .으로 접근하여 실행한 것과 동일한 결과를 낸다. 동적인 값으로 메서드를 선택하여 실행해도 this를 잘 유지할 수 있다. 위에서 실행한 함수들은 모두 같은 함수일까?

코드 2-53

```
console.log(test == o1.test && o1.test == a1.test);
// true
```

그렇다. 메서드로 정의된 함수든 일반 함수든 같은 함수로 정의된 모든 함수와 메서드는 하나의 함수다. 자바스크립트에서의 함수는 '어떻게 선언했느냐'와 '어떻게 실행했느냐'가 모두 중요하다. '어떻게 정의했느냐'는 클로저와 스코프와 관련된 부분들을 결정하고 '어떻게 실행했느냐'는 this와 arguments를 결정한다. 위에서 보여준 모습들을 '장난스럽다'고 느끼거나 '굳이 왜 저런 부분까지 확인을 하나' 하고 생각할 수 있는데, 위와 같은 기법들은 실제로 많은 유명한 라이브러리에서 자주 사용된다.

2.3.4 call, apply 다시 보기

자바스크립트에서 함수를 실행하는 대표적인 방법이 2개 더 남아 있다. 예제를 통해 확인하자.

코드 2-54

```
test.call(undefined, 1, 2, 3);
test.call(null, 1, 2, 3);
test.call(void 0, 1, 2, 3);
// a b c: 1 2 3
// this: Window {...}
// arguments: [1, 2, 3]
```

위 3가지 실행 모두 동일한 결과가 나온다. null이나 undefined를 call의 첫 번째 인자에 넣으면 this는 window가 된다. void 0의 결과도 undefined이기 때문에 같은 결과가 나온다.

코드 2-55

```
test.call(o1, 3, 2, 1);
// a b c: 3 2 1
// this: Object {name: "obj1"}
// arguments: [3, 2, 1]
```

```
test.call(1000, 3, 2, 1);
// a b c: 3 2 1
// this: Number 1000
// arguments: [3, 2, 1]
```

함수의 메서드인 call은 Function.prototype.call이다. test는 함수이자 객체이고 test 객체의 call은 함수 자신(test)을 실행하면서 첫 번째 인자로 받은 값을 this로 사용한다.

코드 2-56

```
o1.test.call(undefined, 3, 2, 1);
// a b c: 3 2 1
// this: Window {...}
// arguments: [3, 2, 1]

o1.test.call([50], 3, 2, 1);
// a b c: 3 2 1
// this: Array [50]
// arguments: [3, 2, 1]
```

call을 사용할 경우, 그 앞에서 함수를 .으로 참조했을지라도 call을 통해 넘겨받은 첫 번째 인자에 의해 this가 결정된다.

코드 2-57

```
test.apply(o1, [3, 2, 1]);
// a b c: 3 2 1
// this: Object {name: "obj1"}
// arguments: [3, 2, 1]

test.apply(1000, [3, 2, 1]);
// a b c: 3 2 1
// this: Number 1000
// arguments: [3, 2, 1]

o1.test.apply(undefined, [3, 2, 1]);
// a b c: 3 2 1
// this: Window {...}
// arguments: [3, 2, 1]

o1.test.apply([50], [3, 2, 1]);
// a b c: 3 2 1
// this: Array [50]
// arguments: [3, 2, 1]
```

apply는 call과 동일하게 동작하지만 인자 전달 방식이 다르다. 인자들을 배열이나 배열과 비슷한 객체를 통해 전달한다. 여기서 배열과 비슷하다는 것은 다음과 같은 값들을 사용할 수 있다는 말이다.

코드 2-58

```
test.apply(o1, { 0: 3, 1: 2, 2: 1, length: 3 }); // Array가 아님
// a b c: 3 2 1
// this: Object {name: "obj1"}
// arguments: [3, 2, 1]

(function() {
  test.apply(1000, arguments);  // arguments 객체 역시 Array가 아님
})(3, 2, 1);
// a b c: 3 2 1
// this: Number 1000
// arguments: [3, 2, 1]
```

{ 0: 3, 1: 2, 2: 1, length: 3 }은 Array도 아니고 Arguments도 아닌 그냥 일반 객체다. 숫자를 키로 사용하고 그에 맞는 length를 가지고 있다. 이와 같이 되어 있는 객체라면 apply를 통해 인자로 전달할 수 있다. 다른 함수를 통해 생성된 arguments도 apply로 전달할 수 있다.

아래처럼 편집하여 전달할 수도 있다.

코드 2-59

```
(function() {
  arguments.length--;
  test.apply(1000, arguments);
})(3, 2, 1);
// a b c: 3 2 undefined
// this: Number 1000
// arguments: [3, 2]

test.apply(1000, [1].concat([2, 3]));
// a b c: 1 2 3
// this: Number 1000
// arguments: [1, 2, 3]
```

2.3.5 call의 실용적 사례

계속해서 확인하고 있는, 일반적이지 않은 이런 기법들은 유명한 자바스크립트 개발자들의 코드에서 자주 등장한다. 필자가 봤던 라이브러리에서 사용된 기법들 중, 특히 감각적으로 느껴졌던 기법 하나를 소개한다.

코드 2-60 네이티브 코드 활용하기

```
var slice = Array.prototype.slice;
function toArray(data) {
  return slice.call(data);
}
function rest(data, n) {
  return slice.call(data, n || 1);
}
```

```
var arr1 = toArray({ 0: 1, 1: 2, length: 2 });
// [1, 2]
arr1.push(3);
console.log(arr1);
// [1, 2, 3];

rest([1, 2, 3]);
// [2, 3];

rest([1, 2, 3], 2);
// [3]
```

Array.prototype.slice의 경우, 키를 숫자로 갖고 length를 갖는 객체이기만 하면 Array가 아닌 값이어도 call을 통해 Array.prototype.slice를 동작시킬 수 있다. toArray와 rest 함수는 구현을 Native Helper에게 위임하여 짧은 코드로 성능이 좋은 유틸 함수를 만들었다. 정말 감각적인 구현이다.

　자바스크립트에서는 this 키워드 못지않게 call, apply, arguments 등도 중요하다. call, apply, arguments, bind 등을 알고 자바스크립트를 다루는 것과 그렇지 않은 것은 정말 큰 차이를 만든다. 그리고 이 모든 기능들은 자바스크립트의 함수와 관련되어 있다. 자바스크립트 진영의 객체지향 관련 라이브러리에도 상속이나 메서드 오버라이드 같은 것을 구현하기 위해서는 apply와 arguments 등을 사용해야 한다. 함수형 자바스크립트에서는 특히나 더욱 중요하다. apply, arguments는 좋은 도구들이며 실제로 매우 실용적이다.

2.4 if else || && 삼항 연산자 다시 보기

2.4.1 if의 괄호

if와 else if 다음에는 괄호가 나온다. 괄호에서는 기본적으로 true와 false를 받으며, true로 해석되는 값과 false로 해석되는 값도 받는다. 그리고 괄호 안에서는 거의 모든 일을 할 수 있다. 코드를 실행할 수 있다는 얘기다. if의 괄호에서 못하는 일이 있는데 지역 변수를 선언하는 것과 지역 함수를 선언하는 것이다. 자바스크립트의 모든 괄호에는 표현식(expression)만 사용할 수 있다.

　괄호에서 할 수 없는 일이 한 가지 더 있는데, 바로 비동기 프로그래밍이다. 자바스크립트에서는 비동기 코드를 if와 함께 사용하기 어렵다. if (expression) { statements } 중 statements 부분에는 비동기 코드를 활용할 여지가 있고 몇 가지 아이디어를 통해 어느 정도 제어가 가능하지만 if의 괄호 부분은 비동기 코드와 거리가 좀 있다. (async await를 사용할 경우에는 if의 ()와 {}에서도 비동기 코

드를 동기적으로 동작시킬 수 있다. 322쪽의 '7.4 백엔드와 비동기'에 관련 내용이
있다.)

 하지만 괄호 안에서 할 수 있는 일들은 많다. 새로운 객체를 생성할 수도 있고
객체의 key에 값을 할당할 수도 있으며 함수를 실행할 수도 있다. 우선 안 되는
것부터 확인하자.

코드 2-61

```
if (var a = 0) console.log(a);
// Uncaught SyntaxError: Unexpected token var
```

위 코드는 문법 에러가 난다. 앞서 말했듯 괄호에서는 표현식(expression)만 사용
할 수 있기 때문이다. 아래 코드는 에러는 나지 않지만 쓸모없는 코드다.

코드 2-62

```
if (function f1() {}) console.log('hi');
// hi
f1();
// Uncaught ReferenceError: f1 is not defined
```

f1을 정의하는 곳에서는 에러가 나지 않았고 hi도 출력했지만 f1은 실행할 수 없
다. f1이 값으로 다뤄져서 유명 함수로 선언되었기 때문이다. f1은 어디에서도 참
조할 수 없어 위 코드는 사실상 에러가 나지 않지만 아무런 의미가 없는 코드다.
if의 괄호 안에서는 지역 변수나 지역 함수를 선언할 수 없다.

 아래부터는 if의 괄호에서 동작하는 코드들이다.

코드 2-63 이미 선언되어 있는 변수의 값 재할당

```
var a;
if (a = 5) console.log(a); // ❶
// 5

if (a = 0) console.log(1); // ❷
else console.log(a);
// 0

if (!(a = false)) console.log(a); // ❸
// false

if (a = 5 - 5); // ❹
else console.log(a);
// 0
```

미리 선언된 변수에 값을 할당하는 것은 가능하다. 동시에 if의 괄호에는 a가 사

용된다. ❷에서는 if (5)인 셈이므로 5가 출력된다. ❷에서는 if (0)인 셈이므로 else로 넘어가게 된다. ❸에서는 false를 담았고 !으로 반전하여 false가 결과로 나오도록 했다. ❹에서는 a에 0이 담기고 else로 넘어간다.

코드 2-64

```javascript
var obj = {};

if (obj.a = 5) console.log(obj.a);
// 5

if (obj.b = false) console.log(obj.b); // ❷
else console.log('hi');
// hi

var c;
if (c = obj.c = true) console.log(c); // ❸
// true
```

이번에는 if의 괄호 안에서 객체의 key에 값을 할당했다. obj에 값을 할당했고, if의 괄호에서는 obj가 아닌 할당한 값이 쓰인다. ❷와 ❸을 통해 알 수 있다. c에는 obj가 아닌 true가 담긴다.

코드 2-65

```javascript
function add(a, b) {
  return a + b;
}

if (add(1, 2)) console.log('hi1');

var a;
if (a = add(1, 2)) console.log(a);
// 3

if (function() { return true; }()) console.log('hi');
// hi
```

함수를 실행할 수도 있고 실행한 결과를 변수에 담으면서 참과 거짓을 판단할 수도 있다. 익명 함수나 유명 함수를 정의하면서 즉시 실행할 수도 있다.

위에서 확인한 모든 코드들은 자바스크립트의 대부분의 괄호에서 동일하게 동작한다. 이를테면 while문의 괄호에서도 동일하게 동작한다. 괄호 안에서 어떤 코드들을 돌릴 수 있는지 잘 알고 있다면 코드를 더 깔끔하게 정리하거나 코드 구조를 크게 변경하지 않고도 기능을 발전시킬 수 있다. 앞서 말했듯 이러한 기법은 많은 오픈 소스에서 사용되므로 익혀 두는 것이 좋다. 함수 선언의 괄호에서는 인자 선언 외에는 코드가 동작하지 않는다. 단, ES6에서는 함수 선언의 괄호에서도 인자의 기본값을 설정할 때 여러 가지 코드 실행이 가능하다.

지금까지 예로든 괄호와 달리 더 특별한 일을 할 수 있는 괄호가 있다. 그것은 바로 함수 실행의 괄호다. 함수형 자바스크립트에서는 함수를 실행하는 괄호가 꽤나 중요하다. 함수를 실행하는 괄호에서는 좀 더 신기하고 다양한 일을 많이 할 수 있다. 자세한 것은 89쪽 '2.5 함수 실행의 괄호'에서 다룬다. 지금은 일반 괄호보다 함수 실행의 괄호가 더 많은 일을 할 수 있다는 정도만 기억하자.

2.4.2 || &&

코드 2-66

```
var a = true;
var b = false;

var v1 = a || b;
console.log(v1);
// true

var v2 = b || a;
console.log(v2);
// true

var v3 = a && b;
console.log(v3);
// false

var v4 = b && a;
console.log(v4);
// false
```

위 예제의 결과는 이미 충분히 예상한 값일 것이다. 다음 예제를 확인해 보자.

코드 2-67

```
var a = "hi";
var b = "";

var v1 = a || b; // ❶ a가 긍정적인 값이면 || 이후를 확인하지 않아 a 값이 v1에 담긴다.
console.log(v1);
// "hi"

var v2 = b || a; // ❷ b가 부정적이어서 a를 확인했고 a의 값이 담겼다.
console.log(v2);
// "hi"

var v3 = a && b; // ❸ a가 긍정적인 값이어서 && 이후를 확인하게 되고 b 값이 담긴다.
console.log(v3);
// ""
```

```
var v4 = b && a; // ❹ b가 부정적인 값이어서 && 이후를 확인할 필요 없이 b 값이 담긴다.
console.log(v4);
// ""
```

코드 2-67은 어떤가? 예상한 결과와 같은가? 필자는 이 코드에서도 true나 false
가 나올 것이라 생각했던 적이 있다. &&, ||는 주로 if의 괄호 안에서 사용된다. 그
런데 많은 오픈 소스들을 보면 &&나 ||가 if의 괄호가 아닌 곳에서도 사용된다. 실
제로 if의 괄호가 아닌 곳에서 &&나 ||를 사용하는 것이 편한 경우가 많다.

　아래 코드를 확인하여 해당 문법에 대해 더 확실히 익혀 보자.

코드 2-68

```
console.log(0 && 1);
// 0

console.log(1 && 0);
// 0

console.log([] || {});
// []

console.log([] && {});
// {}

console.log([] && {} || 0);
// {}

console.log(0 || 0 || 0 || 1 || null);
// 1

console.log(add(10, -10) || add(10, -10));
// 0

console.log(add(10, -10) || add(10, 10));
// 20

var v;
console.log((v = add(10, -10)) || v++ && 20);
// 0

var v;
console.log((v = add(10, -10)) || ++v && 20);
// 20
```

||과 &&의 활용법은 생각보다 다양하다. 오른쪽으로 더 갈 것인가 말 것인가를 한
줄로 만들어 if else를 대체할 수도 있다. 다음 코드는 그런 상황을 연출해 본 코
드다. 친구가 아닌 경우에만 친구 추가가 되도록 한다.

코드 2-69 if else 대체하기

```
function addFriend(u1, u2) {
  if (u1.friends.indexOf(u2) == -1) {
    if (confirm("친구로 추가할까요?")) {
      u1.friends.push(u2);
      alert('추가되었습니다.');
    }
  } else {
    alert('이미 친구입니다.')
  }
}
var pj = { name: "PJ", friends: [] };
var ha = { name: "HA", friends: [] };

console.log(addFriend(pj, ha));
// 친구로 추가할까요? -> 확인 -> 추가되었습니다.
console.log(addFriend(pj, ha));
// 이미 친구입니다.

function addFriend2(u1, u2) {
  (u1.friends.indexOf(u2) == -1 || alert('이미 친구입니다.')) &&

  confirm("친구로 추가할까요?") && u1.friends.push(u2) && alert('추가되었습니다.');
}
var pj = { name: "PJ", friends: [] };
var ha = { name: "HA", friends: [] };

console.log(addFriend2(pj, ha));
// 친구로 추가할까요? -> 확인 -> 추가되었습니다.
console.log(addFriend2(pj, ha));
// 이미 친구입니다.
```

addFriend2의 코드는 (읽기 좋은 편은 아니지만) addFriend의 if else를 대체한다. 이 외에도 if else로 작성된 많은 코드를 ||나 && 등으로 대체할 수 있다. 무조건 대체하라는 이야기가 아니다. 상황에 따라 if else가 가독성이나 효율이 좋을 수 있고, ||, &&가 좋을 수도 있다. 다양한 도구를 상황에 맞게 잘 사용하면 된다. ||, &&를 더 많은 곳에서 활용해 보라. 더 짧고 간결한 코드를 만드는 많은 아이디어를 얻을 수 있을 것이다.

2.4.3 삼항 연산자

코드 2-70

```
var a = false;
var b = a ? 10 : 30;
console.log(b);
// 30
```

삼항 연산자는 조건이 간단하고 실행 코드도 간단할 때 많이 사용된다. 보통 값을 담을 때 사용된다. 삼항 연산자를 이용해도 여러 줄을 코딩할 수 있다. 익명 함수, 유명 함수, 화살표 함수 등으로 즉시 실행 패턴을 사용하는 것이다.

코드 2-71

```
var a = false;

var c = a ? 10 : function f(arr, v) {
  if (!arr.length) return v;
  v += arr.shift();
  return f(arr, v);
} ([1, 2, 3], 0); // <--- 즉시 실행
console.log(c);
// 6
```

위 코드에서는 a가 false이므로 삼항 연산자에서 10을 건너뛰고 function f() ... 부분이 실행된다. 함수 정의의 끝부분을 보면 알 수 있듯 즉시 실행했다. 그리고 [1, 2, 3]과 0을 인자로 받는다. arr.length를 확인해 보고 length 값이 0이 아니면 아래로 넘어간다. 그 후 arr의 앞쪽 값을 shift()를 통해 꺼내어 v에 더한다. shift()를 실행할 때마다 맨 앞의 값은 arr에서 없어진다. length가 0이 될 때까지 함수 자신을 다시 실행한다. length가 0이 되면 재귀를 멈추고 최종 v를 리턴한다.

위와 같이 즉시 실행 함수를 이용하면 어디에서든 한 줄만 작성할 수 있던 곳을 확장할 수 있다. 또한 다른 함수를 실행할 수도 있고 재귀를 돌면서 얼마든지 복잡한 로직도 넣을 수 있다. 당연한 얘기지만 코드 2-71의 f 함수 안에서도 삼항 연산자를 사용할 수 있다는 점과 괄호 안에서도 코드를 실행할 수 있다는 점을 활용하면 코드 2-72처럼 코드를 간결하게 만들 수 있다.

코드 2-72

```
var c = a ? 10 : function f(arr, v) {
  return arr.length ? f(arr, v + arr.shift()) : v;
} ([1, 2, 3], 0);
console.log(c);
// 6
```

2.5 함수 실행의 괄호

2.5.1 함수 실행을 통해 생기는 새로운 공간

2.1절에서는 코드가 실행되는 대괄호를, 2.2절에서는 함수를 정의하는 괄호를, 2.3절에서는 함수를 실행하는 괄호를, 2.4절에서는 코드가 실행되는 괄호를 확인

했다. 그중 가장 특별한 괄호는 함수를 실행하는 괄호라고 했었다. 함수를 실행하는 괄호와 그렇지 않은 다른 괄호의 차이는 무엇일까?

코드 2-73 일반 괄호

```
(5);
(function() { return 10; });
```

코드 2-73의 괄호 두 가지는 모두 일반적인 괄호다. 함수를 실행하는 괄호가 아닌 일반 괄호에서는 코드가 실행되면 해당 지점에 즉시 값을 만들고 끝난다. 해당 지점에서 만들어진 값을 참조할 수는 있지만 여기서 할 일은 바로 모두 끝난다. (function() { return 10; });의 경우도 익명 함수가 정의되었지만 어디서도 실행할 수 없기 때문에 아무런 의미가 없는 코드다.

코드 2-74 함수를 실행하는 괄호

```
var add5 = function(a) { // 새로운 공간
  return a + 5;
};
var call = function(f) { // 새로운 공간
  return f();
};

/* 함수를 실행하는 괄호 */
add5(5);
// 10
call(function() { return 10; });
// 10
```

함수를 실행하는 괄호는 일반 괄호와 특성이 모두 같지만 한 가지 특성을 더 가지고 있다. 이 괄호를 통해 새로운 실행 컨텍스트가 열린다는 점이다. 이 점은 매우 중요하다. 함수를 실행하는 괄호에서는 코드가 실행되었을 때 해당 지점에 값을 만든 후 끝나지 않고, 이 값이 실행된 함수의 공간으로 넘어간다. 새롭게 열린 공간이 끝나기 전까지는 이전 공간의 상황들도 끝나지 않는다. 이 공간들을 실행 컨텍스트라고 한다.

새로운 공간이 생긴다는 것, 콜 스택에 쌓인다는 것, 태스크 큐와 이벤트 루프에 의해 제어된다는 것, 이것들을 통해 개발자가 시작과 끝을 제어할 수 있다는 점들이 함수를 실행하는 괄호가 가진 가장 특별한 차이다.

자바스크립트에서 함수가 실행되는 지점과 함수가 끝나는 지점이 갖는 특별한 의미를 알고, 각각의 지점에서 엔진이 하는 특별한 일들에 대해 구체적으로 알고 있다면 아무래도 자바스크립트를 더욱 잘 다룰 수 있을 것이다.

함수가 정의되거나 실행되는 지점에서는 클로저도 만들어질 수 있고, 비동기 상황이 생길 수도 있으며 서로 다른 컨텍스트가 연결되는 등의 특별한 일들이 생긴다. 이것들은 함수에 대한 매우 실제적이고 중요한 개념들이다.

for문을 사용할 때 어떤 지점들을 확인하면서 코드 블록을 반복시키는지, 언제 어떻게 끝나는지 정확히 이해하지 않고는 코딩할 수 없듯이 함수도 마찬가지다. 자바스크립트에서 함수는 정말 너무나 중요하다. 함수를 실행하는 괄호를 통해 어떤 일들을 계획할 수 있는지 알아보자.

> **참고**
>
> 자바스크립트에서의 스코프, 실행 컨텍스트, 태스크 큐, 이벤트 루프, 마이크로 태스크 등으로 구글에서 검색하면 좋은 문서들이 많이 나온다. 한글 문서도 많다. 설명이 자세하고 훌륭하며, 그림도 있다. 필자도 이런 글을 통해 많은 것을 배울 수 있었다. 이 책이 튜토리얼이나 레퍼런스 책이 아니다 보니 일부 개념에 대한 설명이 부족할 수 있다. 따라서 부족한 개념 설명 등은 다른 문서를 참고할 것을 권한다. 이 책에는 다른 문서나 책과 중복되는 내용은 최대한 배제하고 위와 같은 콘셉트를 실제적으로 활용하는 다양한 예제를 담고자 했다.

2.5.2 기본적인 비동기 상황

비동기 상황이나 콜백 함수 등에 대해 이미 어느 정도 알고 있다면 여기서 다루는 내용을 이해하기가 수월하다. 본격적으로 시작하기 전에 기본적인 비동기 상황에 대해 간단히 확인하자.

코드 2-75 실행 타이밍

```javascript
console.log(1);
setTimeout(function() {
  console.log(3)
}, 1000);
console.log(2);
// 1
// 2
// 3 (1초 뒤)
```

코드 라인 순서와 달리 console.log(1), console.log(2), console.log(3)으로 실행되었다. 그리고 3은 1초 정도 뒤에 출력되었다.

코드 2-76 콜백 함수로 결과 받기

```javascript
var add = function(a, b, callback) {
  setTimeout(function() {
    callback(a + b);
  }, 1000);
};
```

```
add(10, 5, function(r) {
  console.log(r);
  // 15
});
```

비동기 상황이 생기는 함수의 결과는 return문으로 반환할 수 없다. 비동기 상황이 생기는 함수의 결과를 받는 방법 중 하나는 콜백 함수를 넘겨서 돌려받는 방법이다. add의 마지막 인자로 넘겨진 익명 함수 callback은 add 안에서 모든 상황이 끝날 때 실행된다. 이를 통해 add를 실행한 스코프 내부에서 다시 add의 결과를 받을 수 있게 된다.

일반 괄호였다면 10, 5, function 등이 그 자리에 정의되고 끝났겠지만 함수를 실행하는 괄호에서는 그 값들이 다른 공간으로 넘어간다. 새롭게 열린 공간에서는 넘겨받은 재료들로 새로운 일을 할 수 있다. 그리고 넘겨받은 재료 중에 함수가 있다면 그 함수를 실행한다든지 하는 것도 가능하다.

코드 2-76은 비동기를 제어하는 일반적인 코드이자 비동기에 관련된 거의 모든 것이다. 함수를 연속적으로 실행하는 것이 비동기 제어의 핵심이다.

2.5.3 함수 실행 괄호의 마법과 비동기

비동기 상황을 제어하는 방법은 함수 실행을 일렬로 나열하는 것이다.

> add 함수 실행(함께 넘긴 callback) → setTimeout 함수 실행 → setTimeout이 1초 뒤 익명 함수를 실행 → 받아 둔 callback 함수 실행

위와 같이 함수들의 실행을 일렬로 나열하여 한 가지 일이 순서대로 일어나도록 하는 것이다.

우리는 이 함수 나열을 숨겨서 비동기 코드가 동기식으로 실행되는 것처럼 보이도록 해볼 것이다. Promise하고 비슷할 것이다. 이 작업을 통해 함수 실행의 괄호에서 다른 공간으로 이동되는 사이에 할 수 있는 일을 확인할 것이다. 이런 기법들을 통해 프로미스의 내부 코드를 예상해 볼 수도 있을 것이다. 또한 함수를 받아 뒀다가 실행해 주는 라이브러리, 함수 단위로 소통하는 프레임워크, 이를테면 Node.js, Express, jQuery, Backbone, Angular, React 등에서 볼 수 있는 함수 관련 동작에 대해 좀 더 정확하게 예측하고 생각할 수 있게 될 것이다.

우선 우리가 가지고 있는 함수는 무조건 강을 한 번 건너갔다 와야 해서 오래 걸린다고 가정해 보자.

코드 2-77

```
var add = function(a, b, callback) {
  setTimeout(function() {
    callback(a + b);
  }, 1000);
};

var sub = function(a, b, callback) {
  setTimeout(function() {
    callback(a - b);
  }, 1000);
};

var div = function(a, b, callback) {
  setTimeout(function() {
    callback(a / b);
  }, 1000);
};

add(10, 15, function(a) {
  sub(a, 5, function(a) {
    div(a, 10, function(r) {
      console.log(r);
      // 약 3초 후에 2가 찍힘
    });
  });
});
```

원래 비동기가 일어나는 함수들은 아래처럼 중첩 실행을 할 수 없다. 함수의 몇 가지 특성을 활용해 비동기 함수도 아래처럼 중첩 실행이 가능하도록 해보자.

코드 2-78

```
console.log(div(sub(add(10, 15), 5), 10));

// undefined가 찍히고 callback이 없다는 에러가 남
// Uncaught TypeError: callback is not a function
// Uncaught TypeError: callback is not a function
// Uncaught TypeError: callback is not a function

// 위와 동일한 코드여도 에러가 나지 않고 3초 후에 2가 찍히도록 해볼 것이다.
```

우선 함수가 실행되는 사이에 무언가를 할 수 있도록 함수로 한 번 감싸서 공간을 만들 것이다. wrap에게 함수를 전달하여 함수를 리턴 받으면 원래 기능을 유지하면서 코드 사이에 공간이 생긴다.

코드 2-79 함수를 감싸서 없던 공간 만들기

```
function wrap(func) { // ❶ 함수 받기
  return function() { // ❷ 함수 리턴하기, 이것이 실행됨
    /* 여기에 새로운 공간이 생김, 나중에 함수를 실행했을 때 이 부분을 거쳐감 */
```

```
      return func.apply(null, arguments); // ❸
  }
}

var add = wrap(function(a, b, callback) {
  setTimeout(function() {
    callback(a + b);
  }, 1000);
});

add(5, 10, function(r) {
  console.log(r);
  // 15
});
```

❶에서 받은 함수를 기억하는 ❷ 클로저를 만들어 리턴했고, add는 ❷가 된다. 나중에 ❷가 실행되면 ❶에서 받아 둔 ❸ 함수를 실행하면서 ❷가 받은 모든 인자를 넘겨 준다.

이전 add와 완전히 동일하게 동작면서도 사이사이에 코드를 끼워 넣을 수 있는 공간들이 더 생겼다. wrap을 조금만 더 고치고 _async라고 이름을 바꿔 보자.

코드 2-80 실행 이전의 공간에서 비동기 제어와 관련된 일 추가하기

```
function _async(func) {
  return function() {
    arguments[arguments.length++] = function(result) { // ❶
      _callback(result); // ❻
    };
    func.apply(null, arguments);  // ❷

    var _callback; // ❸
    function _async_cb_receiver(callback) { // ❹
      _callback = callback; // ❺
    }
    return _async_cb_receiver;
  };
}

var add = _async(function(a, b, callback) {
  setTimeout(function() {
    callback(a + b);
  }, 1000);
});

add(20, 30)(function(r) { // ❼
  console.log(r);
  // 50
});
```

우선 마지막 부분 ❼을 보면 add를 실행하는 방법이 바뀌었다. 한 번에 인자 3개

를 넘기지 않고 마치 커링처럼 add에 필요한 재료를 넘긴 후 한 번 더 실행하면서 callback 함수를 넘기고 있다.

❶ add가 실행되면 인자로 20과 30이 넘어온다. 원래는 callback 함수를 받아야 하므로 arguments에 마지막 값으로 함수를 추가한다. 그리고 그 함수는 나중에 개발자가 넘겨준 callback 함수를 실행할 수 있게 준비해 두었다.

❷ add를 정의할 때 받아 둔 func를 실행하면서 인자 3개를 넘긴다.

❸ _callback이라는 지역 변수를 만들어서 ❶과 ❹가 기억해 두도록 했다. 클로저를 활용하여 서로 다른 컨텍스트가 협업할 수 있도록 이어주었다.

❹ _async_cb_receiver라는 이름을 가진 유명 함수이자 클로저를 만들어 리턴한다.

❺ _async_cb_receiver가 실행될 때 받은 함수 callback을 _callback에 할당한다.

❻ 1초가 지나면 ❶이 실행될 것이고 add가 callback을 통해 넘긴 결과인 result를 받아 두었던 _callback을 실행하면서 다시 넘겨주고 있다.

❼ 이 익명 함수가 _callback이므로 ❻에서 넘겨진 r을 받게 되고 로그를 남겼다.

이제 _async 함수는 콜백 패턴을 사용하는 비동기 함수를 받아, 한 번 더 실행하여 결과를 받는 함수로 변경해 주는 함수가 되었다. _async 함수를 이용하여 만든 비동기 함수를 정의하고 실행하면 다음과 같다.

코드 2-81 인자를 넘기면서 실행하는 부분과 결과를 받는 부분 분리

```javascript
var add = _async(function(a, b, callback) {
  setTimeout(function() {
    callback(a + b);
  }, 1000);
});

var sub = _async(function(a, b, callback) {
  setTimeout(function() {
    callback(a - b);
  }, 1000);
});

var div = _async(function(a, b, callback) {
  setTimeout(function() {
    callback(a / b);
  }, 1000);
});

add(10, 15)(function(a) {
```

```
      sub(a, 5)(function(a) {
        div(a, 10)(function(r) {
          console.log(r);
          // 약 3초 후에 2가 찍힘
        });
      });
    });
```

2.5.4 비동기와 재귀

일반 콜백 패턴의 함수를 실행하는 것과 아직 큰 차이는 없지만 연산에 필요한
실행과 결과를 받기 위한 실행이 분리되었다. 함수를 실행하는 괄호에서는 값을
다른 공간으로 넘겨 새로운 일들을 더 할 수 있다. add, sub, div는 async를 통해
본체에 가기 전 새로운 공간을 가지고 있고, 그 공간에서는 시작과 끝을 제어하
고 있다. 이 내부 공간을 손보면 좀 더 재밌는 일을 할 수 있다. func.apply(null,
arguments); 부분만 고치면 된다.

코드 2-82

```
function _async(func) {
  return function() {
    arguments[arguments.length++] = function(result) {
      _callback(result);
    };

    // 변경된 부분
    (function wait(args) {
      /* 새로운 공간 추가 */
      for (var i = 0; i < args.length; i++)
        if (args[i] && args[i].name == '_async_cb_receiver')
          return args[i](function(arg) { args[i] = arg; wait(args); });
      func.apply(null, args);
    })(arguments);

    var _callback;
    function _async_cb_receiver(callback) {
      _callback = callback;
    }
    return _async_cb_receiver;
  };
}

var add = _async(function(a, b, callback) {
  setTimeout(function() {
    console.log('add', a, b);
    callback(a + b);
  }, 1000);
});

var sub = _async(function(a, b, callback) {
  setTimeout(function() {
```

```
    console.log('sub', a, b);
    callback(a - b);
  }, 1000);
});

var div = _async(function(a, b, callback) {
  setTimeout(function() {
    console.log('div', a, b);
    callback(a / b);
  }, 1000);
});

var log = _async(function(val) {
  setTimeout(function() {
    console.log(val);
  }, 1000);
});

log(div(sub(add(10, 15), 5), 10));
// 약 4초 뒤 2

log(add(add(10, 10), sub(10, 5)));
// 약 3초 뒤 25
```

이제 되었다. 모두 비동기 함수들인데도 마치 즉시 완료되는 동기 함수들을 중첩하여 실행한 것처럼 동작하고 있다. 추가된 부분만 다시 자세히 살펴보자.

코드 2-83 추가된 부분 자세히 보기

```
// 변경 전
func.apply(null, arguments);

// 변경 후
(function wait(args) {
  for (var i = 0; i < args.length; i++)
    if (args[i] && args[i].name == '_async_cb_receiver')
      return args[i](function(arg) { args[i] = arg; wait(args); }); // 재귀
  func.apply(null, args);
})(arguments);
```

크게 보면 wait라는 유명 함수를 만들었고 내부에서 재귀를 돌다 func를 실행하도록 변경되었다. 재귀는 인자 중에 _async_cb_receiver가 있다면 모두 결과값으로 치환될 때까지 돌게 된다.

   add의 실행 결과는 숫자가 아닌 _async_cb_receiver라는 이름을 가진 함수다. 이 함수에 함수를 넣으면 결과를 받을 수 있다. 이를 이용하여 add의 실행 결과를 받은 sub는 자신의 본체(func)로 가기 전에 wait로 _async_cb_receiver가 있는지 확인하고, 있다면 실행하여 결과값을 받고 재귀를 돌며 해당 번째 args[i]를 결과값으로 변경한다. wait 재귀를 통해 모든 인자가 결과값으로 치환되면, 완성된 인

자를 함수의 본체에게 넘긴다. 중첩된 모든 함수들에서 이것이 반복되어 최종 결과가 나온다.

앞의 예제는 특정 지점에 함수를 정의하거나 함수로 감싸고, 함수를 즉시 실행하거나 재귀를 하는 식으로 기존 로직 사이에 선행 로직이나 후행 로직을 만들면서 프로그램의 순서를 제어할 수 있음을 보여준다. 위 예제에서는 이런 기법을 통해 비동기 상황을 제어한다. 이처럼 자바스크립트에서 함수라는 단위는 로직을 확장하거나 비동기 상황을 제어하고, 다른 라이브러리들과의 연결 고리를 만드는 중요한 단위가 된다.

일반 괄호에서는 할 수 없는 일이지만 함수를 실행하는 괄호에서는 새로운 공간들을 레이어처럼 얼마든지 만들 수 있다. 코드 2-83처럼 본체까지 가기 전 레이어들을 통과하면서 비동기 함수의 결과를 기다렸다가 결과값으로 변형해 넘겨줄 수도 있다. 함수를 실행하는 괄호에서 함수를 실행할 수 있고, 실행한 결과가 함수여서 그 함수를 다시 함수에게 인자로 넘길 수 있고, 그렇게 받은 함수를 실행할 수 있다. 또한 결과가 다시 함수일 수 있으며 그 함수를 실행한 값을 함수를 통해 꺼낼 수도 있다. 함수를 실행하는 괄호에서는 이처럼 무언가를 계속 진행 중인 상태로 만들 수 있고, 점진적으로 결과를 만들어 갈 수 있다.

자바스크립트에서 재귀는 충분히 실용적이라는 이야기를 했었다. 앞의 상황에서는 재귀를 통해 비동기 상황을 제어했다. 재귀는 로직들을 함수라는 단위로 일자로 나열하는 것이다. 비동기 제어의 핵심 역시 함수 실행의 나열이다. 비동기가 발생되면 스택이 초기화되므로 재귀에 대한 부담도 없다. 아무리 많은 재귀가 일어나도 'Maximum call stack size exceeded' 에러는 절대로 발생하지 않는다. 유명 함수를 통한 재귀나 다양한 방법의 비동기 제어를 많이 연습하다 보면 재밌는 코드를 많이 만날 수 있다.

2.6 화살표 함수

화살표 함수는 ES6가 지원되는 환경에서만 사용할 수 있다. 2016년을 기준으로는 아직 지원하지 않는 브라우저가 많지만 Node.js에서는 자유롭게 사용할 수 있다. 물론 Babel 등을 사용하면 더 많은 환경에서도 사용할 수 있다. 필자의 경우는 Node.js에서만 사용하는 코드에서는 화살표 함수를 사용하고 있고, Babel을 사용하지는 않지만 브라우저에서도 꼭 필요할 때는 new Function과 문자열 화살표 함수로 대체하는 식으로 사용하고 있다.

2.6.1 익명 함수와의 문법 비교

화살표 함수 문법은 전혀 어렵지 않고 규칙도 단순하다. 기존 익명 함수와 비교해서 보면 아주 쉽게 알 수 있다.

코드 2-84 익명 함수와 화살표 함수 비교

```
// 한 줄 짜리 함수
var add = function(a, b) { return a + b; };

var add = (a, b) => a + b;

// 두 줄 이상의 함수
var add2 = function(a, b) {
  var result = a + b;
  return result;
};

var add2 = (a, b) => {
  var result = a + b;
  return result;
}
```

function 키워드를 생략하고 =>를 추가했고, 한 줄이면 {}와 return을 생략한 것이 전부다. 처음엔 =>와 같은 기호가 복잡해 보일 수 있고 연속적으로 중첩되어 있다면 꽤 난해해 보일 수도 있지만, 자꾸 보다 보면 익숙해지고 읽기도 좋으며 사용하기도 간편하다.

코드 2-85

```
// 인자가 없는 함수
var hi = function() {
  console.log('hi');
};

var hi = () => console.log('hi');
hi();

// 인자가 하나인 함수
var square = function(a) {
  return a * a;
};

var square = a => a * a;
```

인자가 없는 함수는 빈 괄호를 넣으면 되고 인자가 하나인 함수는 인자 선언 자리의 괄호도 생략할 수 있다.

받은 값을 그대로 리턴하는 identity 같은 함수나 받아 둔 값을 항상 리턴하는 constant 같은 함수를 화살표 함수로 만들면 굉장히 간결하다.

코드 2-86 identity와 constant

```javascript
var identity = function(v) {
  return v;
};

var identity = v => v;

var constant = function(v) {
  return function() {
    return v;
  }
};

var constant = v => () => v;
```

이모티콘 같기도 하고 뭔가 귀엽다. 다만 비교 연산자 등과 같이 복잡하게 섞이면 처음에는 좀 정신이 없을 수 있다. 그래도 자꾸 보면 익숙해진다.

코드 2-87

```javascript
var gte = (a, b) => a <= b;
var lte = (a, b) => a >= b;

gte(1, 1);
// true
gte(1, 2);
// true

lte(1, 1);
// true
lte(2, 1);
// true
```

2.6.2 익명 함수와의 기능 비교

화살표 함수의 최대 매력은 간결함이다. 화살표 함수가 가진 또 다른 특징이 있는데, 바로 화살표 함수 내부의 this와 arguments가 부모 함수의 this와 arguments라는 점이다. 여기서 말한 부모 함수는 화살표 함수에서 부모 함수들을 타고 올라가다 처음으로 만나는 일반 함수를 말한다. 아래 예제를 보면 중첩된 화살표 함수의 this, arguments가 function 키워드로 정의된 함수의 this, arguments와 동일함을 알 수 있다.

코드 2-88

```javascript
(function() {
  console.log(this, arguments);
  // {hi: 1} [1, 2, 3]
  (()=> {
    console.log(this, arguments);
```

```
      // {hi: 1} [1, 2, 3]
      (()=> {
        console.log(this, arguments);
        // {hi: 1} [1, 2, 3]
      }) ();
    }) ();
  }).call({ hi: 1 }, 1, 2, 3)
```

2.6.3 화살표 함수의 실용 사례

화살표 함수는 map, filter, reduce 등의 고차 함수와 함께 사용될 때 특히 매력적이다.

코드 2-89

```
[1, 2, 3].map(function(v) {
  return v * 2;
});
// [2, 4, 6]
[1, 2, 3].map(v => v * 2);
// [2, 4, 6]

[1, 2, 3, 4, 5, 6].filter(function(v) {
  return v > 3;
});
// [4, 5, 6]
[1, 2, 3, 4, 5, 6].filter(v => v > 3);
// [4, 5, 6]

[1, 2, 3].reduce(function(a, b) {
  return a + b;
});
// 6
[1, 2, 3].reduce((a, b) => a + b);
// 6
```

이 외에도 파이프라인이나 체인 등과 함께 사용하면 더욱 아름답다. 파이프라인이나 체인에 대해서는 4장에서 자세히 다룬다.

2.6.4 화살표 함수 재귀

우리는 2.2절에서 유명 함수를 이용한 재귀를 확인했었다. 화살표 함수는 익명 함수다. 이름이 없는 함수지만 변수 선언 없이도 재귀를 만들 수 있다. 다음은 화살표 함수를 통한 재귀로 숫자를 연속적으로 출력하도록 만들어 보았다. for나 이름이 있는 함수가 없어도 반복을 구현할 수 있다. 실용적인 코드는 아니다. 2장을 마무리하면서 재미 요소로 이 예제들을 담아 보았다.

코드 2-90

```
function log(arg) {
  console.log(arg);
}

((a, b) => (f => f(f)) (f => log(a) || a++ == b || f(f)))(1, 5);
// 1 2 3 4 5
```

위 코드의 function 키워드가 있는 버전은 다음과 같다.

코드 2-91

```
(function(a, b) {
  (function(f) {
    f(f);
  }) (function(f) {
    log(a) || a++ == b || f(f);
  });
})(6, 10);
// 6 7 8 9 10
```

이 코드를 쪼개서 보면 이해하기 좀 더 쉽다.

코드 2-92

```
((a, b) => (f => f(f)) (f => log(a) || a++ == b || f(f)))(1, 5);
/* 기억      재귀 시작              ( 조건부 )     재귀     실행 */
// 1 2 3 4 5
```

처음에 함수 이름을 start라는 이름으로 사용해 보았다.

코드 2-93

```
var start = f => f(f);
var logger = (a, b) => start(f => log(a) || a++ == b || f(f));
logger(6, 10);
// 6 7 8 9 10

// 위와 동일한 코드를 function 키워드를 사용하여 확인
var start = function(f) {
  f(f);
};
var logger = function(a, b) {
  start(function(f) {
    log(a) || a++ == b || f(f);
  })
};
logger(1, 5);
// 1 2 3 4 5
```

다음 코드는 값을 줄여 나가면서 재귀를 한다.

코드 2-94

```
((a) => start(f => log(a) || --a && f(f)))(5);
// 5 4 3 2 1
```

이번에는 start를 사용하여 간단한 each 함수를 구현해 보자.

코드 2-95

```
var each = (arr, iter, i=0) => start(f => iter(arr[i]) || ++i < arr.length && f(f));

each([5, 2, 4, 1], function(v) {
  console.log(v);
});
// 5 2 4 1

each(['a', 'b', 'c'], function(v) {
  console.log(v);
});
// a b c
```

each에서 i=0은 인자의 기본 값을 정할 수 있는 ES6의 문법이다. start를 조금만 더 고치면 코드를 더 줄인 재귀도 만들 수 있지만 여기까지만 하자. 이 같은 코드들은 실용적이지는 않지만 재밌는 문법 훈련이 된다.

2.7 정리

지금까지 자바스크립트의 문법들을 다양하게 사용해 보았다. 대괄호, 괄호, 익명 함수, 유명 함수, 클로저, 즉시 실행, 재귀, 화살표 함수 등을 사용해 보면서 다소 난해한 문법이나 기법들을 확인해 보았다. 다음 문장이 의미하는 것에 좀 더 다가 갔을 것이라 생각한다.

"아무 곳에서나 함수 열기. 함수 실행을 원하는 시점으로 미뤄서 실행하기."

어떤 곳에서 함수를 선언할 수 있고 실행할 수 있는지, 즉시 실행할 수 있는지, 또 다른 실행 컨텍스트로 넘어가 어떻게 이어갈 수 있는지 등에 대해 문법적으로 훑어보았다. 다음 장에서는 보다 실제적인 사례를 살펴볼 것이다. Underscore.js와 Lodash 등을 살펴보고 Underscore.js의 주요 함수들을 만들어 보면서 함수형 자바스크립트에 더욱 다가가 보자.

3장

Underscore.js를 직접 만들며 함수형 자바스크립트의 뼈대 익히기

지금까지 함수형 자바스크립트를 위한 기반을 다졌다. 3장에서는 유명한 함수형 자바스크립트 라이브러리인 Underscore.js를 만들어 볼 것이다. Underscore.js의 주요 함수들을 구현하고 사용해 보면서 그 속에 담긴 콘셉트와 매력을 찾아보자.

3.1 Underscore.js 소개

Underscore.js는 작고 놀라운 함수형 자바스크립트 라이브러리다. 1,600줄 정도로 구현되어 있는 이 작은 라이브러리는 약 113개 정도의 함수를 제공한다. 데이터를 다루는 자바스크립트 라이브러리 대부분은 Underscore.js를 사용하거나 유사 라이브러리인 Lodash를 사용하고 있다.

처음에는 Underscore.js가 빈약한 자바스크립트의 기본 객체들을 다루기 위한 유틸성 라이브러리인 줄 알았다. 필자는 Underscore.js보다 백엔드의 ORM이나 프론트엔드의 Backbone Model 등에서 제공되는 Underscore 스타일의 메서드를 먼저 접했다. 익숙해지니 편리하여 Underscore.js를 직접 사용하기 시작했다. 얼마 되지 않아 Underscore.js는 필자가 개발 중인 소프트웨어들의 곳곳을 차지했다. 그저 작고 가벼운 유틸이라 생각했던 이 라이브러리는 자바스크립트를 함수적으로 다루는 패러다임을 제시하고 있었다.

Underscore.js의 함수들은 간결하고 단순하며 아주 작다. Underscore.js의 함수 하나가 하는 일은 매우 작지만 함수들 사이에 아주 잘 어우러진다. 함수의 결과가 또 다른 함수의 인자와 어울리고, 함수로 만든 함수가 다른 고차 함수의 보조 함수로 사용되는 등 함수와 함수들 간의 연계가 잘 이루어지도록 준비가 잘 되어 있다. 이러한 높은 조합성은 복잡한 로직도 쉽고 견고하게 만들 수 있도록 도와준다. Underscore.js는 어디에서나 사용 가능하다. 웹 브라우저에서도, Node.js에서도 유용하게 사용할 수 있다. 어떤 프레임워크나 다른 라이브러리들을 쓰고 있다고 하더라도 함께 사용할 수 있다. 그저 함수들이기 때문이다.

Underscore.js를 만든 제레미 애쉬케나스(Jeremy Ashkenas)는 CoffeeScript 와 Backbone 등도 만들었다. 그중 Backbone은 Underscore.js로 만들어졌다. Underscore.js의 영향력은 상당하다. GitHub에서 underscore를 검색해 보면 다양한 버전의 관련 라이브러리 혹은 유사 라이브러리를 볼 수 있다. 또한 Lua, Swift, Objective-C, PHP, Go, Python 등의 다양한 언어 버전의 Underscore도 확인할 수 있다. Underscore.js는 아주 많은 웹 서비스와 자바스크립트 관련 오픈소스 등에 직접 사용되고 있거나 영향을 끼쳤다.

3.1.1 Underscore.js 간단히 써보기

Underscore.js나 Lodash 같은 함수들은 자바스크립트에서의 함수형 패러다임을 잘 보여준다. Underscore.js의 유명한 함수 몇 가지를 간단히 사용해 보자.

코드 3-1 _.each 간단히 써보기

```
_.each([1, 2, 3], function(val, idx, list) { console.log(val, idx, list); });
// 1 0 list
// 2 1 list
// 3 2 list
// [1, 2, 3]
```

_.each는 [1, 2, 3].forEach와 비슷하게 동작한다. _.each와 Array.prototype. forEach는 비슷하지만 사실은 꽤 많이 다르다. 다음을 보자.

코드 3-2 forEach와 _.each의 차이

```
[1, 2, 3].forEach(function(val, idx, list) { console.log(val, idx, list); });
// 1 0 list
// 2 1 list
// 3 2 list
// undefined

_.each({ a: 1, b: 2 }, function(val, key, obj) { console.log(val, key, obj); });
// "a" {a: 1, b: 2}
// "b" {a: 1, b: 2}
// {a: 1, b: 2}
```

첫 번째로 리턴값이 다르다. 함수의 리턴값이 다르다는 것은 사실 아주 큰 차이다. _.each는 자신이 받았던 첫 번째 인자를 그대로 리턴한다. Array.prototype.forEach는 undefined를 리턴한다.

두 번째 차이는 사용 가능한 값의 종류가 _.each가 더 많다는 것이다. _.each는 key/value 쌍으로 구성된 객체를 인자로 받을 수 있고 $('li')도 받을 수 있다. 여기서 $는 jQuery이고 $('li')의 결과는 배열과 비슷한 모습을 지닌 jQuery 객체다. _.each는 배열 아닌 배열 같은 객체들도 지원한다. 이를 보통 ArrayLike 객체라고 하는데 이것에 대해서는 111쪽 3.2절에서 자세히 설명한다.

코드 3-3 _.reject, _.contains, _.isArray

```
var list = [1, 2, 3, 4, 5, 6];
_.reject(list, function(num) { return num % 2 == 0; });
// [1, 3, 5]
console.log(list);
// [1, 2, 3, 4, 5, 6]

_.contains([1, 2, 3], 3);
// true

_.isArray([1, 2, 3]);
// true
```

_.reject는 list를 받아 predicate를 실행하여 true로 평가된 값들을 제외한다. 그리고 남아 있는 값들만 담긴 새로운 list를 리턴한다('새로운'이 중요하다).

_.contains는 첫 번째 인자인 배열에 두 번째 인자와 동일한 값이 포함되어 있는지를 true/false로 리턴하고, _.isArray는 객체의 type이 Array가 맞는지를 검사한다. IE9 미만에서는 Array.isArray가 없어서 _.isArray가 필요하다.

코드 3-4 _.pluck, _.first, _.last, _.rest, _.lastIndexOf

```
var users = [
  { id: 1, name: "ID", age: 32 },
  { id: 2, name: "HA", age: 25 },
  { id: 3, name: "BJ", age: 32 },
  { id: 4, name: "PJ", age: 28 },
  { id: 5, name: "JE", age: 27 },
  { id: 6, name: "JM", age: 32 },
  { id: 7, name: "HI", age: 24 }
];
_.pluck(users, 'name');
// ["ID", "HA", "BJ", "PJ", "JE", "JM", "HI"]

_.first([5, 4, 3, 2, 1]);
// 5
_.first([5, 4, 3, 2, 1], 1);
// [5]
_.first([5, 4, 3, 2, 1], 2);
```

```
// [5, 4]

_.last([5, 4, 3, 2, 1]);
// 1
_.last([5, 4, 3, 2, 1], 1);
// [1]
_.last([5, 4, 3, 2, 1], 2);
// [2, 1]

_.rest([5, 4, 3, 2, 1]);
// [4, 3, 2, 1]
_.rest([5, 4, 3, 2, 1], 2);
// [3, 2, 1]

_.initial([5, 4, 3, 2, 1]);
// [5, 4, 3, 2]
_.initial([5, 4, 3, 2, 1], 2);
// [5, 4, 3]

_.lastIndexOf([1, 2, 3, 1, 2, 3], 2);
// 4
_.lastIndexOf([1, 2, 3, 1, 2, 3], 3);
// 5
_.lastIndexOf([1, 2, 3, 1, 3], 2);
// 1

_.flatten([[1, 2, 3], [4, 5], 6]);
// [1, 2, 3, 4, 5, 6]
```

_.pluck는 users처럼 배열 내부의 값들이 key/value 쌍으로 구성된 객체일 때 사용한다. 두 번째 인자로 넘긴 key에 해당하는 value를 모아서 리턴한다. 안쪽에 있는 값들을 짧은 코드로 뽑아 낼 수 있어 유용하다. 역시 기존의 users 내용을 바꾸는 것이 아닌 새로운 list를 만들어 값을 담는다.

　_.first(list)는 list[0]와 같고 _.last(list)는 list[list.length-1]와 같다. list[0]과 같이 key로 접근하면 되는 일을 굳이 함수로 만들 필요가 있을까 싶을 수 있지만, 사소한 것도 함수로 만들어 두면 조합성이 생기고 실행 시점을 다룰 수 있는 등의 이점이 있다. _.first와 _.last의 두 번째 인자는 앞이나 뒤에서부터 몇 개를 남길 것인지에 대한 옵션이다.

　_.rest는 앞쪽의 값을 제외한 새로운 리스트를 리턴한다. 두 번째 인자는 몇 개의 값을 제외할 것인지에 대한 옵션이다. _.initial은 _.rest의 반대 방향으로 동작한다.

　_.lastIndexOf는 뒤에서부터 동일한 값을 찾아 index를 리턴한다. 뒤에서부터 세는 것이 아니라 뒤에서부터 찾는 것이다.

_.flatten은 코드 2-42에서 만들었던 flatten과 동일한 일을 한다. 깊이를 가진 배열을 펴 주는 함수다.

코드 3-5 _.values, _.keys, _.extend, _.pick, _.omit

```
_.values({ id: 1, name: "ID", age: 32 });
// [1, "ID", 32]

_.keys({ id: 1, name: "ID", age: 32 });
// ["id", "name", "age"]

_.extend({ id: 1, name: "ID", age: 32 }, { age: 36, job: "Developer" });
// { id: 1, name: "ID", age: 36, job: "Developer" }

_.pick({ id: 1, name: "ID", age: 32 }, 'name', 'age');
// { name: 'ID', age: 32 }

_.omit({ id: 1, name: "ID", age: 32 }, 'name', 'age');
// { id: 1 }
```

_.values는 객체의 값들을 리턴하고 _.keys는 객체의 key들을 리턴한다. 좀 더 자세히 설명하면 _.values와 _.keys는 객체의 prototype에 붙은 key와 value는 제외하고 직접 가진 값만 리턴한다. 리턴된 값은 역시 새로운 객체다.

_.extend는 왼쪽에 있는 객체에 오른쪽의 객체를 덮어 씌운다. 같은 key가 있다면 내용을 덮어 씌우고, 없다면 key/value를 추가한다. _.extend는 맨 왼쪽의 객체가 직접 변경된다. 오른쪽의 객체는 그대로지만 맨 왼쪽 객체의 상태를 변경하고 있다. 변경을 원하지 않는다면 맨 앞에 새로운 객체를 넣으면 된다. _.extend({}, obj1, obj2); 이렇게 하면 obj1과 obj2는 원래의 값 그대로 보존된다.

_.pick은 두 번째 인자에 넘겨진 key들을 기준으로 key/value를 남긴다. _.omit은 두 번째 인자로 넘겨진 key들을 제외한다. 두 함수 역시 기존 객체를 변경하지 않고 새로운 값을 만든다.

코드 3-6 _.negate

```
var eq5 = function(a) { return a == 5; };
eq5(5);
// true

var neq5 = _.negate(eq5);
neq5(5);
// false
```

특이한 함수를 하나 살펴보자. _.negate에게 함수를 전달하면 원래 함수의 결과를 반대로 바꾸는 함수를 리턴한다. 얼핏 보면 그냥 값을 반대로 바꾸는 함수라고 헷갈릴 수 있는데, '받아 둔 함수를 실행하여 나온 결과를 반대로 바꾸는 함수'를 리턴하는 함수다. _.negate는 다음처럼 구현되어 있다.

코드 3-7 _.negate 내부

```
// _.negate = function(v) { return !v }; 이게 아니다.

_.negate = function(func) {
  return function() {
    return !func.apply(this, arguments); // 받아둔 함수를 실행한 후 !를 한다.
  }
}
```

_.noop은 인자를 무엇을 받든 항상 undefined만 리턴하는 함수다. 이 함수는 대체 어디에 쓰일까? _.noop은 정말 아래처럼 구현되어 있다.

코드 3-8 _.noop

```
_.noop();
// undefined
_.noop(10);
// undefined
_.noop({});
// undefined

_.noop = function() {};
```

이런 함수를 왜 구현했을까? _.noop을 보고 처음에는 정말 황당했다. 하지만 _.noop은 생각보다 정말 많이 사용되고 매우 요긴하다. 어디에 쓰일지는 138쪽 3.2.5절에서 사례를 볼 수 있다.

다음은 Underscore.js를 체인 방식으로 사용하는 예제다.

코드 3-9 Underscore.jp를 체인 방식으로 사용하기

```
// Functional
_.filter(
  _.map([1, 2, 3], function(n) { return n * 2; }),
  function(n) { return n <= 4; });
// [2, 4]

// Chaining
_.chain([1, 2, 3])
  .map(function(n) { return n * 2; }) // { _wrapped: [2, 4, 6] }
  .filter(function(n) { return n <= 4; })
  .value();
// [2, 4]
```

이 코드의 결과는 모두 같다. Underscore.js의 _.chain을 이용하면 값을 바꿔 나갈 객체가 생성되고 Underscore.js의 함수들을 체인 방식으로 계속 실행할 수 있다. 메서드가 실행될 때마다 내부의 값을 바꿔 놓는다. 체인 방식으로 코드를 작성하면 위에서 아래로 코드를 읽어 나갈 수 있다는 장점이 생긴다. 마지막에 .value()를 실행하기 전까지는 메서드를 계속 실행할 수 있고 .value()를 통해 최종 값을 얻어낸다.

　지금까지 Underscore.js를 가볍게 훑어보았다. 모든 기능을 자세히 사용해 보지는 못했지만 전체적으로 빠르게 사용해 보았다. 필자가 처음 Underscore.js를 접했을 때는 '유용해 보이나, 실제 활용도는 낮을 것 같다'고 생각했다. Underscore.js의 매력은 이렇게 잠깐 봐서는 알기 어렵다. 그래도 대략 어떤 라이브러리인지 감을 잡았을 것이다.

　체인 방식을 지원하긴 하지만 기본적으로 Underscore.js의 함수들은 메서드가 아닌 '함수'다. 객체를 만들고 메서드를 실행하는 식으로는 사용하지 않는다. 이를테면 [1, 2, 3].forEach(...)처럼 사용하지 않는다. 함수는 이미 모두 선언되어 있고 실행하고 싶을 때 실행하면 된다. initialize 등이 필요하지 않다. 주로 첫 번째 인자가 주요 재료가 되며 두 번째 인자나 세 번째 인자와 함께 사용하여 결과를 만든다.

　또한 객체의 메서드가 아니므로 하나의 함수가 여러 개의 type을 지원할 수 있다. Underscore.js는 다형성이 매우 높다. 첫 번째 인자로 받는 데이터형뿐 아니라 그 데이터의 안쪽 데이터도 무엇이 들어있든지 상관없다. 앞에서 보았듯이 바깥쪽 값의 다형성은 _.reject 등의 고차 함수가 지원하고, 안쪽 값의 다형성은 predicate와 같은 보조 함수를 통해 지원한다. 메서드가 아닌 함수이기에 아무 값이나 받을 수 있으며, 함수를 통해 추상화했기에 아무 값이나 들어 있어도 된다.

3.1.2 Underscore.js vs. Lodash
흔히 Underscore.js는 나온 지 좀 되었고 Lodash는 Underscore.js의 확장판이면서 성능 개선판이라고 소개한다. 다음은 Lodash의 지연 평가(lazy evaluation)에 대한 어느 영어권 개발자의 글이다. (원문은 *http://filimanjaro.com/blog/2014/introducing-lazy-evaluation/*에서 볼 수 있다.)

Lodash는 Underscore.js의 성능 개선판이다. Lodash에는 지연 평가 알고리즘이 적용되어 있다. Lodash는 지연 평가를 통해 메서드가 실행되기 전에 자동으로 로직을 개선한다. 덕분에 100배 이상의 성능 향상을 얻을 수 있다. Lodash는 Underscore.js의 API를 그대로 유지하면서도 엔진을 강력하게 바꿨다. 새로운 것을 배울 필요가 없고 코드를 크게 고칠 필요도 없이 Lodash로 변경할 수 있다.

문장 자체는 틀린 말이 없고 이를 증명하는 예제도 있다. 그런데 Lodash가 정말 Underscore.js보다 빠를까? Lodash가 정말 더 강력한 엔진을 가지고 있을까? 결론부터 얘기하면 꼭 그렇지는 않다.

3.1.3 지연 평가 1 (take)

Lodash의 성능 개선 상황은 크게 3가지가 있다. take를 통한 지연 평가, map-> map->map과 같은 상황에서의 지연 평가(lazy evaluation), 그리고 지연 실행 (deferred execution)이다. 이들은 모두 체인 방식에서만 동작한다.

take를 통한 지연 평가에 대한 예제를 보자. Lodash는 지연 평가를 통해 filter 와 take 등이 하나의 체인에서 함께 사용될 때 take의 값을 이용해 성능을 최적화한다. filter의 경우 take에게 넘긴 숫자만큼 값이 모아졌으면 루프를 빠져나가 더 이상 조회하지 않도록 한다. 예제에서 Underscore.js는 _이고 Lodash는 lodash이다.

코드 3-10

```
var list = _.range(50);
// [0, 1, 2, 3, 4, 5 ... 49]

// Underscore.js
var _i = 0;
var result1 =
  _.chain(list)
    .filter(function(num) {
      _i++;
      return num % 2 == 0;
    })
    .take(5)
    .value();

console.log(result1, _i);
// [0, 2, 4, 6, 8] 50 (50번 반복)

// Lodash
var lodash_i = 0;
var result2 =
  lodash.chain(list)
    .filter(function(num) {
      lodash_i++;
      return num % 2 == 0;
```

```
  })
  .take(5)  // <---- 이 값에 따라 위에서 5개가 모이면 루프를 멈추도록 한다.
  .value();

console.log(result2, lodash_i);
// [0, 2, 4, 6, 8] 50 (50번 반복)
```

예상대로라면 _i와 lodash_i가 달라야 할 텐데 둘 다 완전히 동일하게 동작했다. 지연 평가를 통해 더 나은 성능을 내야 하는데 그러지 못하고 있다. 왜 그럴까? 사실 Lodash의 take를 이용한 filter 성능 개선 로직은 list.length가 200 이상일 때부터만 동작한다. 왜 Lodash는 그렇게 했을까?

잠깐 실무적인 상황을 떠올려 보자. length를 200개 이상 가진 list를 다루는 경우가 많을까? 물론 있겠지만 그보다 적은 length의 list를 다루는 경우가 훨씬 많을 것이다. 200개 이상을 가진 list를 사용한다고 하더라도 그 이후 filter를 통해 거르는 경우는 더 적을 것이다.

Lodash가 아무런 이유 없이 200개의 제한을 걸었을까? 만일 200개 이하의 값을 다룰 경우가 더 많다고 가정하면, 무조건 지연 평가를 하는 것은 오히려 성능상 불리하다. 지연 평가를 하려면 선행 로직이 필요하고, 이후 실행되었을 때에도 take의 값으로 루프를 중간에 나가기 위해 반복문 내부에서 limit == list.length를 체크하는 등 없어도 되는 로직이 추가되어야 하기 때문이다.

Underscore.js의 체인 객체와 Lodash의 체인 객체를 비교해 보면 어떨까? .value()를 실행하기 전의 두 객체는 객체의 복잡도나 크기에서 꽤 차이를 보인다.

코드 3-11
```
// Lodash의 체인 객체
({
  __actions__: [],
  __chain__: true,
  __index__: 0,
  __values__: undefined,
  __wrapped__: {
    __actions__: [
      { args: [/*func*/],
        func: function thru(value, interceptor) {},
        thisArg: undefined },
      { args: [/*func*/],
        func: function thru(value, interceptor) {},
        thisArg: undefined },
    ],
    __dir__: 1,
    __filtered__: true,
    __iteratees__: [
      { iteratee: function (num) {}, type: 1 },
```

```
      ],
    __takeCount__: 5,
    __views__: [],
    __wrapped__: {
      __actions__: [],
      __chain__: true,
      __index__: 0,
      __values__: undefined,
      __wrapped__: Array(200)
    }
  }
});

// Underscore.js의 체인 객체
({ _wrapped: Array(5), _chain: true });
```

Lodash의 체인 객체는 깊이도 깊고, 기록된 숫자, 객체, 함수 등 내용도 많다. 지연 평가를 위해 실행할 메서드들을 예약해 두고 상황들을 기록해 놓아야 마지막에 Lodash가 판단을 할 수 있기 때문이다. 그러므로 복잡할 수밖에 없다. 반면에 Underscore.js는 { _wrapped: Array(5), _chain: true } 이게 전부다. 모두 즉시 실행하기 때문에 어떤 것도 남겨 둘 필요가 없다.

다시 돌아와서 200개의 값을 가진 list로 바꿔서 다시 예제를 돌려보자.

코드 3-12 200개로 재시도

```
var list = _.range(200);
// [0, 1, 2, 3, 4, 5 ... 199]

// Underscore.js
var _i = 0;
var result1 =
  _.chain(list)
    .filter(function(num) {
      _i++;
      return num % 2 == 0;
    })
    .take(5)
    .value();
console.log(result1, _i);
// [0, 2, 4, 6, 8] 200 (200번 반복)

// Lodash
var lodash_i = 0;
var result2 =
  lodash.chain(list)
    .filter(function(num) {
      lodash_i++;
      return num % 2 == 0;
    })
    .take(5)
    .value();
```

```
console.log(result2, lodash_i);
// [0, 2, 4, 6, 8] 9 (9번 반복)
```

이번에는 Lodash의 지연 평가로 인해 보다 효율적으로 동작했다. 대부분의 상황에서 predicate가 200번보다 적게 실행될 것이다. 찾아지는 값들의 개수가 take의 수보다 크고, list의 앞쪽에 있을수록 비교해서 좋은 성능을 낼 것이다. 물론 효율적이긴 하지만 찾아지는 값들의 개수가 작을수록, 찾아지는 값들이 list의 뒤쪽에 있을수록, take의 수가 클수록 이득은 적어진다. 만일 찾아지는 값이 한 개도 없거나 take의 수보다 한 개라도 적을 때에는 오히려 아무런 분기나 복잡한 로직 없이 즉시 평가되는 경우가 더 나을 것이다.

다시 실무적인 상황을 떠올려 보자. 데이터베이스로부터 데이터를 꺼낼 때는 이미 limit를 정해 놓은 경우가 많다. 그리고 그것은 200보다 적은 경우가 훨씬 많을 것이고 이미 where 절로 꽤나 좁혀졌을 것이다. 200보다 많은 값을 꺼냈다고 하더라도 그중 선착순 5개만을 필터링해야 하는 경우는 더 적을 것이다. 그러면서 배열 내에 후보군이 꽤 많고, 앞쪽에 주로 몰려 있는 상황은 흔하지 않다. 적어도 필자의 경우는 그렇다.

Lodash의 경우 .value()를 실행하기 전에 체인 객체를 변경해 나가는 별도의 로직과 객체 생성 등의 선행 비용이 필요하다. 이 비용들은 지연 평가가 필요하지 않거나, 동작하지 않을 때도 무조건 수행되어야 한다. 체인의 메서드는 런타임에서 순차적으로 실행되므로 take가 있을지 없을지를 Lodash가 미리 알 수 없기 때문이다.

그래도 filter의 성능을 특정 상황에서만큼은 높이지 않았는가? 그건 맞다. 하지만 이 해결책을 사용하려면 반드시 체인 방식으로만 코딩해야 한다. 지연 평가를 원하지 않을 때도 체인 객체는 복잡해져야 하고 그것을 풀어낼 라이브러리의 내부 코드도 복잡해져야 한다. 그런 것에 비해 n개를 채웠을 때 루프를 멈추는 로직은 라이브러리에 의존해야 할 만큼 어렵지 않다. _.find를 통해서도 루프를 멈추는 로직을 쉽게 만들 수 있다.

코드 3-13

```
// list2.push의 결과는 list2.length 이다.
var list2 = [];
var limit = 5;
_.find(list, function(num) {
  return num % 2 == 0 && list2.push(num) == limit;
});
```

```
console.log(list2);
// [0, 2, 4, 6, 8], (9번 반복)
```

_.find 함수는 1장에서도 보았듯이 predicate가 true를 리턴할 때 for문을 빠져
나오도록 되어 있다. 위 상황에서는 num % 2 == 0일 때마다 list2에 값을 push하
고, 그 결과인 list2.length와 limit를 비교한다. limit와 같아지면 true가 되고 루
프는 9번째에서 멈추게 된다. 그때까지 모인 list2를 찍어 보면 원하는 결과가 나
온다.

　위와 같은 상황이 많다고 판단된다면 predicate로 추상화한 후, _.filter2라고
이름을 지어 함수로 만들고 필요할 때만 사용하면 된다.

코드 3-14 중간에 나갈 수 있는 _.filter2

```
_.filter2 = function(data, predicate, limit) {
  var list2 = [];
  _.find(data, function(val, key, data) {
    return predicate(val, key, data) && list2.push(val) == limit;
  });
  return list2;
};

console.log(
  _.filter2(list, function(num) { return num % 2 == 0; }, 5)
);
// [0, 2, 4, 6, 8], (9번 반복)
```

limit 값을 받는 _.filter2를 만들었다. 로직은 코드 3-13과 같다. predicate의 결
과가 true일 경우에만 &&의 오른쪽 조건부도 실행된다. predicate의 결과가 false
라면 list에 push도 하지 않고 limit 체크도 하지 않을 것이다.

　기존 함수나 메서드에 if를 추가하면서 마법처럼 모든 상황을 커버하도록 만드
는 것도 장점이 있다. 하지만 기존 로직은 그대로 두고 새로운 요구사항에 최적화
된 별도의 함수를 만드는 방식도 장점이 많다. 관점을 큰 규모의 소프트웨어로 옮
겨서 본다면 더욱 그렇다. 많은 곳에서 사용하는 함수 하나를 크게 만드는 것보
다, 세밀하게 나누어진 함수들을 조합하는 것이 성능과 안정성면에서 좋다.

　_.filter2는 _.filter와 _.take 두 가지 함수의 기능을 합성하여 내부적으로 평
가 시점을 최적화한 함수다. 이와 비슷한 사례로 Dr. Axel Rauschmayer의 블로
그에 소개된 flatMap 함수(*http://2ality.com/2017/04/flatmap.html*)가 있다. flatMap
은 _.map을 한 결과에 _.flatten을 한 것과 같다. flatMap은 두 가지 함수가 해야
할 일을 하나의 함수에 합성해 두어서 최적화된 평가를 한다.

코딩을 하다 보면 함수나 메서드를 실행하기 이전에 이미 원하는 로직이 정해져 있는 경우가 많다. 개인적으로는 그 로직을 함수나 메서드 안쪽으로 집어넣어 if로 분기하는 것보다 밖에서 함수를 고르는 것을 선호한다.

> **참고**
>
> Underscore.js의 스타일대로 context를 마지막 인자로 받고 싶다면 다음 코드처럼 bind를 사용하면 된다. context를 받아 bind를 통해 predicate의 this를 정해 주었다. context가 넘어오지 않으면 this는 window 혹은 global이거나 predicate가 미리 가지고 있는 this일 것이다.
>
> ```
> _.filter2 = function(data, predicate, limit, context) {
>   if (context) predicate = predicate.bind(context);
>   var list2 = [];
>   _.find(data, function(val, key, data) {
>     return predicate(val, key, data) && list2.push(val) == limit;
>   });
>   return list2;
> };
> ```

> **참고**
>
> Underscore.js의 체인 안에서도 _.filter2 같은 커스텀 함수를 사용하고 싶다면 _.filter2 = func...처럼 정의해 둔 후, _.mixin(_)을 한 번 실행해 주면 된다.
>
> ```
> _.mixin(_);
>
> _.chain(list)
>   .filter2(function(num) { return num % 2 == 0; }, 5)
>   .value();
> // [0, 2, 4, 6, 8]
> ```

3.1.4 지연 평가 2 (map->map->map)

다음은 map과 같은 함수를 연속적으로 사용할 때 Lodash가 지연 평가 기법으로 성능을 개선해 주는 예제다.

코드 3-15 연속으로 map 사용

```
function mul10(num) { return num * 10 }
function sub10(num) { return num - 10 }
function square(num) { return num * num }

// Underscore.js
var list = [1, 2, 3, 4, 5];
var result2 =
  _.chain(list)
    .map(mul10)
    .map(sub10)
```

```
      .map(square)
      .value();

console.log(result2);

// Lodash
var list = [1, 2, 3, 4, 5];
var result1 =
  lodash.chain(list)
    .map(mul10)
    .map(sub10)
    .map(square)
    .value();

console.log(result1);
```

두 코드는 결과는 같지만 내부적으로는 다르게 동작한다. Underscore.js의 경우는 루프를 15번 돌고 새로운 Array 객체가 3번 생성되며 push는 총 15번 일어난다. Lodash의 경우는 루프를 총 5번 돌고 내부에서 새로운 Array 객체도 1번 생성되며 push도 총 5번 일어난다. 이렇게 하면서도 동일한 결과를 만든다. 논리적으로는 3배 이상의 성능 차이가 있다. 어떻게 Lodash는 루프를 5번만 돌 수 있을까? Underscore.js와 Lodash를 절차지향적으로 표현하자면 아래와 같다.

코드 3-16

```
// Underscore.js
var temp1 = [];
for(var i = 0; i < list.length; i++) {
  temp1.push(mul10(list[i]));
}

var temp2 = [];
for(i = 0; i < temp1.length; i++) {
  temp2.push(sub10(temp1[i]));
}

var temp3 = [];
for(i = 0; i < temp3.length; i++) {
  temp3.push(square(temp2[i]));
}

// Lodash
var temp = [];
for(var i = 0; i < list.length; i++) {
  temp.push(square(sub10(mul10(list[i]))));
}
```

Lodash는 map을 통해 함수들을 받아 두었다가, 마지막에 commit 혹은 value로 실행될 때, 받아 둔 함수들을 한 번의 for문에서 연속 실행되도록 한다. map과 같은 함수는 어차피 1:1로 매핑하여 결과를 만들기 때문에, 로직의 특성상 위와 같이 합성해도 동일한 결과를 만들 수 있다. 이 같은 특성을 응용해 한 번의 for문으로 동작하도록 만든 점은 아주 멋지다.

그러나 이 같은 일을 위해 지연 평가나 체인 객체가 꼭 필요하지는 않다. 실은 훨씬 간단한 방법이 있다. 아래를 보자.

코드 3-17

```
_.map(list, function(num) {
  return square(sub10(mul10(num)));
});
// [0, 100, 400, 900, 1600]
```

바로 개발자가 직접 3개의 함수를 연속적으로 실행해 주면 된다. 애초에 map을 3번 해야 할 이유가 없었다. 코드 3-17처럼 작성한 코드의 성능을 Lodash의 지연 평가로는 절대 따라갈 수 없다. Lodash의 지연 평가를 위해 내부적으로 함수를 모아 두는 배열을 만들고, 모아 둔 함수 배열을 조회하면서 순차적으로 결과를 꺼내 다음 함수에게 전달하는 로직이 추가되어야 한다. 결과적으로 루프를 돈 횟수는 동일해진다. 코드 3-17이 성능적으로도 함수형적인 관점에서도 낫다.

square, sub10, mul10이 익명 함수라면 Lodash의 방식이 코딩하기 편하지 않냐고 할 수 있다. Underscore.js에는 이미 이런 아이디어가 있었다.

코드 3-18

```
_.map(list, _.compose(square, sub10, mul10));
// [0, 100, 400, 900, 1600]

_.map(list, _.compose(
  function(num) { return num * num },
  function(num) { return num - 10 },
  function(num) { return num * 10 }));
// [0, 100, 400, 900, 1600]

// 화살표 함수
_.map(list, num => square(sub10(mul10(num))));
```

지금까지 filter와 map과 관련된 지연 평가 사례를 살펴보았다. Lodash의 성능 개선에 대한 첫 번째 사례와 두 번째 사례 모두 '지연 평가'라는 함수형 용어가 사용되었는데 사실 체인 방식을 통한 Lodash의 지연 평가는 그다지 '함수형 프로그래밍'적이지 않고 성능면에서 이득을 얻기도 힘들다.

3.1.5 지연 실행

Underscore의 체인 객체는 메서드를 실행하는 즉시 내부의 값을 변경한다. Lodash
의 체인 객체는 최종적으로 .value() 등을 실행할 때까지는 체인에 쌓인 함수들
이 실행되지 않는다. 원하는 시점 이후로 실행을 지연하는 상황들에 대해 확인해
보자.

코드 3-19

```
var users = [
  { id: 1, name: "ID", age: 32, team_id: 2 },
  { id: 2, name: "HA", age: 25, team_id: 2 },
  { id: 3, name: "BJ", age: 32, team_id: 1 },
  { id: 4, name: "PJ", age: 28, team_id: 1 },
  { id: 5, name: "JE", age: 27, team_id: 2 },
  { id: 6, name: "JM", age: 32, team_id: 1 },
  { id: 7, name: "HI", age: 24, team_id: 2 }
];

var me = { id: 3, name: "BJ", age: 32 };

// Underscore.js
var query = _.chain(users)
  .filter(function(user) {
    return user.age == me.age;
  })
  .reject(function(user) {
    return user.id == me.id;
  });
// 아래로 가기 전 filter와 reject까지 이미 실행이 되어 있음

$.get('/my_team_id', function(team_id) {
  query
    .filter(function(user) {
      return user.team_id == team_id;
    })
    .value();
  // [{ id: 6, name: "JM", age: 32, team_id: 1 }]
});

// Lodash
var query = lodash.chain(users)
  .filter(function(user) {
    return user.age == me.age;
  })
  .reject(function(user) {
    return user.id == me.id;
  });
// value()를 실행하기 전까지는 아무것도 미리 실행이 되어있지 않고 체인 내부에 예약 해둠

$.get('/my_team_id', function(team_id) {
  query
    .filter(function(user) {
      return user.team_id == team_id;
```

```
    })
    .value();
  // [{ id: 6, name: "JM", age: 32, team_id: 1 }]
});
```

이러한 기법들은 하는 일 자체의 성능 개선보다는 최대한 실행을 미뤄 초기 로딩 속도를 개선하거나 반대로 미리 일정 부분까지 최대한 실행을 해서 나중에 실행될 때 빠르게 실행되도록 하기 위해 사용한다. 위 예제에서 Lodash의 경우는 전자에 해당하고 Underscore.js는 후자에 해당한다.

예제에서 Underscore.js는 $.get 이전에 이미 filter와 reject가 실행되어 있다. 따라서 $.get 이전 상황에서는 느리겠지만 $.get의 결과가 오고 난 후에는 마지막 filter만 실행되면 되기 때문에 이후 상황에서 빠르다. Lodash는 $.get 이전에는 앞으로 실행될 준비만 되어 있어 $.get 이전 상황에서 빠르고 $.get 을 다녀오고 난 이후에는 filter, reject, filter가 모두 실행되므로 느리다. 이것은 무엇이 더 나은가의 문제가 아니라 상황에 맞게 선택해야 하는 부분이다.

위와 같은 코드도 단순하게 함수로만 한번 감싸주는 식으로 전자든 후자든 필요에 따라 만들 수 있으며 그것이 가장 빠를 것이다. 필자는 두 라이브러리의 _.chain 모두 '지연 실행'을 위한 별도의 의도적인 구현이 있었다고는 보지 않는다. 그저 각 라이브러리의 _.chain 동작 방식 차이로 보인다. Lodash는 지연 평가를 해야 하니 어차피 미리 실행할 수 없지 않은가. 의도했든 아니든 이 '동작 방식의 차이'가 두 라이브러리 중에 무엇이 더 나은지에 대한 판단 근거가 될 수는 없다.

> **참고**
>
> 사실 Lodash의 경우 $.get 이전 상황에서 아무 일도 하지 않는 것은 아니다. 위 예제에서도 체인 객체 생성 및 관리 로직으로 인해 (filter->take 등의 사례들과 같은 이유로) 효과가 없는 상황이 더 많을 것이다. 오히려 $.get 이전과 $.get 이후 모두 불필요한 로직이 생겨난다. 단순하게 함수를 한 번 감싸는 것이 실제적인 성능상의 이점을 만들 수 있고 이해하기도 쉽다. 쿼리를 만들어 두고자 한다면, 미리 시작 값을 전달해 둬야 하는 체인보다는 이후에 다룰 파이프라인이나 부분 적용이 적합하다. 함수로 감싸거나 파이프라인을 만드는 방식은 해당 쿼리를 새로운 값으로도 출발시킬 수 있다. Lodash의 체인은 출발 인자를 바꿔서는 안 되는 것에 가깝다. 바꾸려면 상태를 변경해야 하고 Lodash 체인의 출발 객체의 상태를 바꾸는 코드는 매우 큰 문제를 야기할 가능성이 높고 복잡하다. Lodash의 체인에 대해 지연 실행(deferred execution)이라는 용어를 사용하는 것은 잘 맞지 않는 것 같다.

3.1.6 함수형 프로그래밍 관점에서의 each

Underscore.js의 each와 Lodash의 each의 문서의 예제를 보면 동일하게 동작한다. 하지만 사실은 약간 다른 점이 있다. Underscore.js의 each는 중간에 루프를 멈출 수 없고, Lodash의 each는 중간에 루프를 멈출 수 있다.

코드 3-20 두 each의 차이

```
// Underscore.js
var _i = 0;
_.each([1,2,3,4,5], function(v) {
  _i++;
  if (v < 3) console.log(v);
});
// 1
// 2
console.log(_i, '번 반복');
// 5번 반복

// Lodash
var lodash_i = 0;
lodash.each([1,2,3,4,5], function(v) {
  lodash_i++;
  console.log(v);
  return v < 2;
});
// 1
// 2
console.log(lodash_i, '번 반복');
// 2번 반복
```

Underscore.js의 each는 iteratee 함수의 결과가 무엇이든 간에 1,000번, 20,000번 무조건 돈다. Lodash의 each는 iteratee 함수가 false를 리턴할 경우 루프를 멈춘다. each를 for의 대안으로 본다면 break가 되는 Lodash의 each가 더 실용적이라고 볼 수 있겠다. 성능적인 관점으로 보아도 Lodash의 each가 더 좋다고 볼 수 있다. 하지만 필자는 Underscore.js의 each가 더 실용적이고 좋다고 생각한다.

Underscore.js의 each는 break를 못하는 함수가 아니라 안 하는 함수다. iteratee의 리턴값이 무엇이든 간에 Underscore.js의 each는 루프를 무조건 끝까지 도는 함수라고 해석하면 가치 판단이 달라진다. Lodash의 each를 'false를 리턴하면 멈추니까 유용하네.'라고 볼 수도 있지만 'false가 리턴될 수 있는 iteratee와 함께 쓸 경우 의도치 않게 루프가 멈출 수 있으니 주의해야겠네.'라고 볼 수도 있다. Lodash를 쓰면서도 for를 직접 작성해야 하거나 반드시 익명 함수와 함께 사용하여 false가 리턴되지 않도록 보호해야 한다면 불편할 것이다. 무조건 값을 리턴하는 화살표 함수와의 사용도 주의해야 한다.

다음은 배열 안에 있는 값이 true로 변환되는지 false로 변환되는지를 출력한 후 그 결과를 리턴하는 함수를 each 등의 보조 함수로 사용하는 예제이다. 실전에서 printBool과 동일한 함수를 사용할 일은 없겠지만 결과값이 boolean인 함수를 사용할 가능성은 얼마든지 있다. 다음을 보자.

코드 3-21

```javascript
function printBool(val) {
  var result = Boolean(val);
  console.log(result);
  return result;
}

/* Underscore */
_.each([1, 2, 0, 20, 50], printBool);
// true
// true
// false
// true
// true

/* Lodash */
lodash.each([1, 2, 0, 20, 50], printBool);
// true
// true
// false <---- 여기서 멈춰버림

lodash.map([1, 2, 0, 20, 50], printBool);
// true
// true
// false
// true
// true

lodash.each([1, 2, 0, 20, 50], function(v) {
  printBool(v);
});
// true
// true
// false
// true
// true

lodash.each([1, 2, 0, 20, 50], v => printBool(v));
// true
// true
// false <---- 여기서 멈춰버림
```

배열의 모든 값을 화면에 출력해야 하는 상황이라면 Lodash의 each는 원하는 대로 동작하지 않은 것이 된다. 만일 이것을 위해 _.map을 사용한다면 필요 없는 새로운 Array 객체가 하나 생성될 것이고 push를 하는 로직이 추가될 것이다.

Lodash에서 위 상황을 만족시키려면 익명 함수를 하나 생성해야 하거나 for를 사용해야 한다. 익명 함수로 한 줄짜리 화살표 함수는 안 된다.

그럼 반대로 Underscore.js를 사용하고 있는 경우에는 break가 필요한 상황에 for를 사용해야 하지 않을까? 그렇지 않다. 루프를 중간에 나가고 싶은 상황일 때는 _.find, _.some, _.every 등을 사용하면 된다. 그중 _.every는 중간에 false를 만나면 루프를 나간다. 성능이 더 느려지는 것도 아니다.

코드 3-22
```
_.every([1, 2, 0, 20, 50], printBool);
// true
// true
// false

_.some([1, 2, 0, 20, 50], printBool);
// true
```

false를 만났을 때 나가고 싶다면 _.every를, true를 만났을 때 나가고 싶다면 _.some이나 _.find를 쓰면 된다. _.every, _.some, _.find 등 모두 새로운 Array를 생성하지 않으며, 중간에 나갈 수 있는 함수다.

함수형 프로그래밍에서는 함수를, 값을 리턴 받기 위한 유틸로만 보거나 중복을 제거하기 위한 방법만으로 보지 않는다. for나 if 등의 로직을 대신하는 고차 함수를 만들고 특정 부분을 iteratee나 predicate으로 로직을 완성하는 식으로 코딩을 해 나간다. 때문에 함수형 프로그래밍에서 함수를 선택한다는 것은 로직을 선택한다는 의미도 포함한다.

1. 결과에만 집중한 해석
   - each: for를 대체
   - map: iteratee가 리턴한 값들의 배열을 리턴
   - find: 값 찾기
   - findIndex: index 찾기
   - some: || 대체
   - every: && 대체

2. 함수형 프로그래밍적인 해석
   - each: 무조건 끝까지 돌면서 내부를 들여다 보기만 하는 함수
   - map: 무조건 끝까지 돌면서 내부를 들여다 본 후 새로운 배열을 만드는 함수

- find: 돌다가 특정 조건으로 찾은 값을 리턴하면서 루프를 나가는 함수
- findIndex: 돌다가 특정 조건을 만족하는 순서의 index를 리턴하면서 루프를 나가는 함수
- some: 돌다가 긍정적인 값을 만나면 true를 리턴하면서 루프를 나가는 함수
- every: 돌다가 부정적인 값을 만나면 false를 리턴하고, 모두 true일 경우는 루프를 모두 채운 후 true를 리턴하는 함수

함수형적으로 보면 Lodash의 each는 내부를 들여다보면서 false가 리턴되지 않는다면 끝까지 루프를 도는 함수라고 해석할 수 있다. 그렇다는 얘기는 Lodash에는 무조건 끝까지 돌면서 내부를 들여다보기만 하는 함수는 없다는 것이다. 실용적인 관점으로 보면 _.some, _.every, _.find 등이 있으니 무조건 루프를 채우는 함수가 하나 있는 편이 더 나은 듯 하다. 물론 _.every의 부정적인 값에 대해 조사하는 방법은 val === false가 아니고 !val이므로 Lodash의 each와 다르다. 리턴 값도 다르다. 하지만 보조 함수에서 완전한 false인지 얼마든지 체크할 수 있으므로 Lodash의 each와 동일하게 사용할 수 있다. 추가로 _.every, _.some 등은 true 아니면 false를 리턴하므로 함수 종료 시에 루프를 모두 돌았는지 아닌지도 판단할 수 있다.

함수형 프로그래밍에서는 조사 방법, 리턴값, 루프를 나갈 수 있는지 없는지 등의 작은 차이도 매우 중요하다. 함수들의 조합으로 로직을 만들기 때문이다. Underscore.js의 each와 Lodash의 each는 약간 다르며, 약간 다른 함수 모두가 필요할 수도 있다. Underscore.js를 사용하든 Lodash를 사용하든 필요하다면 _.filter2의 사례처럼 _.each2로 만들면 된다. 단, Underscore.js나 Lodash의 each를 직접 고치는 것은 위험하다.

어떤 each가 더 좋은 each인지에 대해 이야기하는 것이 아니다. break를 할 수 있는 Lodash의 each가 Underscore.js의 each의 '개선 버전'이 아니라는 것을 이야기하려는 것이다. 그저 두 라이브러리는 each에 대해 서로 다른 로직을 선택했을 뿐이다. 개인적으로는 _.some, _.every 등이 있으니 Underscore.js의 선택에 손을 들어주고 싶다. 설마 Underscore.js가 filter나 each에서 break를 하는 것이 어려워서 못했을까? each의 break 가능 여부가 어떤 라이브러리가 더 나은지에 대한 판단 기준이 될 수는 없다.

3.1.7 지원 환경, 용량, 추가 기능 비교

2016년을 기준으로 Lodash는 IE9 미만 버전 지원을 종료했다. (그러나 아직은 Lodash 코드에서 IE9 미만을 지원하는 코드가 모두 제거되진 않아서 성능상 이득은 적다.) Underscore.js는 IE9 미만 버전에서도 잘 동작한다. Underscore.js와 Lodash는 Native Helpers가 있으면 이것을 우선적으로 사용하고, 없을 때는 다른 방식으로 대체하도록 구현되어 있다. Underscore.js는 1.8.3 버전 이후 업데이트가 되지 않고 있으며, Lodash는 꾸준히 업데이트되고 있다. 따라서 최신 브라우저나 최신 기술과의 협력면에서는 Lodash가 더 좋다.

Lodash의 용량은 71kb, Underscore.js는 16kb다. 또한 Lodash의 함수 개수는 Underscore.js보다 약 200개 정도 더 많다. 하지만 실용성이 낮은 기능을 하는 함수가 많이 포함되어 있다. 핵심 기능만 모은 가벼운 버전(13kb)의 Lodash도 있으며, 함수 개수는 약 60개 정도이다. Underscore-contrib에는 function.iterators 섹션 같은 함수형 패러다임적인 기능들이 좀 더 많은 편이고 Lodash는 유틸성 함수들이 좀 더 많은 편이다.

Lodash에만 있는 유용한 기능들도 분명히 있다. 그중 path를 꼽고 싶다. Lodash에서 path는 함수는 아니다. { a: { b: [{ c: 1 }] } }와 같이 중첩된 객체의 내부 값을 가리키는 "a.b[0].c"와 같은 문자열을 말한다. 이런 스타일의 문자열을 Lodash에서는 path라고 부르고 이런 path를 인자로 받는 함수들이 몇 개 있다. 아래와 같은 함수들이다.

- _.has
- _.property
- _.set
- _.setWith
- _.unset
- _.update
- _.updateWith

위 함수들은 깊은 객체의 값을 꺼내거나 쉽게 변경하기 위한 도구들이다. 이런 함수들은 꽤 유용하다. 궁금하다면 Lodash 사이트에서 함수들을 확인해 보길 바란다. 여기서는 위에서 소개한 함수들을 다루진 않으며 6장에서 동일한 목적을 가진 더 나은 해법들을 다룬다.

> **참고**
>
> Underscore-contrib에도 path가 있기는 하지만 Lodash의 path가 여러 함수에서 더 응용되며 사용하기도 좋다.

3.1.8 Underscore.js와 Lodash 비교 정리

앞서 Underscore.js vs. Lodash라는 제목을 달았지만 무엇이 더 나은지 결론을 내기 위한 것은 아니다. 두 라이브러리의 특징을 정리해 보면 다음과 같다.

1. 지연 평가, 지연 실행, 성능이 Underscore.js 대신 Lodash를 써야 하는 특별한 이유는 아니다.
2. 'Lodash가 훨씬 빠르고 강력하다.'라고 단정지어 말할 수는 없다.
3. Underscore.js만이 가진 특별한 기능은 없지만 대부분의 콘셉트는 Underscore.js가 제시했거나 자바스크립트에서 가져왔다.
4. Lodash는 for 대신 while (i--)을 사용한 최적화와 적절한 기능 축소, 함수별로 반복문을 직접 사용하는 것 등으로부터 얻은 성능적 이점이 있다.
5. Lodash 사용하면서 지연 평가의 이득을 보려면 반드시 _.chain을 사용해야 한다. 만일 체인 방식을 사용하지 않거나 200개 이상의 배열을 사용하지 않거나 take를 사용하지 않는다면 지연 평가를 통한 성능적 이점은 없다. Lodash에서는 _.chain == _다.
6. 최신 환경에 대한 지원과 지속적인 업데이트면에서는 Lodash가 낫다.

현재까지는 두 가지 라이브러리에 큰 차이가 없다. Lodash가 Underscore.js의 API와 콘셉트를 대부분 그대로 가져왔고 개선 및 확장을 목적으로 만들어졌으니 이는 당연하다. Lodash가 나은 점도 분명히 많이 있지만 아주 특별하지는 않다. Lodash는 계속 업데이트 되고 있지만 아직 Lodash만의 특별한 콘셉트나 기능은 나오지 않았다고 본다. 앞으로 Lodash가 함수형 자바스크립트에 더 많은 영향을 끼치길 기대한다.

3.1.9 Underscore.js를 만드는 이유

3.1절에서 Underscore.js를 소개하면서 가볍게 사용해 보았다. Lodash와 비교도 해 보았다. 둘의 기능과 콘셉트의 미세한 차이를 확인해 보면서 함수형 자바스크립트에 대한 여러 가지 생각을 열어 놓았다. 열린 이야기를 여기서 모두 마무리하긴 어려울 것 같다. 그래도 정리해 보자면 Underscore.js는 개척되지 않았던

함수형 자바스크립트에 있어서 굉장히 실제적인 탐구와 방향을 제시했다. 제시된 내용들은 다양한 오픈 소스에서 직간접적으로 사용되며 많은 영향을 끼쳤다. Lodash도 지연 평가 함수적 콘셉트를 보다 직접적인 기능으로 자바스크립트에 적용했다.

MVC 패턴의 자바스크립트 프레임워크들이 마구 쏟아져 나오면서 클래스가 없던 자바스크립트에서 객체지향에 대한 탐구가 많이 진행되었고, prototype 스타일의 언어에 대한 고찰도 더욱 이루어졌다. '객체지향 자바스크립트'의 발전에 비해서는 아직 부족하지만 Underscore.js, Lodash, Promise 등의 구현체들은 '함수형 자바스크립트'의 구름을 꽤나 걷어내고 있다. 하지만 마법 같지 않은 점 때문일까? 아직은 이들이 지닌 우아함이나 실용성이 잘 드러나지 못하는 것 같다.

3.2절부터는 Underscore.js의 대표적인 함수들을 직접 구현해 보면서 그 안에 숨은 이야기를 더 들여다보고자 한다. 이를 통해 함수형 자바스크립트에 대한 많은 아이디어들을 확인할 수 있을 것이다. 3장의 제목이 'Underscore.js 직접 만들기'인 이유는 Underscore.js가 Lodash보다 뛰어나기 때문이 아니라 핵심 콘셉트와 API를 Underscore.js가 제시했기 때문이다. 자, 이제 그 함수들을 만들어 보자.

3.2 _.map과 _.each 구현하기

3.2.1 ArrayLike와 Underscore.js의 콘셉트

_.map, _.each를 구현하기에 앞서 Underscore.js의 주요 함수에서 사용되는 데이터에 대해 알아보자. 우선 _.each, _.map 등의 주요 함수는 첫 번째 인자로 약 2가지에서 4가지 정도의 타입을 받는다.

코드 3-23
```
console.log(list1[0] == 1 && list1[1] == 2 && list1[2] == 3);
// true
console.log(list1.length == 3);
// true
list1.pop();
console.log(list1.length);
// 2
for (var i = 0; i < list1.length; i++) {
  console.log(list1[i]);
}
// 1
// 2
```

list1은 Array일까? 답부터 이야기하면 '알 수 없다.' 혹은 '위 코드만 보고는 알 수 없다.'이다. 자바스크립트에는 이와 같이 사용 가능한 객체로 Array만 있는 것은 아니다. 앞의 코드처럼 동작한다고 하더라도 얼마든지 다음과 같은 결과가 나올 수 있다.

코드 3-24

```
console.log(list1.constructor == Array);
// false
```

그렇다면 list1의 정체는 무엇일까? list1은 일단 Array가 아니라고 판명이 났으니 Array는 아니다. 그렇다면 혹시 arguments는 아닐까? arguments일 수도 있다. 그런데 arguments에는 pop이 없다. 그럼에도 불구하고 arguments일 수도 있다. 물론 아닐 수도 있다. 자바스크립트에서 데이터는 대부분 객체고 객체에는 무엇이든 붙일 수 있다. arguments도 객체이므로 pop이 달렸을지에 대해선 확인 전에는 절대 알 수 없다. list1은 무엇이었을까? 어쩌면 아래와 같을 수 있다.

코드 3-25

```
var list1 = {};
list1[0] = 1, list1[1] = 2, list1[2] = 3, list1.length = 3;
list1.pop = function() {
  delete this[this.length];
};
```

다시 Underscore.js로 돌아오자. _.each, _.map 등에서 사용하는 객체가 2가지에서 4가지 정도라고 했다. 바로 {}, [], arguments, ArrayLike다.

코드 3-26

```
// 1. {}
var d1 = { name: 'PJ', age: 25 };

// 2. []
var d2 = [1, 2, 3];

// 3. arguments
var d3 = function() {
  return arguments;
}(1, 2, 3);

// 4. ArrayLike
var d4 = $('div');
var d5 = { length: 3 };
d5[0] = 1, d5[1] = 2, d5[2] = 3;
var d6 = "hi";
```

jQuery 객체를 사용할 때 $('div')[0], $('div')[1]과 같이 사용하는데, $('div').
constructor == Array의 결과는 false다. Array가 아니라는 것이다. d5도 당연히
Array가 아니다.

d3도 다음과 같이 사용할 수 있지만 Array가 아니라 즉시 실행된 익명 함수의
arguments 객체이다. 따로 분류했지만 arguments도 ArrayLike다. d4도 언급한 대
로 Array가 아니다.

코드 3-27

```
console.log(d3[0]);    // 1
console.log(d3[1]);    // 2
console.log(d3[2]);    // 3
console.log(d3.push); // undefined (push가 없다.)

d4.concat(4); // d4.concat is not a function (jQuery 객체는 배열이 아니다.)
```

d1은 확실히 Array가 아니다. d2, d3, d4, d5, d6은 완전한 Array이거나 Array 같
은 값이다. Array라고 했다가 Array가 아니라고 하고, 다시 Array 같다고 하다니
대체 뭐란 말인가.

d2, d3, d4, d5, d6는 _.each 함수에게 그저 ArrayLike다. 다음 예제를 보자.
isArrayLike의 값이 true이기만 하면 _.each, _.map 등의 함수들은 i++을 이용해
순회를 한다. d1이 들어오면 Array가 아닐 것이라고 생각하고 객체가 가진 모든
keys를 뽑아 낸 뒤에 keys를 이용해 for문을 돌린다.

코드 3-28 Underscore.js의 ArrayLike

```
var MAX_ARRAY_INDEX = Math.pow(2, 53) - 1;
var isArrayLike = function(list) {
  var length = list == null ? void 0 : list.length;
  return typeof length == 'number' && length >= 0 && length <= MAX_ARRAY_INDEX;
};
```

Array 같은지를 겨우 .length가 숫자인지 확인하는 것만으로 판단하다니, 위험할
것 같지 않은가? 이 말은 (function(a, b) {}).length == 2도 true이므로 _.each
는 첫 번째 인자로 function도 받아서 돌린다는 의미다.

코드 3-29

```
_.each(function(a, b) {}, function() {
  console.log(arguments);
});
// [undefined, 0, Object]
// [undefined, 1, Object]
```

```
_.keys(10);
// []

_.keys(null);
// []
```

_.each나 _.keys 같은 함수의 첫 번째 인자로 ArrayLike나 object가 아닌 숫자나 null을 사용해도 에러가 나지 않고 동작하며 나름 그럴싸한 값을 리턴한다. 예외 상황을 제어하지도 않고 try catch도 하지 않고 그냥 출발시킨다. 혹시 그동안 Underscore.js를 사용했던 사람이라면 불안감이 들거나 갑자기 자신이 만든 웹 사이트에 에러가 있지 않을까 걱정이 될 수도 있다. 걱정할 필요 없다. 아마 에러 가 나지도 않았을 것이고 try catch를 할 필요도 없을 것이다. Underscore.js는 매우 쿨하다. 마치 이렇게 말하는 것 같다.

   "어차피 개발자가 데이터를 정확히 줄 거야."

Underscore.js 내부를 보면 try catch가 몇 번 나올까? 단 한 번 나온다. 그마 저도 eval과 비슷한 코드를 돌리는 곳에서 딱 한 번 나온다. 그 외에 데이터 형 을 체크한 후 함수를 실행시키지 않는다거나 하는 일은 거의 하지 않는다. 게다 가 Underscore.js는 데이터를 주로 다루는 라이브러리다. Lodash도 마찬가지로 Underscore.js의 이러한 전략을 그대로 따르고 있다. Underscore.js나 Lodash는 데이터를 다루는 많은 라이브러리들(Backbone, Sequelize, Bookshelf.js, Knex. js, ORM 등) 안에서 핵심적인 역할을 하고 있다. 그런데 어떻게 데이터 형에 대해 이렇게 관대하고 쿨할까? 분명히 아무 값이나 받는데도 에러가 잘 발생하지 않는 다. 다음 코드는 그래도 빨간색이 뜨지 않을까?

코드 3-30

```
_.each({ length: 4 }, function() {
  console.log(arguments);
});
// [undefined, 0, Object]
// [undefined, 1, Object]
// [undefined, 2, Object]
// [undefined, 3, Object]

_.each(0, function() {
  console.log(arguments);
});
// 아무 일 없음

_.each(undefined, function() {
  console.log(arguments);
```

```
});
// 아무 일 없음

_.each(NaN, function() {
  console.log(arguments);
});
// 아무 일 없음
```

{ length: 4 }는 data[0], data[1], data[2], data[3]가 없어 undefined가 들어온다. 0이나 undefined, NaN 같은 것을 넣으면 에러가 날 줄 알았는데 여전히 빨간색이 뜨지 않았다. 왜 그럴까?

> Underscore.js는 데이터형을 체크하지 않고도 데이터를 잘 다룬다.

Underscore.js는 꼭 필요하지 않은 경우라면 형 체크를 거의 하지 않는다. 그냥 출발시킨다. 출발시켜도 데이터가 에러를 내지 않을 것을 알고 있다. 예를 들면 아래와 같다.

```
function func1(data) {
  // 인자로 들어온 data가 null이더라도 체크하지 않고 흘려보낸다.
  var keys = _.keys(data); // _.keys에 들어가면 [] 빈 배열로 변해서
  // keys.length에서 에러 나지 않음
  for (var i = 0; i < keys.length; i++) {
  // 루프를 돌지 않음
  }
  // 만일 _.keys 대신 Object.keys()를 사용했다면 에러가 남
  // Uncaught TypeError: Cannot convert undefined or null to object
}
func1(null);
```

null이나 객체가 아닌 값이 들어와도 length가 0이 나와서 for를 돌지 않고 에러도 나지 않는다. 체크되지 않은 데이터가 흘러가도 위험해 보이는 지점을 유유히 잘 피해 가는 느낌이다. 그리고는 마지막까지 가서 [] 같은 그럴싸한 값을 리턴을 하고 만다.

한 가지 사례를 더 확인해 보면 다음과 같다.

```
function func2(data) {
  for (var i = 0, len = data.length; i < len; i++) {}
// Uncaught TypeError: Cannot read property 'length' of undefined
}
func2(undefined);
```

원래는 위와 같이 에러가 날 텐데, 다음과 같은 함수를 하나 만들면 에러가 나지 않는다.

```
function func2(data) {
  for (var i = 0, len = getLength(data); i < len; i++) {}
  // 에러나지 않음
}
func2(undefined);

function getLength(list) {
  return list == null ? undefined : list.length;
}
```

len에는 undefined가 들어가고 i < len은 0 < undefined이므로, 비교하면 false가 나오고 루프를 돌지 않게 된다. 역시 에러가 나지 않고 정상적으로 동작한다. Underscore.js의 곳곳에는 이 같은 사례가 아주 많다.

Underscore.js는 내부에서 사용하고 있는 Native Helpers와 자신들이 만든 함수들의 동작에 대해 정확히 알고 있으며 그것들 간의 합을 아주 잘 맞추고 있다. 아래 정도는 해야 에러가 난다. 하지만 아마도 _.each를 돌리면서 두 번째 인자로 function을 넘기지 않는 경우는 없을 것이다.

코드 3-31

```
_.each([1]);
// Uncaught TypeError: iteratee is not a function(…)
```

Underscore.js를 보며, 그동안 얼마나 지레 겁먹고 에러 처리를 했었는지 혹은 필요 없는 if문을 추가했었는지 생각하게 되었다. Underscore.js처럼 데이터가 흘러갈 때의 상황까지 보지는 못했기에 type을 체크하는 것에 급급했던 것이다. 자꾸 막다 보니 오히려 주어진 데이터나 API의 동작에 대해 잘 알지 못하기도 했다. 독자가 만든 함수가 있다면 아무 데이터나 넣고 실행해 볼 것을 권한다. 아마 많은 것을 배울 수 있을 것이다.

Underscore.js는 앞서 말한 대로 체크를 하지 않을 뿐이며 에러 날 상황을 방치하는 것은 아니다. Underscore.js의 테스트 케이스들을 보면 알 수 있다. 코드 3-31 같이 개발자가 절대 실수하지 않을 영역에 대해서는 그냥 에러가 나도록 둔다. 잘 체크해야 하는 곳은 단순히 다형성을 잘 지원하는 것 이상의 감각으로 에러를 내지 않는다. 언어에 대한 이해, 데이터형에 대한 정확한 이해, Native Helpers 등에 대한 높은 이해를 바탕으로 이 풍성한 라이브러리를 짧고 간결한 코드로 만들었다. 이렇게 완성된 Underscore, Backbone, CoffeeScript 등은 자바스크립트 진영에 큰 영향을 끼쳤다.

3.2.2 _.map 만들기

이야기가 길어졌는데, Underscore.js에 담긴 콘셉트와 생각을 따라가기 위해 꼭 필요한 내용이었다고 생각한다.

자, 이제 _.map을 구현해 보자. 3장에서 만드는 함수들은 IE9 이상을 지원한다. 여기서는 함수형 자바스크립트에 대해 알아보는 것이 목적이므로 최신 Native Helpers를 필요에 따라 사용하기도 하고 사용하지 않기도 하겠다. (이 글을 쓰고 있는 2016년 말을 기준으로 많은 웹 서비스들이 IE7-8에 대한 공식적인 지원을 하지 않고 있으며, 라이브러리나 프레임워크들 역시 IE9 미만에 대한 지원을 줄여가고 있다.)

코드 3-32

```
_.map = function(list, iteratee) {
  var new_list = [];
  for (var i = 0, len = list.length; i < len; i++) {
    new_list.push(iteratee(list[i], i, list));
  }
  return new_list;
};
```

위 코드는 앞서 만들었던 _.map이다. Underscore.js는 _.map의 첫 번째 인자로 {}, [], arguments, ArrayLike 등을 받는다. 우선 .length 검사를 통해 i++에 의존하여 for를 돌릴지 for in문을 활용할지 판단해야 한다. isArrayLike 함수는 Underscore.js에서 거의 그대로 가져왔다. (getLength도 사실 정말 주옥 같은 코드다.)

코드 3-33 _.map 구현하기

```
var _ = {};

var MAX_ARRAY_INDEX = Math.pow(2, 53) - 1;
function getLength(list) {
  return list == null ? void 0 : list.length; // void 0의 결과는 undefined
}
var isArrayLike = function(list) {
  var length = getLength(list);
  return typeof length == 'number' && length >= 0 && length <= MAX_ARRAY_INDEX;
};

_.map = function(data, iteratee) {
  var new_list = [];
  if (isArrayLike(data)) {
    for (var i = 0, len = data.length; i < len; i++) {
      new_list.push(iteratee(data[i], i, data));
    }
  } else {
    for (var key in data) {
```

```
        if (data.hasOwnProperty(key)) new_list.push(iteratee(data[key], key, data));
    }
  }
  return new_list;
};

_.map([1, 2, 3], function(v) {
  return v * 2
});
// [2, 4, 6]
_.map({a: 3, b: 2, c: 1}, function(v) {
  return v * 2
});
// [6, 4, 2]
```

제법 그럴싸해졌다. 이제는 객체도 사용할 수 있는 _.map이 되었다. 추가된 else 쪽을 살펴보면 for in문을 통해 data가 가진 key들의 크기만큼 루프를 돌 것이다. 그중 hasOwnProperty 메서드를 통해 객체가 직접 가진 key인지를 체크한다. 객체가 직접 가진 key인지 체크하는 것은 객체의 prototype에 있는 값을 제외하기 위해서이다.

Underscore.js는 _.map의 세 번째 인자로 iteratee에서 사용할 this를 전달할 수 있지만 우리는 그렇게 구현하지 않겠다. this를 적용한 새로운 함수를 만드는 것은 작은 부하가 있다. 그 함수를 실행할 때도 부하가 생긴다. 게다가 반복문에서 사용하는 iteratee이지 않은가. 반복하는 횟수가 많을수록 부하도 쌓이게 된다. 개발자에게 'iteratee에서의 this 다루기'를 위임하고 최대한 깨끗한 함수만 받도록 하자.

> **참고**
>
> Underscore.js는 인자로 context가 넘어올 경우에만 bind를 하도록 if를 통해 부하를 최소화했다. 더 최소화해 보자. 개발자에게 위임하면 if마저도 줄일 수 있다. 어차피 this를 넘기는 것도 개발자고 iteratee를 구현하는 것도 개발자이다. 분기를 굳이 함수 내부에 둘 필요는 없다.

코드 3-34

```
_.map([1, 2, 3], function(v) {
  return v * this;
}.bind(5));
// [5, 10, 15]
```

IE9 이상에서는 Function.prototype.bind가 지원된다. 첫 번째 인자가 함수에 적용할 this가 된다.

3.2.3 쓸모 없어 보이는 함수 사용하기

이제 _.map 하나가 완성되었다. 아직 _.map 말고는 가진 것이 없지만 _.map은 정말 많이 사용되는 함수다. _.map을 이용하면 유용한 함수를 많이 만들 수 있다.

코드 3-35

```
_.identity = function(v) {
  return v;
};
_.idtt = _.identity;
_.values = function(list) {
  return _.map(list, _.identity);
};

console.log(_.values({id: 5, name: "JE", age: 27}));
// [5, "JE", 27]
```

1장에서는 쓸모 없어 보이는 함수 _.identity를 _.filter 등과 함께 유용하게 사용했었다. _.map과 함께 조합하면 key/value로 구성된 객체를 넘겼을 때 value들만 모아서 뽑아 내는 함수인 _.values가 된다. _.map에서 사용될 iteratee에는 value, key, data 순으로 인자가 넘어오므로, 첫 번째 인자만 그대로 리턴하는 _.identity가 value들만 쏙 꺼내올 것이다. Underscore.js에도 _.identity와 _.values가 있다.

우리는 벌써 _.map, _.identity, _.values 3개의 함수를 구현했다. _.identity는 길어서 타이핑하기가 힘들어 줄인 버전의 _.idtt도 만들었다.

코드 3-36

```
_.args0 = _.identity;
_.args1 = function(a, b) {
  return b;
};
_.keys = function(list) {
  return _.map(list, _.args1)
};

console.log(_.keys([3, 2, 1]));
// ["0", "1", "2"]
console.log(_.keys({id: 5, name: "JE", age: 27}));
// ["id", "name", "age"]
```

_.args1은 두 번째 인자만 리턴하는 작은 함수다. 덤으로 _.args0도 만들었다. _.args1을 _.map과 함께 사용하면 key/value 쌍 객체의 key들을 뽑거나 ArrayLike 객체의 index들을 뽑을 수 있다. 이미 _.map이 hasOwnPropery를 통해 자신이 가진 key일 경우에만 iteratee를 실행하므로 앞의 상황에서 _.keys도 객

체가 직접 가진 key들만 뽑는 유용한 함수가 되었다.

3.2.4 _.each 만들기

_.each는 새로운 배열을 만들 필요가 없다. 그리고 iteratee의 리턴값도 확인할 필요가 없다. _.each만을 위한 새로운 로직을 만들자.

코드 3-37 _.each 만들기

```javascript
_.map = function(data, iteratee) {
  var new_list = [];
  if (isArrayLike(data)) {
    for (var i = 0, len = data.length; i < len; i++) {
      new_list.push(iteratee(data[i], i, data));
    }
  } else {
    for (var key in data) {
      if (data.hasOwnProperty(key)) new_list.push(iteratee(data[key], key, data));
    }
  }
  return new_list;
};
_.each = function(data, iteratee) {
  if (isArrayLike(data)) {
    for (var i = 0, len = data.length; i < len; i++) {
      iteratee(data[i], i, data);
    }
  } else {
    for (var key in data) {
      if (data.hasOwnProperty(key)) iteratee(data[key], key, data);
    }
  }
  return data;
};
```

_.each를 만들었다. _.map과 유사하지만 _.map보다 하는 일이 적다. new_list를 만들지 않아도 된다. 형에 맞는 for를 선택하고 루프를 끝까지 돌면서 iteratee를 한 번씩 실행해 준다. 그리고 받은 data를 그대로 리턴한다. _.each는 돌리는 것 외에는 아무 일을 하지 않는다. 함수형 프로그래밍적인 관점에서는 하는 일이 적은 함수라고 유용하지 않은 함수가 아니다. 내가 하고자 하는 일에 가장 적합한 함수를 선택하는 것은 소프트웨어의 성능 향상과 오류를 줄이는 데 도움이 된다.

_.each를 사용해 보자.

코드 3-38

```javascript
_.each([1, 2, 3], console.log);
// 1 0 [1, 2, 3]
// 2 1 [1, 2, 3]
// 3 2 [1, 2, 3]
```

```
_.each({id: 5, name: "JE", age: 27}, console.log);
// 5 "id" { id: 5, name: "JE", age: 27 }
// "JE" "name" { id: 5, name: "JE", age: 27 }
// 27 "age" { id: 5, name: "JE", age: 27 }
```

3.2.5 함수로 함수 만들기, bloop

함수적인 아이디어를 확인하기 위해 _.map과 _.each를 하나로 줄여 보고자 한다. _.map과 _.each를 if 등으로 구분하지 않고도 중복을 제거할 수 있을까? 함수적인 아이디어를 이용하면 가능하다.

코드 3-39 bloop으로 _.map과 _.each 만들기

```
function bloop(new_data, body) {
  return function(data, iteratee) {
    var result = new_data(data);
    if (isArrayLike(data)) {
      for (var i = 0, len = data.length; i < len; i++) {
        body(iteratee(data[i], i, data), result);
      }
    } else {
      for (var key in data) {
        if (data.hasOwnProperty(key))
          body(iteratee(data[key], key, data), result);
      }
    }
    return result;
  }
}

_.map = bloop(function() { // bloop의 두 부분을 _.map에 필요한 로직으로 설정
  return [];
}, function(val, obj) {
  return obj.push(val);
});

_.each = bloop(function(v) { // bloop의 두 부분을 _.each에 필요한 로직으로 설정
  return v;
}, function() {});
```

bloop이라는 뼈대 함수를 만든 후 new_data 함수와 body 함수로 해당 지점을 추상화했다. 각 부분에 원하는 보조 함수를 끼워 맞출 수 있다.

　_.map를 위한 new_data 함수에서는 새로운 배열을 만들 준비를 했다. 루프를 돌면서 실행될 body 함수에서는 iteratee가 리턴한 값을 new_data를 통해 만들어진 배열에 push할 준비를 해두었다. 이후에 _.map이 실행된다면 각자의 자리에서 해야 할 일을 할 것이다. 이때의 보조 함수들은 자신이 어떤 로직의 일부가 될 것인지에 대해서는 관심이 없다. bloop의 상황이나 상태에 의존하지 않는다. 그저 받

은 인자에만 의존해 새로운 []를 생성하거나 push를 하는 독립적인 함수들이다.

    _.each의 결과값은 받은 data를 그대로 리턴해야 하므로 new_data 함수에서도 받은 인자를 그대로 리턴한다. _.each의 body에서는 아무 일도 하지 않아야 하기에 아무 일도 하지 않도록 한다. 아무 일을 하지 않는 것도 로직이다. bloop, iteratee, new_data, body는 서로의 내부와 상황에 대해서는 관심이 없다. 이와 같은 것을 관심사의 분리라고 한다.

    테스트를 해 보니 _.each와 _.map 모두 잘 동작한다. bloop 안에는 _.map인지 _.each인지를 구분 짓는 if가 없다. type이나 constructor를 비교하지도 않는다. 아무런 분기 없이 그냥 앞으로만 갔을 뿐이다.

    bloop와 같이 함수를 추상 클래스처럼 만들 수도 있다. 객체지향의 상속과 비슷하지 않은가? 추상 클래스를 만든 다음, 상속을 통해 클래스 두 개를 만든 것과 같다.

    bloop은 함수이고 bloop의 결과도 함수이므로 바로 실행하여 함수를 만들면서, 만들어진 함수를 즉시 실행할 수 있다.

코드 3-40

```
bloop(
  function(v) { return v; },
  function() {}
)(
  [5, 6, 7],
  function(v) { console.log(v) }
);
// 5
// 6
// 7
```

위 예제에는 익명 함수가 많다. 순서대로 bloop의 new_data 함수, body 함수, 그리고 iteratee 함수다.

    1.4절에서 함수에게 전달하는 모든 익명 함수를 콜백 함수라고 칭하는 것은 좋지 않다고 했다. 보통은 함수가 인자로 숫자나 배열 등을 받는다. 함수를 인자로 받더라도 콜백 함수 등의 보조 함수 한 개 정도를 받는다. 그런데 위 예제는 어떤가?

    bloop 함수는 인자로 함수만 받는다. 함수 2개를 전달하면서 bloop을 실행했고 함수가 리턴되었다. 그리고 리턴 받은 함수를 즉시 실행하면서 배열과 함수를 전달했다. 배열과 함수를 받은 함수는 자신의 로직 부분 부분에서 먼저 받아 둔 함수들과 새로 받은 함수를 실행하며 로직을 완성한 후 최종 값을 리턴한다.

앞에서 '함수'가 참 많이 나왔다. 이런 식으로 코딩하는 것이 함수형 프로그래밍이다. 함수형 프로그래밍은 함수의 응용을 중시한다. 일급 객체인 함수를 바로 정의하기도 하고 즉시 실행하기도 하며, 인자로 사용하기도 하고 남이 대신 실행해주기도 하면서 로직을 만들어가는 것이 함수형 프로그래밍이다.

함수형 프로그래밍에서는 아주 작은 함수들도 많이 사용한다. 예제를 좀 더 다들어 보자.

코드 3-41

```
_.array = function() { return [] };
_.push_to = function(val, obj) {
  obj.push(val);
  return val;
};
_.noop = function() {};

_.map = bloop(_.array, _.push_to);
_.each = bloop(_.identity, _.noop);
```

익명 함수로 선언했던 모든 함수들에게 이름을 지어줬다. _.each의 new_data 함수는 _.identity다. 그리고 _.noop은 아무 일도 하지 않는 함수다. _.each의 for문에서는 아무 일도 하지 않아야 한다. _.identity나 _.noop의 사용이 제법 그럴싸하지 않은가? 아무것도 아닌 것 같아 보이는 작은 함수들이 함수의 보조 함수로 활약할 때는 굉장히 강력해진다. 이 보조 함수들은 if문을 없애고 앞으로만 달리는 함수형 프로그래밍을 가능하게 한다. 벌써 우리는 Underscore.js의 _.each, _.map, _.keys, _.values, _.identity, _.noop 등을 만들었다.

3.2.6 Object.keys

앞에서 객체의 key들이나 배열의 index들을 뽑는 함수 _.keys를 만들었다. 그런데 이와 거의 동일한 일을 하는 Native Helper로 Object.keys가 있다. Object.keys는 Native Helper이므로 가장 빠르다. 그러므로 루프를 돌면서 자신이 직접 가진 키인지 체크를 해야 하는 _.keys보다 Object.keys를 쓰는 것이 나을 것이다. 근데 둘 사이에는 작은 차이가 있다. 다음을 보자.

코드 3-42 _.keys와 Object.keys

```
console.log(_.keys({ name: "PJ" }));
// ["name"];
console.log(Object.keys({ name: "PJ" }));
```

```
// ["name"];

console.log(_.keys(10));
// []
console.log(Object.keys(10));
// []

console.log(_.keys(null));
// []
console.log(Object.keys(null));
// Uncaught TypeError: Cannot convert undefined or null to object
```

에러가 났다. 앞서 Underscore.js는 에러를 잘 내지 않는다고 했다. Object.keys 를 라이브러리 내부에서 많이 사용한다면 매번 null인지 체크를 해야 할 것이 다. 이는 앞으로만 달리고 싶어 하는 함수들에게 장애가 될 것이다. 그렇다면 Underscore.js의 _.keys는 어떻게 구현되어 있을까?

코드 3-43 Underscore.js의 _.keys

```
_.isFunction = function (obj) {
  return toString.call(obj) === '[object Function]';
};

// Optimize `isFunction` if appropriate. Work around some typeof bugs in old v8,
// IE 11 (#1621), and in Safari 8 (#1929).
if (typeof /./ != 'function' && typeof Int8Array != 'object') {
  _.isFunction = function (obj) {
    return typeof obj == 'function' || false;
  };
}

_.isObject = function(obj) {
  var type = typeof obj;
  return type === 'function' || type === 'object' && !!obj;
};

_.has = function(obj, key) {
  return obj != null && Object.prototype.hasOwnProperty.call(obj, key);
};

// Keys in IE < 9 that won't be iterated by `for key in ...` and thus missed.
var hasEnumBug = !{toString: null}.propertyIsEnumerable('toString');
var nonEnumerableProps = ['valueOf', 'isPrototypeOf', 'toString',
  'propertyIsEnumerable', 'hasOwnProperty', 'toLocaleString'];

function collectNonEnumProps(obj, keys) {
  var nonEnumIdx = nonEnumerableProps.length;
  var constructor = obj.constructor;
  var proto = (_.isFunction(constructor) && constructor.prototype) || Object.prototype;

  // Constructor is a special case.
  var prop = 'constructor';
```

```
    if (_.has(obj, prop) && !_.contains(keys, prop)) keys.push(prop);

    while (nonEnumIdx--) {
      prop = nonEnumerableProps[nonEnumIdx];
      if (prop in obj && obj[prop] !== proto[prop] && !_.contains(keys, prop)) {
        keys.push(prop);
      }
    }
  }
}

_.keys = function(obj) {
  if (!_.isObject(obj)) return []; // ❶
  if (Object.keys) return Object.keys(obj); // ❷
  var keys = [];
  for (var key in obj) if (_.has(obj, key)) keys.push(key); // ❸
  // Ahem, IE < 9.
  if (hasEnumBug) collectNonEnumProps(obj, keys); // ❹
  return keys;
};
```

_.keys에 필요한 거의 모든 함수를 가져왔다. 조금이라도 설명을 줄이기 위해 약간 고쳤다. 윗부분은 일단 건너뛰고 _.keys 부분만 먼저 보자.

❶ 맨 위에서 _.isObject가 아니면 빈 배열을 리턴하여 null이나 undefined 등으로부터 보호했다.

❷ Native Helper인 Object.keys가 있다면 이것을 사용하여 성능을 보장했다.

❸ Object.keys가 없다면 for in문을 통해 자신이 직접 가진 keys만 모았다.

❹ IE9 미만에서 일어나는 문제를 해결하고 keys를 리턴한다.

오래된 브라우저나 브라우저의 버그를 지원하는 것은 참 어려운 일이다. 여기서는 IE9 이상을 지원할 것이므로 이렇게 복잡하게 만들 필요는 없지만 위 코드를 통해 많은 것들을 배울 수 있다. Underscore.js는 이런 방식으로 IE9 미만 브라우저의 문제를 해결하고 있으며 그 전에 Native Helper가 있는지를 체크하여 성능 저하도 최소화한다.

IE9 이상의 브라우저에서는 Object.keys를 사용할 수 있다. 1번 상황을 위한 코드만 추가하면 된다.

코드 3-44

```
_.keys = function(data) {
  return data ? Object.keys(data) : [];
};
```

위 코드 정도로 해결되면 좋겠지만 아직 부족하다. 위 코드는 Node.js나 크롬 등의 ES6에서는 정상 동작할 것이다. 하지만 ES5가 사용되고 있는 환경에서는 "foo" 같은 값을 넘겼을 때 TypeError가 난다. 이를 해결하기 위해서는 코드 3-45처럼 코딩해야 한다.

코드 3-45

```javascript
_.isObject = function(obj) {
  var type = typeof obj;
  return type === 'function' || type === 'object' && !!obj;
};
_.keys = function(obj) {
  return _.isObject(obj) ? Object.keys(obj) : [];
};

console.log(_.keys({ name: "PJ" }));
// ["name"];
console.log(_.keys([1, 2, 3]));
// ["0", "1", "2"]
console.log(_.keys(10));
// []
console.log(_.keys(null));
// []
```

Underscore.js에서 배운 점을 응용하여 현재 환경에서 제대로 동작하는 _.keys를 구현했다. Object.keys를 썼으니 _.map을 사용한 _.keys보다 성능적으로 나을 것이다.

　_.map을 통해 _.keys를 만들었다는 얘기는 동일한 로직이 _.map에 있었다는 얘기가 된다. 그렇다면 bloop를 고칠 수 있을 것이다. bloop를 다시 보자.

3.2.7 bloop 개선하기

코드 3-46

```javascript
function bloop(new_data, body) {
  return function(data, iteratee) {
    var result = new_data(data);
    if (isArrayLike(data)) {
      for (var i = 0, len = data.length; i < len; i++) {
        body(iteratee(data[i], i, data), result);
      }
    } else {
      for (var key in data) {
        if (data.hasOwnProperty(key))
          body(iteratee(data[key], key, data), result);
      }
    }
    return result;
  }
}
```

for in문을 통해 key의 개수만큼 돌면서 직접 가진 값인지를 체크하고 있다. 물론 배열이 아닌 경우 for in에 들어갈 data의 key가 굉장히 많지는 않을 것이다. 그래도 효율적이지 못하다. 다음을 확인해 보자.

코드 3-47

```
var lodashObj = lodash([1]);
/*
 lodash.prototype.each = function() {};
 lodash.prototype.map = function() {};
 lodash.prototype.filter = function() {};
 lodash.prototype.reject = function() {};
 ...
 */

var keys1 = [];
for (var key in lodashObj) {
  keys1.push(key);
}
console.log(keys1.length);
// 323

var keys2 = [];
for (var key in lodashObj) {
  if (lodashObj.hasOwnProperty(key)) keys2.push(key);
}
console.log(keys2.length);
// 5
```

323과 5는 차이가 꽤 크다. 사실상 5번을 돌기 위해 323번을 돌아야 한다. lodash 객체를 for in으로 돌리면 loadsh의 모든 메서드와 property들이 나올 것이다. 우리에게 필요한 건 그 객체가 갖고 있는 5개의 고유한 key다.

　_.keys를 통해 bloop를 개선해 보자.

코드 3-48 _.keys로 bloop 개선하기

```
function bloop(new_data, body) {
  return function(data, iteratee) {
    var result = new_data(data);
    if (isArrayLike(data)) {
      for (var i = 0, len = data.length; i < len; i++) {
        body(iteratee(data[i], i, data), result);
      }
    } else {
      for (var i = 0, keys = _.keys(data), len = keys.length; i < len; i++) {
        body(iteratee(data[keys[i]], keys[i], data), result);
      }
    }
    return result;
  }
}
```

```
_.map = bloop(_.array, _.push_to);
_.each = bloop(_.identity, _.noop);

_.map(lodashObj, function(val, key) {
  return key;
});
// ["__wrapped__", "__actions__", "__chain__", "__index__", "__values__"]

_.map({a: 3, b: 2, c: 1}, function(v) {
  return v * 2
});
// [6, 4, 2]

_.each({id: 5, name: "JE", age: 27}, console.log);
// 5 "id" { id: 5, name: "JE", age: 27 }
// "JE" "name" { id: 5, name: "JE", age: 27 }
// 27 "age" { id: 5, name: "JE", age: 27 }
```

bloop은 Object.keys의 도움을 받아 lodashObj 같이 prototype에 연결된 데이터가
많아도 필요한 만큼만 루프를 도는 것으로 개선되었다. 따라서 _.each와 _.map이
개선되었고, _.each, _.map을 사용하는 모든 함수들도 함께 개선되었다.

3.2.8 중간 정리

* ArrayLike

  요즘에는 많은 ArrayLike 객체에 each, forEach 등의 메서드가 준비되어 있다.
  게다가 이 each들은 this가 다르거나 val이 다르거나 하는 식으로 조금씩 차이
  가 있다. 모든 ArrayLike 객체마다 메서드로 list.each를 만들어두는 것보다는
  독립적인 하나의 함수로 만드는 것이 낫다. 많이 사용하다보면 '메서드 each'보
  다 '함수 each'가 조합성과 다형성이 높아 훨씬 사용하기 편한 것을 알게 된다.

* 다형성

  자바스크립트를 실무에서 다루면 jQuery 객체, arguments 등을 포함한 다양
  한 ArrayLike 객체들을 다루게 된다. 그리고 데이터베이스 등을 통해 꺼내온
  중첩 구조의 객체들도 많이 다루게 된다. Underscore.js 스타일의 함수들은 다
  형성을 잘 지원하기 때문에 자바스크립트에서 사용하는 주요 데이터들을 효과
  적으로 잘 다룰 수 있다.

* 함수의 조합을 통한 함수 구현

  고차 함수와 보조 함수를 조합하면서 함수들을 만들 수 있다. 작은 일을 하는

함수는 실용성이 꽤 높다.

- 함수만을 인자로 받는 함수

  보조 함수가 3개 등장하는 고차 함수를 만들어 보았다. 함수만 받는 함수가 있을 수 있음도 확인했다. bloop와 같은 함수를 통해 객체지향의 상속과 비슷한 함수적 아이디어도 있음을 확인했다. 앞으로만 달리면서도 if 없이 분기를 어떻게 만드는지도 확인했다.

- 리팩터링

  _.map, _.each, _.identity, _.values, _.keys, _.noop, _.array, _.push_to, _.args0, _.args1 등을 구현했다. 구현된 모든 함수들이 서로를 사용했을지라도 의존성은 낮다. 인자와 결과 외에는 서로에게 관심이 없다. 인자와 결과만 같다면 다른 함수로 대체되어도 아무 상관이 없다. 실제로 그렇게 _.keys와 _.each, _.map을 리팩터링했다. 리팩터링 과정에서도 서로 연결되어 있는 다른 함수들은 아무런 영향을 받지 않았다. 각 함수들은 서로의 데이터를 변경하지 않는다. 각 함수 내부에서 사용되는 데이터가 어떻게 변하는지에 대해서는 서로 관심이 없다. 상태를 공유하지 않고 서로의 로직에도 관심을 갖지 않는다. 데이터가 어떻게 생겼는지도 관심을 갖지 않고 다음 할 일을 함수에게 넘겨주면서 앞으로만 간다.

- 객체지향 프로그래밍과 함수형 프로그래밍

  객체지향 프로그래밍에서 추상화의 단위가 클래스라면 함수형 프로그래밍에서의 추상화 단위는 함수다. 객체지향 프로그래밍에서 협업의 방법이 참조나 이벤트 등을 통한 연결이라면 함수형 프로그래밍에서의 협업 방법은 함수의 인자와 결과값이다.

3.3 _.filter, _.reject, _.find, _.some, _.every 만들기

3.3.1 _.filter 만들기

_.filter는 함수형 프로그래밍에서 매우 유명하고 유용한 함수다. _.filter는 특정 조건을 만족하는 값들만 모은 새로운 배열을 만드는 함수다. _.filter를 구현하는 것은 어렵지 않다. 1장에서 봤던 것처럼 일반적인 for문과 if문에 함수형 프로그래밍을 적용하여 재사용성을 높인 함수다. 다음은 1.3절에서 만들었던

_.filter다. 구분을 위해 _.old_filter라고 했다.

코드 3-49 1장에서 만든 _.old_filter

```
_.old_filter = function(data, predicate) {
  var result = [];
  for (var idx = 0, len = data.length; idx < len; idx++) {
    if (predicate(data[idx], idx, data)) result.push(data[idx]);
  }
  return result;
};
```

1.3절에서 구현했던 _.old_filter는 첫 번째 인자인 data로 Array만 사용할 수 있다. 일단 위 함수의 for문 부분만 3.2절에서 만든 _.each로 대체해 보자.

코드 3-50 _.each로 _.filter 만들기

```
_.filter = function(data, predicate) {
  var result = [];
  _.each(data, function(val, idx, data) {
    if (predicate(val, idx, data)) result.push(val);
  });
  return result;
};

_.filter([1, 2, 3, 4], function(val) {
  return val > 2;
});
// [3, 4]
```

for 대신 _.each를 사용했다. 위 상황에서 _.each 대신 _.map을 사용해도 _.filter는 같은 결과를 만들 것이다. 하지만 _.map은 _.each보다 많은 일을 한다. _.each는 루프를 돌면서 내부의 값을 확인하는 일만 하지만, _.map은 새로운 배열을 만들어 iteratee 함수가 리턴하는 값을 담는 로직이 추가된다. 그러므로 _.filter의 루프를 대신하는 데는 _.each가 적합하다. 함수형 프로그래밍에서는 상황에 꼭 맞는 함수를 선택하는 일이 특히 중요하다.

_.old_filter와 _.filter의 차이는 for를 _.each로 바꾼 것밖에 없다. 두 함수의 스펙은 동일할까?

코드 3-51 차이 확인

```
var obj = {
  a: 1,
  b: 2,
  c: 3,
  d: 4
};
```

```
_.old_filter(obj, function(val) {
  return val > 2;
});
// []

_.filter(obj, function(val) {
  return val > 2;
});
// [3, 4]
```

배열이 아닌 key/value 쌍으로 구성된 객체를 사용해 보았다. _.old_filter는 아무런 값을 만들지 못했는데 _.filter는 [3, 4]를 리턴했다. _.filter는 객체도 사용할 수 있게 되었다. for를 _.each로만 바꿨을 뿐인데 어떻게 된 것일까?

우선 _.old_filter는 len = data.length를 했을 때 undefined가 담긴다. 그 후 0 < undefined를 체크하면 false가 나와 for를 돌지 못하고 result를 바로 리턴한다.

반면에 _.each로 루프를 대체한 _.filter는 이미 _.each가 배열이 아닌 객체도 지원하므로 obj의 val을 하나씩 확인할 수 있다. _.filter 안에서 _.each의 두 번째 인자로 넘긴 익명 함수를 통해 val, idx, data를 받아 predicate로 넘긴다. predicate를 통해 참과 거짓을 전달한다. val > 2일 때만 push를 하여 [3, 4]의 결과를 만든다.

ArrayLike와 key/value 쌍 모두를 지원하는 _.each가 _.filter의 다형성도 높였다. _.each는 일반 함수다. initialize나 별도의 준비 과정 없이 _.filter 함수 내부에서 쉽게 사용된다. _.filter는 데이터형에 대한 체크나 형 변환 등 없이 바로 인자를 _.each에게 흘려 보낸다. _.each가 받을 데이터가 무엇일지에 대해 전혀 신경 쓰지 않았음에도 _.filter는 안전하다.

_.filter의 구현은 벌써 끝났다. 필요한 로직을 _.each가 이미 갖고 있었기 때문이다. _.filter 함수는 이미 충분히 간결하지만, 더 짧은 코드로 구현할 수는 없을까? _.filter 내부에서 _.each를 사용하고 있다는 말은 _.filter 역시 _.each의 뼈대 함수인 bloop를 사용하고 있다는 의미다. 이번엔 bloop를 직접 이용하여 _.filter를 만들어 보자.

3.3.2 bloop로 _.filter 만들기

코드 3-52 bloop 다시 보기

```
function bloop(new_data, body) {
  return function(data, iteratee) {
```

```
      var result = new_data(data);
      if (isArrayLike(data)) {
        for (var i = 0, len = data.length; i < len; i++) {
          body(iteratee(data[i], i, data), result);
        }
      } else {
        for (var i = 0, keys = _.keys(data), len = keys.length; i < len; i++) {
          body(iteratee(data[keys[i]], keys[i], data), result);
        }
      }
      return result;
    }
}

_.map = bloop(_.array, _.push_to);
_.each = bloop(_.identity, _.noop);
```

_.filter를 만들기 전에 먼저 bloop의 코드를 보며 구상을 해 보자. _.filter의 리턴값은 새로운 객체여야 한다. _.map을 만들 때처럼 _.filter에서도 new_data를 _.array로 사용하면 되겠다.

그렇다면 body는 어떻게 해야 할까? 우선 body 함수가 실행되는 부분을 자세히 보자. body의 첫 번째 인자는 iteratee의 실행 결과이다. iteratee는 function(val) { return val > 2; }과 같은 함수가 될 것이고 실행한다면 true/false를 리턴할 것이다.

두 번째 인자는 result이다. result는 조건에 맞는 값이 담겨야 할 새로운 배열이므로 일단 꼭 필요한 재료다. 현재 body에게 넘어오는 인자 두 개는 true/false 값과 새로운 배열인 result다.

_.filter에게는 result에 push할 해당 번째의 원본 값도 필요하다. 현재의 body 함수에는 해당하는 값이 넘어오지 않고 있어 재료가 부족하다. _.filter를 위해 bloop가 body에게 재료를 더 넘겨 주어야 한다.

머릿속에 아직 내용이 잘 그려지지 않을 수 있다. bloop를 어떻게 고쳤는지 코드 3-53에서 확인하고, 위 내용도 다시 한 번 읽어 보길 권한다.

코드 3-53 bloop를 고쳐서 _.filter 만들기

```
function bloop(new_data, body) {
  return function(data, iter_predi) { // 보조 함수 이름을 iter_predi로 변경
    var result = new_data(data);
    if (isArrayLike(data)) {
      for (var i = 0, len = data.length; i < len; i++) {
        body(iter_predi(data[i], i, data), result, data[i]);
                          // 인자에 원본 추가 ---> data[i]
      }
    } else {
```

```
      for (var i = 0, keys = _.keys(data), len = keys.length; i < len; i++) {
        body(iter_predi(data[keys[i]], keys[i], data), result, data[keys[i]]);
                                   // 인자에 원본 추가 ---> data[keys[i]]
      }
    }
    return result;
  }
}

_.array = function() { return []; };

_.filter = bloop(_.array,
  function(bool, result, val) {
    if (bool) result.push(val);
  });

var obj = {
  a: 1,
  b: 2,
  c: 3,
  d: 4
};

_.filter(obj, function(val) {
  return val > 2;
});
// [3, 4]

_.filter([1, 2, 3, 4], function(val) {
  return val < 3;
});
// [1, 2]
```

우선 iteratee 인자명을 iter_predi로 변경했다. 그리고 body 함수를 실행하는 곳에 인자를 하나 추가했다. body 함수를 실행하는 곳에 인자 하나를 추가했고, data를 돌면서 data[i] 혹은 data[keys[i]]를 넘기도록 했다. bloop를 고친 후 함수를 조합하여 _.filter를 만들었다.

설명과 코드를 천천히 다시 읽어보길 권한다. bloop 함수의 고쳐진 부분과 bloop의 두 번째 인자로 넘겨진 익명 함수 body가 어떻게 협업하고 있는지 확인해 보자. _.filter의 흐름이 잘 그려지지 않는다면 예제를 직접 작성하고 console.log도 찍어가면서 흐름을 파악해 보자. 여기에서는 이 bloop를 이용하여 계속 함수를 만들 것이다.

새로 만든 _.filter도 잘 동작한다. _.filter는 bloop를 실행한 결과이며, new_data와 body를 기억하는 클로저이자 함수이다. 이 익명 함수들은 나중에 bloop가 리턴한 _.filter가 실행될 때 사용될 것이다.

_.filter를 실행할 때는 data와 predicate를 넘긴다. 루프를 돌면서 predicate를 실행한 후 body에게 그 결과를 넘긴다. predicate의 결과는 true이거나 false일 것이다. body에게 새로 만든 result와 해당 번째의 data[i]도 함께 넘겨준다. body 함수는 predicate의 결과가 true일 때의 val을 result에 push한다. _.filter는 여러 개의 함수가 협업함으로써 제 역할을 한다.

3.3.3 _.rest, _.toArray, _.reverse, _.if

코드 3-54

```
(function(bool, result, val) {
  if (bool) result.push(val);
});
```

_.filter를 만들 때 사용된 body 함수는 이미 충분히 작지만 이 함수마저도 작게 쪼개면서 함수적 아이디어들을 확인하고자 한다. 다소 과할 수 있지만 실전에서도 충분히 사용될 수 있다.

우선 몇 가지 작은 함수를 만들 것이다. 만들게 될 함수 중에는 Underscore.js에 있는 함수들도 있으며, 모두 실제로 많이 사용되는 함수들이다.

코드 3-55 _.toArray, _.rest, _.reverse

```
_.toArray = function(list) {
  return Array.isArray(list) ? list : _.values(list);
};
_.rest = function(list, num) {
  return _.toArray(list).slice(num || 1);
};

_.rest([1, 2, 3]);
// [2, 3];
_.rest({0: 1, 1: 10, 2: 100, 3: 1000, length: 4}, 2);
// [100, 1000];

/*
[참고]
_.toArray나 _.rest를 구현하는 가장 좋은 아이디어는 [코드 2-60]에서도 확인했었다.
위 코드는 이 장의 목적(함수적 아이디어 생각해보기)을 위해 위와 같이 만들었다.
*/

_.reverse = function(list) {
  return _.toArray(list).reverse();
};

_.reverse([1, 2, 3]);
// [3, 2, 1];
_.reverse({});
```

```
// []
_.reverse(null);
// []
_.rest(_.reverse({0: 1, 1: 10, 2: 100, 3: 1000, length: 4}));
// [100, 10, 1]
```

_.toArray와 _.rest는 Underscore.js에 있는 함수들이다. _.rest는 배열의 앞에서
부터 num만큼의 값들을 제거한 새로운 배열을 리턴한다. _.toArray는 이미 Array
라면 그대로 리턴하고 arguments 객체를 Array로 바꾸는 등 객체의 값들을 모은
새로운 배열을 만드는 함수다.

　_.reverse는 list를 받아 Array가 아니면 Array로 만든 후 .reverse() 메서드를
실행하여 뒤집어 주는 함수다. 위 3개의 함수들은 array가 아닐 경우, 결국 마지막
에는 _.values에 들어가게 되어 올바른 값이 만들어지게 된다. _.values는 _.map
을 통해 만들어졌으므로 null이든 {}든 1이든 무슨 값을 받아도 에러를 만들지 않
고 그럴싸한 결과를 만든다. _.values 덕분에 위의 모든 함수는 안정성과 다형성
이 높다. 이러한 방법은 3.1절에서도 설명했던 다형성을 높이는 Underscore.js의
전략이다. 이 전략은 코드의 안정성과 다형성을 높일 뿐 아니라 if문도 없앤다.

코드 3-56 _.rester

```
_.rester = function(func, num) {
  return function() {
    return func.apply(null, _.rest(arguments, num));
  }
};

function sum(a, b, c, d) {
  return (a || 0) + (b || 0) + (c || 0) + (d || 0);
}

_.rester(sum)(1, 2, 3, 4);
// 9
_.rester(sum, 2)(1, 2, 3, 4);
// 7
_.rester(sum, 3)(1, 2, 3, 4);
// 4
```

_.rester는 함수를 리턴한다. 리턴된 함수가 실행되면, _.rest를 이용해 num만큼
앞에서부터 받은 인자를 제거한 후, 받아두었던 func에게 전달한다.

코드 3-57 _.if

```
_.if = function(validator, func, alter) {
  return function() {
    return validator.apply(null, arguments) ?
```

```
      func.apply(null, arguments) :
      alter && alter.apply(null, arguments);
  }
};

function sub(a, b) {
  return a - b;
}

var sub2 = _.if(
  function(a, b) { return a >= b; },
  sub,
  function() { return new Error("a가 b보다 작습니다."); });

sub2(10, 5);
// 5;

sub2(2, 5);
// Error: a가 b보다 작습니다.

var diff = _.if(
  function(a, b) { return a >= b; },
  sub,
  function(a, b) { return sub(b, a) });

diff(2, 5);
// 3

_.safety = _.with_validator = _.if;
```

_.if는 인자를 validator에게 넘긴 후 참이 나오면 func을, 아니면 alter를 실행하는 함수를 리턴하는 함수다. 예제에서는 미리 가지고 있던 sub 함수에 validator를 달아 음수가 나올 수 있는 상황을 막는 데 사용했다.

그 외에 실무적인 사용처를 생각해 보면 user의 권한에 따라 특정 일을 하는 데 validator의 레벨을 다르게 하기 위해 사용할 수도 있고, if else나 삼항 연산자를 대체할 수도 있다. _.if 함수의 이름을 다양하게 지을 수도 있겠다.

아래는 _.if를 통해 함수를 구현한 케이스다.

코드 3-58 _.if를 이용하여 함수 만들기

```
_.toArray = function(list) {
  return Array.isArray(list) ? list : _.values(list);
};
_.toArray2 = _.if(Array.isArray, _.idtt, _.values);
// _.idtt = function(v) { return v; };

_.toArray2([1, 2, 3]); // _.idtt
// [1, 2, 3]
_.toArray2({0: 1, 1: 10, 2: 100, 3: 1000, length: 4}); // _.values
// [1, 10, 100, 1000]
```

```
_.constant = function(v) {
  return function() {
    return v;
  }
};

var square = _.safety(
  function(a) { return toString.call(a) == '[object Number]'; },
  function(a) { return a * a; },
  function() { return 0; }); // or _.constant(0);

square(5);
// 25
square("가나다");
// 0

_.isNumber = function(a) { return toString.call(a) == '[object Number]'; };
var square = _.safety(_.isNumber, a => a * a, () => 0);

square(5);
// 25
square("가나다");
// 0
```

_.toArray2의 경우는 익명 함수를 열지 않고 가지고 있던 함수의 조합만으로 _.toArray와 동일한 기능을 구현했다. 함수 정의, 인자, 값의 사용도 없으며, 미리 정의된 함수만 있다. validator로 Array.isArray를 사용했다. Array일 때는 받은 값을 _.idtt에 넘겨 그대로 리턴하고, Array가 아닐 때는 _.values에게 넘겨 Array로 변환한다.

익명 함수와 화살표 함수 등을 활용하여 square를 만들어 보았다. Number가 아니면 세 번째 인자로 받아둔 0을 리턴하는 함수를 실행하게 되어 최종 결과 역시 0이 된다. function() { return 0; }은 _.constant(0);로 대체할 수 있다. square는 Underscore.js의 함수로써, 항상 인자로 받은 값을 리턴하는 함수를 리턴한다.

일반적인 값을 함수로 대체하면 _.if 같은 함수와 협업이 가능해진다. 반대로 얘기하면 값을 함수로 대신할 수 있기에 _.if 같은 확장성 높은 함수를 만들 수 있다. 만일 _.if의 alter로 일반 값을 받도록 했다면, default 값을 지정해 주는 정도의 기능밖에 구현하지 못했을 것이다. 값이 아닌 함수로 협업하면 보다 많은 가능성을 만들 수 있다.

값 대신 함수를 계속 사용해 보자. 다양한 함수적 아이디어를 만날 수 있을 것이다. 함수 명들의 나열로 이루어진 함수 선언을 보면 코드가 참 예쁘지 않은가? 이러한 표현력은 함수형 프로그래밍의 또 다른 장점이자 재미있는 부분이다.

> **참고**
>
> _.rest, _.toArray, _.constant, _.isNumber는 Underscore.js에도 있는 함수다. _.if,
> _.rester, _.reverse 등은 Underscore.js에 없는 함수지만 만들어두면 유용하다.

3.3.4 익명 함수 없이 bloop로 _.filter 만들기

지금까지 다양한 작은 함수들을 만들어 보았다. 다시 돌아가서 만들어진 함수들
을 조합하여 _.filter를 위한 bloop의 body를 만들어 보자.

코드 3-59

```
_.push = function(obj, val) {
  obj.push(val);
  return obj;
};
_.filter = bloop(_.array, _.if(_.idtt, _.rester(_.push)));

_.filter([1, 2, 3, 4], function(val) {
  return val > 2;
});
// [3, 4]

_.filter([1, 2, 3, 4], function(val) {
  return val < 3;
});
// [1, 2]
```

bloop의 body를 _.if(_.idtt, _.rester(_.push))로 만들었다. 가지고 있던 함수들
의 조합으로 구현한 것이다. _.idtt를 통해 첫 번째 인자가 참이라면 _.rester가
리턴해 준 함수를 실행할 것이다. _.rester가 리턴해 준 함수를 실행하면 _.push
를 실행하기 전에 받은 인자들 중 첫 번째 인자를 제외한다. 첫 번째 인자가 제외
된 인자들은 _.push에게 전달되어 최종적으로 result.push(val)가 실행된다.

기존 코드와 비교해서 보면 이해가 좀 더 쉽다.

코드 3-60

```
// 1
(function(bool, result, val) {
  if (bool) result.push(val);
})

// 2
_.if(_.idtt, _.rester(_.push));
```

아래는 _.filter를 구현한 코드다. 작은 함수들을 만들고 조합하는 식으로 코딩
을 하면 함수들의 재사용성이 높아지고, 코드의 양을 극적으로 줄일 수도 있다.

코드 3-61

```
// 1
_.filter = function(data, predicate) {
  var result = [];
  if (isArrayLike(data)) {
    for (var i = 0, len = data.length; i < len; i++) {
      if (predicate(data[i], i, data)) result.push(data[i]);
    }
  } else {
    for (var i = 0, keys = _.keys(data), len = keys.length; i < len; i++) {
      if (predicate(data[keys[i]], keys[i], data)) result.push(keys[i]);
    }
  }
  return result;
};

// 2
_.filter = function(data, predicate) {
  var result = [];
  _.each(data, function(val, idx, data) {
    if (predicate(val, idx, data)) result.push(val);
  });
  return result;
};

// 3
_.filter = bloop(_.array, function(bool, result, val) {
  if (bool) result.push(val);
});

// 4
_.filter = bloop(_.array, _.if(_.idtt, _.rester(_.push)));
```

익명 함수, 람다, 화살표 함수

bloop로 만든 _.filter의 new_data와 body를 X-ray처럼 익명 함수들로 꺼내보면
아래와 같다. 아래 코드도 잘 동작한다. 나름대로 재미있다.

코드 3-62

```
// _.filter = bloop(_.array, _.if(_.idtt, _.rester(_.push)));

_.filter = bloop(function() { return []; },
  function(bool, result, val) {
    return (function(bool, result, val) {
      return (function(v) {
        return v;
      })(bool, result, val) ?
        (function() {
          return (function(result, val) {
            return (function(val, obj) {
              return obj.push(val);
            })(val, result);
          })(result, val);
```

```
    })(bool, result, val) : undefined;
  })(bool, result, val)
});

_.filter([1, 2, 3, 4], function(val) {
  return val > 2;
});
// [3, 4]

_.filter([1, 2, 3, 4], function(val) {
  return val < 3;
});
// [1, 2]

// 화살표 함수 버전
_.filter = bloop(() => [],
  (bool, result, val) =>
    ((bool, result, val) =>
      ((v) => v)(bool, result, val) ?
        (() => ((result, val) =>
          ((val, obj) => obj.push(val))(val, result))(result, val))(bool, result, val) :
          undefined
    )(bool, result, val));
```

익명 함수(람다 표현식)나 화살표 함수만으로도 웬만한 로직을 모두 표현할 수 있
다. 그리고 삼항 연산자와 재귀를 함께 사용하면 사실상 거의 모든 로직을 쉽게
대체할 수 있다.

　함수형 프로그래밍에서는 람다를 많이 사용한다. 하지만 함수형 프로그래밍이
곧 람다는 아니다. 간혹 함수형 프로그래밍에서의 람다의 비중을 매우 크게 보기
도 하지만 필자는 그렇게 생각하지 않는다. 람다 표현식은 함수형 프로그래밍의
일부다. 클로저를 로직에 활용하기 위해서 혹은 고차 함수와 협업하기 위해서 사
용되는 기법 중 하나일 뿐이다. 함수형 프로그래밍은 람다 표현식으로 도배하면
서 코딩하거나 혹은 체인으로 묶어 익명 함수와의 조합을 통해서만 프로그래밍하
도록 하는 것이 아니다. 이는 일부이며 많은 패턴 중 하나이다.

　함수를 보다 적극적으로 사용하고, 함수를 추상화의 단위로 사용하고, 상태 변
경을 최소화하고, 로직을 함수로 고르고, 기본 객체를 많이 사용하며 함수의 응용
을 중시하는 프로그래밍이 함수형 프로그래밍이다. 다소 덜 사용되고 있었던 함
수의 숨은 기능도 충분히 활용하고, 다양한 함수들의 조합으로 여러 컨텍스트를
연결하고 제어하는 것이 함수형 프로그래밍이다.

　람다 표현식은 매우 유용하고 강력하지만, 미리 만들어 둔 함수들을 최대한 많
이 사용하는 것도 좋은 기법이고 코드의 표현력을 좋게 한다. 람다 표현식은 함수

형 프로그래밍의 일부다. 준비된 메서드와 람다를 통해서만 개발하는것으로 제한하기보다 다양한 기법의 조합을 통해 프로그래밍하는 것을 추천한다.

> **참고**
>
> 개인적으로 '체인+익명 함수' 방식은 함수의 장점을 활용하긴 하지만 함수형 프로그래밍의 좋은 사례는 아니라고 생각한다. 이에 대한 좀 더 자세한 이야기는 4.3 연속적인 함수 실행과 4.4 더 나은 함수 조립에서 다룬다.

3.3.5 _.reject 만들기

_.reject는 _.filter의 반대로 동작하게 만들면 된다. predicate의 결과가 부정적일 때만 push를 한다. _.filter를 만드는 함수 조합을 약간만 변경하면 된다. 함수 조합을 변경하는 세 가지 방법을 확인해 보자. 쉽고 간단하며 재미있다.

코드 3-63 _.reject

```
_.filter = bloop(_.array, _.if(_.idtt, _.rester(_.push)));

// 1번
_.reject = bloop(_.array, _.if(_.idtt, _.noop, _.rester(_.push)));
// _.noop = function() {};

_.reject([1, 2, 3, 4], function(val) {
  return val > 2;
});
// [1, 2]

_.negate = function(func) {
  return function() {
    return !func.apply(null, arguments);
  }
};

// 2번
_.reject = bloop(_.array, _.if(_.negate(_.idtt), _.rester(_.push)));

_.reject([1, 2, 3, 4], function(val) {
  return val > 2;
});
// [1, 2]


// 3번
_.not = function(v) { return !v };
_.reject = bloop(_.array, _.if(_.not, _.rester(_.push)));

_.reject([1, 2, 3, 4], function(val) {
  return val < 3;
});
// [3, 4]
```

앞의 코드는 모두 잘 동작한다. 3번이 제일 깔끔하고 1번, 2번도 나름대로 재미있다. 1번에는 긍정일 경우 아무 일도 하지 않는 함수인 _.noop을 넣고 alter 함수 자리로 _.rester(_.push)를 옮겼다. 2번은 _.negate로 _.idtt의 결과를 뒤집었다. 3번은 _.not이라는 함수를 만들어 사용했다.

코드 3-64 _.filter와 _.reject 함수의 정의 비교

```
_.filter = bloop(_.array, _.if(_.idtt, _.rester(_.push)));
_.reject = bloop(_.array, _.if(_.not, _.rester(_.push)));
```

3.3.6 _.find, _.some, _.every를 만들기 위해 bloop 고치기

_.find, _.some, _.every는 _.each, _.map, _.filter, _.reject와 달리 중간에 원하는 결과를 얻었을 때 루프를 빠져나와야 한다. _.find, _.some, _.every를 위해 bloop에 루프를 빠져나오는 로직을 추가하고, 해당 부분들을 함수로 추상화할 것이다. 1장부터 지금까지 계속 해왔던 방식이다.

코드 3-65 bloop에 stopper 추가

```
function bloop(new_data, body, stopper) {
  return function(data, iter_predi) {
    var result = new_data(data);
    var memo;
    if (isArrayLike(data)) {
      for (var i = 0, len = data.length; i < len; i++) {
        memo = iter_predi(data[i], i, data); // 결과를 재료로 사용하기 위해 변수에 담기
        if (!stopper) body(memo, result, data[i], i); // stopper 없으면 원래 로직대로
        else if (stopper(memo)) return body(memo, result, data[i], i);
      }
    } else {
      for (var i = 0, keys = _.keys(data), len = keys.length; i < len; i++) {
        memo = iter_predi(data[keys[i]], keys[i], data);
        if (!stopper) body(memo, result, data[keys[i]], keys[i]);
        else if (stopper(memo)) return body(memo, result, data[keys[i]], keys[i]);
      }
    }
    return result;
  }
}

_.each = bloop(_.identity, _.noop);
_.map = bloop(_.array, _.push_to);
_.filter = bloop(_.array, _.if(_.idtt, _.rester(_.push)));
_.reject = bloop(_.array, _.if(_.not, _.rester(_.push)));

_.each([1, 2, 3], function(v) { console.log(v); });
// 1
// 2
// 3
// [1, 2, 3]
```

```
_.map([1, 2, 3], function(v) { return v * v; });
// [1, 4, 9]

_.filter([1, 2, 3, 4], function(val) { return val > 2; });
// [3, 4]

_.reject([1, 2, 3, 4], function(val) { return val > 2; });
// [1, 2]
```

이렇게 bloop를 고쳤다. 주석에도 썼지만 기존에 구현한 _.each, _.map, _.filter, _.reject 함수들은 루프를 멈출 필요가 없다. 그러므로 stopper를 넘길 필요가 없다. stopper가 넘어오지 않으면 else if에 가지 않을 것이므로 return을 만나지 않고 기존과 동일하게 body를 실행하면서 루프를 모두 돌 것이다. _.each, _.map, _.filter, _.reject 모두 코드 수정 없이 정상적으로 동작한다.

3.3.7 _.find 만들기

bloop를 고쳤으니 이제 _.find를 만들어 보자. predicate를 통해 true/false를 리턴해줄 것이다. true는 처음 나온 순서의 값을 리턴한다. 만일 조건에 해당하는 값이 하나도 없다면 undefined를 리턴한다.

코드 3-66 _.find

```
_.noop = function() {};
_.idtt = function(v) { return v; };

_.find = bloop(
  _.noop, // new_data - 하나도 못 찾은 경우 undefined를 리턴하기 위해
  function(bool, result, val) { return val; }, // body - stopper 조건에
                                               // 부합한 경우 리턴할 값
  _.idtt); // stopper - 참일 때 나가기 위해 memo의 값을 그대로 리턴

_.find([1, 10, 100, 1000], function(v) { return v > 50; });
// 100

var users = [
  { id: 2, name: "HA", age: 25 },
  { id: 4, name: "PJ", age: 28 },
  { id: 5, name: "JE", age: 27 }
];
_.find(users, function(user) { return user.age == 27; });
// { id: 5, name: "JE", age: 27 }
```

_.find를 간단히 완성했다. _.find는 bloop의 isArrayLike, for, keys 등의 이점을 그대로 갖는다. _.find는 predicate가 true를 리턴하면 stopper인 _.idtt가 받은 값을 그대로 리턴해줘서 if에 걸린다. return으로 루프를 나가면서 body의 실행

결과인 i번째의 값을 최종 결과로 리턴할 것이다. 만일 predicate에서 true가 한 번도 나오지 않으면 _.noop을 통해 만들어둔 undefined를 리턴한다.

만들어 두었던 _.rester를 활용하면 body 함수 선언을 더 짧게 할 수 있다.

코드 3-67

```javascript
_.find = bloop(_.noop, function(bool, result, val) { return val; }, _.idtt);
_.find = bloop(_.noop, _.rester(_.idtt, 2), _.idtt);
// _.rester(_.idtt, 2) 는 앞에 두 개의 인자를 제외한 인자를 그대로 리턴
```

3.3.8 _.findIndex, _.findKey 만들기

_.find 구현을 조금만 고치면 _.findIndex와 _.findKey 함수를 만들 수 있다. 이 함수들을 만들기 위해 bloop의 body를 실행하는 곳에서 i와 key 인자를 추가해 놓았다. _.findIndex는 조건에 맞는 값이 없는 경우 _.findIndex는 −1을, _.findKey 는 undefined를 리턴한다.

코드 3-68 _.findIndex, _.findKey

```javascript
_.find = bloop(_.noop, _.rester(_.idtt, 2), _.idtt);
_.findIndex = bloop(_.constant(-1), _.rester(_.idtt, 3), _.idtt); // ❶
_.findKey = bloop(_.noop, _.rester(_.idtt, 3), _.idtt); // ❷

_.findIndex([1, 10, 100, 1000], function(v) { return v > 50; });
// 2
_.findIndex([1, 10, 100, 1000], function(v) { return v > 1000; });
// -1

_.findKey({ id: 4, name: "PJ", age: 28 }, function(val) { return typeof val == "string"; });
// name
_.findKey({ id: 4, name: "PJ", age: 28 }, Array.isArray);
// undefined
```

❶에서는 기본 리턴값을 −1로 설정했고 ❷에서는 기본 리턴값을 undefined로 설정했다. 조건에 부합할 경우 body에 인자가 넘어오고 _.rester(_.idtt, 3)를 통해 4번째 인자인 index 혹은 key를 리턴하게 된다.

3.3.9 _.some, _.every 만들기

_.some은 predicate가 한 번이라도 참을 리턴하면 true를, 모두 거짓이라면 false 를 리턴하는 함수다. _.every는 한 번이라도 거짓을 만나면 false를, 모두 참이라 면 true를 리턴하는 함수다. _.some과 _.every를 만들어 보자.

코드 3-69 _.some, _.every

```javascript
_.some = bloop(_.constant(false), _.constant(true), _.idtt);
```

```
_.every = bloop(_.constant(true), _.constant(false), _.not);

_.some([false, null, 10, undefined], Number.isInteger);
// true (루프 count 3)

_.every([false, null, true, undefined], _.not);
// false (루프 count 3)

_.every([function() {}, {}, [], {}], _.isObject);
// true (루프 count 4)
```

가지고 있던 함수를 조합하여 쉽게 _.some과 _.every를 구현했다. 모두 의도한 대로 잘 동작한다. Underscore.js의 _.some과 _.every는 predicate를 생략할 수 있다. predicate를 생략할 경우 들어 있는 값이 참(Truthy)인지 거짓(Falsy)인지만 체크한다. 이런 방식으로 구현하려면 bloop에 보조 함수가 넘어오지 않을 때 _.idtt로 대체해 주기만 하면 된다.

코드 3-70 bloop 수정

```
function bloop(new_data, body, stopper) {
  return function(data, iter_predi) {
    iter_predi = iter_predi || _.idtt; // 넘어오지 않으면 _.idtt로 대체
    var result = new_data(data);
    var memo;
    if (isArrayLike(data)) {
      for (var i = 0, len = data.length; i < len; i++) {
        memo = iter_predi(data[i], i, data);
        if (!stopper) body(memo, result, data[i], i);
        else if (stopper(memo)) return body(memo, result, data[i], i);
      }
    } else {
      for (var i = 0, keys = _.keys(data), len = keys.length; i < len; i++) {
        memo = iter_predi(data[keys[i]], keys[i], data);
        if (!stopper) body(memo, result, data[keys[i]], keys[i]);
        else if (stopper(memo)) return body(memo, result, data[keys[i]],
keys[i]);
      }
    }
    return result;
  }
}

_.some = bloop(_.constant(false), _.constant(true), _.idtt);
_.every = bloop(_.constant(true), _.constant(false), _.not);

_.some([false, null, 10, undefined]);
// true (루프 count 3)
_.every([false, null, true, undefined]);
// false (루프 count 1)
_.every([function() {}, {}, [], {}]);
// true (루프 count 4)
```

3.3.10 함수형 프로그래밍에서 함수는 '로직'이다!

지금까지 우리는 bloop를 이용하여 _.each, _.map, _.filter, _.reject, _.find, _.findIndex, _.findKey, _.some, _.every 등을 구현했다. bloop는 _.each와 _.map 을 완성했을 때부터 이미 ArrayLike, _.keys 등을 이용해 데이터의 다형성과 안정성을 보장해 주었다. 그리고 루프를 돌면서 iter_predi에 적절한 값을 넘겨주는 로직도 포함한다.

물론 매번 for문이나 if문을 작성하는 것이 그렇게 어려운 일은 아니다. 하지만 함수가 다형성을 잘 지원하면서 복잡한 로직을 가지려면 많은 경우의 수를 따져야하므로 복잡하다. 따라서 매번 if나 for문을 직접 작성하는 것보다 이미 잘 만들어진 고차함수에게 위임하는 식으로 코딩하는 것이 생산성이나 안정성면에서 유리하다. 3장에서도 _.filter, _.reject, _.find, _findIndex, _.findKey, _.some, _.every를 만들 때, 앞서 만들어둔 로직을 활용해서 빠르게 만들어 갈 수 있었다.

_.map, _.filter, _.reduce, _.find 등의 함수는 언제 멈춰야 하는지, 어떤 값을 꺼내야 하는지, 언제 값을 담아야 하는지, 기본값이 무엇이어야 하는지 같은 서로 다른 복잡한 로직을 포함하고 있으며 안전하게 동작한다. 각각 조금씩 다른 로직을 포함한 함수들을 고르면서 코딩을 하면 더 쉽고 편하게 소프트웨어를 만들어 갈 수 있다. 상황에 맞는 함수들을 잘 선택하여 조합하면 된다. 복잡한 분기나 로직은 숨겨지고, 동일한 인자를 받으면 항상 동일한 결과를 리턴할 것이다. 이런 방식으로 코딩하는 것은 로직 구현의 복잡도를 줄여 주고 개발자의 스트레스도 줄여 준다.

3.4 _.reduce 만들기

3.4.1 _.reduce 소개

_.reduce 함수의 사용법이나 동작을 이해하는 것은 그렇게 어렵지 않다. 그런데 개인적으로는 _.reduce를 처음 익혔을 때 어떤 상황에서 써야 하는지 잘 떠오르지 않았다. 문자열을 더하거나 숫자를 더하기 위해서 사용하기에는 군더더기가 너무 많아 보였기 때문에 크게 와 닿지 않았다. 차라리 문자열을 여러 개 받아서 한 번에 더하거나 숫자를 여러 개 받아서 한 번에 더하는 함수를 만들어 두는 것이 더 낫지 않을까 싶었다. 하지만 자꾸 사용해 보니 _.reduce는 정말 아름다운 함수였다.

먼저 예제 두 개를 보자. Underscore.js 문서에 있는 예제다. 이해를 돕기 위해 넘어오는 인자를 모두 작성했다.

코드 3-71 _.reduce 사용 예제

```
_.reduce([1, 2, 3], function(memo, val, idx, list) {
  return memo + val;
}, 0);
// 6
```

그동안 봐왔던 iteratee는 3개의 인자를 받았는데 _.reduce의 iteratee는 4개의 인자를 받는다. 보조 함수에서 값을 리턴하는 모습만 보면 다른 고차 함수들과 비슷하지만, _.reduce는 지금까지 살펴본 _.map, _.filter, _.find 등과는 전혀 다른 함수다. 코드 3-71에서 iteratee는 [1, 2, 3]의 length만큼, 총 3번 실행된다. 코드 3-71이 어떻게 실행되는지 순서대로 나열하면 다음과 같다.

1. iteratee가 첫 번째로 실행될 때, 첫 번째 인자인 memo에는 _.reduce를 실행할 때 세 번째 인자로 넘겼던 0이 넘어오고, val, idx, list에는 _.each 같은 iteratee와 동일한 인자들이 넘어온다.

2. memo인 0과 val인 1을 더한 1을 리턴한다.

3. 두 번째로 iteratee가 실행될 때는 첫 번째 인자인 memo로(바로 전의 iteratee가 값을 더해서 리턴했던) 1이 넘어온다.

3. memo인 1과 두 번째 val인 2를 더한 3을 리턴한다.

4. 세 번째로 iteratee가 실행될 때는 첫 번째 인자인 memo로(바로 전의 iteratee가 값을 더해서 리턴했던) 3이 넘어온다.

5. memo인 3과 세 번째 val인 3을 더한 6을 리턴한다.

6. _.reduce는 마지막 iteratee가 리턴한 값을 그대로 리턴한다. 최종적인 값은 6이다.

코드 3-72 _.reduce 사용 예제2

```
_.reduce([[0, 1], [2, 3], [4, 5]], function(memo, val, idx, list) {
  return memo.concat(val);
}, []);
// [0, 1, 2, 3, 4, 5]
```

이번 예제도 동일하게 동작한다. 이번에는 더하기 대신 Array.prototype.concat을 실행했다. concat은 다음과 같이 동작하는 메서드로, 배열 두 개를 합친 새로운 배열을 만든다.

```
[1].concat(2);
// [1, 2];
[1].concat([2, 3]);
// [1, 2, 3];
[1].concat([[2, 3]]);
// [1, [2, 3]];
```

다시 코드 3-72로 돌아가자. 첫 번째 memo는 []이 되고 [].concat([0, 1])을 리턴한다. 리턴된 값은 다음 iteratee의 memo로 넘어오고 [0, 1].concat([2, 3])을 리턴한다. 이 과정이 반복되어 최종 결과는 [0, 1, 2, 3, 4, 5]이다.

_.reduce는 배열, 객체 등을 다른 값으로 축약하는 함수다. 원래 값을 축약하려면 복잡한 코드들이 필요한데, _.reduce는 '어떻게 축약해 나갈 것인가'를 숨겨서 코드의 복잡성을 줄여주고 문제의 난이도를 쉽게 해준다.

3.4.2 _.reduce의 용도

3.1절에서 Lodash의 지연 평가를 이야기할 때, _.reduce를 함께 다루고 싶었지만 내용이 늘어질 것 같아 하지 못했다. _.reduce를 활용하면 두 가지 이상의 서로 다른 일을 섞어서 할 수 있다. 예를 들면 _.filter 한 번, _.map 한 번으로 했어야 할 일을 한번에 할 수 있다.

코드 3-73 _.reduce의 실용성

```
var users = [
  { id: 1, name: "ID", age: 32 },
  { id: 2, name: "HA", age: 25 },
  { id: 3, name: "BJ", age: 32 },
  { id: 4, name: "PJ", age: 28 },
  { id: 5, name: "JE", age: 27 },
  { id: 6, name: "JM", age: 32 },
  { id: 7, name: "HI", age: 24 }
];

// ❶ _.filter와 _.map을 이용해 구현함
var users2 = _.filter(users, function(user) {
  return user.age >= 30;
});
_.map(users2, function(user) {
  return user.name;
});
// ["ID", "BJ", "JM"] (루프: 7 + 3, new Array: 1 + 1)

// ❷ _.reduce만으로 구현함
_.reduce(users, function(names, user) {
  if (user.age >= 30) names.push(user.name);
  return names;
}, []);
// ["ID", "BJ", "JM"] (루프: 7, new Array: 1)
```

_.reduce의 경우에는 30세 이상일 때만 user.name을 push한다. 한 번에 두 가지 일을 하기 때문에 ❶과 동일하지만, 루프를 적게 돌고 새 Array 객체도 한 번만 만들었다.

_.reduce는 로직이다. _.reduce가 무엇을 하게 할지는 iteratee로 완성한다. _.reduce는 복잡한 로직을 단순하게 작성할 수 있게 해 준다. 루프, 재료 변경, 값 변경 등의 로직을 숨기고 'memo를 만들어 리턴하라'라는 한 가지 미션만 남긴다.

_.filter를 필터링된 새로운 배열을 만들기 위해 사용한다면, _.reduce는 원래 가지고 있던 값을 통해 새로운 형의 값을 만들기 위해 사용한다. Array를 통해 Number를 만들거나 객체를 만들기 위해 사용한다. _.reduce의 다른 이름은 fold다. 값을 '접는' 함수라는 의미다. _.reduce는 모든 값을 동원하여 새로운 값을 만든다.

3.4.3 _.reduce로 회원 데이터 집계하기

코드 3-74는 앞서 말한 새로운 형의 데이터를 만드는 사례를 보여준다. 이 예제는 users의 나이와 관련된 정보를 정리한 객체 하나를 만든다. 배열인 users를 모두 돌면서 20대 그룹인지 30대 그룹인지를 찾은 후, 각 그룹별 인원의 합과 나이의 합을 가진 객체 하나를 만든다.

코드 3-74

```
_.reduce(users, function(info, user) {
  var group = user.age - user.age % 10;
  info.count[group] = (info.count[group] || 0) + 1;
  info.total[group] = (info.total[group] || 0) + user.age;
  return info;
}, { count: {}, total: {} });

/*
 {
   count: { 20: 4, 30: 3 },
   total: { 20: 104, 30: 96 }
 }
*/
```

코드 3-74에서는 2장에서 언급했던, 객체의 key를 []로 참조한다거나 ||를 if문이 아닌 곳에서 활용하는 기법들도 사용되었다. _.reduce는 직접 사용해 보아야 그 매력을 제대로 느낄 수 있다.

3.4.4 _.reduce 만들기

먼저 _.each를 이용해서 _.reduce를 구현해 보자. _.each가 복잡한 코드를 대신하기 때문에 _.reduce 구현 역시 꽤 간단하다.

코드 3-75 _.each로 _.reduce 만들기

```
_.reduce = function(data, iteratee, memo) {
  _.each(data, function(val, idx, data) {
    memo = iteratee(memo, val, idx, data);
  });
  return memo;
};
```

이번에는 bloop를 직접 실행하여 구현해 보자.

여담인데, bloop 같은 방식은 장단점이 있다. 모든 '방식'은 적절하게 사용되는 것이 중요하다. 필자가 구현한 라이브러리의 주요 고차 함수는 bloop처럼 만들지 않았다. 라이브러리의 주요 기능은 단일 함수로 구현하는 것이 가장 적합하다고 생각한다. 성능상 이점이 있기 때문이다. 하지만 애플리케이션 영역의 코드나, 주요 고차 함수가 아닌 다른 함수들에서는 bloop 같은 방식이 적합한 경우가 있으니 적절히 사용해 보자. 높은 효율을 얻을 수 있다.

3.2~3.5절에서 bloop 방식으로 고차 함수를 구현한 이유는 로직 사이 어디든 원하는 곳을 보조 함수로 대체하여 확장성을 높이는 아이디어들을 확인하기 위해서다. 이 아이디어를 Underscore.js를 만들면서 확인하는 이유는 구현할 함수가 어떻게 동작해야 하는지 이미 정해져있다는 얘기다. 만일 다른 무언가를 만들면서 설명한다면, 어떻게 구현해야 하는지를 설명하면서 이것이 어떻게 동작해야 하는 기능인지까지 다루어야 하기에 소통이 어려울 것이다.

bloop에 대해 한 가지만 더 이야기하면, bloop처럼 주요 고차 함수들을 하나의 함수로 만드는 기법은 컬렉션 중심 프로그래밍에서의 지연 평가를 구현하는 핵심 기법과 거의 동일하다. 그럴 수밖에 없는 것이 컬렉션 중심 프로그래밍에서의 지연 평가는 여러 고차 함수들의 로직을 대체한 하나의 함수로, 모여진 보조 함수들의 실행 순서를 재배치하는식으로 동작하는 것이기 때문이다. 보조 함수의 이름을 짓고 함수가 함수를 다루는 연습을 하는 것은 함수형 프로그래밍을 잘하는 데도 많은 도움이 된다.

여담이 길었다. _.reduce는 bloop를 통해 만들 마지막 함수다. 우선 _.reduce는 _.each와 달리 인자를 3개 받는다. 그리고 memo로 사용할 값을 하나 더 받는다. 즉, iteratee에서도 memo를 포함하여 4개의 인자를 받는다. bloop에 이 부분이 반영되어야 한다.

코드 3-76 bloop로 _.reduce 만들기

```
function bloop(new_data, body, stopper, is_reduce) { // reduce를 위한 함수인지의
                                                      // 확인 여부 추가
```

```
    return function(data, iter_predi, opt1) { // reduce인 경우 세 번째 인자인
                                              // opt1로 memo를 받음
      iter_predi = iter_predi || _.idtt;
      var result = new_data(data);
      var memo = is_reduce ? opt1 : undefined; // reduce일 때만 memo를 opt1로 할당함
                                               // 아닐 때는 기존 유지함
      if (isArrayLike(data)) {
        for (var i = 0, len = data.length; i < len; i++) {
          memo = is_reduce ? // is_reduce 여부에 따라 인자 전달 개수 변경
            iter_predi(memo, data[i], i, data) :
            iter_predi(data[i], i, data);
          if (!stopper) body(memo, result, data[i], i);
          else if (stopper(memo)) return body(memo, result, data[i], i);
        }
      } else {
        for (var i = 0, keys = _.keys(data), len = keys.length; i < len; i++) {
          memo = is_reduce ? // is_reduce 여부에 따라 인자 전달 개수 변경
            iter_predi(memo, data[keys[i]], keys[i], data) :
            iter_predi(data[keys[i]], keys[i], data);
          if (!stopper) body(memo, result, data[keys[i]], keys[i]);
          else if (stopper(memo)) return body(memo, result, data[keys[i]], keys[i]);
        }
      }
      return is_reduce ? memo : result; // is_reduce 여부에 따라 리턴 값 변경
    }
}

_.reduce = bloop(_.noop, _.noop, undefined, true); // 마지막 인자 true는 is_reduce

_.reduce([1, 2, 3], function(memo, val) {
  return memo + val;
}, 0);
// 6

_.reduce(users, function(names, user) {
  if (user.age > 30) names.push(user.name);
  return names;
}, []);
// ["ID", "BJ", "JM"]
```

is_reduce가 true인 상황에서는 opt1 자리에 넘겨 주는 값을 memo로 시작할 수 있게 하고, iter_predi를 실행할 때 인자에 memo를 추가한다. 최종 리턴값도 memo로 교체했다. bloop를 조금 수정해 _.reduce도 간단히 구현했고 예제도 잘 동작했다.

 _.reduce는 new_data를 사용하지 않으므로 _.noop을 통해 아무 일도 하지 않는다. 또한 body에서도 _.noop을 통해 아무 일을 하지 않는다. _.reduce는 iteratee가 넘겨준 리턴값을 memo에 담고, 다음 iteratee가 실행될 때 받아둔 memo를 넘겨 주기만 하면 된다. 복잡한 로직은 bloop가 대신해 주고 memo는 iteratee가 만든다. 마지막에는 memo를 리턴한다.

3.4.5 bloop 반으로 줄이기

bloop의 for문 내부에 로직이 추가되니 중복이 더욱 눈에 띈다. 코드가 길어서 좀
복잡해 보이니, 중복을 제거하고 조금 더 짧은 코드로 만들어 보자.

코드 3-77 절차지향적 리팩터링

```
function bloop(new_data, body, stopper, is_reduce) {
  return function(data, iter_predi, opt1) {
    iter_predi = iter_predi || _.idtt;
    var result = new_data(data);
    var memo = is_reduce ? opt1 : undefined;
    var keys = isArrayLike(data) ? null : _.keys(data); // ❶
    for (var i = 0, len = (keys || data).length; i < len; i++) {  // ❷
      var key = keys ? keys[i] : i;  // ❸
      memo = is_reduce ?
        iter_predi(memo, data[key], key, data) :
        iter_predi(data[key], key, data);
      if (!stopper) body(memo, result, data[key], key);
      else if (stopper(memo)) return body(memo, result, data[key], key);
    }
    return is_reduce ? memo : result;
  }
}
_.reduce = bloop(_.noop, _.noop, undefined, true);
_.each = bloop(_.identity, _.noop);


_.reduce([1, 2, 3], function(memo, val) {
  return memo + val;
}, 0);
// 6

_.each({ a: 1, b: 2 }, console.log);
// 1 "a" { a: 1, b: 2 }
// 2 "b" { a: 1, b: 2 }
// { a: 1, b: 2 }

_.each(null, console.log);
//
```

❶에서는 data가 isArrayLike라면 null을, 그렇지 않다면 data의 key들을 추출해
변수 keys에 담는다. keys에 값이 있다는 얘기는 ArrayLike가 아니라는 의미다.
null 같은 값이 오더라도 _.keys에 들어가면 빈 배열을 keys에 담게 되므로 '에러
를 잘 내지 않을 준비'가 되어 있다.

　❷에서 keys가 null이면 ❶에서 ArrayLike였다는 이야기므로 data.length를 담
아 배열의 크기만큼 반복할 준비를 하고, keys가 있다면 keys.length만큼 반복할
준비를 한다.

❸에서는 key에 keys가 있다면(data가 ArrayLike가 아닌 객체라면) i번째 key를 담고, keys가 없다면(data가 ArrayLike라면) i를 그대로 줘서 아랫부분에서 각 상황에 맞게 쓴다.

이처럼 절차지향 프로그래밍도 순서를 잘 배치하면 중복을 줄일 수 있다. 절차지향적인 코드의 최적화는 보통 객체 생성이 최소화되거나 참조가 적어지거나 반복이 줄어드는 등의 성능적 이점을 가져온다.

위 사례는 코드를 줄인 사례다. 이러한 최적화된 절차지향적인 코드를 만드는 연습은 범용적인 함수 내부나 범용적인 라이브러리 등을 잘 만드는 데 많은 도움이 된다.

3.5 좀 더 발전시키기

3.1절에서 Lodash의 지연 평가를 통한 _.filter의 성능 개선을 소개했었다. 앞서 이야기했지만 Lodash의 지연 평가는 배열의 크기가 200 이상일 때만 동작하도록 되어 있어 실용성이 떨어진다. 또한 체인 방식에서만 동작하기 때문에 Lodash의 일반 함수를 사용할 때는 성능 개선의 이점을 누릴 수 없다.

그렇다면 다른 방법은 없을까? 개발자는 자신이 사용하고 있는 데이터의 특징을 이미 알고 있고, 자신이 작성할 iteratee나 predicate의 내부가 어떤지도 잘 알고 있다. 데이터가 200개든 아니든 지금이 성능적 이점을 만들 수 있는 상황인지 아닌지를 판단할 수 있다. 당장 판단하기 어렵다면 몇 번 돌려보는 식으로 파악해 볼 수도 있다. 어떤 상황에서는 length가 20개밖에 없더라도 iteratee 내부에 비용이 많이 드는 작업이 많아 한 번의 루프라도 줄이는 게 유리한 상황일 수도 있다. 이러한 상황임을 알고 있어도 Lodash의 해결법은 '200개로 일반화'하는 것이기 때문에 개발자가 선택적으로 지연 평가를 동작시킬 수 없다. 개발자가 보다 명시적으로 성능 개선 상황을 선택할 수 있도록 해 보자.

3.5.1 _.filter 중간에 나가기
_.filter를 돌리다 중간에 나가려면 _.filter를 실행하면서 limit 값을 주어야 한다. _.filter는 data와 predicate 두 개의 인자를 사용하는 함수다. limit을 넘기려면 세 번째 인자를 사용해야 하는데 bloop를 확인해 보니 세 번째 인자인 opt1은 이미 사용되고 있다.

기존에는 opt1이 is_reduce가 true일 때만 사용되고 있었으므로 _.reduce가 아닌 상황에서는 opt1을 limit 값으로 활용할 수 있을 것 같다. opt1에 넘어온 값을 limiter라고 이름을 지어 루프를 멈춰 보자. limiter의 최솟값이 1이라고 가정하면 아래와 같이 코딩할 수 있다.

코드 3-78 limiter 추가

```
function bloop(new_data, body, stopper, is_reduce) {
  return function(data, iter_predi, opt1) {
    iter_predi = iter_predi || _.idtt;
    var result = new_data(data);
    var memo = is_reduce ? opt1 : undefined;
    var limiter = is_reduce ? undefined : opt1; // ❶ reduce가 아닐 때만 opt1 사용
    var keys = isArrayLike(data) ? null : _.keys(data);
    for (var i = 0, len = (keys || data).length; i < len; i++) {
      var key = keys ? keys[i] : i;
      memo = is_reduce ?
        iter_predi(memo, data[key], key, data) :
        iter_predi(data[key], key, data);
      if (!stopper) body(memo, result, data[key], key);
      else if (stopper(memo)) return body(memo, result, data[key], key);
      if (limiter && limiter == result.length) break;
      // ❷ limiter가 있고 result.length와 같다면 break
    }
    return is_reduce ? memo : result;
  }
}
_.filter = bloop(_.array, _.if(_.idtt, _.rester(_.push)));

_.filter([1, 2, 3, 4, 5, 6, 7, 8], function() {
  return true;
});
// [1, 2, 3, 4, 5, 6, 7, 8]

_.filter([1, 2, 3, 4, 5, 6, 7, 8], function() {
  return true;
}, 4);
// [1, 2, 3, 4]
```

세 번째 인자로 4를 넘겼고 4는 opt1에 할당된다. ❶ _.filter는 is_reduce가 false이므로 limiter에 opt1 값이 들어가게 된다. ❷ 그리고는 limiter에 값이 할당되었을 때만 for 안쪽의 마지막 라인에서 result.length를 체크하여 루프를 나간다.

위 예제에서 _.filter의 predicate는 무조건 true를 리턴하고 있어, limiter 값을 넘기지 않은 경우에는 전부를 리턴하고 limiter 값을 넘겼을 때는 그만큼만 리턴한다. limiter 값을 넘기면 루프도 중간에 빠져나올 수 있기 때문에 개발자가 원할 때 성능 개선 상황을 만들 수 있는 상태가 되었다. bloop를 고쳤으므로 _.reject에도 이미 적용되었다. _.reject에서는 조건에 반대되는 값이 담긴 수와

limiter가 동일해지면 루프를 멈출 것이다.

limiter는 _.filter와 _.reject에서만 의미가 있을까? _.each는 끝까지 돌아야 하니 의미가 크지 않다. 중간에 나가고 싶으면 _.find나 _.some 등을 쓰면 된다. _.map에 경우는 앞에서 3개만 매핑하고 싶을 수도 있을 것이다. 물론 _.map은 _.first로 먼저 자르고 출발시켜도 동일한 결과를 얻을 수 있다.

코드 3-79 앞에서 3개만 매핑하기

```
_.map = bloop(_.array, _.push_to);

_.map([1, 2, 3, 4, 5, 6], function(v) {
  return v + v;
}, 3);
// [2, 4, 6]
```

3.5.2 코드 양과 성능

bloop를 성능적으로 좀 더 좋게 바꿔보자. 상황에 따라 반복문 내부의 로직이 좀 더 가벼워지도록 중복을 의도적으로 만들 것이다.

코드 3-80 for 안의 if 꺼내기

```
function bloop(new_data, body, stopper, is_reduce) {
  return function(data, iter_predi, opt1) {
    iter_predi = iter_predi || _.idtt;
    var result = new_data(data);
    var memo = is_reduce ? opt1 : undefined;
    var limiter = is_reduce ? undefined : opt1;
    var keys = isArrayLike(data) ? null : _.keys(data);

    if (is_reduce) { // reduce
      for (var i = 0, len = (keys || data).length; i < len; i++) {
        var key = keys ? keys[i] : i;
        memo = iter_predi(memo, data[key], key, data);
      }
      return memo;
    }
    if (stopper) { // find, some, every, findIndex, findKey
      for (var i = 0, len = (keys || data).length; i < len; i++) {
        var key = keys ? keys[i] : i;
        var memo = iter_predi(data[key], key, data);
        if (stopper(memo)) return body(memo, result, data[key], key);
      }
    } else if (limiter) { // each, map, filter, reject을 하면서 limit이 있을 때
      for (var i = 0, len = (keys || data).length; i < len; i++) {
        var key = keys ? keys[i] : i;
        body(iter_predi(data[key], key, data), result, data[key]);
        if (limiter == result.length) break;
      }
    } else { // each, map, filter, reject
      for (var i = 0, len = (keys || data).length; i < len; i++) {
```

```
        var key = keys ? keys[i] : i;
        body(iter_predi(data[key], key, data), result, data[key]);
      }
    }
    return result;
  }
}
```

for문 안에서 사용하는 if문을 for문 밖으로 꺼냈다. if문이 밖으로 나와 각 상황에 맞는 for문으로 동작하여 더욱 효율적이다. for문 안에 있는 if문은 꺼낼 수 있다면 꺼내는 것이 좋다.

아래 코드 3-81에서는 var i = -1, len = keys || data).length;와 while (++i < len) { ... } 방식을 사용하여 좀 더 코드를 간결하게 해보았다. 큰 의미는 없고 while (++i < len) 사례를 소개하기 위해 추가했다.

다음은 3장에서 만든 주요 함수 10가지다. 3장에서 만든 전체 소스는 GitHub에서 확인할 수 있다.

코드 3-81 핵심 코드 모음

```
function bloop(new_data, body, stopper, is_reduce) {
  return function(data, iter_predi, opt1) {
    iter_predi = iter_predi || _.idtt;
    var result = new_data(data);
    var memo = is_reduce ? opt1 : undefined;
    var limiter = is_reduce ? undefined : opt1;
    var keys = isArrayLike(data) ? null : _.keys(data);
    var i = -1, len = (keys || data).length; // 이 코드가 위로 올라와
                                             // 아래가 더 간결해졌다.

    if (is_reduce) {
      while (++i < len) {
        var key = keys ? keys[i] : i;
        memo = iter_predi(memo, data[key], key, data);
        if (limiter && limiter(memo, data[key], key, data)) break;
      }
      return memo;
    }
    if (stopper) {
      while (++i < len) {
        var key = keys ? keys[i] : i;
        var memo = iter_predi(data[key], key, data);
        if (stopper(memo)) return body(memo, result, data[key], key);
      }
    } else if (limiter) {
      while (++i < len) {
        var key = keys ? keys[i] : i;
        body(iter_predi(data[key], key, data), result, data[key]);
        if (limiter == result.length) break;
      }
    } else {
```

```
    while (++i < len) {
      var key = keys ? keys[i] : i;
      body(iter_predi(data[key], key, data), result, data[key]);
    }
  }
  return result;
  }
}
_.each = bloop(_.identity, _.noop);
_.map = bloop(_.array, _.push_to);
_.filter = bloop(_.array, function(b, r, v) { if (b) r.push(v); });
_.reject = bloop(_.array, function(b, r, v) { if (!b) r.push(v); });
_.find = bloop(_.noop, _.rester(_.idtt, 2), _.idtt);
_.findIndex = bloop(_.constant(-1), _.rester(_.idtt, 3), _.idtt);
_.findKey = bloop(_.noop, _.rester(_.idtt, 3), _.idtt);
_.some = bloop(_.constant(false), _.constant(true), _.idtt);
_.every = bloop(_.constant(true), _.constant(false), _.not);
_.reduce = bloop(_.noop, _.noop, undefined, true);
```

지금까지 Underscore.js의 주요 함수들을 만들어 보았다. 3장에서 만들었으니 이름을 u3.js라고 하자. Underscore.js, Lodash와 u3.js의 코드 양을 비교해 보면, 동일한 함수 부분들만 떼어내어 비교했을 때 대략적으로 Underscore.js와는 1/5, Lodash와는 1/8 정도로 매우 적다.

물론 함수마다 최적화된 방식은 아니기에 절차지향적으로 굉장히 세밀하게 최적화된 Underscore.js나 Lodash와 비교하면 성능상의 차이가 있다. 그렇다고 그 차이가 엄청나지는 않다. 위 10개의 함수들을 10,000개의 length를 가진 배열로 실행해 보니, Underscore.js, Lodash와 비교하여 u3.js가 함수에 따라 최소 .05ms 에서 최대 0.5ms 느렸다. 웹 서비스를 만든다고 생각하면 10,000개를 돌렸을 때 0.05ms~0.5ms 정도의 차이가 나는 것은 체감할 만한 차이는 아니다. 하지만 분명히 차이는 차이다(0.5ms는 1/2000초다).

u3.js는 연산자나 값을 함수로 대체하는 법이나 bloop 같이 복잡한 로직 사이에 함수를 끼워 넣는 방법, 함수로 추상화하는 방법, 함수로 함수를 만드는 방법 등의 함수적 아이디어를 확인해보기 위해 만들었다. 때문에 약간은 억지스럽게 한 개의 함수로 10개의 함수를 구현했다. 성능적인 부분을 약간은 타협했지만 ArrayLike일 때와 아닐 때로 다시 나누고, bloop에서 filter + reject와 reduce를 떼어 내서 bloop를 3개로 나누는 정도만 해도 Underscore.js나 Lodash와 동일한 성능이 나올 것이다.

개발자에게 성능과 아름다운 코드라는 '두 마리 토끼 잡기'는 숙명과도 같다. 특히 Underscore.js 같은 스타일의 라이브러리는 전체 소프트웨어의 중심부가 될 수 있기 때문에 더더욱 0.05ms라도 아껴야 한다. 세밀한 성능 튜닝에 대한 아이디어를 더 탐구하고자 한다면 필자와 필자의 개발팀이 만든 Partial.js의 코드를 참고해보면 좋을 것 같다. 성능 튜닝에 대한 함수적 기법과 절차지향적인 기법들이 담겨 있다. Partial.js의 함수들은 Lodash나 Underscore.js보다 더 많은 기능을 제공하면서도 동일한 성능을 가지고 있다.

4장

F u n c t i o n a l   J a v a S c r i p t

함수 조립하기

함수형 자바스크립트 기법을 잘 활용하면 소프트웨어의 기능을 변경하거나 추가하기가 쉽다. 작은 단위로 쪼갠 함수들을 조합하여 큰 기능을 만들면 조합된 함수 사이사이에 새로운 함수를 추가하는 식으로 쉽게 확장해 나갈 수 있다.

다음은 이 책의 내용 요약이자 필자가 생각하는 함수형 자바스크립트의 10가지 기법이다.

1. 함수를 되도록 작게 만들기
2. 다형성(polymorphis) 높은 함수 만들기
3. 상태를 변경하지 않거나 정확히 다루어 부수 효과를 최소화하기
4. 동일한 인자를 받으면 항상 동일한 결과를 리턴하는 순수 함수 만들기
5. 복잡한 객체 하나를 인자로 사용하기보다는 되도록 일반적인 값 여러 개를 인자로 사용하기
6. 큰 로직을 고차 함수로 만들고 세부 로직을 보조 함수로 완성하기
7. 어느 곳에서든 바로 실행하거나 혹은 미뤄서 실행할 수 있도록 일반 함수이자 순수 함수로 선언하기
8. 모델이나 컬렉션 등의 커스텀 객체보다는 기본 객체를 이용하기
9. 로직의 흐름을 최대한 단방향으로 흐르게 하기
10. 작은 함수를 모아 큰 함수 만들기

4장에서는 작은 함수로 큰 함수를 만드는 방법들을 다룬다. 객체지향에 빗대어 표현하면 클래스와 인스턴스에 대해서 처음 다루는 장이라고 할 수도 있겠다. 자바스크립트에서 함수로 함수를 조립하는 방법들에 대해 확인해 보자.

4.1 고차 함수와 보조 함수

4장에서는 고차 함수의 다양한 사례를 통해 함수 조립에 대한 생각들을 확장하고
자 한다. 고차 함수와 보조 함수에 대해서는 1장과 3장에서도 다뤘고 정의도 내렸
었다. 유명한 고차 함수인 map, filter, reduce 등은 모두 배열이나 객체, 혹은 배
열에 들어 있는 객체들을 다루기 위한 함수들이었다. 4장에서는 함수를 주재료로
다루는 함수들을 다룰 것이다. 함수와 협업하는 함수들을 만나 보자.

4.1.1 한 번만 실행하는 함수

코드 4-1 _.once

```
var hi = _.once(function() {
  console.log('hi');
});

hi();
// hi
hi();
// 아무 일도 일어나지 않음
```

_.once는 받아 둔 익명 함수가 한 번만 실행되도록 설정된 함수를 리턴한다. 실무
경험이 많은 개발자라면 아마도 위와 같은 일이 언제 필요할지 알고 있을 것이다.
이런 기능을 구현하기 위해서는 flag 값이 필요하며 flag 값에 따라 실행할 것인
지 말 것인지 대해 판단하는 로직이 어딘가에 있어야 한다. _.once에 해당 로직이
숨겨져 있다. _.once를 구현하면 다음과 같다.

코드 4-2 _.once 내부

```
_.once = function(func) {
  var flag, result;
  return function() {
    if (flag) return result;
    flag = true;
    return result = func.apply(this, arguments);
  }
};

var a = _.once(function() {
  console.log("A");
  return "B";
});

console.log(a());
// A
// B
```

```
console.log(a());
// B
```

이와 비슷한 콘셉트의 다른 함수를 만들어 보자.

4.1.2 다시 물어 보지 않는 함수

코드 4-3 skip 함수

```
function skip(body) {
  var yes;
  return function() {
    return yes || (yes = body.apply(null, arguments));
  }
}
```

skip 함수는 일명 '다시 물어 보지 않는' 함수다. 삭제할 때 확인창을 한 번만 띄우기 위해 skip을 사용해 보자.

코드 4-4

```
<ul class="list">
  <li>아이템1 <button>삭제</button></li>
  <li>아이템2 <button>삭제</button></li>
  <li>아이템3 <button>삭제</button></li>
</ul>

<script>
var confirmRemove = skip(function() {
  return confirm("삭제 버튼을 누르면 아이템이 삭제됩니다. 다시 물어보지 않을게요.");
});

$('.list').on('click', 'li button', function(e) {
  confirmRemove() && $(e.currentTarget).closest('li').remove();
});
</script>
```

위 예제를 실행해서 삭제하기를 시도한 후 확인을 하면 다음 번 삭제부터는 확인창이 뜨지 않고 바로 삭제가 된다. skip은 고차 함수이고 body는 skip이 남겨 놓은 로직을 완성하는 함수다. 함수형 자바스크립트는 함수로 함수를 다루거나 함수로 함수를 만드는 것의 반복이고, 고차 함수 응용의 반복이다.

skip은 고차 함수이자 함수를 만드는 함수다. 함수로 함수를 만들 때는 재료로 함수가 사용되기도 하고 일반 값이 사용되기도 한다. 함수로 만들어진 함수는 대부분 클로저다. 계속해서 다양한 고차 함수와 보조 함수의 사례를 확인해 보자.

4.1.3 앞서 받은 인자 혹은 상황을 변경해 나가는 경우

skip 같은 함수는 앞서 만든 상황을 변경해 나가는 사례다. 처음에는 false로 시작했지만 true로 변경하여 이후 동작을 다르게 만들기 위해 사용한다. 이처럼 초기에 값을 받아 둔 후 변경해 나가는 다른 사례를 확인해 보자.

코드 4-5 id를 증가시키는 함수

```
function idMaker(start) {
  return function() {
    return ++start;
  }
}

var messageCid = idMaker(0);

messageCid();
// 1
messageCid();
// 2

var postCid = idMaker(11);

postCid();
// 12
postCid();
// 13
messageCid();
// 3
postCid();
// 14
```

idMaker는 원하는 시작점부터 시작해 실행할 때마다 증가한 고유한 아이디 값을 만드는 함수를 만드는 함수다. idMaker는 메신저 등을 만들 때 사용할 수 있다. 사용자가 메시지를 입력하고 엔터 키를 쳤을 때, 임시로 클라이언트 측 고유 아이디를 만들어 메시지에 해당하는 HTML 요소를 즉시 그려 둔 다음, 서버에게 정보를 보내어 DB에 저장하고 응답으로 온 데이터를, 만들어 두었던 클라이언트 측 고유 아이디를 기준으로 매핑한다. 응답이 오기도 전에 새로운 메시지를 빠르게 작성할 수 있어야 한다거나 즉각 응답을 보여 주어야 하는 메신저, 인스턴스 메시지 서비스의 특정 기능을 구현할 때 이런 기법이 필요하다.

```
var message = { cid: messageCid(), body: "안녕?" };
$('<div class="message" cid="'+message.cid+'">'+message.body+'</div>').
append('#chat');
$.post('/...', message).then(function(message) {
  //...
});
```

4.1.4 앞서 받은 인자를 잘 유지해야 하는 경우

클로저가 기억하고 있는 외부 변수도 일반 변수처럼 언제든지 값이 변경될 수 있다. 앞선 _.once, skip, idMaker 사례는 값이 변경되는 점을 이용한 기법이다. 이번에는 반대로 값을 잘 유지해야 하는 상황을 살펴 볼 텐데, 이런 상황에서 생각보다 실수가 많이 생긴다.

특히 앞서 받은 인자와 나중에 받은 인자를 조합하여 결과를 만들려고 할 때는 실수하기가 쉽다. 이럴 때는 계속 사용할 객체는 원래 상태를 잘 유지하도록, 한 번만 쓰이고 사라져야 할 값은 사라지도록 잘 관리해 주어야 한다. 앞서 받은 인자의 상태가 변경되지 않도록 concat이나 slice를 이용해 항상 새로운 객체를 만든다거나, _.rest 같은 함수를 이용해 인자의 일부분을 잘 제외시켜야 하는데, 이것을 어떤 타이밍에 하는지가 중요하다. 만들고자 하는 로직에 따라 항상 다르기 때문에 연습이 필요하다. 이러한 상황에서는 인자 개수가 가변적인 경우도 많아 arguments나 apply 등도 잘 활용해야 한다.

다음 예제의 method는 객체의 메서드를 실행하는 함수를 만드는 함수다.

코드 4-6 객체의 메서드를 실행하는 함수를 만드는 함수

```
<div class="box" style="position: relative; background: red; width: 50px;
height: 50px;"></div>

<script>
var method = function(method) {
  var args = _.rest(arguments); // ❶ 첫 번째 인자를 제외
  return function(obj) {
    return obj[method].apply(obj, args.concat(_.rest(arguments)));   // ❷ 새 인자들 더하기
  }
};

var bg = method('css', 'background-color');

var $box = $('.box');

console.log( bg($box) );
// red
bg($box, 'yellow');
// div.box의 배경색이 yellow로 변경됨
bg($box, 'purple');
// div.box의 배경색이 purple로 변경됨
console.log( bg($box) );
// purple

var fillBlack = method('css', 'background-color', 'black');

fillBlack($box);
// div.box의 배경색이 black으로 변경됨
```

```
console.log( bg($box) );
// black
</script>
```

❶ 첫 번째 인자는 메서드 이름이므로, 이후에 합성할 인자들만 남기기 위해 _.rest로 첫 번째 인자를 제외한다.

❷ 새로 들어온 인자 중 첫 번째는 메서드의 대상 객체이므로, 첫 번째 인자를 제외한 후 concat을 통해 이전에 받아 둔 인자들에 새로 들어온 인자들을 더하여 실행한다. 사용하고자 하는 메서드에 따라 인자 개수 역시 가변적이므로 apply로 실행했다.

만일 concat을 사용하지 않고 push 등을 사용했다면 인자가 기존 인자에 더해져 계속해서 늘어났을 것이다. concat은 원본은 그대로 두고 합성된 새로운 배열을 리턴하므로 기존 배열은 변경되지 않는다. 이후에 다시 실행해도 최초 실행 시 받아 둔 인자들로 다시 시작하게 된다. 여기서 코딩을 잘못하면 실행할 때마다 이전에 넘긴 인자가 남는다거나 하는 오류를 일으킬 수 있다. 위 예제에서는 최초에 받을 인자와 이후 받을 인자의 개수가 정해져 있지 않기 때문에 _.rest와 arguments 객체를 적절히 활용했다.

method는 함수를 만드는 함수다. method 함수는 인자들을 받아 함수를 리턴하고, 리턴된 함수는 이후에 객체와 추가 인자를 받는다. 그리고는 받은 객체의 메서드를 실행하면서 이전에 받은 인자와 새로 받은 인자를 합성하여 넘긴다. method 함수를 이용해 bg라는 함수를 만들었고, bg는 이후 인자의 개수에 따라 getter의 역할을 하기도 하고 setter의 역할을 하기도 한다. fillBlack 함수는 인자로 사용될 색(black)까지 미리 지정해서 검은색으로 칠하는 기능을 한다.

다음 예제에서는 method를 이용해 애니메이션을 일으키는 함수다.

코드 4-7 애니메이션

```
var moveRight = method('animate', { left: '+=200' });
var moveDown = method('animate', { top: '+=200' });

moveDown(moveRight($box));
// 오른쪽으로 이동 후 아래로 이동
```

자바스크립트에서는 특히 인자 개수가 가변적이므로 위와 같은 기법을 주의 깊게 다뤄야 한다. arguments, apply, _.rest, .concat 등을 잘 사용하면 인자를 다루는 실용적인 다양한 해법들을 잘 만들 수 있다.

4.2 부분 적용

4.2.1 _.partial로 함수 만들기

기본적인 _.partial 함수 사용법을 다시 익혀 보자.

코드 4-8 _.partial 사용법

```
var pc = _.partial(console.log, 1);
pc(2);
// 결과: 1 2
// 2가 오른쪽으로 들어감
pc(2, 3);
// 결과: 1 2 3
// 2, 3이 오른쪽으로 들어감

var pc = _.partial(console.log, _, 2);
pc(1);
// 결과: 1 2
// 1이 왼쪽의 _ 자리에 들어감
pc(1, 3);
// 결과: 1 2 3
// 1이 왼쪽의 _ 자리에 들어가고 3이 오른쪽으로 들어감

var pc = _.partial(console.log, _, _, 3);
pc(1);
// 결과: 1 undefined 3
// 1이 왼쪽의 _ 자리에 들어가고 두 번째 _는 들어오지 않아 undefined가 됨
pc(1, 2);
// 결과: 1 2 3
// 1과 2가 순서대로 _, _를 채움
pc(1, 2, 4);
// 결과: 1 2 3 4
// 1과 2가 순서대로 _, _를 채우고 3의 오른쪽으로 4가 들어감

var pc = _.partial(console.log, _, 2, _, 4);
pc(1, 3, 5);
// 결과: 1 2 3 4 5
// 1을 _ 자리에 채우고 2를 넘겨서 _에 3을 채우고 4의 오른쪽에 5가 들어감

var pc = _.partial(console.log, _, 2, _, _, 5);
pc(1, 3, 4, 6);
// 결과: 1 2 3 4 5 6
// 1을 _ 자리에 채우고 2를 넘겨서 _에 3을 채우고 다음 _에 4를 채우고 5의 오른쪽에 6이 들어감
```

_.partial 함수를 이용하면 원하는 위치에 인자를 부분적으로 적용할 수 있다.

_.partial을 활용한 다양한 함수 조립 사례를 확인해 보자.

코드 4-9 add_all

```
var add_all = _.partial(_.reduce, _, function(a, b) { return a + b });

add_all([1, 2, 3, 4]);
// 10
```

```
add_all([5, 2]);
// 7
```

_.partial은 함수를 다루는 고차 함수다. _.reduce도 고차 함수다. 코드 4-9처럼 _.partial을 이용해 _.reduce와 같은 고차 함수에 미리 보조 함수를 적용해 두는 식으로 add_all 같은 함수를 구현할 수 있다.

　_.partial은 정말 강력하다. _.partial을 이용하면, 인자를 조합하기 위해 함수로 함수를 만드는 경우를 모두 대체할 수 있다. 앞서 구현했던 method 함수를 _.partial을 통해 만들어 보자.

코드 4-10

```
var method = function(obj, method) {
  return obj[method].apply(obj, _.rest(arguments, 2));
};

var push = _.partial(method, _, 'push');
var shift = _.partial(method, _, 'shift');

var a = [1, 2];
push(a, 3);
console.log(a);
// [1, 2, 3]

shift(a);
console.log(a);
// [2, 3]

var b = method([1, 2, 3], 'concat', 4, 5);
console.log(b);
// [1, 2, 3, 4, 5]
```

이번 method는 함수로 함수를 만드는 함수가 아닌 혼자서도 실행할 수 있는 일반 함수가 되었다. 그러면서 _.partial을 통해 인자를 부분 적용하는 방법으로 코드 4-6과 동일한 효과를 만들었다. 이러한 방식의 이점은 method 같은 함수가 혼자서도 활용 가능한 함수가 된다는 점이다.

4.2.2 _.partial과 _.compose로 함수 만들기

_.partial은 함수를 연속으로 실행해 주는 _.compose 등의 함수와 함께 더 재미있게 사용할 수 있다. _.compose는 오른쪽의 함수를 실행한 결과를 왼쪽의 함수에게 전달하는 것을 반복하는 고차 함수이다. _.compose는 인자로 함수만 받는 함수다.

코드 4-11

```javascript
// _.compose 사용법
_.compose(console.log, function(a) { return a - 2; }, function(a) { return a + 5; })(0);
// console.log <- 5 - 2 <- 0 + 5 <- 0
// 3

var falsy_values = _.compose(
  _.partial(_.isEqual, -1), // ❶
  _.partial(_.findIndex, _, _.identity)); // ❷

console.log( falsy_values([1, true, {}]) );
// false
console.log( falsy_values([0, 1, false]) );
// false
console.log( falsy_values([0, "", false]) );
// true

var some = _.negate(falsy_values); // ❸

console.log( some([1, true, {}]) );
// true
console.log( some([0, 1, false]) );
// true
console.log( some([0, "", false]) );
// false

var every = _.compose(
  _.partial(_.isEqual, -1),
  _.partial(_.findIndex, _, _.negate(_.identity))); // ❹

console.log( every([1, true, {}]) );
// true
console.log( every([0, 1, false]) );
// false
console.log( every([0, "", false]) );
// false
```

❶ _.isEqual 함수에 -1을 부분 적용하여, 앞에서 나온 결과가 -1과 같은지를 검사하는 함수를 만들었다.

❷ -1과 비교하는 함수가 실행되기 전에는 _.findIndex에 _.identity를 부분 적용해 둔 함수가 실행된다. _.findIndex는 긍정적인 값을 처음 만났을 때의 index를 리턴한다. _.compose를 통해 두 함수를 역순으로 나열했고, falsy_values는 배열에 들어 있는 모든 값이 부정적인 값인지를 판단하는 함수가 된다.

❸ 받은 함수를 실행한 후, 결과를 반대로 만드는 함수를 리턴하는 함수인 _.negate와 앞서 조합한 falsy_values를 조합하여 하나라도 긍정적인 값이 있는지를 체크하는 some 함수를 만들었다.

❹ falsy_values를 조합하던 코드의 _.identity 부분만 _.negate로 감싸서, 모두 긍정적인 값이 맞는지를 체크하는 every 함수를 만들었다.

4.2.3 더 나은 _.partial 함수

_.partial은 인자를 왼쪽에서부터 하나씩 적용하면서 _로 구분하여 인자가 적용될 위치를 지정해 둘 수 있도록 한다. 이런 점은 특히 코딩을 즐겁게 해 준다. 이런 Underscore.js의 _.partial에도 한 가지 아쉬움이 있다. 자바스크립트의 함수는 인자 개수가 유동적일 수 있고 함수의 마지막 인자를 중요하게 사용할 수도 있는데, 이 같은 함수와 _.partial은 합이 잘 맞지 않는다. 다음과 같은 상황을 말한다.

코드 4-12

```
function add(a, b) {
  return a + b;
}

function sub(a, b) {
  return a - b;
}

function m() {
  var iter = arguments[arguments.length-1];
  arguments.length--;
  return _.reduce(arguments, iter);
}

m(100, 50, add);
// 150
m(100, 50, 10, add);
// 160
m(100, 50, 10, 5, add);
// 165

m(100, 50, sub);
// 50
m(100, 50, 10, sub);
// 40
m(100, 50, 10, 5, sub);
// 35

var f1 = _.partial(m, _, _, _, add);
// f1은 3개의 인자만 더할 수 있다.

f1(1, 1, 1);
// 3
f1(1, 1);
// NaN
f1(1, 1, 1, 1);
// Uncaught TypeError: iteratee is not a function
// _.reduce에 1이 넘어가면서 에러
```

f1의 상황처럼 인자를 유동적으로 다루는 함수는 _.partial로 다루기 좋지 않다. 맨 왼쪽 인자나 맨 왼쪽에서 두 번째 인자를 적용해 두는 것은 가능하지만 맨 오른쪽 인자나 맨 오른쪽에서 두 번째에만 인자를 적용해 두는 것은 불가능하기 때문이다. Lodash는 이를 위해 _.partialRight를 구현했지만 양쪽 끝 모두를 부분 적용하고, 가운데 부분을 가변적으로 가져가고 싶을 때도 있기에 아직 아쉽다.

다음은 필자가 구현한 _.partial 함수다.

코드 4-13 Partial.js의 _.partial

```
var ___ = {};
_.partial = function(fn) {
  var args1 = [], args3, len = arguments.length, ___idx = len;
  for (var i = 1; i < len; i++) {
    var arg = arguments[i];
    if (arg == ___ && (___idx = i) && (args3 = [])) continue;
    if (i < ___idx) args1.push(arg);
    else args3.push(arg);
  }
  return function() { return fn.apply(this, mergeArgs(args1, arguments, args3)); };
};

function _toUndef(args1, args2, args3) {
  if (args2) args1 = args1.concat(args2);
  if (args3) args1 = args1.concat(args3);
  for (var i = 0, len = args1.length; i < len; i++)
  if (args1[i] == _) args1[i] = undefined;
  return args1;
}

function mergeArgs(args1, args2, args3) {
  if (!args2.length) return args3 ? _toUndef(args1, args3) : _toUndef(args1.slice());

  var n_args1 = args1.slice(), args2 = _.toArray(args2), i = -1, len = n_args1.length;
  while (++i < len) if (n_args1[i] == _) n_args1[i] = args2.shift();
  if (!args3) return _toUndef(n_args1, args2.length ? args2 : undefined);

  var n_arg3 = args3.slice(), i = n_arg3.length;
  while (i--) if (n_arg3[i] == _) n_arg3[i] = args2.pop();
  return args2.length ? _toUndef(n_args1, args2, n_arg3) : _toUndef(n_args1, n_arg3);
}
```

복잡한 듯 보이지만 생각보다 단순하다. 우선 새로운 구분자인 ___가 추가되었다. _.partial을 실행하면 ___를 기준으로 왼편의 인자들을 왼쪽부터 적용하고 오른편의 인자들을 오른쪽부터 적용할 준비를 해 둔 함수를 리턴한다. 부분 적용된 함수를 나중에 실행하면 그때 받은 인자들로 왼쪽과 오른쪽을 먼저 채운 후, 남은 인자들로 가운데 ___ 자리를 채운다.

Partial.js의 _.partial 함수는 Underscore.js의 _.partial 함수의 모든 기능을 가지고 있다. 추가된 기능인 ___ 사용법만 확인해 보자.

코드 4-14 ___ **사용법**

```
var pc = _.partial(console.log, ___, 2, 3);
pc(1);
// 결과: 1 2 3
// ___ 자리에 1이 들어가고 2, 3은 맨 오른쪽에 들어감
pc(1, 4, 5, 6);
// 결과: 1 4 5 6 2 3
// ___ 자리에 1, 4, 5, 6이 들어가고 2, 3은 맨 오른쪽에 들어감

var pc = _.partial(console.log, _, 2, ___, 6);
pc(1, 3, 4, 5);
// 결과: 1 2 3 4 5 6
// _에 1이 들어가고 2를 넘어가고 ___ 자리에 3, 4, 5가 채워지고 6이 맨 오른쪽에 들어감
pc(1, 3, 4, 5, 7, 8, 9);
// 결과: 1 2 3 4 5 7 8 9 6
// _에 1이 들어가고 2를 넘어가고 ___ 자리에 3, 4, 5, 7, 8, 9가 채워지고
// 6이 맨 오른쪽에 들어감

var pc = _.partial(console.log, _, 2, ___, 5, _, 7);
pc(1);
// 결과: 1 2 5 undefined 7
// _ 자리에 1이 들어가고 2와 5 사이는 유동적이므로 2와 5가 들어간 후
// _가 undefined로 대체되고 7이 들어감
pc(1, 3, 4);
// 결과: 1 2 3 5 4 7
// _ 자리에 1이 들어가고 2와 5사이에 3이 들어가고 _를 4로 채운 후 7이 들어감
// 왼쪽의 _들이 우선순위가 제일 높고 ___보다 오른쪽의 _들이 우선순위가 높음
pc(1, 3, 4, 6, 8);
// 결과: 1 2 3 4 6 5 8 7
// _ 자리에 1이 들어가고 2와 5 사이에 3, 4, 6이 들어가고 _를 8로 채운 후 7이 들어감
```

___를 이용하여 가변 인자를 지원하지 못했던 m 함수가 정상적으로 동작하도록 만들어 보자.

코드 4-15 m과 _.partial 다시 사용해 보기

```
var add_all = _.partial(m, ___, add);

add_all(1, 2, 3, 4);
// 10
add_all(1, 2, 3, 4, 5);
// 15

var sub10 = _.partial(m, ___, 10, sub);

sub10(50);
// 40
sub10(50, 20);
// 20
```

```
sub10(50, 20, 10);
// 10
```

_.partial을 이용하면 인자를 조합하기 위해 함수로 함수를 만드는 경우를 모두 대체할 수 있고, 코드에 함수 표현식이 나오는 것도 많이 줄일 수 있다. 이렇게 하면 _.chain, _.compose, _.pipeline 등의 함수 합성 패턴과도 잘 어울리고 함수를 조립하는 것도 더 즐거워진다. 함수에 인자를 미리 적용해 두는 기법은 비동기 상황에서도 효과적으로 쓰인다. 이러한 부분 적용의 사례들은 앞으로도 다양하게 소개하겠다.

클로저가 자바스크립트의 꽃이라면 함수형 자바스크립트의 꽃은 _.partial이 아닐까 생각한다. _.partial은 결국 클로저를 만드는 함수이기 때문이다.

4.3 연속적인 함수 실행

4.3.1 체인의 아쉬운 점

체인은 메서드를 연속적으로 실행하면서 객체의 상태를 변경해 나가는 기법이다. 체인은 표현력이 좋고 실행 순서를 눈으로 따라가기에도 좋다. 체인 방식은 많은 장점을 가지고 있지만 체인 방식으로만 모든 로직을 구현하기에는 다소 불편한 점이 있다. 무엇 때문일까?

체인 방식은 체인 객체가 가지고 있는 메서드만 이용할 수 있기 때문에 체인 객체와 연관 없는 로직이나 다른 재료를 중간에 섞어 사용하기 어렵다. 정해진 메서드나 규격에 맞춰서 사용해야 하기 때문에 인자를 자유롭게 사용하기 어렵고 다양한 로직을 만들기도 어렵다. 따라서 결과를 완성해 나가는 과정에서 체인을 끊어야 하는 경우가 많다. 끊어야 한다는 점 자체는 큰 문제가 아니지만 끊게 되었을 때 체인 방식의 이점도 감소되는 경우가 있다. 예를 들면 비동기 상황 등에서 그럴 수 있다.

체인 방식은 사용하기는 쉽지만 잘 만들어 두기는 어렵다. this만 리턴하면 되는데 뭐가 어렵냐고 할 수 있지만, 가만히 생각해 보면 잘 쓰이는 체인 API는 그렇게 많지 않다. 잘 쓰이는 체인 API가 되려면 우선 체인 패턴과 잘 어울리는 주제여야 한다. 이를테면 DOM과 같이 지속적으로 존재하고 변화의 범위가 많은 주제는 체인과 잘 어울린다. jQuery의 체인이 좋은 사례 중 하나다. 주제도 잘 맞아야 하지만 기본적으로 설계 자체가 쉽지 않다. 내부에서 상태를 관리하며 메서드들이 서로 합을 잘 이루어 동작해 나가도록 설계를 잘 해 두는 일은 생각보다 쉽지 않다.

체인 방식은 객체가 생성되어야만 메서드를 사용할 수 있기 때문에 반드시 생성 단계를 거쳐야 한다. 그리고 this 등의 상태와 흐름과 깊이에 의존하기 때문에 언제 어디서나 아무 때나 사용이 가능한 순수 함수보다는 접근성면에서 좀 불편하다.

> **참고**
>
> Promise의 체인 메서드는 로직을 쌓아 나가는 역할만 하며, 나열한 보조 함수들을 통해 다양한 로직을 만드는 것이 목적이다. Promise에서의 체인 객체 자체는 아무런 내용을 갖지 않으므로 위 내용과는 연관성이 적다.

4.3.2 _.compose의 아쉬운 점

_.compose 함수는 디자인 패턴과 같은 특별한 개념이나 지식 없이도, 바로 코딩 및 설계가 가능하다는 장점이 있다. 인자와 결과만을 생각하면서 작은 함수들을 조합하면 된다. 몇 가지 아쉬운 점이 있는데 그중 가장 큰 아쉬움은, 함수 실행의 순서가 오른쪽에서부터 왼쪽이기 때문에 읽기가 어렵다는 점이다. 함수 실행을 중첩해서 하는 것과 코드의 표현력이 크게 다를 바가 없고, 기능적으로도 특별히 나을 점이 없다.

4.3.3 파이프라인

파이프라인은 _.compose의 장점을 그대로 가지고 있다. _.compose와 기본적인 사용법은 동일하다. 다만, 함수 실행 방향은 왼쪽에서부터 오른쪽이다. 왼쪽에서부터 오른쪽, 위에서부터 아래로 표현되어 코드를 읽기 쉽다. 또한 체인과 달리 아무 함수나 사용할 수 있어 자유도가 높다. 여기서는 이런 파이프라인의 장점들을 천천히 살펴볼 것이다. 파이프라인을 구현한 함수도 뜯어보고, 사용해 보고, 발전시켜 보면서 파이프라인 패턴의 이점들을 확인해 보자.

다음은 『함수형 자바스크립트』 저자인 마이클 포거스(Michael Fogus)가 만든 _.pipeline 함수다. _.pipeline은 인자로 받은 함수들을 실행하면서 함수의 실행 결과를 다음 함수의 인자로 계속 넘겨주다가, 마지막 함수의 결과를 리턴하는 함수를 리턴하는 고차 함수다. _.pipeline은 Underscore-contrib에 있다. Underscore-contrib는 *http://documentcloud.github.io/underscore−contrib/*에서 볼 수 있고 *http://underscorejs.org*의 왼쪽 상단 3번째 메뉴를 통해서도 방문할 수 있다.

코드 4-16 마이클 포거스의 _.pipeline

```javascript
_.pipeline = function() {
  var funs = arguments; // ❶ 함수들

  return function(seed) {  // ❷ 첫 인자
    return _.reduce(funs,
      function(l, r) { return r(l); }, // ❹ 모든 함수를 연속적으로 실행
      seed); // ❸ 첫 인자 전달
  };
};

var div_square = _.pipeline(
  function(a) {
    return a / 2;
  },
  function(a) {
    return a * a;
  });

console.log(div_square(6));
// 9
```

_.pipeline은 _.reduce를 이용해서 만들어졌다. _.reduce는 정말 강력한 함수다. 3장에서 _.reduce는 가지고 있는 데이터들로 다른 데이터를 만들고자 할 때 사용한다고 했다. 위 상황에서 가지고 있는 데이터는 함수들이고 만들고자 하는 데이터는 최초 인자로부터 시작해 모든 함수를 통과한 마지막 결과이다.

❶ arguments를 지역 변수 funs에 담았다.

❷ funs를 기억하는 함수를 리턴한다.

❸ 리턴된 함수가 나중에 실행되면 받은 인자인 seed를 _.reduce의 마지막 인자로 넘겨 주어 seed는 최초의 l이 된다.

❹ 예측해 보건대 l은 left고 r은 right인 듯하다. 오른쪽 함수 r을 실행하며 왼쪽 함수의 결과 l을 넘겨주고 있다. funs의 개수만큼 반복되며 마지막 함수의 결과가 곧 _.pipeline으로 만든 함수의 결과가 된다.

_.pipeline으로 만들어진 div_square를 실행할 때 넘긴 6은 첫 번째 익명 함수의 인자가 된다. 2로 나눈 결과는 두 번째 함수의 인자가 되고 제곱한 결과가 최종 결과가 된다. 마치 컨테이너 벨트를 통과하며 일을 하나씩 처리하고 내려오는 모습 같다.

3장에서 _.reduce는 개발자에게 문제의 복잡성을 줄여 주고 구현해야 할 일에만 집중할 수 있게 해 줘서 복잡한 로직을 쉽게 만들 수 있게 도와 준다고 했었다.

앞 코드는 그런 사례를 보여 준다.

코드 4-17은 _.pipeline을 for문만으로 구현한 케이스와 마이클 포거스의 구현, 그리고 _.partial을 함께 사용한 버전을 확인할 수 있는 예제다. 비교해 보자.

코드 4-17

```
// for - 꽤 복잡하다.
_.pipeline = function() {
  var funs = arguments;

  return function(seed) {
    var l = seed;
    for (var i = 0; i < funs.length; i++) {
      var r = funs[i];
      l = r(l);
    }
    return l;
  }
};

// 마이클 포거스 - 아름답다.
_.pipeline = function() {
  var funs = arguments;

  return function(seed) {
    return _.reduce(funs, function(l, r) { return r(l); }, seed);
  };
};

// _.partial과 함께
_.pipeline = function() {
  return _.partial(_.reduce, arguments, function(l, r) { return r(l); });
};
```

_.partial, _.reduce, arguments, 익명 함수로 만들어진 _.pipeline과 _.pipeline에 넘겨질 함수들까지, 함수를 다양하게 응용하는 기법들이 참 아름답게 느껴진다.

> **참고**
>
> 마이클 포거스(Michael Fogus)는 『함수형 자바스크립트』와 『클로저 프로그래밍의 즐거움』의 저자이다. 마이클 포거스의 자바스크립트 코드는 굉장히 우아하고 정확하다. 군더더기 없이 깔끔하고 자바스크립트의 기능과 타입을 잘 다룬다. 다음 주소에서 그의 자바스크립트 코드와 함수형 자바스크립트에 대한 아이디어를 확인할 수 있다.
>
> - *https://github.com/fogus/lemonad*
> - *https://github.com/documentcloud/underscore-contrib*

> 마이클 포거스는 클로저(Clojure) 커뮤니티에서 활동하고 있고, 클로저(Clojure)와 클로저스크립트(ClojureScript)에 핵심적으로 기여한 기여한 컨트리뷰터이기도 하다. 클로저스크립트는 새로운 언어이며, 클로저를 만들면서 얻게 된 경험과 지식을 동원하여 만들어졌다고 한다. 클로저스크립트는 클로저와 자바스크립트의 기능을 혼합적으로 지원하고, 최종적으로는 자바스크립트로 컴파일된다.
>
> - *https://clojure.org*
> - *https://clojurescript.org*
> - *https://github.com/clojure/clojurescript*
>
> 필자는 마이클 포거스의 코드와 글을 통해 많은 것을 배웠다.

4.3.4 클래스를 대신하는 파이프라인

_.pipeline은 작은 함수들을 모아 큰 함수를 만드는 함수다. 파이프라인은 클래스와 기능적인 면과 개념적인 면이 다르지만 비슷한 역할을 대신할 수 있다. 작은 함수들을 조합하여 큰 함수들을 만들고 함수 조합을 조금씩 변경하거나 추가하면서 새로운 로직을 만들어 갈 수 있다.

　회원 가입을 예로 들어 보자. 개인 회원과 기업 회원이 있다고 가정하면, 회원 가입과 관련된 작은 로직들을 작은 함수 단위로 쪼개어 나눈 후 약간 변경하여 조합하거나 더할 수 있고, 뺄 수도 있다. 다음은 개인 회원 가입을 위한 함수와 기업 회원 가입을 위한 함수다.

코드 4-18 개인 회원 가입과 기업 회원 가입

```
var users = [];
var companies = [];

function joined_at(attrs) {
  return _.extend(attrs, { joined_at: new Date() });
}

function greeting(member) {
  return member.name + " 회원님은 " + member.id + "번째 회원이십니다. 환영합니다.";
}

var join_user = _.pipeline(
  joined_at,
  function(member) {
    users.push(member);
    member.id = users.length;
    return member;
  },
  greeting);
```

```javascript
var join_company = _.pipeline(
  joined_at,
  function(member) {
    companies.push(member);
    member.id = companies.length;
    return member;
  },
  greeting);

console.log( join_user({ name: "ID" }) );
// ID 회원님은 1번째 회원이십니다. 환영합니다.
console.log( join_user({ name: "JI" }) );
// JI 회원님은 2번째 회원이십니다. 환영합니다.
console.log( join_company({ name: "MARPPLE" }) );
// MARPPLE 회원님은 1번째 회원이십니다. 환영합니다.
```

join_user와 join_company는 두 번째 함수만 다르고 첫 번째와 세 번째 함수는 동일하게 조합되었다. 위에서부터 내려오면서 가입 날짜를 만들고 서로 다른 배열에 담은 후 인사말을 남기고 있다.

_.partial을 함께 이용하면 아래와 같은 표현이 가능하다.

코드 4-19 _.partial과 함께 사용

```javascript
var users = [];
var companies = [];

function joined_at(attrs) {
  return _.extend(attrs, { joined_at: new Date() });
}

function join(table, member) {
  table.push(member);
  member.id = table.length;
  return member;
}

function greeting(member) {
  return member.name + " 회원님은 " + member.id + "번째 회원이십니다. 환영합니다.";
}

var join_user = _.pipeline(
  joined_at,
  _.partial(join, users),
  greeting);

var join_company = _.pipeline(
  joined_at,
  _.partial(join, companies),
  greeting);

console.log( join_user({ name: "ID" }) );
// ID 회원님은 1번째 회원이십니다. 환영합니다.
```

```
console.log( join_user({ name: "JI" }) );
// JI 회원님은 2번째 회원이십니다. 환영합니다.
console.log( join_company({ name: "MARPPLE" }) );
// MARPPLE 회원님은 1번째 회원이십니다. 환영합니다.
```

이번에는 _.partial을 이용해 users에 담을지 companies에 담을지를 선택했다. 만일 기업 회원에게만 추가적인 로직이 필요하다면 아래처럼 원하는 위치에 추가하는 식으로 기능을 더하면 된다.

코드 4-20 로직 더하기

```
var join_company2 = _.pipeline(
  joined_at,
  _.partial(join, companies),
  function() { /*...*/ }, // ex) 기업 회원은 이용료가 있어 결제 관련 코드를 추가
  greeting);
```

이런 방식은 로직을 단순하게 한다. 서로 다른 기능을 하지만 조건문이 없다. 각자 자신이 해야 할 일만 순서대로 수행할 뿐이다. 작은 함수는 작성이 쉽고 테스트도 쉬우며 오류도 적기 마련이다. 앞뒤로 받을 인자와 결과만을 생각하면서 문제를 작게 만들면 문제 해결도 쉬워진다. 각각의 함수가 서로의 상태에 의존하지 않는 식으로 조합되면 전체적인 부수 효과도 자연스럽게 줄어든다.

파이프라인은 객체지향의 계층 구조의 상속보다 유연하다. 상속 혹은 조합의 단위가 클래스가 아닌 개별적인 함수들이기에, 필요한 기능들을 여기저기서 자유롭게 가져와 모아 둘 수 있다. 클래스가 계층 구조의 카테고리 같다면 파이프라인은 태그를 하나씩 다는 것과 같다. 견고한 계층 구조는 기획 변경에 대응하기 어렵지만, 파이프라인은 부수고 다시 만들기 쉽고 완성 후에 성능을 개선하기도 쉽다.

4.3.5 더 나은 파이프라인, 그리고 Multiple Results

Underscore.js의 _.pipeline이나 Lodash의 _.flow에는 아쉬운 점이 있다. 인자를 하나만 받을 수 있다는 점이다. 파이프라인에 사용된 내부 함수들 역시 마찬가지다. 파이프라인 내부에서 function(a, b) { return a + b; }와 같은 함수는 사용할 수 없다는 얘기다. 물론 객체나 배열에 담아 다음 함수에게 전달할 수도 있겠지만 function(args) { return args[0] + args[1]; }과 같은 함수는 파이프라인만을 위한 함수라고 봐야 한다. 클로저나 _.partial을 이용해서 인자나 재료를 늘릴 수 있지만 자칫 외부 상황에 의존하는 함수가 될 수 있다.

— Functional

함수형 자바스크립트는 순수 함수를 많이 사용할수록, 인자들을 적극 활용할수록 강력해진다. 인자는 특히 2~3개 사용할 때도 많고 개수가 가변적인 경우도 많다. 인자를 2개 이상 필요로 하는 함수들을 파이프라인 사이에 끼워 넣지 못한다는 것은, 곧 파이프라인 사이에 정의된 함수들의 재사용성도 낮아진다는 얘기다.

만일 언어가 Go였다면 함수의 결과로 Multiple Results를 리턴할 수 있고 파이프라인 중간중간에 여러 개의 인자를 받는 함수들을 얼마든지 끼워 넣을 수 있을 것이다.

Multiple Results는 함수의 결과값을 여러 개로 리턴하는 개념이다. 자바스크립트에는 이런 기능이 없다. 하지만 이것을 대체하는 기능을 구현할 수 있다. 여러 개의 값을 모아 Multiple Results를 뜻하는 객체로 만든 후 파이프라인 안에서 Multiple Results에 담긴 인자를 다시 여러 개로 펼쳐서 실행하도록 구현하면 된다.

코드 4-21 Multiple Results

```
_.mr = function() {
  arguments._mr = true; // 인자들이 담긴 arguments 객체에 _mr로 구분자를 만듦
  return arguments;
};

_.pipeline = function() {
  var funs = arguments;

  return function(seed) {
    return _.reduce(funs,
      function(l, r) {
        // Multiple Results 라면 apply로 인자를 펼침
        return l && l._mr ? r.apply(null, l) : r(l);
      },
      arguments.length < 2 ? seed : _.mr.apply(null, arguments));
      // 인자가 여러 개라면 첫 번째 함수에게도 Multiple Results로 만들어서 넘기기
  };
}
```

apply는 배열이나 arguments 객체를 받아 함수의 인자들로 펼쳐준다(spread). 함수를 실행하기 전 l이 Multiple Results라면 r.apply()를 이용해 r 함수에게 인자를 여러 개로 전달할 수 있도록 기능을 추가했다. 파이프라인의 첫 함수도 인자를 여러 개 받을 수 있도록 Multiple Results로 만들어 넘겨주었다. 다음 예제는 Multiple Results 사용법이다.

코드 4-22 Multiple Results 사용법

```
function add(a, b) {
  return a + b;
}
```

196 4장 함수 조립하기

```
function square(a) {
  return a * a;
}
function sub(a, b) {
  return a - b;
}

var f1 = _.pipeline(
  add,
  square,
  function(a) {
    return _.mr(a, a / 5); // Multiple Results
  },
  sub);

console.log(f1(3, 2));
// 20
```

이제 add와 sub 같이 인자를 2개 이상 사용하는 일반 함수들도 파이프라인 사이에 넣을 수 있게 되었다.

_.pipeline으로 함수를 정의하면 Multiple Results를 지원하는 함수가 되어, 함수를 중첩하기만 해도 마치 Go 언어처럼 동작한다.

코드 4-23

```
var add = _.pipeline(function(a, b) {
  return a + b;
});

var sub = _.pipeline(function(a, b) {
  return a - b;
});

function f1(a, b) {
  return _.mr(a - 5, b / 2);
}

add(10, 20); // 일반 함수와 동일하게 사용됨
// 30

sub(10, 20); // 일반 함수와 동일하게 사용됨
// -10

add(f1(20, 10)); // add에게 넘겨지는 인자는 하나지만 2개처럼 동작
// 20

sub(f1(20, 10)); // sub에게 넘겨지는 인자는 하나지만 2개처럼 동작
// 10
```

2.5절에서도 이야기했듯 함수로 함수를 감싸거나 함수로 함수를 다루게 되면 원래의 함수에서 할 수 없던 다양한 일들도 가능하게 할 수 있다. 보이는 곳이든 숨

겨진 곳이든 내가 원하는 곳에 실행 컨텍스트를 만든 후 원하는 때에 함수를 실행하면서 비동기를 제어하거나, Multiple Results를 지원하거나, 부분 적용을 하거나 파이프라인을 만들거나 하는 등 다양한 일을 할 수 있다. Promise도 이 같은 방법으로 비동기를 제어했다. 함수가 실행되는 괄호들 사이에서 자꾸 아이디어를 만들다 보면, 새롭고 재미있는 자바스크립트 코드를 많이 만나게 된다.

4.4 더 나은 함수 조립

함수를 조립하는 데에도 함수가 사용된다. 함수를 재료로 사용하고, 재료를 함수로 실행하면서 로직을 완성한다. 함수로 함수를 만드는 방법들을 더 정교하게 잘 다루면 훨씬 다양하고 재밌게 조합할 수 있다. _.partial이나 _.pipeline의 기능을 높인다거나 그동안 살펴보았던 함수형 스타일의 함수들에게 부분 커링을 내장하도록 한다거나 하면 함수 조립의 효과를 더욱 높일 수 있다. (부분 커링은 사실 필자가 만든 표현이다. 이 표현은 202쪽에서 확인할 수 있다.)

여기 4.4절에서는 체인 방식을 대체하는 파이프라인 사례를 좀 더 확인할 것이다. 더 나은 파이프라인, 더 나은 부분 적용, 부분 커링이 무엇이며 각각이 어떻게 어울려 다양한 함수 조합 사례를 만드는지 확인해 보자.

4.4.1 함수 조립과 Partial.js

Partial.js는 필자와 필자의 팀이 함께 만든 함수형 자바스크립트 라이브러리다. Partial.js는 Underscore.js, Lodash 등의 주요 기능을 가지고 있고 더 발전적인 기능들도 제공하고 있다. Partial.js는 기존의 함수형 자바스크립트 라이브러리들보다 순수 함수를 이용한 함수 조립을 더욱 강조했고, 이를 위한 많은 기능을 제공한다. 함수 조립 외에도 비동기 제어, 템플릿 엔진 등 자바스크립트 프로그래밍에 필요한 다양한 기능을 제공하고 있다. 이번 절에서는 이 중 함수 조립에 관련된 이야기를 다룬다.

> **참고**
>
> 이후 코드의 _은 Partial.js의 _이다. 헷갈릴 수 있겠지만 Lodash, Lazy.js 등의 많은 함수형 자바스크립트 라이브러리들이 _를 네임스페이스로 사용하고 있다. Partial.js의 경우 네임스페이스를 달리하여 Underscore.js나 Lodash와 함께 사용할 수도 있도록 지원하고 있다. 해당 방법은 5.1에서 소개한다.

4.4.2 Partial.js의 _.pipe

4.3절에서 소개했던 마이클 포거스의 _.pipeline은 Multiple Results를 지원하지 않는 아쉬움이 있었다. 한 가지 아쉬운 점이 더 있는데, 파이프라인의 내부 함수에서 this를 사용할 수 없다는 점이다. 자바스크립트에서의 함수는 메서드든 아니든 this를 사용할 수 있도록 되어 있다. 새로운 기능을 만들 때, 기존의 기본 기능을 유지하는 것은 언제나 중요한 일이다.

Partial.js의 파이프라인 함수인 _.pipe는 Multiple Results와 this를 모두 지원한다. 그리고 Multiple Results를 사용할 수 있기 때문에 인자를 2개 이상 필요로 하는 함수도 함께 사용할 수 있고, this를 사용할 수 있기 때문에 메서드를 만들거나 this를 사용하는 라이브러리들과 협업이 가능하다.

코드 4-24 파이프라인에서 this 사용

```
// 정의 후 call을 통한 실행
_.pipe(
  function() {
    return this.a;
  },
  console.log,     // 1;
  function() {
    this.b = 2;
    return this;
  },
  console.log      // { a: 1, b: 2 };
).call({ a: 1 }); // { a: 1 } 이 파이프라인 내부의 this가 된다.

// .으로 접근하여 메서드 실행
var obj = {
  a: 10,
  method1: _.pipe(
    function() {
      return this.a;
    },
    console.log,     // 10;
    function() {
      this.b = 2;
      return this;
    },
    console.log      // { a: 10, b: 2, method1: function };
  )
};
obj.method1();
```

개인적으로는 this를 거의 사용하지 않는다. 필자는 OOP 언어를 좋아했고, 자바스크립트에서도 this, new, constructor, prototype나 Proxy, 이벤트 등의 객체지향적인 기능과 개념들을 충분히 사용하는 것을 매우 좋아했지만 지금은 거의 사용하지 않는다. this는 예측하기 어려운 상황을 만들고, 숨어 있는 상태나 흐름을 쫓아가는 것을 어렵게 한다. this가 사용된 코드는 테스트하기도 어렵다.

자바스크립트에서도 대부분의 경우 this 없이 프로그래밍이 가능하고, this가 없어도 의존성을 줄일 수 있고 높은 수준의 모듈화를 이룰 수 있다. 그러나 자바스크립트에서 함수형 프로그래밍을 할 때는 this 문제를 어떻게 풀어갈 것인가에 대한 고민이 필요하다. 좀 더 자세히 말하면 이미 this가 쓰이고 있는 코드들과 함께 어떻게 어울리게 할 것인가 고민할 필요가 있다. 필자는 this를 인자와 동일한 개념으로 바라보고 접근하는 방식으로 풀어 가고 있다. 이런 관점은 227쪽 5.4절에서 더 확인할 수 있다.

4.4.3 즉시 실행 파이프라인 _.go

_.go는 _.pipe의 즉시 실행 버전이다. 왼쪽에서 오른쪽, 위에서 아래로 읽는 것이 편하기 때문에 첫 번째 인자를 파이프라인에서 사용할 인자로 정했다..

코드 4-25 _.go

```
_.go(10,                      // <-- 인자
  function(a) { return a / 2 }, // 10 / 2
  function(a) { return a + 2 },
  console.log);
// 7
```

4.4.4 문자열 화살표 함수

코드 4-26 ES6 화살표 함수

```
_.go(10,
  a => a / 2,
  a => a + 2,
  console.log);
// 7
```

2016년을 기준으로 자바스크립트에서 위와 같이 코딩할 수 있으면 얼마나 좋을까? Node.js에서는 이렇게 코딩할 수 있지만 브라우저에서는 이렇게 코딩할 수 없다. 물론 Babel을 활용하면 브라우저에서도 사용이 가능하지만 Babel을 사용하려면 여러 가지 불편함이 따른다(가장 대표적인 불편함은 디버깅이다). Partial.js는 문자열로 화살표 함수를 만드는 함수인 _.l 이 있으며, 메모이제이션을 통해 성능적 이슈를 줄였다.

코드 4-27 문자열 화살표 함수

```
_.go(10,
  _.l('a => a / 2'),
  _.l('a => a + 2'),
  console.log);
// 7
```

4.4.5 Partial.js의 _.partial

Partial.js의 _.partial은 4.2절에서 소개했었다. 앞에서 소개하지 않은 기능이 더 있는데, 바로 메서드에 인자를 부분 적용해 두는 기능이다. 첫 번째 인자로 함수 대신 문자열이 들어오면 객체의 메서드를 실행하기 위한 함수를 리턴한다. 그리고 나중에 객체와 추가 인자를 넘겨주면 된다.

코드 4-28 메서드를 부분 적용한 새로운 함수 만들기

```
var background = _.partial('css', 'background');
background($('body'), 'green'); // $('body').css('background', 'green')와
                                // 동일하게 동작. 배경색이 녹색으로 변함

var concat = _.partial('concat');
concat([1, 2], 3); // --> [1, 2].concat(3)과 동일하게 동작
// [1, 2, 3]
```

4.4.6 Partial.js의 부분 커링

파이프라인은 체인을 대체하며 좀 더 유연하다. 하나의 데이터에만 의존하는 체인보다 더 많은 가능성을 가진다. 한 가지 아쉬움이 있는데, 체인만큼 간결한 코드가 나오기 어렵다는 점이다. Partial.js는 파이프라인을 사용할 때도 보다 간결하게 코딩할 수 있도록, 주요 함수들이 부분 커링을 지원한다.

부분 커링을 지원하지 않는 함수라면 원래 아래와 같이 코딩해야 한다.

코드 4-29 부분 커링을 지원하지 않는 경우, 함수로 감싸기

```
var values = function(data) {
  return _.map(data, function(v) { return v; });
};

console.log(values({ a: 1, b: 2, c: 4 }));
// [1, 2, 4]
```

_.partial을 이용해도 꽤 복잡한 편이다.

코드 4-30 _.partial을 이용한 부분 적용

```
var values = _.partial(_.map, _, function(v) { return v; });

console.log(values({ a: 1, b: 2, c: 4 }));
// [1, 2, 4]
```

부분 커링을 지원하는 Partial.js의 _.map은 아래와 같이 코딩할 수 있어 편하다.

코드 4-31 부분 커링이 지원되는 Partial.js의 고차 함수

```
var values = _.map(function(v) { return v; });
console.log(values({ a: 1, b: 2, c: 4 }));
// [1, 2, 4]

// 아래처럼도 가능하다.
var values = _.map(_.identity);
console.log(values({ a: 1, b: 2, c: 4 }));
// [1, 2, 4]

var values = _.map(v=>v); // (ES6)
console.log(values({ a: 1, b: 2, c: 4 }));
// [1, 2, 4]
```

Partial.js는 _.map과 같은 함수들에서 인자가 하나만 넘어올 경우 그 인자를 iteratee 자리에 부분 적용해 두고 []를 받을 준비를 한다. 이런 방식은 원래 커링인데, 부분 커링이라고 표현한 이유는 커링이 부분적으로만 동작하기 때문이다. 모든 인자에 대해 우향 혹은 좌향으로 커링이 되는 것이 정식 커링이라면 부분 커링은 실용적으로 특정 인자에 한해 커링이 되도록 준비해 둔 것을 말한다.

코드 4-32 파이프라인 상황에서 비교하기

```
var users = [
  { id: 1, name: "ID", age: 32 },
  { id: 2, name: "HA", age: 25 },
  { id: 3, name: "BJ", age: 32 },
  { id: 4, name: "PJ", age: 28 },
  { id: 5, name: "JE", age: 27 },
  { id: 6, name: "JM", age: 32 },
  { id: 7, name: "HI", age: 24 }
];

/* 일반적 사용 */
_.go(users,
  function(users) {
    return _.filter(users, function(u) { return u.age < 30; });
  },
  function(users) {
    return _.pluck(users, 'name');
  },
  console.log);
```

```
// ["HA", "PJ", "JE", "HI"]

/* 부분 적용 */
_.go(users,
  _.partial(_.filter, _, function(u) { return u.age < 30; }),
  _.partial(_.pluck, _, 'name'),
  console.log);
// ["HA", "PJ", "JE", "HI"]

/* 부분 커링이 된다면 */
_.go(users,
  _.filter(function(u) { return u.age < 30; }),
  _.pluck('name'),
  console.log);
// ["HA", "PJ", "JE", "HI"]

/* Underscore.js 체인 */
und.chain(users)
  .filter(function(u) { return u.age < 30; })
  .pluck('name')
  .tap(console.log);
// ["HA", "PJ", "JE", "HI"]
```

마지막에 부분 커링이 되는 함수와 조합한 경우, 체인 방식과 코드 모양이 거의 동일하다. 충분히 깔끔한 코드이면서도 체인 방식이 아닌 파이프라인이기 때문에 사이사이에서 다양한 값과 로직을 보다 자유롭게 다룰 수 있다. 물론 .tap() 같은 해결책이 있는데, .tap()은 체인의 중간에서 조회 용도로 사용하는 것이 적합하다. 위에서 내려온 값의 메서드를 실행하는 식으로 값을 변경할 수 있지만 상태를 직접 변경하는 것은 위험하고, 해당 객체에 이미 지원되고 있는 메서드 외에는 사용이 불가능하다.

　Lodash에는 .thru() 함수를 통해 리턴값으로 체인 객체를 변경할 수 있어 좀 더 낫지만, 체인에서 사용 가능한 객체만 리턴 가능하다는 점이 번거롭다. 체인은 준비된 메서드나 규격에 맞춰서 사용해야 하지만 파이프라인은 아무 함수나 사용할 수 있어 더 유연하고 함수적이다. 클로저나 엘릭서 같은 함수형 언어들도 체인이 아닌 함수 중첩과 파이프라인을 사용한다.

5장

F u n c t i o n a l   J a v a S c r i p t

Partial.js와 함수 조립

Underscorejs나 Lodash를 실무에서 사용할 때 아쉬움 점들이 있다. 이를테면 주요 함수인 _.each, _.map, _.reduce 등의 함수를 비동기 상황에서 사용할 수 없다는 점이다. 제어 구조를 주요 고차 함수들을 통해서만 만들려고 할 때는 이 점이 더욱 아쉬워진다. 프론트엔드에서는 괜찮지만, 백엔드에서 실용성이 떨어진다. 그 외에 부분 적용, 파이프라인, 함수 조립, 중첩 구조의 데이터 다루기, 불변성, 템플릿 등에 있어서도 아쉬운 부분들이 있다. Partial.js는 이런 점들을 해결하고자 만들었다.

Partial.js는 함수형 자바스크립트를 더 많은 영역에서 사용하기 위해 몇 가지 기능을 확장한 함수형 자바스크립트 라이브러리다. Partial.js는 부분 적용, 파이프라인, 불변 객체, 템플릿 엔진, 비동기 제어 등에 있어서 더 나은 기능들을 제공한다.

5장은 Partial.js의 튜토리얼이다. Partial.js와 함께 더 많은 함수형 자바스크립트 기법들을 확인해 보자.

5.1 파이프라인

5.1.1 네임스페이스

자바스크립트 진영에는 _를 네임스페이스로 사용하는 함수형 자바스크립트 라이브러리들이 많다. 이들은 모두 자신만의 특장점을 가지고 있지만 _를 네임스페이스로 사용하기 때문에 함께 사용하기는 어렵다. 대부분의 기능이 동일하므로 굳이 두 개 이상의 함수형 자바스크립트 라이브러리를 사용할 필요는 없다. Lodash

도 Underscore.js와 같은 _를 사용하는 대신 Underscore.js의 기능을 대부분 가져왔다. Partial.js도 Underscore.js나 Lodash가 가진 대부분의 중요한 함수를 그대로 가지고 있다.

Partial.js는 Underscore.js나 Lodash와 함께 사용할 수 있는 방법도 제공한다. Node.js나 AMD의 경우 원래 방식대로 원하는 네임스페이스를 지정하면 된다.

브라우저이고 AMD를 사용하지 않는다면 아래와 같은 순으로 불러오면 된다. 아래의 경우 _p.each는 Partial.js의 each이고 _.each는 Lodash의 each가 된다. 만일 _p가 맘에 들지 않으면 window.p = _p;처럼 원하는 방식으로 바꿔서 사용할 수 있다.

```
<script src="partial.js"></script>
<script src="lodash.js"></script>
<script>window.p = _p;</script>
```

부득이하게 불러오는 순서를 보장하지 못하는 경우가 있다면 다음 함수를 활용하면 된다. 전역에 선언된 _previous_underscore 함수를 var lodash = _previous_underscore();처럼 실행하면 Partial.js가 불러지기 전에 전역에 있던 _를 얻을 수 있다. 마찬가지로 전역에 선언된 _partial_namespace 함수로 var partial = _partial_namespace()와 같이 실행하면 Partial.js의 _를 얻을 수 있다.

이처럼 이미 Underscore.js나 Lodash를 사용하고 있더라도 문제없이 함께 사용할 수 있도록 다양한 기능을 지원하고 있으니, 가벼운 마음으로 Partial.js만의 추가적인 기능들이 무엇인지 확인해 보자.

5.1.2 즉시 실행 파이프라인, _.go와 _.mr

4장에서 잠깐 확인했었던 _.go는 파이프라인의 즉시 실행 버전이다. 첫 번째 인자로 받은 값을 두 번째 인자로 받은 함수에게 넘겨주고, 두 번째 인자로 받은 함수의 결과는 세 번째 함수에게 넘겨준다. 이것을 반복하다가 마지막 함수의 결과를 리턴해 준다.

코드 5-1 _.go와 익명 함수

```
_.go(10, // 첫 번째 함수에서 사용할 인자
  function(a) { return a * 10 }, // 연속 실행할 함수 1
  // 100
  function(a) { return a - 50 }, // 연속 실행할 함수 2
  // 50
  function(a) { return a + 10 }); // 연속 실행할 함수 3
  // 60
```

_.go는 Multiple Results를 지원한다. _.mr 함수를 함께 사용하면 다음 함수에게 2개 이상의 인자들을 전달할 수 있다.

코드 5-2 _.mr로 여러 개의 인자 넘기기

```
_.go(10, // 첫 번째 함수에서 사용할 인자
  function(a) { return _.mr(a * 10, 50) }, // 두 개의 값을 리턴
  function(a, b) { return a - b },          // 두 개의 인자를 받음
  function(a) { return a + 10 });
  // 60
```

_.go의 첫 번째 인자는 두 번째 인자인 함수가 사용할 인자이며 두 번째부터는 파이프라인에서 사용할 함수들이다. _.go의 두 번째 인자인 함수, 즉 최초 실행될 함수에게 2개 이상의 인자를 넘기고자 한다면 그때도 _.mr을 사용하면 된다.

코드 5-3 시작 인자로 _.mr 사용

```
_.go(_.mr(2, 3),
  function(a, b) {
    return a + b;
  },
  function(a) {
    return a * a;
  });
  // 25
```

코드 5-3처럼 _.mr로 인자들을 감싸서 넘겨주면, 다음 함수는 인자를 여러 개로 펼쳐서 받게 된다. _.mr(2, 3)은 하나의 값이지만 _.go 내부에서 인자를 펼쳐서 넘겨주어, 2와 3이 첫 번째 함수의 a와 b가 된다.

_.go는 이미 정의되어 있는 함수와 조합하거나 화살표 함수와 사용할 때 특히 표현력이 좋다.

코드 5-4 읽기 좋은 _.go

```
function add(a, b) {
  return a + b;
}
function square(a) {
  return a * a;
}
_.go(_.mr(2, 3), add, square);
// 25

_.go(_.mr(2, 3), (a, b) => a + b, a => a * a);
// 25
```

5.1.3 함수를 만드는 파이프라인 _.pipe

_.go가 즉시 실행하는 파이프라인이라면 _.pipe는 실행할 준비가 된 함수를 리턴하는 파이프라인 함수다. 그 외 모든 기능은 _.go와 동일하다.

코드 5-5 _.pipe

```
var f1 = _.pipe(add, square);
f1(2, 3);
// 25

var f2 = _.pipe((a, b) => a + b, a => a * a);
f2(2, 3);
// 25
```

5.1.4 부분 커링 함수와의 조합

파이프라인 함수를, 함수를 리턴하는 함수와 함께 사용해 보자.

코드 5-6 부분 커링 지원

```
var products = [
  { id: 1, name: "후드 집업", discounted_price: 6000, price: 10000  },
  { id: 2, name: "코잼 후드티", discounted_price: 8000, price: 8000  },
  { id: 3, name: "A1 반팔티", discounted_price: 6000, price: 6000  },
  { id: 4, name: "코잼 반팔티", discounted_price: 5000, price: 6000  }
];

_.go(products,
  _.filter(function(p) { // ❶
    return p.discounted_price < p.price;
  }),
  _.sortBy('discounted_price'),  // ❷
  _.first,  // ❸
  _.val('name'));  // ❹
  // 코잼 반팔티
```

위 코드를 순서대로 읽으면 아래와 같다.

❶ products 중에 할인 중인 상품만 남긴다.

❷ discounted_price가 낮은 순으로 정렬한다.

❸ 첫 번째를 꺼내서,

❹ product.name을 확인한다.

Partial.js의 _.filter, _.sortBy, _.val은 모두 부분 커링이 된다. 모두 인자를 하나만 넘겨 앞으로 실행될 함수를 리턴 받았다. 그렇게 만들어진 함수들은 _.go를 통해 순서대로 실행된다. products는 각각의 함수를 모두 통과한 후 **코잼 반팔티**가 되었다.

각 함수를 원래의 사용법으로 확인하면 다음과 같다.

코드 5-7 일반적인 함수 사용과 함수 중첩

```javascript
// ❶ 변수로 리턴 받으면서 작성하는 방식
var filtered_products = _.filter(products, function(p) {
  return p.discounted_price < p.price;
});
var sorted_products = _.sortBy(filtered_products, 'discounted_price');
var first_product = _.first(sorted_products);
_.val(first_product, 'name');
// 코잼 반팔티

// ❷ 모든 함수를 중첩하는 방식
_.val(_.first(_.sortBy(_.filter(products, function(p) {
  return p.discounted_price < p.price;
}), 'discounted_price')), 'name');
// 코잼 반팔티
```

코드 5-7의 코드보다는 코드 5-6처럼 파이프라인과 부분 커링을 사용하여 순서대로 나열한 표현이 훨씬 읽기도 쉽고 변경도 용이하다. 코드 5-8에서는 화살표 함수를 사용했다.

코드 5-8 _.go를 통한 조합

```javascript
var products = [
  { id: 1, name: "후드 집업", discounted_price: 6000, price: 10000  },
  { id: 2, name: "코잼 후드티", discounted_price: 8000, price: 8000  },
  { id: 3, name: "A1 반팔티", discounted_price: 6000, price: 6000  },
  { id: 4, name: "코잼 반팔티", discounted_price: 5000, price: 6000  }
];

// 할인 상품 중 가격이 가장 낮은 상품의 이름
_.go(products,
  _.filter(p => p.discounted_price < p.price),
  _.sortBy('discounted_price'),
  _.first,
  _.val('name'),
  console.log);
// 코잼 반팔티

// 할인이 없는 상품 중 가격이 가장 낮은 상품의 id
_.go(products,
  _.reject(p => p.discounted_price < p.price),
  _.sortBy('discounted_price'),
  _.first,
  _.val('id'),
  console.log);
// 3

// 할인 상품 중 가격이 가장 높은 상품의 이름
_.go(products,
  _.filter(p => p.discounted_price < p.price),
  _.sortBy('discounted_price'),
```

```
  _.last,
  _.val('name'),
  console.log);
// 후드 집업

// 할인 상품 중 할인액이 가장 높은 상품의 이름
_.go(products,
  _.filter(p => p.discounted_price < p.price),
  _.sortBy(p => p.discounted_price - p.price),
  _.first,
  _.val('name'),
  console.log);
// 후드 집업

// 할인 상품 중 할인액이 가장 높은 상품의 이름 (위와 동일)
_.go(products,
  _.filter(p => p.discounted_price < p.price),
  _.min(p => p.discounted_price - p.price),
  _.val('name'),
  console.log);
// 후드 집업

// 할인 상품 중 할인액이 가장 낮은 상품의 이름
_.go(products,
  _.filter(p => p.discounted_price < p.price),
  _.max(p => p.discounted_price - p.price),
  _.val('name'),
  console.log);
// 코잼 반팔티
```

중간중간 들어간 함수들의 조합을 약간씩 수정하여, 다른 로직으로 쉽게 변경할
수 있다. 할인이 진행 중인 상품들 중 제일 비싼 상품을 꺼낸다든지, 할인이 되지
않는 상품 중 제일 싼 상품을 꺼낸다든지 하는 로직으로 변경하는 것이 코드 5-8
에서 알 수 있듯 매우 쉽다. 앞뒤로 로직을 추가하거나 빼기도 쉽다.

5.1.5 보조 함수로 사용하는 파이프라인

파이프라인을 보조 함수를 만들기 위해 사용하는 것도 좋다. 파이프라인을
_.each, _.map, _.reduce 등과 같은 고차 함수들의 보조 함수로 사용해 보자.

코드 5-9 파이프라인으로 보조 함수 만들기

```
var products = [
  { id: 1, name: "후드 집업", discounted_price: 6000, price: 10000 },
  { id: 2, name: "코잼 후드티", discounted_price: 8000, price: 8000  },
  { id: 3, name: "A1 반팔티", discounted_price: 6000, price: 6000  },
  { id: 4, name: "코잼 반팔티", discounted_price: 5000, price: 6000  }
];

_.go(products,
  _.filter(function(p) {
```

```
    return p.discounted_price < p.price;
  }),
  _.map(_.pipe(_.idtt, _.pick(['id', 'name']), _.values)),
  console.log);
  // [[1,"후드 집업"],[4,"코잼 반팔티"]]
```

_.filter에서는 할인 중인 상품만 남게 된다. _.map에서는 iteratee를 파이프라인으로 만들었다. _.pipe는 _.idtt를 통해 iteratee의 첫 번째 인자인 product만 리턴하게 되고, 부분 커링된 _.pick을 통해 id와 name만 남은 객체로 만들게 된다. 마지막으로 _.values를 통해 값만 남겼다.

Partial.js에서는 _.pipe === __이기 때문에 더 간결하게 표현할 수 있다. 화살표 함수를 사용하면 _.go로 변경하는 것이 더 어울린다.

코드 5-10

```
_.go(products,
  _.filter(function(p) {
    return p.discounted_price < p.price;
  }),
  _.map(__(_.idtt, _.pick(['id', 'name']), _.values)),
  console.log);
  // [[1,"후드 집업"],[4,"코잼 반팔티"]]

_.go(products,
  _.filter(function(p) {
    return p.discounted_price < p.price;
  }),
  _.map(p=>_.go(p, _.pick(['id', 'name']), _.values)),
  console.log);
// [[1,"후드 집업"],[4,"코잼 반팔티"]]
```

5.1.6 비동기와 _.go

_.go는 비동기 제어를 지원한다. 2장과 4장에서 함수를 실행하는 괄호와 인자를 받는 곳에서는 재미난 일들을 많이 할 수 있다고 했었다. Promise가 체인 방식에 함수적인 아이디어를 가미하여 비동기 상황을 제어했다면, _.go는 함수적으로만 비동기를 제어한다. _.go는 내부적으로 함수들을 순차적으로 실행해 나가면서 비동기 함수의 결과를 재귀 함수로 꺼낸 후, 다음 함수에게 이어 주는 식으로 비동기 상황을 제어한다.

_.go와 _.pipe는 일반 콜백 함수와 Promise를 모두 지원한다. _.go와 _.pipe는 기본적으로는 동기로 동작하지만 파이프라인의 함수들을 실행하는 도중에 Promise 객체가 리턴되거나 jQuery의 then과 같은 Deferred Object가 리턴되거나 _.callback 함수를 이용했다면, 내부적으로 비동기를 제어하는 파이프라인으

로 변한다. 중간에 비동기를 만나지 않으면 예정대로 즉시 결과를 리턴한다.

Promise의 경우에는 함수가 실행되면 즉시 setTimeout을 일으키고, 일단 { then: ... }을 리턴하게 되므로 동기 함수들과 중첩 사용을 할 수 없다. 그러나 _.go의 경우에는 비동기 상황이 없을 경우 결과를 즉시 리턴하기 때문에, 이후 연속적으로 실행되는 함수들이 반드시 비동기성을 띨 필요가 없다. 덕분에 다른 외부 일반 함수들과의 조합성이 더 좋다.

우선 일반적인 콜백 패턴의 비동기 함수를 파이프라인으로 제어하는 방법을 확인해 보자.

코드 5-11 _.go의 비동기 함수 제어

```
_.go(10,
  _.callback(function(a, next) {
    setTimeout(function() {
      next(a + 10);
    }, 100)
  }),
  function(a) { // next를 통해 받은 결과 a
    console.log(a);
    // 20
  });
```

위 상황에서 _.go는 첫 번째 함수를 실행하면서 내부적으로 next를 만들어 함수에게 넘긴다. next에게 결과를 전달하면 그 결과는 다음 함수의 인자로 넘어가게 된다. 다시 바깥으로 나와 그 다음 함수들을 순차적으로 실행하므로 콜백 지옥에서 벗어날 수 있다.

코드 5-12 _.callback에 여러 개의 비동기 함수 넘기기

```
(function() {

  function add(a, b, next) {
    setTimeout(function() {
      next(a + b);
    }, 1000);
  }

  function sub(a, b, next) {
    setTimeout(function() {
      next(a - b);
    }, 1000);
  }

  function mul(a, b, next) {
    setTimeout(function() {
      next(a * b);
    }, 1000);
```

```
  }

  function log(msg, next) {
    setTimeout(function() {
      console.log(msg);
      next(msg);
    }, 1000);
  }

  _.go(_.mr(5, 10), _.callback(
    function(a, b, next) {
      add(a, b, next);
    },
    function(result, next) {
      sub(result, 10, next);
    },
    function(result, next) {
      mul(result, 10, next);
    },
    function(result, next) {
      log(result, next);
    }));
    // 50

})();
```

연속적으로 비동기 함수가 사용되어야 한다면 위와 같이 _.callback 함수에 여러
개의 함수를 넘겨도 되고, 아래와 같이 미리 _.callback 패턴이라고 지정해 두면
더욱 간결하게 코딩할 수 있다.

코드 5-13 _.callback으로 미리 지정해 두기

```
var add = _.callback(function(a, b, next) {
  setTimeout(function() {
    next(a + b);
  }, 1000);
});

var sub = _.callback(function(a, b, next) {
  setTimeout(function() {
    next(a - b);
  }, 1000);
});

var mul = _.callback(function(a, b, next) {
  setTimeout(function() {
    next(a * b);
  }, 1000);
});

var log = _.callback(function(msg, next) {
  setTimeout(function() {
    console.log(msg);
```

```
      next(msg);
    }, 1000);
});

_.go(_.mr(5, 10),
  add,
  function(result) {
    return sub(result, 10);
  },
  function(result) {
    return mul(result, 100);
  },
  function(result) {
    return log(result);
  });
  // 500
```

코드 5-13처럼 _.callback 함수로 미리 정의해 둔 add, sub 등의 함수를 실행하면 그 함수는 Promise 객체를 리턴한다. 정확히는 Promise가 지원되는 환경에서는 Promise 객체를 리턴하고, Promise가 지원되지 않는 환경에서는 Partial.js 내부에 구현된 Promise 객체를 리턴한다. Promise 객체를 파이프라인이 다시 받아도 다시 비동기를 제어한다. 따라서 Promise가 지원되지 않는 환경에서도 파이프라인식의 비동기 제어가 가능하다. 브라우저에서도 별도의 Promise 라이브러리를 가져올 필요가 없다. _.go는 Promise, Deferred Object를 포함한 약식 Promise를 받으면 내부적으로 재귀를 돌며 비동기 함수의 결과를 기다렸다가 다음 함수들을 순차적으로 실행한다.

_.partial을 함께 사용하면 더욱 코드를 간결하게 만들 수 있다.

코드 5-14 _.partial로 인자를 부분 적용하기

```
_.go(_.mr(5, 10),
  add,
  _.partial(sub, _, 10),
  _.partial(mul, 1000),
  console.log);
// 5000
```

Partial.js에서 _.partial 함수는 _.partial === _이기 때문에 더 간결하게 표현할 수 있다. 참고로 Underscore.js의 _는 OOP 버전이고 Lodash의 _는 _.chain이다. Partial.js는 클로저를 만드는 함수인 _.partial을 함수형 자바스크립트에서 가장 중요한 함수라고 여겨 _를 _.partial로 정했다. 인자를 비워두기 위한 키워드도 _이므로 _.partial이 _인 것이 가장 잘 어울린다고 생각한다.

코드 5-15 _.partial 간략 표기

```
_.go(_.mr(5, 10),
  add,
  _(sub, _, 10),
  _(mul, 10000),
  console.log);
// 50000
```

5.1.7 중간에 멈추고 나가기

일반 함수에서는 함수 중간 어디서든 return문으로 함수를 빠져 나올 수 있다. Partial.js는 파이프라인에서도 이와 같은 일이 가능하도록 지원하는데, 바로 _.stop이라는 함수를 이용하면 된다.

코드 5-16 파이프라인 나가기

```
_.go(null,
  function() { console.log(1); },
  function() { console.log(2); },
  function() { return _.stop(); },
  function() { console.log(3); },
  function() { console.log(4); });
/*
* 결과:
* 1
* 2
* */
```

코드 5-16에서는 1과 2만 찍힌 후 세 번째 함수와 네 번째 함수는 실행되지 않고 파이프라인 전체를 나오게 된다. _.go의 최종 결과도 함께 전달하고 싶다면 _.stop 함수에게 전달하면 된다.

코드 5-17 파이프라인 나가면서 값 리턴하기

```
var result = _.go(null,
  function() { console.log(1); },
  function() { console.log(2); },
  function() { return _.stop("하이"); },
  function() { console.log(3); },
  function() { console.log(4); });
console.log(result);
/*
* 결과:
* 1
* 2
* 하이
* */
```

파이프라인의 사용법과 몇 가지 사례를 확인해 보았다. 파이프라인은 앞으로도 자주 등장할 것이다. _.go, _.pipe의 가장 큰 장점은 잘게 쪼개서 코딩만 해 두면 비동기 제어에 대한 준비도 이미 되어 있다는 점이다. 이러한 특성 덕분에 동기 코딩과 비동기 코딩을 완전히 동일한 코드로 작성할 수 있다. 표현만 동일한 것이 아니라 동기로 끝날 상황과 비동기가 일어날 상황 모두를 하나의 코드로 동작시킬 수도 있다. _.go, _.pipe는 Promise를 대체하며, 그보다 더 나은 코드를 작성할 수 있게 해 준다. Partial.js에는 _.go, _.pipe 외에도 비동기 제어에 대한 많은 아이디어와 기능이 담겨 있다. 이번에는 Partial.js의 비동기 제어에 대해 좀 더 알아보자.

5.2 비동기

이번에는 비동기와 관련된 예제를 다룬다. 하지만 Promise의 사용법에 대해서는 구체적으로 다루지 않는다. Promise의 사용법에 대해 잘 모른다면 이번 절의 예제들을 익히기 어려울 수도 있으니 웹 문서나 다른 책을 통해 학습을 해 두는 것이 좋다. '비동기 Promise' 등으로 검색해 보면 좋은 문서들이 많이 나올 것이다.

5.2.1 코드 변경 없이 비동기 제어가 되는 고차 함수

Underscore.js나 Lodash의 _.each, _.map, _.reduce 등은 비동기 함수를 iteratee로 사용할 수 없다. 이를 해결하기 위해 bluebird.js의 Promise.each, Promise.map, Promise.reduce 등을 사용하기도 한다. 그러나 bluebird.js는 함수의 종류가 부족하여 함수형 자바스크립트 라이브러리를 대체할 수 없다. bluebird.js의 목적 자체가 Promise 구현이기 때문이겠지만 라인 수에 비해 기능이 적은 점은 아쉬운 부분이다.

bluebird.js는 함수 본체에서 비동기가 일어나지 않아도 되는 상황이더라도 무조건 비동기가 일어난고 본다. bluebird.js의 고차 함수들도 마찬가지다. bluebird.js, Q.js 등의 고차 함수들은 한 번의 iteratee가 실행될 때마다 큐나 재귀로, 내부적으로 이벤트 루프에 의해 제어되기 때문에 for문으로 구현된 함수들과는 비교할 수 없이 느리다. 비동기 제어를 목적으로 하지 않을 때는 성능상 사용할 수 없다.

그리고 bluebird.js, Q.js 등의 함수는 무조건 Promise 객체를 리턴하기 때문에 리턴값을 즉시 필요로 하는 동기 함수들과는 함께 사용하기 어렵다. 물론 이것은 반대로 Underscore.js, jQuery 등이 가진 함수들이 Promise 객체에 대한 지원을 하지 않고 있기 때문이기도 하다. 이를테면 함수의 인자로 Promise 객체가 들어왔을 때 결과를 꺼낸 후 자신을 실행한다거나 하는 지원을 말한다. 만일 지원을 해 준다고 하더라도 성능상의 이슈가 남고, 모든 함수에서 지원해 주지 않는다면 역시 사용하기 어렵다.

목적이 다른 라이브러리이므로 이것은 문제가 아니다. 단지 비동기를 다루는 라이브러리로써 동기 함수와의 연결성이 고려되지 않은 점이 아쉬운 것이다. 코딩을 더 재밌고 편하게 하기 위해 사용하는 것이 라이브러리이다. 로직을 대신해 주는 많은 함수들이 동기와 비동기 간의 연결성이 좋고, 상황에 따라 최적화된 성능으로 잘 동작해 준다면 코드를 작성하는 데 매우 큰 도움이 될 것이다.

Partial.js의 _.each, _.map, _.reduce 등의 주요 함수들은 _.go와 _.pipe처럼 하나의 함수로 동기와 비동기 상황이 모두 대응되도록 되어 있다. Partial.js의 함수를 이용하면 비동기 상황에서도 동기 상황과 동일한 코드를 작성할 수 있고, 비동기 함수와 동기 함수의 조합도 가능하다.

코드 5-18 _.map

```
// ❶
console.log(JSON.stringify(_.map([1, 2, 3], function(v) {
  return new Date();
})));
// 결과: ["2017-02-05T03:33:36.964Z", "2017-02-05T03:33:36.964Z",
//        "2017-02-05T03:33:36.964Z"]

// ❷
_.map([1, 2, 3], function() {
  return new Promise(function(resolve) {
    setTimeout(function() {
      resolve(new Date());
    }, 1000);
  });
}).then(function(result) {
  console.log(JSON.stringify(result));
  // 결과: ["2017-02-05T03:33:37.971Z","2017-02-05T03:33:38.977Z",
  //        "2017-02-05T03:33:39.979Z"]
});
```

같은 _.map 함수지만 ❶은 즉시 완료되었고, ❷는 3초 정도의 시간이 걸려 완료되었다. Partial.js의 _.each, _.map, _.reduce 등은 첫 번째 iteratee의 결과가 Promise 객체일 경우 내부적으로 for문 대신 재귀로 변경된다. 5.1절에서 확인했던 _.go와 동일한 방식이다. _.go는 while에서 재귀로 변경된다. ❷의 경우 iteratee가 각각 모두 1초 정도의 시간이 걸렸기 때문에 배열에 1초 정도의 차이를 가진 값들이 배열에 담겼다.

위 코드는 둘 다 동일한 _.map 함수로 작성하기는 했지만 동기 상황의 코드와
비동기 상황의 전체적인 코드 구조가 다르다. _.go, _.pipe 등을 이용하면 두 가
지 코드 모두 동일한 구조를 갖도록 만들 수 있다.

코드 5-19 파이프라인으로 동기와 비동기 코드 동일한 구조 만들기

```
// ❶
_.go([1, 2, 3],
  _.map(function() {
    return new Date();
  }),
  JSON.stringify,
  console.log);
// 결과: ["2017-02-05T03:33:36.964Z", "2017-02-05T03:33:36.964Z",
//        "2017-02-05T03:33:36.964Z"]

// ❷
_.go([1, 2, 3],
  _.map(function() {
    return new Promise(function(resolve) {
      setTimeout(function() {
        resolve(new Date());
      }, 1000);
    });
  }),
  JSON.stringify,
  console.log);
// 결과: ["2017-02-05T03:33:37.971Z","2017-02-05T03:33:38.977Z",
//        "2017-02-05T03:33:39.979Z"]
```

_.map의 iteratee에서 Promise 함수가 아닌 일반 비동기 함수를 사용해야 한다면
다음과 같이 사용하면 된다. _.go와 동일한 방식이다.

코드 5-20 일반 콜백 함수를 _.map의 iteratee로 사용

```
_.go([1, 2, 3],
  _.map(_.callback(function(val, i, list, next) {
    setTimeout(function() {
      next(new Date());
    }, 1000);
  })),
  JSON.stringify,
  console.log);
// 결과: ["2017-02-05T03:33:37.971Z","2017-02-05T03:33:38.977Z",
//        "2017-02-05T03:33:39.979Z"]
```

마지막 인자로 next가 들어오고 next를 통해 결과를 전달하면, 그 결과가 하나씩
_.map의 결과인 새로운 배열에 쌓여 간다. new Promise를 사용하는 것보다 간결
하다.

미리 준비되어 있는 함수를 중첩해 사용하면 완전히 동일해진다.

코드 5-21 이미 있던 함수 사용하기

```
function syncDate() {
  return new Date();
}
function promiseDate() {
  return new Promise(function(resolve) {
    setTimeout(function() {
      resolve(new Date());
    }, 1000);
  });
}

_.go([1, 2, 3],
  _.map(syncDate),
  JSON.stringify,
  console.log);
// 결과: ["2017-02-05T03:33:36.964Z", "2017-02-05T03:33:36.964Z",
//        "2017-02-05T03:33:36.964Z"]

_.go([1, 2, 3],
  _.map(promiseDate),
  JSON.stringify,
  console.log);
// 결과: ["2017-02-05T03:33:37.971Z","2017-02-05T03:33:38.977Z",
//        "2017-02-05T03:33:39.979Z"]
```

Partial.js는 _.map의 사례처럼 _.each, _.find, _.filter, _.reject, _.reduce, _.some, _.every 등의 함수들이 모두 비동기 제어를 지원한다. 모두 iteratee의 결과나 iteratee의 속성에 따라 동기 로직과 비동기 로직을 알아서 선택하도록 되어 있다. 동기 로직으로 돌아가야 할 경우에는 for문을 사용하고 비동기 로직을 사용해야 할 경우에만 재귀로 변경되기 때문에 성능적으로도 문제가 없다.

> **참고**
>
> Partial.js의 _.map 같은 함수 없이 비동기 상황을 제어하려면 Promise를 사용하더라도 아래와 같이 코딩해야 한다. 사실상 Promise의 도움을 받았다고 할 수 없고 핵심 로직은 재귀가 하고 있다. 아래 같은 경우 오히려 일반 콜백 패턴만 남겨 놓는 편이 더 낫다.
>
> ```
> // ❶ Promise
> (function(data) {
>   return new Promise(function(resolve) {
>     (function r(newData) {
>       if (newData.length == data.length) return resolve(newData);
>       setTimeout(function() {
>         newData.push(new Date());
>         r(newData);
> ```

```
      }, 1000);
    })([]);
  });
})([1, 2, 3]).then(function(result) {
  console.log(JSON.stringify(result));
});

// ❷ 일반 콜백
(function(data, callback) {
  return function r(newData) {
    if (newData.length == data.length) return callback(newData);
    setTimeout(function() {
      newData.push(new Date());
      r(newData);
    }, 1000);
  }([]);
})([1, 2, 3], function(result) {
  console.log(JSON.stringify(result));
});
```

5.2.2 비동기 결과를 기다리는 if문, _.if

아래 is_1과 is_2 함수는 결과를 즉시 리턴하는 함수다. 아래와 같은 함수는 if문과 같은 조건절에서 사용할 수 있다.

코드 5-22

```
var is_1 = function(a) {
  return a == 1;
};
var is_2 = function(a) {
  return a == 2;
};

function test1(a) {
  if (is_1(a)) return '1입니다.';
  else if (is_2(a)) return '2입니다.';
  else return '1도 아니고 2도 아닙니다.';
}
console.log(test1(2));
// 결과: 2입니다. (정상 동작)
```

그런데 만일 is_1과 같은 함수가 즉시 값을 리턴할 수 없고, 데이터베이스에 다녀와야 하거나 HTTP 통신이 있어야 하면 상황은 달라진다. 자바스크립트에서는 아래와 같은 상황을 if문으로 제어할 수 없다.

코드 5-23 비동기 함수와 조건문

```
var is_1_async = function(a) {
  return new Promise(function(resolve) {
    setTimeout(function() {
```

```
        resolve(a == 1);
      }, 1000);
    });
};

var is_2_async = function(a) {
  return new Promise(function(resolve) {
    setTimeout(function() {
      resolve(a == 2);
    }, 1000);
  });
};

function test2(a) {
  if (is_1_async(a)) return '1입니다.';
  else if (is_2_async(a)) return '2입니다.';
  else return '1도 아니고 2도 아닙니다.';
}
console.log(test2(2));
// 결과: 1입니다. (정상적으로 동작이 되지 않음)
```

is_1_async 함수의 진짜 결과는 false이겠지만 is_1_async가 즉시 Promise 객체를 리턴하기 때문에 if의 조건문 입장에서는 true가 된다. is_1_async가 콜백 패턴으로 이루어진 일반 함수였다고 하더라도, undefined가 즉시 리턴될 것이므로 역시 정상적인 결과를 만들 수 없다.

정확히 논리 구조가 같으면서 정상 동작이 되도록 하려면 다음과 같이 코딩을 해야 한다.

코드 5-24 비동기 함수와 조건문2

```
function test3(a) {
  return is_1_async(a).then(function(bool) {
    if (bool) return '1입니다.';
    else return is_2_async(a).then(function(bool) {
      if (bool) return '2입니다.';
      else return '1도 아니고 2도 아닙니다.';
    });
  });
}
test3(2).then(console.log);
// 결과: 2입니다. (정상 동작)
```

코드 구조가 상당히 복잡해졌다. 비교적 간단한 예제여서 이 정도이지 비동기가 일어나는 상황에서 반복문이나 기타 제어 구조를 만들려고 하면 꽤 복잡해진다. Promise가 상당 부분 이런 점을 해결해 주지만 Promise에만 의존하면 복잡한 제어 구조를 해결하기 어렵다. 복잡한 상황을 해결했다고 하더라도 결국 Promise에게 도움을 받았다고 보기엔 힘든 것이 대부분이다.

비동기 상황에서의 제어 구조를 잘 만들려면 라이브러리들의 스펙을 아는 것
보다 기본기가 더 중요하다. 자바스크립트에서의 함수 실행, 스코프, 이벤트 루프
등에 대해 정확히 아는 것이 중요하며, 값을 잘 다루는 것도 중요하고, 이를 바탕
으로 한 많은 연습이 필요하다. 구현해야 하는 기능에 따라 상황이 정말 다양하고
그에 따른 해결책 역시 다양하기 때문이다. 생각하는 로직을 함수 단위로 일렬로
나열하는 법을 확실하게 익혀 두면 상황에 꼭 맞는 좋은 해결책을 찾을 수 있다.

이번에는 Partial.js의 고차 함수 중 하나인 _.if 함수를 이용하여 위 상황을 다
시 코딩해 보자.

코드 5-25 _.if().else_if().else();

```
var test4 =
  _.if(is_1_async, function() { return '1입니다.'; })
  .else_if(is_2_async, function() { return '2입니다.'; })
  .else(function() { return '1도 아니고 2도 아닙니다.'; });
test4(2).then(console.log);
// 결과: 2입니다. (정상 동작)

// test1과 비교
function test1(a) {
  if (is_1(a)) return '1입니다.';
  else if (is_2(a)) return '2입니다.';
  else return '1도 아니고 2도 아닙니다.';
}
```

test4는 test3보다 동기 함수를 사용했던 test1과 훨씬 유사한 구조를 가지고 있
다. _.constant나 화살표 함수를 사용하면 더욱 간결해진다. _.go와 함께 사용한
버전도 함께 확인해 보자.

코드 5-26 _.if를 _.constant, 화살표 함수, _.go와 함께 쓰기

```
// _.constant
var test5 =
  _.if(is_1_async, _.constant('1입니다.'))
  .else_if(is_2_async, _.constant('2입니다.'))
  .else(_.constant('1도 아니고 2도 아닙니다.'));
test5(1).then(console.log);
// 결과: 1입니다. (정상 동작)

// 화살표 함수
var test6 =
  _.if(is_1_async, () => '1입니다.')
  .else_if(is_2_async, () => '2입니다.')
  .else(() => '1도 아니고 2도 아닙니다.');
test6(2).then(console.log);
// 결과: 2입니다. (정상 동작)

// _.go로 즉시 실행, _.constant == _.c
```

```
_.go(3,
  _.if(is_1_async, _.c('1입니다.'))
  .else_if(is_2_async, _.c('2입니다.'))
  .else(_.c('1도 아니고 2도 아닙니다.')),
  console.log);
// 결과: 1도 아니고 2도 아닙니다. (정상 동작)
```

동기와 비동기 상황을 동시에 대응하는 함수를 쉽게 만드는 팁이 있다. 해당 함수의 로직을 _.go나 _.pipe로 구현해 두는 것이다. 그렇게 하면 자동으로 동기 상황과 비동기 상황에 맞춰 로직을 알아서 변경시키기 때문에 추가적인 다른 작업을 하지 않아도 된다. 이미 함수를 일렬로 나열해 둔 상황이므로 파이프라인을 통해 내부적으로 비동기 상황을 대신해서 제어해 줄 수 있다.

지금까지 비동기 상황을 제어하는 Partial.js의 아이디어들을 소개했다. 기본적으로 순서가 있는 실행 구조를 파이프라인으로 잡고 중간중간 _.map 혹은 _.find 등의 함수를 사용하거나 _.if를 사용하는 식으로 코딩을 하면, 동기 상황이든 비동기 상황이든 동일한 코드를 사용할 수 있다. 비동기 제어에 대한 더 많은 아이디어는 7.4절에서도 확인할 수 있다.

5.3 고차 함수

5.3.1 주요 고차 함수의 보조 함수에서 더 많은 인자 사용하기

Partial.js의 _.each, _.map, _.reduce 등의 주요 고차 함수들에는 비동기 제어 외에도 Underscore.js나 Lodash 등의 고차 함수들과 다르게 동작하는 부분이 있다. 그중 하나는 보조 함수에서 더 많은 인자를 사용할 수 있도록 하는 기능인데, 이를 이용하면 클로저 선언 없이도 보조 함수에 필요한 재료들을 추가할 수 있다. Underscore.js와의 비교를 통해 알아보자.

코드 5-27 인자 더 많이 넘기기

```
// ❶ a, b를 기억하는 익명 함수를 _.map의 iteratee로
function underscorejs1() {
  var a = 10;
  var b = 5;
  return _.map([1, 2, 3], function(val) {
    return val * a - b;
  });
}
console.log(underscorejs1());
// [5, 15, 25]

// ❷ _.partial로 a, b를 부분 적용 해둠
```

```
function underscorejs2() {
  return _.map([1, 2, 3], _.partial(function(a, b, val) {
    return val * a - b;
  }, 10, 5));
}
console.log(underscorejs2());
// [5, 15, 25]

// ❸ _.map의 인자를 여러 개 넘기면 iteratee에게도 인자로 넘겨줌
function partialjs() {
  return _.map(10, 5, [1, 2, 3], function(a, b, val) {
    return val * a - b;
  });
}
console.log(partialjs());
// [5, 15, 25]
```

Underscore.js의 경우는 ❶, ❷와 같은 방법을 사용해야 한다. ❶ 클로저로 선언하여 사용하거나 ❷ 클로저를 _.partial로 대체하는 방법이다. ❸ Partial.js의 주요 고차 함수들은 추가적으로 사용하고자 하는 인자들을 함께 넘길 수 있도록 되어 있다. 메인 인자인 [1, 2, 3] 이전에 인자들을 넘기면, 보조 함수의 기본 인자들인 val, i, list 등의 이전 인자로 전달해 준다.

위 기능은 추가 재료를 더욱 간결한 코드로 사용할 수 있는 장점이 있다. 추가 재료를 인자로 받는 이러한 특징은 더 많은 함수 조합 사례를 만들 수 있도록 한다.

코드 5-28

```
// Underscore.js
var mapper1 = function(a, b, list) {
  return _.map(list, function(val) {
    return a * b * val;
  });
};

console.log( mapper1(10, 100, [1, 2, 3]) );
// [1000, 2000, 3000]

// Partial.js
var mapper2 = _.map(function(a, b, val) {
  return a * b * val;
});

console.log( mapper2(10, 100, [1, 2, 3]) );
// [1000, 2000, 3000]

function mult(a, b) {
  return a * b;
}
var mult_all = _.map(function() {
```

```
    return _.reduce(_.initial(arguments, 2), mult);
});
console.log( mult_all(10, 10, 2, [1, 2, 3]) );
// [200, 400, 600]
console.log( mult_all(10, 10, [1, 2, 3]) );
// [100, 200, 300]

var mult_all2 = _.map(__(
  _.args,
  _.initial(2),
  _.reduce(mult)));

console.log( mult_all2(10, 10, 2, [1, 2, 3]) );
// [200, 400, 600]
console.log( mult_all2(10, 10, [1, 2, 3]) );
// [100, 200, 300]
```

Partial.js로는 mapper를 mapper2처럼 간결하게 작성할 수 있고, mult_all처럼 가변 인자를 활용할 수도 있다. mult_all2는 _.map의 iteratee를 파이프라인으로 만들었다. 클로저를 만드는 시점을 한 단계 미뤄서 스코프를 숨겼고, 덕분에 더욱 간결한 표현이 가능해졌다.

함수의 선언 시점과 실행 시점을 잘 다루면 함수형 프로그래밍의 재미도 더해진다. 인자, 클로저, apply, arguments 등을 잘 활용하면 더욱 풍성한 자바스크립트가 된다. 함수 실행 시점을 원하는 때로 미룬다거나, 미리 실행해 둔다거나, 인자를 적용해 둔다거나 하는 식으로 자바스크립트의 함수에 대한 응용력이 좋아지면 많은 라이브러리와 프레임워크 들도 더욱 효과적으로 다룰 수 있다.

5.3.2 _.all, _.spread

이 두 함수는 파이프라인과 함께 사용할 때 유용한 함수다. _.all과 _.spread 모두 받은 인자를 받은 함수들에게 전달하는 함수들인데, _.all은 받은 모든 인자를 모든 함수들에게 동일하게 전달하고, _.spread는 받은 인자들을 하나씩 나눠 준다.

코드 5-29 일반 사용

```
_.all(10, 5, [
  function(a, b) { return a + b },
  function(a, b) { return a - b },
  function(a, b) { return a * b }]);
// 결과:
// arguments { 0: 15, 1: 5, 2: 50, _mr: true }

_.spread(10, 5, [
  function(a) { return a * a },
  function(b) { return b * b }]);
```

```
// 결과:
// arguments { 0: 100, 1: 25, _mr: true }
```

코드 5-29에서 _.all은 받아 둔 모든 인자를 마지막 인자로 들어온 배열 안에 있는 모든 함수들에게 동일하게 전달한다. 결과는 Multiple Results이고 arguments 객체로 만들어진다. _.spread는 받은 인자를 하나씩 나눠서, 받은 함수들에게 하나씩 전달하는 함수다.

_.all과 _.spread에게 인자 전달 없이 함수들만 전달하면 함수를 리턴하는 함수로 동작하여 파이프라인 등에서 사용하기 좋다.

코드 5-30 파이프라인과 함께 사용

```
_.go(10,
  _.all(
    function(a) { return a + 5 },  // a는 모두 10
    function(a) { return a - 5 },  // a는 모두 10
    function(a) { return a * 5 }), // a는 모두 10
  _.spread(
    function(a) { return a + 1 },  // a는 15
    function(b) { return b + 2 },  // b는 5
    function(c) { return c + 3 }), // c는 50
  console.log);
// 결과:
// 16 7 53
```

위 함수들은 Partial.js의 파이프라인과 더 재미있게 사용할 수 있다. _.go, _.pipe 등은 파이프라인 사이사이에서 함수들을 통과하면서 만난 인자에 Promise 객체나 약식 Promise 객체가 포함되어 있다면 중간에서 가로챈다. 그리고 재귀로 결과를 꺼낸 후, 이 결과를 다음 함수의 인자로 전달한다. _.all과 _.spread 자체는 동기로만 동작하지만 리턴값 중에 Promise 객체가 포함되어 있다면 파이프라인의 비동기 결과 꺼내기 로직이 동작되기 때문에 비동기 상황에서도 _.all과 _.spread를 유용하게 사용할 수 있다.

코드 5-31 비동기

```
_.go(10,
  _.all(
    function(a) {
      return new Promise(function(resolve) { // 'Promise' 객체 리턴
        setTimeout(function() {
          resolve(a + 5);            // 15
        }, 2000);
      });
    },
    function(a) { return a - 5 },    // 5
```

```
    function(a) { return a * 5 }),  // 50
  _.spread(
    function(a) { return a + 1 },  // 16
    _.callback(function(b, next) {  // 콜백 패턴
      setTimeout(function() {
        next(b + 2);                 // 7
      }, 2000);
    }),
    function(c) { return c + 3 }),  // 53
  console.log);
// 결과:
// 약 4초 뒤 16 7 53
```

_.map을 배열에 담긴 각각의 값을 하나의 함수를 통해 변경하기 위해 사용한다면, _.spread는 각각의 값을 각각의 함수를 통해 다른 결과로 만들 때 사용하고, _.all은 동일한 값을 서로 다른 모든 함수들에게 전달하여 결과를 만들기 위해 사용한다.

5.4 파이프라인2

5.4.1 _.go에서 this 사용

우리는 199쪽 4.4절에서 Partial.js의 _.pipe가 this를 지원하는 것을 확인했었다. _.go에서도 this 지원이 가능하다.

코드 5-32 _.go.call

```
var user = { name: "Cojamm" };

_.go.call(user, 32,
  function(age) {
    this.age = age;
  },
  function() {
    console.log(this.name);
    // Cojamm
  },
  function() {
    this.job = "Rapper";
  });

console.log(user);
// {name: "Cojamm", age: 32, job: "Rapper"}
```

_.go.call의 call은 Function.prototype.call이다. _.go는 일반 함수이므로 call을 사용하는 게 자연스럽다. _.go는 call을 통해 전달 받은 this를 파이프라인 내 함수들에게 전달한다. apply 역시 사용할 수 있다.

5.4.2 또 다른 파이프라인, _.indent

개인적으로는 자바스크립트를 함수형으로 다루면서 this를 거의 사용하지 않게
되었다. 필자는 this, new, constructor, prototype 등을 너무나 좋아했었지만, 지
금은 거의 사용하지 않고 있다. this는 예측하기 어려운 상황을 만들고, 숨어 있
는 상태를 만들거나 흐름을 쫓아가기 어렵게 한다. this가 사용된 프로그램의 코
드는 테스트하기도 어렵다.

그래도 자바스크립트에서의 this의 활용은 꽤 중요하다. this를 이미 사용하고
있는 라이브러리들을 사용해야 할 때도 있다. 자바스크립트에서의 this는 꽤 특
별한 점이 있다. 메서드가 아닌 함수에서도 사용할 수 있다는 점이다. 78쪽 'this
다시 보기'에서도 살펴보았던 내용이다. Function.prototype.apply와 Function.
prototype.call 그리고 Function.prototype.bind를 통해 일반 함수에서의 this 사
용을 지원한다. 이 점은 매우 특별하다고 볼 수 있다.

우리는 지금 자바스크립트에서의 함수형 프로그래밍을 탐구하고 있다. 자바
스크립트에서의 함수는 함수 내에서 동적으로 this를 변경할 수 있도록 준비되
어 있다. 함수형 프로그래밍은 함수의 기능과 함수와 관련된 다양한 개념을 충분
히 활용하는 것이라고 했다. 마찬가지로 함수형 자바스크립트라면 자바스크립트
에서 함수의 기능과 관련된 다양한 개념을 충분히 활용해야 할 것이다. 다행히 자
바스크립트의 함수의 개념과 기능들은 꽤 강력하다. 클로저, apply, call, this,
arguments 등은 매우 실용적이며 이것을 잘 활용하는 것은 자바스크립트에서 매
우 중요하다.

자바스크립트에서는 부모 스코프와 자식 스코프라는 개념이 있다. 자식 스코프
는 부모 스코프의 지역 변수를 참조할 수 있다. 이러한 중첩 구조의 접근 방식이
파이프라인 내에서도 필요했는데, 이를 위한 함수가 바로 _.indent다. _.indent는
이름처럼 _.indent가 중첩될 때마다 this와 arguments를 한 단계씩 안으로 들여
쓰는 콘셉트를 가지고 있다. 예제를 통해 확인해 보자.

코드 5-33 _.indent

```
var f1 = _.indent(
  function() {
    console.log(this, arguments); // ❶
    // { parnet: Window, arguments: [1, 2] }  [1, 2]
    return "hi";
  },
  function() {
    console.log(this, arguments); // ❷
```

```
  // { parnet: Window, arguments: [1, 2] }  ["hi"]
  });

f1(1, 2);
```

_.indent는 _.pipe처럼 함수를 리턴하는 파이프라인이다. 함수들의 연속 실행이 준비된 함수를 리턴하여 f1에 담았고 실행했다.

❶과 ❷의 결과에는 차이가 있다. console.log에게 두 번째 인자로 넘긴 arguments에 담긴 값이 다르다. ❶은 파이프라인의 첫 번째 함수이기에 f1(1, 2)을 통해 넘겨진 인자 [1, 2]가 arguments에 들어온다. ❷는 두 번째 함수이고, 이전 함수에서 "hi"를 리턴했기에 ["hi"]가 arguments에 담겨 있다.

파이프라인으로 코딩하다 보면 파이프라인의 최초 함수가 아닌 중간에 있는 함수에서 파이프라인이 최초로 받은 인자를 알고 싶을 때가 있다. 이것은 클로저를 사용하는 것으로도 자연스럽게 해결된다.

_.indent는 조금 다른 해법인데 이것도 나름 재미있다. _.indent의 해결법은 쉽고 실용적이다. 파이프라인 내부의 함수들은 중간 어디서든 this.arguments로 파이프라인의 최초 인자들에 접근할 수 있다.

코드 5-33에서 생성된 this는 f1과 같은 함수를 실행할 때마다 새로 만드는 객체이므로 상태가 지속되지 않는다. 또한 새로 만든 객체에 부모 this를 .parent에 할당하므로 부모 this를 훼손하지도 않는다. 실행할 때마다 새 값이다. 코드 5-33에서는 Window가 .parent에 담겼다. Window가 아닌 부모 this가 있었다면 어떤 식으로 활용할 수 있을지 다음 예제를 통해 알아보자.

코드 5-34 this가 있던 경우

```
<button type="button" id="save">저장</button>

<script>
var save_btn = document.getElementById("save");

// 일반 익명 함수
save_btn.onmouseover = function() {
  console.log(this);
  // <button type="button" id="save">저장</button>
  console.log(arguments);
  // [MouseEvent]
};

// _.pipe여서 button이 담긴 'this'를 내부 모든 함수에서 참조 가능
save_btn.onmouseout = _.pipe(
  function() {
    console.log(this);
```

```
    // <button type="button" id="save">저장</button>
    console.log(arguments);
    // [MouseEvent]
  },
  function() {
    console.log(this);
    // <button type="button" id="save">저장</button>
    console.log(arguments);
    // [undefined]
  });

// _.indent는 내부 모든 함수에서 최초 인자들도 참조 가능
save_btn.onclick = _.indent(
  function() {
    console.log(this);
    // <button type="button" id="save">저장</button>
    console.log(arguments);
    // [MouseEvent]
    console.log(this.parent);
    // <button type="button" id="save">저장</button>
    console.log(this.arguments);
    // [MouseEvent]
  },
  function() {
    console.log(this.parent);
    // <button type="button" id="save">저장</button>
    console.log(this.arguments);
    // [MouseEvent]
  });
</script>
```

이벤트 리스너로 사용된 일반 익명 함수에서는 this에 button이 할당되고 arguments로는 MouseEvent와 관련된 정보가 들어온다. 이벤트 리스너를 _.pipe 를 통해 파이프라인으로 만든 경우에도 동일하게 this에 button이 할당되어 있다. 하지만 두 번째 함수부터는 위에서 전달해 주지 않는 이상 최초 실행 시의 인자 를 알 수 없다. _.indent의 경우는 한 번 들여써서 this.parent에 button을 this. arguments에 최초 인자를 담아, 두 번째 이후 함수에서도 쉽게 참조할 수 있다.

_.indent의 this는 한 번의 파이프라인 사용 후 휘발되는 this다. 파이프라인 전체에서 공유하고자 하는 값이 있을 때 마치 Expressjs의 req나 res를 사용하듯 이 값을 이어주는 식으로 사용할 수도 있다. 또한 인스턴스를 만들어 두고 계속 사용하는 this가 아닌, 함수를 실행할 때마다 새로 생겼다 사라지는 this이므로 부수 효과가 최소화되고 메모리 사용에도 문제가 없다.

코드 5-35 값 이어주기

```
var f2 = _.indent(
  function(a) { this.b = a + 10; },
```

```
  function() {},
  function() {},
  function() { console.log(this.b); });
f2(5);
// 15
f2(7);
// 17
```

앞서 말했듯이 _.indent의 this는 실행할 때마다 새로 생성되는 객체이므로 부수 효과를 없앨 수 있다. 상태를 변경해 나가는 프로그래밍이라고 생각할 수도 있는데, 작은 함수들을 모아 만든 하나의 큰 함수(파이프라인)에서 생기는 this이므로 외부 상태가 아니고 지속되는 this도 아니기에 부수 효과 없는 코딩이 가능하다.

_.indent에서의 this는 이번에 실행할 때 열린 부모 스코프를 대신하는 역할이므로, 그 this의 key/value를 확장한다는 것은 새로운 변수를 할당하는 것이라고 볼 수 있다. this에 값을 단 후 값을 변경하지 않는다면 부수 효과로부터 자유로워진다. 하나의 큰 함수 안에서 변수에 값을 담고 그 변수에 담긴 값을 변경하지 않는 것과 동일하다.

또한 this라는 한 가지 트랙을 통해 함수 간의 연결성을 이어주는 식으로 코드를 작성하면 값을 계속해서 전달할 필요가 없어, 오히려 인자만 사용하는 순수한 함수들을 파이프라인 내부에도 더 많이 만들 수 있게 된다. 체인 방식이나 Express.js의 방식은 이 같은 일을 할 수 없거나 불편하다.

다음 예제는 indent를 두 번 이상 사용할 때의 this의 구조를 알려 준다.

코드 5-36 _.indent 두 번 이상 하기

```
var f3 = _.indent(
  function(a) {
    this.b = a + 10;
  },
  _.indent(
    function() {
      this.b = 20;
      console.log(this.b);
      // 20
      console.log(this.parent.b);
      // 15
    },
    function() {
      console.log(this.parent.arguments);
      // [5]
    }),
  function() {
    console.log(this.b);
  });

f3(5);
```

parent를 통해 부모를 찾아갈 수 있고, this.parent.arguments로 파이프라인의 최초 인자도 찾아갈 수 있다. 자바스크립트에서 값에 접근할 수 있다는 것은 값을 변경할 수도 있다는 의미이므로 위험하다. 이것은 모든 값 혹은 변수에 해당하는 이야기다. 그러나 값을 참조만 하는 식으로 접근한다면, 여기저기에서 값에 접근할 수 있다는 것 자체는 문제가 되지는 않는다. 값을 은닉하는 것이 안정성을 높이는 방법이기는 하지만, 애초에 값을 불변적으로 다룬다면 은닉을 해야 할 이유도 적어진다. 값을 은닉하는 것은 은닉이 되었을 뿐 부수 효과를 해결한 것이 아니다. 값을 불변적으로 잘 다룬다면 이와 같은 접근은 실용적이며, 코드 작성도 편해진다.

5.4.3 _, __, ___

Partial.js에서는 중요한 3가지 밑줄 표시가 있다. _, __, ___이다. _ == _.partial 이고 __ == _.pipe이며 ___ == _.indent이다. 이 3가지 밑줄 표시는 코드를 보다 간결하게 작성하고자 만든 키워드들이다.

5.4.4 무조건 비동기로 동작하는 _.async

_.go, _.pipe, _.indent는 파이프라인 내부의 함수에서 비동기 결과가 나올 경우 비동기 제어를 시작하도록 구현되어 있다. 그러므로 비동기 상황이 생기지 않는다면 즉시 일반 값이 리턴되고, 비동기 상황이 생겼을 때만 Promise 객체가 리턴된다. 때로는 내부 함수의 결과와 상관없이 무조건 비동기를 일으키고 싶을 때가 있다. _.async는 이럴 때 사용하기 적합한, 무조건 비동기로 동작하는 파이프라인이다.

코드 5-37

```
_.go.async(1, function(a) {
  return a;
}).then(console.log);
console.log(2);
// 결과 :
// 2
// 1
```

5.4.5 _.go에서 비동기 제어 건너뛰기

_.go를 이용하면서 중간에 비동기 결과가 나오더라도 비동기 제어를 하지 않는 방법이 있다. Promise 객체가 아닌 다른 값을 리턴하면서 비동기 상황도 만들고 싶을 때 필요한 방법이다. 결국 프로그래밍은 모든 경우의 수를 고려해야 한다.

코드 5-38

```javascript
_.go(20,
  _.branch( // branch 내부에서는 비동기 제어가 됨
    function(a) {
      return new Promise(function(resolve) {
        resolve(a+10);
      });
    },
    function(a) { // a+10을 기다림
      console.log(a);
      return a * a;
    },
    console.log),
  console.log); // 20은 즉시 내려옴
// 결과
// 20
// 30
// 900
```

30보다 20이 먼저 찍혔다. _.branch는 파이프라인에서 사용하기 좋다. 받아 둔 함수들로 구성된 파이프라인 함수를 리턴하며, 실행 때 받은 인자를 즉시 그대로 리턴하면서 받아 두었던 파이프라인도 실행하도록 되어 있다. 코딩을 하다 보면 이벤트가 일어났을 때, 중간에 비동기가 일어나더라도 이후 동작을 멈추기 위해 **return false**를 즉시 해줘야 하는 식의 상황도 있다. 파이프라인을 사용하더라도 동기적으로 결과를 바로 주어야 하는 함수들과 협업해야 할 때 _.branch를 사용하면 된다.

5.5 템플릿 함수

5.5.1 함수 스타일의 템플릿 함수

Underscore.js에는 _.template 함수가 있다. 그리고 이 함수의 사용법은 EJS나 Handlebars와 약간 다르다. 얼핏 보면 데이터 치환 외에는 아무것도 못하는 템플릿 엔진 같기도 하다. 그런데 사실은 생각보다 많은 것을 할 수 있다. 워낙 예제가 짧아서 그런 오해가 있는 것 같다.

Underscore.js의 템플릿 함수는 값 치환 외에 추가적인 다양한 기능을 넣고 싶을 때, print()라는 약속을 통해 자바스크립트 코드를 사용할 수 있다. 함수를 실행할 수 있는 괄호를 제시해 주고, 그 괄호 안에서 코드나 함수를 실행하는 식으로 원하는 결과를 만들 수 있도록 해 준다. {{#if}} 같은 것도 없고 {{#each}} 같은 것도 없지만 {{print()}}안에서 사실상 거의 모든 로직을 만들 수 있다. 아주

짧은 코드로 충분히 훌륭한 HTML Template Engine을 만들었다는 점이 멋지다는 생각이 든다.

Partial.js는 이린 함수 스타일의 템플릿 엔진의 콘셉트를 가지면서 좀 더 다양한 기능을 담은 템플릿 함수들을 갖고 있다. 이 템플릿 함수들은 함수 실행, 코드 실행, 인자 선언, Jade 스타일 문법 지원, 일반 HTML 문법 지원, 비동기 제어 등의 특징을 가지고 있다. 이 템플릿 엔진은 성능적으로도 아주 훌륭하고 함수형 자바스크립트적인 면에서 편리한 점들이 많다.

5.5.2 Jade(Pug) 스타일 문법 지원

Partial.js의 템플릿 함수 종류에는 인자를 여러 개 받아 사용할 수 있는 _.template, 인자를 $로 한 개만 받아 사용하는 _.template$ 등이 있다. _.template 시리즈는 모두 Jade 스타일의 문법을 지원하며, js 파일 내부에 짧은 코드로 HTML을 작성하기 좋다.

일반 HTML 문법도 섞어서 사용할 수 있다. 추가로 Jade 파싱 과정을 제외한 버전인 _.string, _.string$도 있다. 더 짧은 함수명으로 코딩하고 싶다면 _.t, _.t$, _.s, _.s$ 등으로 사용할 수 있다.

코드 5-39 Jade 스타일의 문법

```
<script>
_.pipe(
  _.template$('\
    .product_list\
      ul\
        li 티셔츠\
        li 핸드폰 케이스\
        li 쿠션\
        li 담요'),
  function(html) {
    $('body').append(html);
  })();
</script>

<!-- 결과 -->

<div class="product_list">
  <ul>
    <li>티셔츠</li>
    <li>핸드폰 케이스</li>
    <li>쿠션</li>
    <li>담요</li>
  </ul>
</div>
```

ES5에서는 아직 멀티 라인이 지원되지 않기에 \를 활용하는 식으로 이를 내체할 수 있다. 위 코드를 확인해 보면 HTML 대신 CSS Selector의 문법과 비슷한 형태로 작성되어 있다. 템플릿 엔진 Jade 스타일의 문법이다. Jade는 지금은 Pug라는 이름으로 변경된 템플릿 엔진이며 매우 짧은 코드로 HTML을 표현할 수 있다. 대략 다음과 같은 문법을 가지고 있다.

코드 5-40 Jade 스타일의 문법 추가 예제

```
<script>
_.pipe(
  _.template$('\
    div[style="border: 1px solid #000; padding: 20px;"]\
      #id1.class1.class2[class="class3 class4"] hi <em>ho</em>\
      .service\
        a[href="http://www.marpple.com" target="_blank"] http://www.marpple.com\
      br'),
  function(html) {
    $('body').append(html);
  })();
</script>

<!-- 결과 -->

<div style="border: 1px solid #000; padding: 20px;">
  <div id="id1" class="class1 class2 class3 class4">hi <em>ho</em></div>
  <div class="service"><a href="http://www.marpple.com" target="_blank">
    http://www.marpple.com</a></div>
  <br>
</div>
```

위 코드는 HTML의 각 부분과 매칭되는 Jade 스타일의 문법이다. CSS Selector와 비슷하다. Jade 스타일의 문법은 생각보다 난해하지 않다. 조금 작성해 보면 금방 익숙해지고 코딩 시간을 단축시켜 준다. js 파일의 용량을 단축해 주는 효과도 있다. 템플릿 함수는 일반적인 웹 페이지의 HTML 코딩을 위해서는 적합하지 않고, 애플리케이션 개발에 용이하다.

> **참고**
>
> tagname[key=val]과 같은 상황에서는 ""를 생략할 수 있고 띄어쓰기나 특수 문자가 들어가면 div[class="item selected"]처럼 ""를 감싸 주면 된다.

5.5.3 데이터 치환

Partial.js의 템플릿 함수들은 Handlebars나 Underscore.js의 템플릿 함수들처럼 함수를 리턴하는 함수다. 리턴된 함수는 파이프라인에서 사용하기 좋다. 이번에는 위에서 데이터를 내려줘서 템플릿 내부에서 데이터를 문자열로 치환하는 문법을 알아보자.

코드 5-41 데이터 치환 Jade 스타일

```
<script>
_.go(
  { name: "Cojamm", age: 32 },
  _.template$('\
    .user\
      .name {{$.name}}\
      .age {{$.age}}'),
  function(html) {
    $('body').append(html);
  });
</script>

<!-- 결과 -->

<div class="user">
  <div class="name">Cojamm</div>
  <div class="age">32</div>
</div>
```

일반 HTML 문법도 지원한다.

코드 5-42 데이터 치환 일반 HTML

```
<script>
_.go(
  { name: "Hanah", age: 25 },
  _.template$('\
    <div class="user">\
      <div class="name">{{$.name}}</div>\
      <div class="age">{{$.age}}</div>\
    </div>'),
  function(html) {
    $('body').append(html);
  });
</script>

<!-- 결과 -->

<div class="user">
  <div class="name">Hanah</div>
  <div class="age">25</div>
</div>
```

5.5.4 일반 HTML 전용 _.string

일반 HTML만 사용할 때는 Jade 파싱 절차가 생략되는 _.string, _.string$ 등을 사용하는 것이 좋다.

코드 5-43 데이터 치환 일반 HTML

```html
<script>
_.go(
  { name: "Dool", age: 25 },
  _.string$('\
    <div class="user">\
      <div class="name">{{$.name}}</div>\
      <div class="age">{{$.age}}</div>\
    </div>'),
  function(html) {
    $('body').append(html);
  });
</script>

<!-- 결과 -->

<div class="user">
  <div class="name">Dool</div>
  <div class="age">25</div>
</div>
```

_.string, _.string$ 등은 말 그대로 일반 문자열 기반이므로 SQL 쿼리를 만들 때
에도 좋다.

코드 5-44 SQL

```html
<script>
  var t1 = _.string$("update posts set body = '{{$.body}}' where id = {{$.id}};");
  t1({ id: 10, body: "YOLO" });
  // 결과: update posts set body = 'YOLO' where id = 10;
</script>
```

5.5.5 인자 여러 개 받기

코드 5-45와 코드 5-46처럼 _.string$, _.template$ 대신 _.string, _.template을
사용하면 데이터를 인자 여러 개로 받을 수 있어 마치 템플릿 코드를 함수 정의하
듯이 사용할 수 있다.

코드 5-45 _.string

```html
<script>
var t2 = _.string('id, body', // <--- 인자처럼 순서대로 사용할 변수명 지정
  "update posts set body = '{{body}}' where id = {{id}};");

var id = 10;
var body = "YOLO";
t2(id, body); // <--- 순서대로 여러 개의 값을 넘김
// 결과: update posts set body = 'YOLO' where id = 10;
</script>
```

코드 5-46 _.template

```
<script>
var t3 = _.template('user, team', '\
  .user\
    .name {{user.name}}\
    .age {{user.age}}\
    .team {{team}}');

var user = { name: "Cojamm", age: 32 };
var team = "개발팀";
var html = t3(user, team);
$('body').append(html);
</script>

<!-- 결과 -->
<div class="user">
  <div class="name">Cojamm</div>
  <div class="age">32</div>
  <div class="team">개발팀</div>
</div>
```

보통 템플릿 엔진들은 하나의 값만 받지만, 여러 개의 재료를 동시에 받으면 할
수 있는 일이 많다. 물론 하나의 값이라도 객체로 만들면 여러 개의 값을 전달할
수 있겠지만 별개의 인자로 넘기는 것이 편리한 상황들이 있다.

5.5.6 escape

{{}}과 {{{}}}를 사용하여 출력 모드를 변경할 수 있다.

코드 5-47 escape

```
<script>
var t4 = _.template('html', '\
  div\
    {{html}} {{{html}}}');

$('body').append(t4('<h3>하이</h3>'));
</script>

<!-- 결과 -->
<div>
  <h3>하이</h3> &lt;h3&gt;하이&lt;/h3&gt;
</div>
```

5.5.7 코드 실행

{{}}나 {{{}}} 안에서는 자바스크립트 코드(표현식, expression)를 작성할 수
있다.

코드 5-48 코드 실행

```
<script>
var t5 = _.template('a, b, bool', '\
  div\
    {{ a + b }} {{ bool ? "참" : "거짓" }}');

$('body').append(t5(10, 5, true));
</script>

<!-- 결과 -->

<div>15 참</div>
```

함수를 실행할 수도 있다. 전역에 정의된 함수나, 직접 넘긴 함수나 메서드를 실행할 수 있다.

코드 5-49 함수 실행

```
<script>
function add(a, b) {
  return a + b;
}

var t6 = _.template('a, b, sub, d', '\
  div\
    {{ add(a, b) }}, {{ sub(add(a, b), 7) }}, {{ d.getFullYear() }}');

$('body').append(
  t6(10, 5, function(a, b) { return a - b }, new Date()));
</script>

<!-- 결과 -->

<div>15, 8, 2017</div>
```

코드를 실행하는 방법이 하나 더 있는데, 템플릿 함수를 정의하는 과정에서 문자열과 함께 함수를 넘겨주는 방법이다.

코드 5-50 문자열과 함수 함께 넘겨 템플릿 함수 만들기

```
<script>
var t7 = _.template('list', '\
  ul\
    li {{add(list[0], list[1])}}\
    li\
      {{_.map(list, ', function(v) {
        var r = v * 10;
        return r;
      }, ').join(", ")}}\
    li\
      {{_.reduce(list, ', function(memo, v) {
        return memo + v;
```

```
    },')}}');
$('body').append(
  t7([1, 2, 3, 4, 5]));
</script>

<!-- 결과 -->
<ul>
  <li>3</li>
  <li>10, 20, 30, 40, 50</li>
  <li>15</li>
</ul>
```

위 코드는 좀 복잡해 보이는데, 더 단순하게 예제를 바꿔서 쉽게 살펴보자. _.string과 _.template 함수의 첫 번째 인자는 인자들을 나타내고 두 번째부터는 템플릿 코드에 사용할 문자열과 함수들을 받는다. 이때 문자열은 템플릿 코드로, 함수는 이후 실행이 가능하도록 함수의 참조 값을 기억해 두었다가, 해당 함수를 실행할 준비를 해 두는 식으로 구현되어 있다.

코드 5-51

```
<script>
_.string('s', 'AB{{', function(s) { return s.toUpperCase(); }, '(s)}}DE')('c');
//1.    인자명, 문자열,                      함수,                        문자열
//2.                                                                (함수 실행);
//3.               {{               함수 참조            (인자전달)}}

// 결과 ABCDE
</script>
```

이렇게 코딩하면 두 줄 이상의 코드도 실행이 가능하고 중첩 따옴표 같은 문제로부터 자유로워진다. 자바스크립트 코드 내에서 쉽게 사용할 수 있고, 함수라는 단위로 소통하기 때문에 클로저 등의 함수 기능을 모두 활용할 수 있다.

partial.js의 템플릿 코드 안에서는 아무 함수나, 아무 메서드나 실행 가능하다. 전역에 선언된 함수나, 인자로 넘긴 함수나, 미리 익명 함수 등으로 선언한 함수도 사용이 가능하며, 클로저, 스코프 등의 특성도 모두 가능하다. Handlebars는 Helper 등록이 까다롭고 이용도 불편한 편이다. Helper들의 중첩 활용도 지원하지 않고, 그것을 해결하고자 한 오픈 소스들도 잘 동작하지 않는다.

Partial.js의 템플릿 엔진은 템플릿 코드 내에서 일반 자바스크립트 코드도 얼마든지 사용할 수 있고 편하고 유연하다. 이런 유연함이 생산성에 매우 큰 영향을 끼친다. 아무 자바스크립트 함수나 사용 가능하기 때문에 if를 위한 Helper들이 특별히 필요하지 않다. 자유롭게 자기 스타일대로 코딩하면 된다.

5.5.8 _.sum

{{}} 안에서 표현식을 자유롭게 사용할 수 있으므로 _.sum을 함께 사용하여 배열
을 통해 반복된 문자열을 만들 수 있다.

코드 5-52 _.sum과 함께 사용

```
<script>
var users = [
  { name: "Cojamm", age: 32 },
  { name: "JIP", age: 31 },
  { name: "Stephen Curry", age: 29 }
];

_.go(users,
  _.template('users', '\
    ul.users\
      {{_.sum(users, ', ', _.t('user', '\
        li.user\
          .name {{user.name}}\
          .age {{user.age}}'), ')}}'),
  function(html) {
    $('body').append(html)
  });
</script>

<!-- 결과 -->
<ul class="users">
  <li class="user">
    <div class="name">Cojamm</div>
    <div class="age">32</div>
  </li>
  <li class="user">
    <div class="name">JIP</div>
    <div class="age">31</div>
  </li>
  <li class="user">
    <div class="name">Stephen Curry</div>
    <div class="age">29</div>
  </li>
</ul>
```

5.5.9 비동기 제어

Partial.js의 템플릿 엔진은 비동기 제어를 지원한다. Partial.js의 비동기 제어 콘셉트
를 그대로 지원하고 Promise도 지원한다. 중간에 비동기 상황을 만나면 결과를 기
다린 후 문자열을 조합하여 결과를 만든다. 아래 예제는 가상의 API를 만든 것이다.

코드 5-53 비동기 제어

```
<script>
function get_users() {
  return new Promise(function(resolve) {
```

```
    setTimeout(function() {
      resolve([
        { name: "Cojamm", age: 32 },
        { name: "JIP", age: 31 },
        { name: "Stephen Curry", age: 29 }
      ]);
    }, 2000);
  });
};

_.go(null,
  _.template$('\
    ul.users\
      {{_.go(get_users(), ', _.sum(_.t('user', '\
        li.user\
          .name {{user.name}}\
          .age {{user.age}}')), ')}}'),
  function(html) {
    $('body').append(html)
  });
</script>

<!-- 약 2초쯤 뒤 -->
<ul class="users">
  <li class="user">
    <div class="name">Cojamm</div>
    <div class="age">32</div>
  </li>
  <li class="user">
    <div class="name">JIP</div>
    <div class="age">31</div>
  </li>
  <li class="user">
    <div class="name">Stephen Curry</div>
    <div class="age">29</div>
  </li>
</ul>
```

비동기 상황을 기다린 후 조합하여 원하는 문자열을 만들었다. 이와 같은 일이 필요한 상황들이 있다. 이런 특성을 잘 활용하면 SQL의 Subquery만으로는 할 수 없는(DB에 여러 번 다녀와야만 만들 수 있다든지, 추가 편집이 있다든지) 로직이 있을 때, 하나의 쿼리인 것처럼 보이도록 표현할 수도 있다.

5.6 지연 평가와 컬렉션 중심 프로그래밍

5.6.1 지연 평가

자바스크립트에서 지연 평가라니 무슨 말일까? 자바스크립트는 지연 평가(lazy evaluation)와 그에 따른 최적화를 지원하는 언어가 아니다. 그렇다고 자바스크립트 세상에 지연 평가가 없는 것은 아니다. 지연 평가는 말 그대로 평가를 지연하는 것이다. 그리고 평가를 지연시키는 방법은 함수를 이용한다. 연산자들과 로직을 담은 순수 함수를 통해 평가하는 일을 늦춘다. 함수는 평가의 단위이며, 조급히 평가할 수도 있고 미룰 수도 있다. 함수를 언제 평가 했느냐에 따라 엄격한 평가(조급한 계산법)가 되거나 지연 평가(느긋한 계산법)가 된다.

함수형 프로그래밍에서는 추상화를 함수 단위로 하고, 식과 값을 함수 단위로 다루면서 평가(실행) 시점을 정확히 다루는 식으로 로직을 설계한다. 함수 조합과 실행 시점 다루기는 함수형 프로그래밍의 최적화 도구이기도 하다. 기본이 느긋한 계산법으로 동작하는 언어에서는 모나드를 통해 엄격한 평가를 구현한다. 기본이 엄격한 계산법으로 동작하는 언어에서는 함수를 만들어 지연 평가를 구현한다. 이러한 방법은 대부분의 멀티 패러다임 언어들에서 함수형 프로그래밍을 할 때 사용된다.

다음은 지연 평가를 위한 재료들이자 이 책에서 다뤄 온 내용들이다. 혹시 앞부분을 건너뛰고 왔다면 아래 부분들을 읽고 오길 권한다.

- 1.4절: 일급 함수, 클로저, 부분 실행 관련 부분
- 2.1, 2.2, 2.5, 2.6절: 코드 실행, 함수 정의, 함수 참조, 함수 실행 관련 부분
- 3.1절: Lodash의 체인 방식의 지연 평가
- 4.2절: 부분 커링
- 5.1절: 파이프라인

2장의 시작과 끝에서는 이 책이 다음을 목표로 하며, 이 책을 다 읽고 나면 자연스럽게 알 수 있을 것이라고 했다.

> "아무 곳에서나 함수 열기. 함수 실행을 원하는 시점으로 미뤄서 실행하기."

함수형 프로그래밍에서는 어떤 곳에서 함수를 선언할 수 있는지, 어디에서 실행할 수 있는지, 즉시 실행할 수 있는지, 언제 실행할 수 있는지, 함수를 또 다른 실행 컨텍스트로 넘겨 어떻게 이어갈 수 있는지가 중요하다. 그리고 사실 이것이 함수형 프로그래밍의 거의 전부다.

지연 평가를 잘 다루기 위해서는 알아야 할 개념과 문법, 재료, 유틸리티 벨트가 제법 있는데, 결국 이 모든 것들은 함수다. 지연 평가를 올바르게 동작시키려면 그 평가의 단위가 반드시 순수 함수여야 한다. 외부 변수나, 내부에 숨겨진 값, 객

체, 체인 등에 의존한 지연 평가는 위험하다.

　물론 순수 함수가 아니더라도 평가를 지연한 사이에 부수 효과가 생기지 않게 만 한다면 의도대로 동작할 것이다. 하지만 이렇게 프로그래밍하는 것은 객체지향 프로그래밍 방식이다. 문제가 생기지 않도록 상태를 잘 관리하기 위해, 의존성을 분리하거나 좋은 디자인 패턴을 사용하는 것은 객체지향의 방법론이다. 함수형 프로그래밍은 상태 관리를 하지 않는 것과 부수 효과를 최소화하는 것이 목표에 가까우며, 순수 함수들의 평가를 통해 프로그래밍하는 것이 함수형 프로그래밍의 방법론이다.

5.6.2 Lodash의 체인 방식 지연 평가가 아쉬운 이유

Lodash나 Lazy.js 같은 라이브러리들의 지연 평가는 체인 방식으로 구현되었다. 체인 방식의 지연 평가는 평가의 단위가 함수가 아닌 체인 객체와 그것에 쌓인 내부 상태다. 또한 평가 시점, 평가 조건, 구체적인 알고리즘 등을 개발자가 명시적으로 선택할 수 없다는 단점이 있다.

　평가 조건이 암시적인 것이 아쉬운 부분인데, length가 200개 이상이어야 하며 iteratee가 선언한 인자 개수가 1개여야만 동작한다. 이 두 가지 조건을 모두 만족해야만 지연 평가가 동작한다. 이것은 Lodash가 선택한 조건이다. 배열 내부의 중첩 데이터가 얼마나 얼마나 복잡하든지, 한 번의 iteratee에서 오래 걸리는 일이 있든지 상관 없이 lodash를 통해 작성한 로직은 Lodash의 평가 조건에 의해 강제적으로 평가된다.

　어떤 때는 200개 이상의 배열을 가지고 있더라도 내부 값의 특성이나 iteratee 에서 하는 일, 합성한 함수들에 따라 지연 평가가 동작하지 않아야 빠른 경우도 있다. 그러나 이런 경우에도 Lodash의 지연 평가를 동작하지 않도록 제어할 방법 이 없다. 체인 방식을 사용하지 않는 방법 뿐이다. 그러나 체인 방식을 사용하지 않으면 표현력이 떨어진다. 지연 평가를 명시적으로 선택할 수 없다는 점은 매우 아쉬운 부분이다.

　Lodash의 지연 평가 조건을 변경하는 방법은 한 가지뿐인데, Lodash 라이브러리 맨 상단의 LARGE_ARRAY_SIZE를 변경하는 것이다. 함수형 프로그래밍은 일반적인 값도 함수(Functor)로 대신할 정도로 고집스러울 만큼 함수의 다양한 활용을 중시한다. LARGE_ARRAY_SIZE처럼 상수와 숫자를 활용하기보다 실행 컨텍스트에서 옵션을 선택할 수 있도록 함수를 응용했다면 더 아름다웠을 것이다. 함수 선택으로 로직과 알고리즘을 선택하는 것이 함수형 프로그래밍이 가진 최적화 전략이다. Lodash는 기본적으로 많은 부분들에서 이것들을 따르지 않는다.

체인에서 지연 평가할 메서드를 선택하는 알고리즘 역시 암시적이다. 함수의 순서 배치, 어디까지만 지연할지 고를 수 없다. 수많은 상황을 한 가지 패턴에만 의존해야 한다. 물론 그 수많은 상황 중 Lodash의 상황과 맞아떨어지는 상황이 있기는 할 것이다.

Lodash는 개발자를 대신하여 성능을 개선해 주고자 했고, 이는 분명 멋진 시도다. 그러나 이렇게 하기 위해서 체인 객체를 관리하는 등의 선행 로직이 추가되었다. 그러므로 선행 로직에서 사용된 시간을 넘는 효과가 나와야만 Lodash의 도움을 받은 셈이 된다. 개발자에게 선택권이 아예 없는 것은 아니지만 편하거나 자유롭지는 않다.

체인 방식의 지연 평가는 이러한 아쉬움이 있다. 필자는 보다 순수한 함수를 통한 방식에 손을 들어 주고 싶다. 지연 알고리즘은 개발자가 필요할 때 언제든지 구현할 수 있고, 그것을 고민하는 것은 개발자에게 즐거움이 된다. 순수한 함수를 통해서 평가 시점을 다루면 더욱 좋은 패턴이 나오게 된다. 순수 함수는 실행 시점이 언제여도 상관이 없고, 부수 효과가 없기 때문에 평가 시점을 보다 자유롭게 다룰 수 있다. 순수 함수로 구성된 '시점 다루기 함수 세트'인 경우에는 원할 때에만 충분히 도움을 받을 수 있고, 로직 선택의 폭도 넓어진다.

지연 평가는 '개념'이다. Lodash의 지연 평가는 컬렉션을 다루는 고차 함수와 보조 함수의 배치를 변경하는 식으로 지연 평가를 구현한 구현체 중 하나이다. 아마도 Lodash는 컬렉션 관련 함수에 있어서는 마치 언어나 컴파일러가 대신하여 성능을 개선해 주는 것처럼, 라이브러리가 지연 평가를 알아서 해 주는 것처럼 느껴지게 하고 싶었던 것이 아닐까 싶다.

5.6.3 지연 평가 결정의 기준과 L

자바스크립트는 연산을 느긋하게 하는 언어가 아니다. 자바스크립트는 평가 순서가 제일 중요하다. 그렇다고 실망할 필요는 없다. 컬렉션을 주로 다루는 프로그래밍에서는 함수 실행 순서를 재배치하는 것만으로도 충분히 성능을 개선할 수 있다.

요즘 사용하는 언어들 대부분은 컬렉션을 다루는 기능을 제공하고 있다. 이러한 언어들은 언어 자체적으로 컬렉션을 다루는 기능을 제공하거나, 유명한 라이브러리들을 가지고 있다. 자바스크립트에는 `Array.prototype.map`,

`Array.prototype.reduce`, `Array.prototype.filter` 등이 있다. 라이브러리로는 Underscore.js나 Lodash 등이 있으며, 이제는 사실상 데이터를 다루는 모든 라이브러리나 프레임워크들이 `map`, `filter`, `reduce`, `find`와 같은 기능들을 제공하고 있다.

요즘 사용하는 대부분의 언어들에서는 컬렉션 관련 함수들에 대한 지연 평가를 구현할 수 있다. 컬렉션 관련 함수들이 연속적으로 사용되었을 때 이 함수들이 조급히 계산되지 않게 하고, 최적화될 수 있는 특정 시점으로 미루는 식으로 좋은 성능을 만들 수 있다. 다만 객체의 메서드로는 이런 일을 하기가 좀 어렵다. 어렵다기보다는 잘 어울리지 않는다고 볼 수 있을 것 같다. 메서드의 경우 객체라는 실제하는 값이 먼저 존재하기 때문이다. 반면 순수 함수는 값이 있기 전에 선언될 수 있고, 한 번 실행되어도 또 실행될 수 있으며, 이리저리 들고 다니며 계속 실행해도 항상 동일하게 동작한다.

객체지향의 방식은 의존성을 낮추고 부수 효과를 줄이면서 조합성을 높이기 위해 객체들 간에 서로 최대한 모르게 하려는 경향이 있다. 그렇기 때문에 이리저리 들고 다니는 것 자체가 어울리지 않는다. 타입을 중시할 경우에는 다양한 객체들이 서로의 영역을 넘나들도록 구현하는 것은 더욱 힘들며, 그렇게 만드는 것이 객체지향적으로 좋은 설계도 아니다.

함수형 프로그래밍에서는 함수를 인자로 취하는 것이 자연스럽고 순수 함수를 이리저리 들고 다니는 것으로는 부수 효과가 생기지 않는다. 이런 점들을 볼 때 평가 시점을 다루는 단위를 순수 함수로 하는 것이 적합하다고 볼 수 있고, 실제로 사용해 보아도 그렇다.

다시 한번 이야기하지만, 지연 평가나 지연성은 간단한 개념이다. 대단한 것이 아니다. 독자도 어쩌면, 아니 아마도 이미 함수를 잘 배치하는 방법으로 평가 순서를 적절히 하여 좋은 성능을 내보았을 것이다.

5.6절 예제의 모든 함수들을 화살표 함수로 코딩을 하면 더 예쁠 수도 있지만 그렇게 하지 않았다. 익명 함수가 곧 람다이며, 람다뿐만 아니라 이미 선언된 함수들을 잘 사용하는 것이 함수형 프로그래밍이다. 또한 함수의 다양한 개념들과 해당 언어에서 제공되는 함수의 기능들을 충분히 사용하는 것이 함수형 프로그래밍이다. 그렇기에 함수형 프로그래밍을 한다고, 2017년에 코딩한다고 해서 화살표 함수를 고집하지는 않는다. 필자는 오히려 이름이 지어진 함수를 선호한다. 어떤 일을 하는지 그려지는 함수들을 선택하는 식으로 코딩을 하면, 그 함수의 내부

는 복잡할지라도 짧고 표현력 좋은 코드를 만들 수 있다. 화살표 함수로 복잡하게 작성하는 것보다 이름이 있는 함수를 선언하면 테스트하기도 용이하다.

그런데 5.6절에서는 화살표 함수를 함께 사용하기도 했다. 화살표 함수의 모습이 식처럼 보이는데도, 즉시 평가되지는 않으니 감동이 두 배다. 즐기면서 프로그래밍 하는 것은 개발자가 얻을 수 있는 가장 소중한 보상 중 하나인 것 같다.

사족이 길었다. 다음을 보자.

코드 5-54 _.map 하고 _.every 하기

```
function square(v) {
  return v * v;
}

_.go([2, 4, 11, 2, 7, 12],
  _.map(square),        // 6번 반복
  _.every(v => v < 100), // 3번 반복
  console.log);
// false
```

위 코드는 배열 내부의 값을 제곱했을 때 모두 100보다 작은지 알아내기 위해 작성한 코드다. 배열의 내부의 모든 값을 제곱한 다음 모두 100보다 작은지 확인하고, 로그를 남기고 있다. 코드에서는 각각의 값을 제곱된 값으로 매핑하기 위해 _.map과 square를 이용했다. 코드 5-54는 _.map에서 루프를 6번, _.every에서 3번 돈다.

Partial.js의 L을 이용하면, 파이프라인 내부에서 함수들의 실행 순서를 재배치하여 적절하게 평가를 지연할 수 있다. 사용법은 간단하다. 지연 평가하고 싶은 함수의 네임스페이스를 _에서 L로 바꿔 주면 된다. 개발자는 L을 통해 지연 평가할 영역을 명시적으로 선택할 수 있다.

코드 5-55

```
// ❶ _ 대신 L로 바꾸면 지연 평가가 동작한다.
_.go([2, 4, 11, 2, 7, 12],
  L.map(square),        // 3번 반복 (6번에서 3번으로 줄어듬)
  L.every(v => v < 100), // 3번 반복
  console.log);
// false (총 6번 반복하여 결과를 얻음)

// ❷ 위처럼 L로 바꾸었을 때, 내부적으로 동작하는 모습을 표현하면 아래와 같다.
_.go([2, 4, 11, 2, 7, 12],
  _.every(_.pipe(square, v => v < 100)), // 3번 반복
  console.log);
// false (총 3번 ?)
```

❶은 내부적으로 자동으로 재배치하여 sqaure를 미뤘고, ❷는 _.map을 제거한 후 _.every를 한 단계 당기고 square의 위치를 한 단계 미뤘다. ❶과 ❷는 모두 동일한 결과를 만든다. 상황에 따라 더 어울리는 표현을 선택하면 된다.

❷의 경우 3번만 반복했다고 되어 있지만 사실 정확히 따지면 6번 실행된 것이다. square도 3번 실행되었기 때문이다. 앞서 9번 실행된 것에 비해 3번의 반복을 줄였다. 더욱 정확히 따지면 _.pipe 함수가 리턴한 함수도 실행되므로 9번 실행되었다고 볼 수도 있다.

그렇다면 이 상황을 성능 개선이 이루어진 것이라고 볼 수 있을까? 위 상황에서 11이라는 값이 [11, 4, 2, 2, 7, 12]과 같이 맨 앞에 있다면, _.pipe, square, v < 100 이 세 가지 함수는 딱 한 번씩만 실행된다. 반대로 맨 끝에 있다면 총 18번이 된다. 맨 끝에 있다면 오히려 코드 5-54가 최대 12번만 실행되므로 더 낫다.

그럼 지연 평가는 소용이 없을까? 결론을 말하자면 소용이 없을 때도 있고, 있을 때도 있다. 다음을 보자.

코드 5-56

```
// 성능만 놓고 보면 이게 좀 더 낫고
_.go([2, 4, 11, 2, 7, 12],
  _.every(v=> square(v) < 100),
  console.log);

// 이것이 더 낫다.
_.go([2, 4, 11, 2, 7, 12],
  _.every(v=> v * v < 100),
  console.log);

// 그리고 이게 더 낫다.
console.log(_.every([2, 4, 11, 2, 7, 12], v => v * v < 100));
```

성능만 놓고 보면 맨 마지막이 가장 낫다. 함수 조합을 강조하다가, 점점 함수 조합을 줄여서 보여 주고 있다. 이러다 절차지향 코드까지 가겠다고 생각할 수 있는데, 필자는 그 얘기를 하고 싶은 게 아니다. 앞의 코드 중에서 무엇이 제일 나은지 말할 수 없다. 상황별로 다르기 때문이다.

그러나 확실히 말할 수 있는 것이 있다. 언제, 무엇을 지연 평가할 것인가에 대한 기준은 말할 수 있다. 무슨 말일까? 다음 코드를 보자.

코드 5-57 지연 평가의 기준

```
// ❶ 엄격한 평가
_.go([2, 4, 11, 2, 7, 12], // <--- 이 데이터가 많아도 유리해지고,
```

```
  _.map(slow_or_heavy), // <--- slow_or_heavy가 오래 걸릴수록 뒤로 미루는 게 좋으며,
  _.every(fast),    // <--- 최종적으로 꺼내고자 하는 값의 개수가 적을수록 미루는 것이 좋다.
  console.log);

// ❷ 지연 평가
_.go([2, 4, 11, 2, 7, 12],
  L.map(slow_or_heavy),
  L.every(fast),
  console.log);
```

❶의 경우는 slow_or_heavy를 데이터의 개수만큼 모두 실행해야 한다. ❷의 경우는 slow_or_heavy를 뒤로 미뤄서 slow_or_heavy->fast를 실행해 보고, fast의 결과에 따라 다음 slow_or_heavy들을 실행할지를 결정하므로, 모두 실행할 수도 있고 단 한 번만 실행할 수도 있다.

위 주석의 내용이 '지연 평가를 할 것인가'를 판단하는 기준이 된다. 위와 같을수록 다른 무언가를 희생해서라도, 지연 평가를 하는 것이 이득이다. 실제로 위와 같은 상황이라면 매우 유의미한 성능 향상을 가져올 수 있다. ❶의 경우는 반드시 slow_or_heavy를 모두 실행하지만, ❷의 경우는 slow_or_heavy를 한 번만 할 가능성도 생기기에 큰 성능 향상을 얻을 가능성이 높다.

L을 지원하려면 추가적인 코드 실행이 일어난다. 앞서 _.go나 _.pipe를 사용해도 추가적인 코드 실행이 일어난다고 했다. 당연한 일이다. 이러한 추가적인 코드 실행은 체인 방식에서도 동일하게 일어난다. 그렇지만 _.pipe 등의 함수는 절차 지향적으로 쥐어짠 코드다. 받아 둔 함수들을 연속적으로 실행해 주는 로직을 가지고 있지만 그것 외에 다른 로직은 없다. 항상 동일한 성능을 낸다. _.pipe 같은 함수는 어떻게 동작하는지, 얼마나 시간이 걸릴지 정해져 있는 함수다. 그러므로 함수 운용에 있어 이득이 된다면 쓰는 것이 좋다. 소프트웨어 전체적으로 slow_or_heavy를 사용하는 곳이 여러 곳일수록, slow_or_heavy가 느릴수록 코드 5-57의 ❷는 좋은 사례가 된다.

여기서 짚어야 할 사실이 하나 있다. slow_or_heavy가 빠른지, 느린지, 무슨 일을 하는지에 대해서는 코드를 작성한 개발자만이 알 수 있다. 코드에서 사용될 데이터가 항상 15개 정도인지, 10,000개 정도인지를 알 수 있는 것 역시 마찬가지다. 어떤 함수를 어떻게 지연시킬 것인가에 대한 전략은 코드를 작성할 개발자가 제일 잘 떠올릴 수 있다.

다음은 지연 평가의 세 가지 기준이다.

1. 데이터가 많을 때

2. 앞쪽 함수가 무거운 함수일 때

3. 뒤쪽으로 갈수록 필요한 재료가 적을 때(완성하는 데 필요한 재료가 적을 때)

이 기준을 가지고 어떤 함수를 뒤로 미룰지 결정하면 된다. 여기서 2번은 지연 평가의 조건이자 대상이며, 지연 평가의 단위는 순수 함수여야 한다.

간단하게 지연 평가를 다뤄 보았다. 컬렉션 중심 프로그래밍에서의 지연 평가에 대해 더 깊이 들어가기 위해 컬렉션 중심 프로그래밍에 대해 좀 더 생각해보자.

5.6.4 컬렉션 중심 프로그래밍

컬렉션을 다루는 것은 함수형 프로그래밍과 잘 어울리고 더욱 빛을 발한다. 컬렉션 중심 프로그래밍의 목표는 컬렉션을 다루는 좋은 로직의 함수 세트들을 만들어서 재사용성을 극대화시키는 데 있다. 좋은 로직의 개별 함수는 많으면 많을수록 좋다. 함수를 조합하는 식으로 프로그래밍을 하면 그 함수의 내부가 아무리 복잡하더라도 코드는 간결해지고 표현력을 풍부하게 만들 수 있다.

많은 데이터형을 지원하고 화려하게 동작하는 만능 함수 10개를 사용하는 것보다, 적은 데이터형을 지원하며 작은 기능만을 수행하는 함수를 100개를 운용하는 것이 좋다. 이것은 분기를 줄이며 성능을 좋게 하고, 함수 이름으로 로직을 외우게 한다. 함수 이름으로 로직을 외워 두면 복잡한 코드를 읽지 않고도 무슨 일을 하는지 떠올릴 수 있다. 조합된 함수들로 완성된 큰 로직 역시 머리에서 쉽게 떠올릴 수 있다. 함수형 프로그래밍은 값의 변이 과정을 숨기고 무슨 일을 하는지만 남겨서 개발자로 하여금 이 코드가 무슨 일을 하는지 쉽게 알도록 해 준다. 이는 컬렉션 중심 프로그래밍의 지향점과도 동일하다.

컬렉션 중심 프로그래밍과 컬렉션 중심 프로그래밍에서의 지연 평가에 대한 비밀을 풀기 위해 먼저 함수들을 다음과 같이 유형별로 펼쳐 놓고 생각해 보자.

- 4가지 유형별 대표 함수와 유형
  ① map - 다 돌면서 내부 재료와 연관된 각각의 새로운 값 만들기, 이 유형을 줄여서 '수집하기'라고 하자.
  ② filter - 다 돌면서 거르기, 이 유형을 줄여서 '거르기'라고 하자.
  ③ reduce - 다 돌면서 좁히기, 이 유형을 줄여서 '접기'라고 하자.

④ find - 찾아나가다가 원하는 결과를 완성하면 나가기, 이 유형을 줄여서 '찾아내기'라고 하자.

- 4가지 유형별 고차 함수들
  ① 수집하기 - map, pluck, values, keys, pairs 등
  ② 거르기 - filter, reject, difference, compact 등
  ③ 접기 - reduce, group_by, index_by, count_by, max, min 등
  ④ 찾아내기 - find, some, every, take, indexOf, findIndex 등

아직 위 함수들이 각각 무엇을 하는 함수인지 모른다면 *https://marpple.github.io/partial.js/docs*에서 확인하는 게 좋다.

각 유형별 함수들은 맨 앞의 함수들인 map, filter, reduce, find와 같다. 즉, pluck, values 등은 map과 같고, reject, difference 등은 filter와 같다. group_by, max 등은 reduce와 같고, every, take 등은 find와 같다. 여기서 같다는 말은 어떤 의미일까?

5.6절에서 독자와 소통하기 위해 '대표 함수'라는 용어와 '특화 함수'라는 용어를 지어 보았다.

맨 앞에 있는 함수들인 map, filter, reduce, find는 각 유형의 대표 함수들이다. 이들이 대표 함수인 이유는 각 유형 중 추상화 레벨이 가장 높은 함수들이기 때문이다. 각 유형에서 추상화 레벨이 제일 높다는 말은, 대표 함수로 각 유형별 특화 함수를 만들 수 있다는 의미다. map으로 pluck를 만들 수 있고, filter로 difference을 만들 수 있으며, reduce로 group_by를, find로 some을 만들 수 있다. 특화 함수는 대표 함수가 구체화된 것이다.

동일 유형의 함수들은 모두 같은 목표를 가지고 있다. 여기서 말하는 목표는 단순히 리턴값이 아니고, 특정 데이터형도 아니다. 각 함수의 실제적인 용도나 리턴값은 다를 수 있지만, 모두 동일한 로직을 갖는다. 함수형 프로그래밍에서 함수는 로직이라고 했다. 함수형 프로그래밍에서 함수를 선택하는 것은 로직을 선택하는 것이며, 함수를 조합하는 것은 로직을 완성해 나가는 것이다.

이어서는 '수집하기', '거르기', '접기', '찾아내기'라는 유형을 가지고 함수에 대해 이야기할 것이다.

5.6.5 수집하기와 거르기

앞서 이야기한 대로 _.pluck는 _.map으로 만들 수 있다. 그러므로 _.pluck는 '수집

하기' 유형이다.

코드 5-58 _.map과 _.pluck

```
_.pluck = function(data, key) {
  return _.map(data, function(val) { return val[key]; });
};

var users = [{ id: 1, name: 'ID' }, { id: 3, name: 'BJ' }, { id: 6, name: 'PJ' }];

console.log(_.pluck(users, 'id'));
// [1, 3, 6]

console.log(_.pluck(users, 'name'));
// ["ID", "BJ", "PJ"]

console.log(_.map(users, u=>u.id));
// [1, 3, 6]

console.log(_.map(users, u=>u.name));
// ["ID", "BJ", "PJ"]
```

_.values와 _.pairs도 '수집하기' 유형이다. _.values와 _.pairs를 _.map으로 대신하면 다음과 같다.

코드 5-59 _.map과 _.values와 _.pairs

```
_.go(users,
  _.first,
  _.values,
  console.log);
// [1, "ID"]

_.go(users,
  _.first,
  _.map(v=>v),
  console.log);
// [1,"ID"]

_.go(users,
  _.first,
  _.pairs,
  console.log);
// [["id",1],["name","ID"]]

_.go(users,
  _.first,
  _.map((v, k) => [k, v]),
  console.log);
// [["id",1],["name","ID"]]
```

'수집하기' 유형의 로직이 필요한 경우, 어떤 결과를 만들고 싶든지 _.map을 통해 구현할 수 있다.

이번엔 '거르기'를 살펴보자. 다음은 _.filter로 _.reject를 만든 경우다.

코드 5-60 _.filter와 _.reject

```
_.reject = function(data, predi) {
  return _.filter(data, _.negate(predi));
};

// 위 코드는 아래와 같다
_.reject = function(data, predi) {
  return _.filter(data, function(v, i, l) {
    return !predi(v, i, l);
  });
};
```

결국 _.reject는 '거르기'이므로 _.filter로 만들 수 있다. '거르기'는 앞서 말했듯
data를 처음부터 끝까지 모두 돌면서 거르는 목표를 가지고 있다. 추상적인 개념
이 '거르기'와 동일한 모든 함수는 '_.filter'로 만들 수 있다. 다음 함수들이 대표적
이다.

코드 5-61 _.difference, _.compact

```
_.difference = function(data, target) {
  return _.filter(data, function(val) {
    return !_.contains(target, val);
  });
};
console.log( _.difference([1, 2, 1, 0, 3, 1, 4], [0, 1]));
// [2, 3, 4]

// 혹은
_.difference = function(data, target) {
  return _.reject(data, function(val) {
    return _.contains(target, val);
  });
};
console.log( _.difference([1, 2, 1, 0, 3, 1, 4], [0, 1]));
// [2, 3, 4]

_.compact = _.filter(_.identity); // 부분 커링
console.log( _.compact([0, 1, false, 2, '', 3]) );
// [1, 2, 3]
```

짝수만 꺼내는 일, 홀수만 꺼내는 일, 베스트 고객만 고르는 일들과 같이 모
든 값을 순회하면서 걸러내야 할 경우에는 '거르기' 유형의 함수를 이용하거나
_.filter를 이용하면 된다.

'수집하기'와 '거르기'의 차이점과 공통점을 살펴보자.

- 차이점

    ① '수집하기'의 경우 배열의 크기는 동일하지만 내부 값을 바꾼다.

    ② '거르기'의 경우 배열의 크기만 변경되고 내부 값은 그대로다.

- 공통점

    ① 둘 다 루프를 끝까지 돈다.

    ② 결과를 만들 때 이전 인덱스의 값은 중요하지 않다. (data[0].name을 만들기 위해 data[1].name이나 data[1]이 필요하지 않다.)

컬렉션 중심 프로그래밍의 지연 평가는 먼저 위 '차이점'을 기준으로 내부적으로 다른 동작을 한다. 어쩌면 이것은 당연하다. 지연 평가에 있어 '차이점'보다 훨씬 중요한 것은 '공통점'이다. '공통점' 덕분에 지연 평가를 하는 의미가 있으며, 지연 평가를 가능하게 한다. 정확히 왜 그런지 지금 이야기하지는 않겠다. 생각해 보면서 이후 내용을 읽어 나가면 더 재미있을 것이다.

5.6.6 접기

'접기'는 값 전체를 순회하면서 값을 접는 함수다. AAA를 B로 만든다. '접기'의 대표 함수는 _.reduce다. 대표 함수로 무슨 일을 할 수 있는지에 대해 쉽게 연상할 수 있는 비결이 있다. 동일 유형의 특화 함수들을 보면 된다. 자꾸 보다 보면 '아 _.reduce로는 보통 이런 것들을 만드는구나'하고 떠올릴 수 있게 된다. 이는 모든 유형에 적용되는 이야기다.

아래는 _.group_by를 _.reduce로 구현한 사례다.

코드 5-62 _.group_by와 _.reduce

```
var users = [
  { id: 1, name: 'ID', age: 33 },
  { id: 2, name: 'BJ', age: 33 },
  { id: 3, name: 'PJ', age: 29 },
  { id: 4, name: "JE", age: 27 }
];

_.group_by = function(data, iter) {
  return _.reduce(data, function(grouped, val, i, list) {
    var key = iter(val, i, list);
    _.has(grouped, key) ? grouped[key].push(val) : grouped[key] = [val];
    return grouped;
  }, {});
};
```

```
console.log(
  _.group_by(users, u => u.age)
);
//{
//  27: [{ id: 4, name: "JE", age: 27 }],
//  29: [{ id: 3, name: 'PJ', age: 29 }],
//  33: [{ id: 1, name: 'ID', age: 33 }, { id: 2, name: 'BJ', age: 33 }]
//}

console.log(
  _.group_by(users, u => u.age - u.age % 10)
);
//{
//  20: [{ id: 3, name: 'PJ', age: 29 }, { id: 4, name: "JE", age: 27 }],
//  30: [{ id: 1, name: 'ID', age: 33 }, { id: 2, name: 'BJ', age: 33 }]
//}
```

'접기' 유형의 경우는 루프를 끝까지 돌아야 한다. 그래야만 제대로 접은 것이다. '접기'의 목표 중에는 끝까지 도는 것이 있다. 앞서 '수집하기'와 '거르기'의 '공통점'은 지연 평가를 가능하게 하는 특징이라고 했다. '접기'는 이것들과 어떤 점이 같고 어떤 점이 다를까?

우선 '공통점'은 순회를 끝까지 한다는 점이다. '차이점'도 중요하다. '접기'는 최종 결과가 들어온 결과와 완전히 달라진다. 일단 '거르기'는 리턴값의 내부 값이 인자로 들어온 값의 내부 값이며 리턴값은 항상 배열이니 '접기'와 다르다. 물론 '접기'로도 '거르기'를 할 수 있지만 '거르기'가 있으니 '접기'로 '거르기'를 하는 것은 좋은 선택이 아니다.

'수집하기'도 결과를 들어온 값과 달라지도록 하기 위해 사용하는 것인데, '접기'와 어떤 차이가 있는 것일까?

'접기'의 경우 완전히 다른 데이터형을 만드는 목표도 '접기' 유형의 성질 중 하나다. 그리고 '접기'의 경우 값을 만들어 갈 때, data[0]과 data[1]를 모두 필요로 하는 경우도 많다. 이러한 '접기' 유형의 성질은 지연 평가를 불가능하게 한다.

그렇다. _.reduce를 포함한 모든 '접기' 유형은 지연 평가를 할 수 없다. 좀 더 정확히 말하자면, _.reduce의 iteratee는 지연 평가의 대상으로 일반화될 수 없다. _.reduce의 iteratee들은 서로 간의 연속성을 가질 수 있으며 결과로 무엇을 만들지 모르기 때문이다. 이 연속성이 '접기' 유형이 필요한 이유이기도 하다.

5.6.7 찾아내기

'찾아내기'의 대표 함수는 _.find다. _.some, _.every, _.find_index 등은 '찾아내

기'의 특화 함수다. 이 함수들은 모두 찾아내기 위한 목표를 가지고 있다. '찾아
내기'는 찾고자 하는 것을 모두 찾고 나면 루프를 빠져나오는 목표도 가지고 있
다. _.some은 true를 하나라도 찾는 경우, _.every는 false를 하나라도 찾는 경우,
_.find_index는 동일 값을 만나는 경우에 루프를 빠져나온다. 이들은 모두 단일
값을 리턴하며 리턴값에 대한 데이터형도 정해져 있다.

    _.take도 '찾아내기' 유형이다. _.take에게 두 번째 인자로 숫자를 넘길 경우 해
당 개수의 값을 가진 배열을 리턴한다.

코드 5-63 _.take

```
_.take([1, 2, 3, 4]);
// 1
_.take([1, 2, 3, 4], 1);
// [1]
_.take([1, 2, 3, 4], 2);
// [1, 2]
_.take([1, 2, 3, 4], 10);
// [1, 2, 3, 4]
```

_.take는 0번부터 n번까지의 값을 찾아내기 위한 함수다. 그리고 원하는 데이터
를 찾아낸 후에는 루프를 빠져나오는 목표를 가졌다. '찾아내기' 유형이라는 얘기
다. '찾아내기' 유형의 함수들은 역시 _.find로 모두 구현할 수 있다.

코드 5-64 _.some

```
_.some = function(data, iter) {
  iter = iter || function(v) { return v; };
  var res = false;
  _.find(data, function(v) { return res = !!iter(v); });
  return res;
};

console.log(
  _.some([0, 0, 1, 0, 2])
);
// true

console.log(
  _.some([0, 0, 1, 0, 2], function(v) { return v > 2; })
);
// false
```

'찾아내기'는 무언가를 찾아내는 일을 한다. 여기서 '무언가'는 '값'만 가리키는 것
이 아니다. 조건에 맞는 하나의 값을 찾기도 하지만, 참인지 거짓인지를 찾아내기
도 한다. 조건에 맞는 값이 몇 번째에 있는지를 찾아내기도 한다. 조건에 맞는 여

러 개의 값을 찾아내기도 한다. '찾아내기' 유형의 함수들은 마치 '접기'처럼 새로운 형의 값을 만들기도 하고, '거르기'처럼 기존 값들 중 몇 개를 거르는 역할을 하기도 한다.

'찾아내기' 유형의 함수들은 각각 찾고자 하는 값은 다를지라도, 모든 찾아내기 함수들이 갖는 공통점이 있다. 바로 '언제 멈출 것인가'이다. 모든 '찾아내기' 유형의 함수들은 반복을 멈추는 목표도 가진다. 중간에 반복을 멈추는 목표는 '찾아내기' 유형만의 중요한 목표이자, '접기' 유형과의 '차이점' 중 매우 상징적인 성질이다. 만일 중간에 멈추는 목표가 없다면 '접기' 함수와 완전히 동일한 유형이 된다.

대표 함수인 _.find를 포함해서 _.every, _.some, _.findIndex, _.take 등은 모두 배열의 모든 데이터를 순회할 필요가 없다. 반복을 항상 꼭 채울 필요가 없다는 말이다. '수집하기', '거르기', '접기'와 달리 '찾아내기' 유형의 모든 함수들은 반복을 최소화하는 목표를 갖고 있다.

Partial.js에는 _.loop라는 함수가 있다. 이 함수는 _.find로 구현되어 있다. 이 함수가 어떤 함수인지 쉽게 설명하자면, 멈출 수 있는 _.reduce라고 보면 된다. _.reduce처럼 높은 추상 레벨이면서 중간에 나갈 수 있다. _.loop 역시 Partial.js의 다른 고차 함수들처럼 동기 최적화와 비동기 제어를 모두 지원한다. _.loop의 비동기에서의 사용은 322쪽 7.4절에서 다룬다.

코드 5-65 _.loop로 10대 2명만 찾아내기

```
var users = [
  { id: 1, name: "ID", age: 12 },
  { id: 2, name: "BJ", age: 28 },
  { id: 3, name: "HA", age: 13 },
  { id: 4, name: "PJ", age: 23 },
  { id: 5, name: "JE", age: 29 },
  { id: 6, name: "JM", age: 32 },
  { id: 7, name: "JE", age: 31 },
  { id: 8, name: "HI", age: 15 },
  { id: 9, name: "HO", age: 28 },
  { id: 10, name: "KO", age: 34 }
];

var count = 0;
_.go(users,
  _.loop(function(list, user) { // 10대 2명만 뽑기
    count++; // 루프 카운트
    if (user.age < 20) list.push(user);
    if (list.length == 2) return _.break(list);
    return list;
  }, []),
  console.log);
// [{ id: 1, name: "ID", age: 12 }, { id: 3, name: "HA", age: 13 }]
```

```
console.log(count); // 3 (루프를 3번만)
// 3
```

_.loop는 값을 만들다가 원하는 값을 완성하여 반복이 더 이상 필요 없다면 _.break 함수를 통해 반복을 멈출 수 있다.

위와 동일한 일을 _.reduce로 만들면 어떻게 될까?

코드 5-66 _.reduce로 10대 2명으로 접기

```
var count = 0;
_.go(users,
  _.reduce(function(list, user) { // 10대 2명만 뽑기
    count++; // 루프 카운트
    if (list.length == 2) return list; // 2개를 찾았을 때부터는
                                        // 반복이 되어도 아무 일 안 하도록
    if (user.age < 20) list.push(user);
    return list;
  }, []),
  console.log);
console.log(count); // 10 (루프를 10번)
```

이 코드는 코드 5-65와 동일한 결과를 만들었지만 코드 5-65와 동일한 일을 하지는 않는다. _.reduce는 루프를 모두 돌면서, 내부의 모든 값을 이용하여 '접기'를 하는 함수다. '찾아내기' 유형인 _.loop와 다르다.

'찾아내기' 유형의 함수들은 값을 찾다가 원하는 결과를 완성하면 나간다. '찾아내기'는 '접기'처럼 원하는 결과를 만들어 가고자 하는 목표를 가졌지만, 원하는 결과를 만들었다면 반복문을 빠져나가는 특징을 가진다.

_.loop의 iteratee에서 연산자를 잘 사용하면 코드를 훨씬 간결하게 만들 수 있다.

코드 5-67 10대 2명만 찾는 코드 간결하게 하기

```
/*
function(list, user) {
  if (user.age < 20) list.push(user);
  if (list.length < 2) return list;
  return _.break(list);
}
*/

_.go(users,
  _.loop(function(list, user) {
    return user.age < 20 && list.push(user) == 2 ? _.break(list) : list;
  }, []),
  console.log);
// [{ id: 1, name: "ID", age: 12 }, { id: 3, name: "HA", age: 13 }]
```

_.loop는 특화 함수가 아니다. _.loop는 사실 '찾아내기' 유형의 또 다른 대표 함수라고 할 수 있다. _.loop는 '찾아내기' 유형의 대표 함수인 _.find보다도 추상화 단계가 높다. _.loop로 _.find를 만들 수 있고 _.find로 _.loop를 만들 수 있다. 실용성으로 비교하면 _.find를 직접 사용할 경우 결과값은 들어온 배열의 내부 값 중 하나이고, _.loop의 결과값은 _.reduce처럼 원하는 아무 값이나 만들 수 있다.

지금까지 4가지 유형을 모두 자세히 살펴보았다. 이 4가지 유형과 각 유형의 대표 함수들을 이용하면 컬렉션 중심 프로그래밍의 모든 특화 함수들을 구현할 수 있고, 사실상 거의 모든 로직을 대체할 수 있다. 이 4가지 유형의 대표 함수인 _.map, _.filter, _.reduce, _.find는 굉장히 강력하고 상징적이다.

이 4가지 유형과 지연 평가와는 어떤 연관이 있을까? 우선 지연 평가와 '접기'는 연관이 없다. 즉 _.reduce류의 함수들은 지연 평가의 대상이 되지 않는다는 얘기다. 다르게 말하면 _.reduce류의 iteratee는 지연 평가의 대상이 될 수 없다. 어떤 값을 만들어 가는지 모른다는 점 자체는 문제가 되지 않지만, 반드시 반복을 모두 해야 한다는 목표를 가졌으므로 지연 평가와는 연관이 없다. 단, 접기 유형으로 병렬성이나 동시성을 구현할 수 있고, 더 나은 병렬성을 위해 지연 평가가 활용되기도 한다. 하지만 이때에도 접기가 지연 평가의 대상이 되는 것은 아니다. 이에 대한 내용이 궁금하다면 인프런에 올린 동영상 강의를 참고하길 바란다(*http://www.inflearn.com/course/함수형-프로그래밍*).

5.6.8 3가지 유형(수집하기, 거르기, 찾아내기)과 지연 평가와의 연관성

먼저 '수집하기'와 '거르기'의 특징들 중, 지연 평가와 연관된 특징들은 다음과 같다.

1. '수집하기'와 '거르기'는 루프를 끝까지 돈다는 특징이 있다.
2. '수집하기'와 '거르기'는 결과의 내부 값을 만들기 위해, 인자로 들어온 배열의 해당 번째 값만을 재료로 사용한다는 특징이 있다.
3. '수집하기'의 iteratee는 인자가 { name: 'CS' }라면 name을 수집하여 'CS'로 만드는 목표를 가진다.
4. '거르기'의 predicate는 인자가 'APPLE'라면 'A'로 시작하는지를 보고 'APPLE'를 남겨도 될지 알려주는 목표를 가진다.
5. 위 내용 중 3번, 4번은 2번에 대한 좀 더 자세한 설명이다.

이 이야기는 결국 다음이 가능하다는 말이 된다. '수집하기' → '거르기' 순으로 준
비된 연속적인 함수 실행이라고 가정했을 때, '수집하기'의 iteratee를 map_i_1이
라고 하고 '거르기'의 predicate를 filter_p_1라고 한다면, [[map_i_1, map_i_1],
[filter_p_1, filter_p_1]]를 [[map_i_1, filter_p_1], [map_i_1, filter_p_1]]
로 변경하여도 동일한 값을 만들 수 있다는 말이 된다.

엄격한 평가 1

① 수집하기:
[map_i_1({ val: 10 }), map_i_1({ val: 'hi' }), map_i_1({ val: 5 })]

② 거르기:
[filter_p_1(10), filter_p_1('hi'), filter_p_1(5)]

③ 결과:
[10, 5]

이와 같은 상황을 아래와 같이 배치하여도 동일한 값을 만들 수 있다.

지연 평가 1

① map+filter:
[[map_i_1({ val: 10 }), filter_p_1(10)],
 [map_i_1({ val: 'hi' }), filter_p_1('hi')],
 [map_i_1({ val: 5 }), filter_p_1(5)]]

② 결과:
[10, 5]

그럼 아래와 같은 상황은 어떨까?

엄격한 평가 2

① 수집하기1:
[map_i_1, map_i_1, map_i_1]

② 수집하기2:
[map_i_2, map_i_2, map_i_2]

③ 거르기1:
[filter_p_1, filter_p_1, filter_p_1]

④ 수집하기3:
[map_i_3, map_i_3, map_i_3]

⑤ 거르기2:

```
[filter_p_2, filter_p_2, filter_p_2]
```

⑥ 결과:

```
['CS']
```

'수집하기'와 '거르기'의 경우 아무리 많이 반복된다고 하더라도 아래와 같이 배치할 수 있다.

지연 평가 2

① map+filter:

```
[[map_i_1, map_i_2, filter_p_1, map_i_3, filter_p_2],
 [map_i_1, map_i_2, filter_p_1, map_i_3, filter_p_2],
 [map_i_1, map_i_2, filter_p_1, map_i_3, filter_p_2]]
```

② 결과:

```
['CS']
```

코드 5-68 엄격한 평가 3: map->filter

```
var list = [1, 2, 3, 4, 5, 6];
_.go(list,
  _.map(v => v * v),
  _.filter(v => v < 20),
  console.log);
// [1, 4, 9, 16]
```

위 코드는 아래와 같이 수행된다.

엄격한 평가 3

① 수집하기:

```
[(v * v), (v * v), (v * v), (v * v), (v * v), (v * v)]
```

② 거르기:

```
[(v < 20), (v < 20), (v < 20), (v < 20), (v < 20), (v < 20)]
```

③ 결과:

```
[1, 4, 9, 16]
```

이것을 L로 변경하여 지연 평가를 동작시켜도 결과는 동일하다.

코드 5-69 지연 평가 3: L.map->L.filter

```
var list = [1, 2, 3, 4, 5, 6];
_.go(list,
```

```
      L.map(v => v * v),
      L.filter(v => v < 20),
      console.log);
// [1, 4, 9, 16]
```

위 코드의 경우 지연 평가가 동작하여 '수집하기+거르기'인 map+filter가 되며, 아래와 같이 수행된다.

지연 평가 3

① map+filter:

```
[[(v * v), (v < 20)],
 [(v * v), (v < 20)],
 [(v * v), (v < 20)],
 [(v * v), (v < 20)],
 [(v * v), (v < 20)],
 [(v * v), (v < 20)]]
```

② 결과:

```
[1, 4, 9, 16]
```

지연 평가는 '수집하기'와 '거르기' 함수가 연속적으로 있을 때, 그것이 m->f든지, m->f->m->f든지, reject를 포함한 m->f->m->r->m->r->m든지 결국 이 두 가지 유형의 함수들이 가진 모든 iteratee와 predicate를 모아 하나의 map+filter 함수로 만드는 일을 한다. 여기에서 얻어지는 이득은 map이나 filter 함수가 실행될 때마다 생겨야 했던 새로운 배열 객체 생성을 1개로 줄이고, 그만큼의 배열의 변경을 줄인다. 이득은 그렇게 크지는 않다. 하지만 이 같은 재배치는 의미 있는 지연 평가 상황을 만들기 위한 준비 작업이 된다.

앞선 재배치는 연속 실행의 끝에 '찾아내기' 유형의 함수가 있을 때 강력해진다. '찾아내기'의 특징들 중, 지연 평가와 연관된 특징들은 다음과 같다.

1. 찾아내면서 값을 완성해 나간다.
2. 멈춰야 할 곳을 찾아 반복을 최소화한다.

이 이야기는 다음이 가능하다는 말이 된다. '수집하기' → '거르기' → '찾아내기' 순으로 준비된 연속적인 함수 실행이라고 가정했을 때, '찾아내기'는 앞에서 만들어진 map+filter 형태로 재배치된 함수들을 한 번씩 실행하면서 값을 만들다 멈춰야 할 곳을 찾아 반복을 최소화한다. 결과적으로 '찾아내기'의 로직에 따라 멈춰야 할 곳이 정해지게 된다.

만일 '찾아내기'가 반복 2번만에 값을 완성했다면 아래와 같다.

지연 평가 4

① map+filter+take:

```
[[(v * v), (v < 20)],
 [(v * v), (v < 20)], // 여기까지만 실행하고 끝냄
 /*[(v * v), (v < 20)],
 [(v * v), (v < 20)],
 [(v * v), (v < 20)],
 [(v * v), (v < 20)]/*]
```

② 결과:

```
[1, 4]
```

코드 5-70 지연 평가 4: L.map->L.filter->L.take

```javascript
var count = 0; // 루프 카운트
var list = [1, 2, 3, 4, 5, 6];
_.go(list,
  L.map(function(v) {
    count++;
    return v * v;
  }),
  L.filter(v => v < 20),
  L.take(2),
  console.log);
// [1, 4]

console.log(count);
// 2 (2번만 반복)
```

위 코드를 지연 평가하지 않고 다시 원래의 코드로 돌려 놓으면 아래처럼 동작한다.

엄격한 평가 4

① 수집하기:

```
[(v * v), (v * v), (v * v), (v * v), (v * v), (v * v)]
```

② 거르기:

```
[(v < 20), (v < 20), (v < 20), (v < 20), (v < 20), (v < 20)]
```

③ 찾아내기:

```
[1, 4/*, 9, 16*/] // 뒤에서 두 개 제거
```

④ 결과:

```
[1, 4]
```

코드 5-71 엄격한 평가 4: map->filter->take

```
var count = 0; // 루프 카운트
var list = [1, 2, 3, 4, 5, 6];
_.go(list,
  _.map(function(v) {
    count++;
    return v * v;
  }),
  _.filter(v => v < 20),
  _.take(2),
  console.log);
// [1, 4]

console.log(count);
// 6 (6번 반복)
```

정리하자면 컬렉션 중심의 지연 평가는 3가지 유형의 함수들이 연속적으로 준비되었을 때 재배치하여 평가하는 것이다. '수집하기'와 '거르기' 유형의 함수들은 서로 교차하면서 얼마든지 반복되어도 상관이 없으며 연속 실행의 끝에는 '찾아내기'가 있을 수도 있고 없을 수도 있다. 연속 실행의 끝에 '찾아내기'가 없다면 이득은 많지 않을 가능성이 높다.

'수집하기'와 '거르기'를 통해 지연 평가하고 있다가 '찾아내기'를 통해 끝낸다. 끝에 '찾아내기'가 있을 경우에는 map+filter에서 하는 일이 복잡할수록, '찾아내기'가 값을 완성하는 데 필요한 값이 적을수록 효과가 높다. L 세트가 끝이 난 후에는 다시 엄격한 평가로 돌아간다. 물론 다시 L.map이나 L.filter가 나온다면 지연 평가가 시작된다.

이쯤에서 잠시 재미있는 얘기를 해 보자. 지금까지 '수집하기 → 거르기 → 찾아내기'를 다뤘는데, '수집하기 → 거르기 → 찾아내기'는 결국 '찾아내기'다. 'm → f → m → r → m → t'가 결국 _.loop라는 얘기다. '찾아내기' 유형의 함수 중 가장 추상화 단계가 높은 _.loop는 수집하고 거르면서 값을 변형해 나가다가 완성되면 멈추면서 값을 리턴할 수 있다. 반대로 _.loop는 지연 평가가 동작된 '수집하기 → 거르기 → 찾아내기'이다.

다음은 코드 5-65에서 _.loop로 만들었던 함수를 연속적인 함수 실행으로 표현해서 지연 평가가 동작되도록 만든 예제다.

코드 5-72 5-65를 연속 실행으로 대체하기

```
var users = [
  { id: 1, name: "ID", age: 12 },
  { id: 2, name: "BJ", age: 28 },
  { id: 3, name: "HA", age: 13 },
```

```
    { id: 4, name: "PJ", age: 23 },
    { id: 5, name: "JE", age: 29 },
    { id: 6, name: "JM", age: 32 },
    { id: 7, name: "JE", age: 31 },
    { id: 8, name: "HI", age: 15 },
    { id: 9, name: "HO", age: 28 },
    { id: 10, name: "KO", age: 34 }
];

// 10대 2명까지만 찾아내기
_.go(users,
  L.filter(user => user.age < 20),
  L.take(2),
  console.log);
// [{ id: 1, name: "ID", age: 12 }, { id: 3, name: "HA", age: 13 }]
// 3번만 반복

// 10대 2명까지만 찾아내서 이름 수집하기
_.go(users,
  L.filter(user => user.age < 20),
  L.map(v => v.name),
  L.take(2),
  console.log);
// ["ID", "HA"]
// 3번만 반복
```

Partial.js의 지연 평가 지원 함수는 다음과 같다.

1. **수집하기** - L.map
2. **거르기** - L.filter, L.reject
3. **찾아내기** - L.find, L.some, L.every, L.take, L.loop

이 중 `L.loop`가 `_.reduce`의 목표를 모두 포함하므로 사실상 '접기'까지 포함하여 4
가지 유형을 모두 지원한다고 할 수 있다. 4가지 유형을 모두 지원한다는 얘기는,
컬렉션 중심 프로그래밍에서 거의 대부분의 로직을 지연 평가로 동작시킬 수 있
다는 얘기다.

지연 평가의 로직에서 제일 중요한 것은 일급 함수와 순수 함수 개념이다. 일급
함수 개념이 있어야지만 함수를 값으로 받아 두었다가 최적화할 수 있는 시점으
로 미뤄 실행할 수 있고, 외부 상태를 변경하지 않는 순수 함수여야만 실행 시점
이 더욱 자유로워질 수 있기 때문이다.

`map→filter→take` 사례만이 지연 평가는 아니다. 우리는 소프트웨어나 코드의
상황에 최적화된 다양한 지연 평가 시나리오를 얼마든지 만들 수 있다. 이 시나리
오는 컬렉션 관련 함수와 연관 없는 것일 수도 있다. 시나리오를 만들기 위해 해

야 하는 일은 단순하다. 보조 함수로 사용될 순수 함수의 유형을 정해 두는 일, 보조 함수들의 이름을 정하는 일, 그리고 들어온 순수 함수들에 따른 최적화된 지연 시나리오를 준비하면 된다.

예를 들어, 시점 1에서 알 수 있는 재료들로 모든 식을 즉시 실행한 후, 시점 2로 넘어가 추가 재료에 따라 그중 몇 개만 실행해야 하는 상황이라고 하자. 이 상황을 최적화하는 데 지연 평가 개념을 사용해 보자. 시점 1에서 알 수 있는 재료를 통해서 식을 만들어 두고, 실행은 하지 않은 채로 식(함수)을 인자로 넘겨 시점 2로 넘어간다. 그리고 시점 2에서는 실행을 할지 말지 결정하는 추가 재료를 체크한 후, 시점 1에서 만들었던 식들 중 일부만 실행함으로써 최적화할 수 있다. 여기서는 순수 함수를 이용하는 것이 적합하다. 순수 함수를 정의한 후, 함수 객체를 다루면서 때로는 엄격하게 때로는 느긋하게 정확히 원하는 시점에 평가해 나가는 것이 곧 함수형 프로그래밍이다.

5.6.9 더 나은 지연 평가

Partial.js의 지연 평가는 파이프라인과 순수 함수로만 이루어진 반자동 지연 평가다. 반자동이라고 하는 이유는 개발자가 L을 통해 명시적으로 지연 평가 여부를 선택하기 때문이다. 연속적인 함수 실행에 대한 표현은 동일하게 작성하되 지연 평가를 할 것인지를 개발자가 정할 수 있다.

아래는 Partial.js의 파이프라인식 지연 평가와 Lodash의 체인 방식 지연 평가의 성능 테스트다.

코드 5-73

```
var list = _.range(10000);
var limit = 100;
var square = function(v) { return v * v; };
var odd = function(v) { return !!(v % 2); };

console.time();
_.go(list, L.map(square), L.filter(odd), L.take(limit));
console.timeEnd();
/*[1, 9, 25, 49, 81, 121, 169, 225, 289, 361, 441, 529, 625, 729, 841,
   961, 1089, 1225, 1369, 1521, 1681, 1849, 2025, 2209, 2401, 2601, 2809,
   3025, 3249, 3481, 3721, 3969, 4225, 4489, 4761, 5041, 5329, 5625, 5929,
   ... 36481, 37249, 38025, 38809, 39601]*/
// 0.422ms ~ 0.578ms

console.time();
lodash(list).map(square).filter(odd).take(limit).value();
console.timeEnd();
/*[1, 9, 25, 49, 81, 121, 169, 225, 289, 361, 441, 529, 625, 729, 841,
```

```
961, 1089, 1225, 1369, 1521, 1681, 1849, 2025, 2209, 2401, 2601, 2809,
3025, 3249, 3481, 3721, 3969, 4225, 4489, 4761, 5041, 5329, 5625, 5929,
... 36481, 37249, 38025, 38809, 39601]*/
// 1.07ms ~ 1.40ms

console.time();
for (var i = 0; i < 100000; i++) {
  _.go(list, L.map(square), L.filter(odd), L.take(limit));
}
console.timeEnd();
// 470ms ~ 637ms

console.time();
for (var i = 0; i < 100000; i++) {
  lodash(list).map(square).filter(odd).take(limit).value();
}
console.timeEnd();
// 753ms ~ 984ms
```

둘을 동일 조건에서 각각 따로 테스트해 보았을 때, 위와 같은 결과가 나온다. 둘
이 하는 일은 완전히 똑같다. 그러나 Partial.js의 지연 평가가 Lodash의 지연 평가
보다 1.5배 정도 좋은 성능을 내고 있다.

Lodash의 지연 평가를 동작시키는 최솟값은 200개다. 배열의 크기를 200개로
지정하면 다음과 같다.

코드 5-74

```
var list = _.range(200);
var limit = 10;

console.time();
for (var i = 0; i < 100000; i++) {
  _.go(list, L.map(square), L.filter(odd), L.take(limit));
}
console.timeEnd();
// 71ms ~ 88ms

console.time();
for (var i = 0; i < 100000; i++) {
  lodash(list).map(square).filter(odd).take(limit).value();
}
console.timeEnd();
// 290ms ~ 364ms
```

이번에는 약 4배의 정도의 차이가 생긴다. 데이터 조건을 아래와 같이 바꾸면 차
이는 더 많이 난다.

코드 5-75

```
var list = _.range(199);
```

```
var limit = 10;

console.time();
for (var i = 0; i < 100000; i++) {
  _.go(list, L.map(square), L.filter(odd), L.take(limit));
}
console.timeEnd();
// 71ms ~ 91ms

console.time();
for (var i = 0; i < 100000; i++) {
  lodash(list).map(square).filter(odd).take(limit).value();
}
console.timeEnd();
// 667ms ~ 759ms
```

이번에는 Partial.js의 지연 평가가 약 8배 정도 좋은 성능을 내고 있다. 이 경우 배열의 크기가 200보다 작으므로 Lodash는 지연 평가가 동작하지 않는다.

5.6.10 지연 평가의 동작 조건을 동적으로 하기

이번에는 순수 함수와 파이프라인을 이용한 지연 평가의 이점을 좀 더 설계적인 관점에서 확인해 보겠다.

코드 5-76 지연 평가의 동작 조건을 동적으로 하기

```
var strict_or_lazy1 = __(
  _.range, // <-- 지연 평가 이전 상황이나 이후 상황에서 아무 일이나 할 수 있다.
  _.if(list => list.length < 100, __( // 조건에 따라 엄격한 평가로 동작하게 할 수도 있다.
    _.map(square),
    _.filter(odd),
    _.take(10)
  )).else(__( // 지연 평가 - list.length가 100 이상이면
    L.map(square),
    L.filter(odd),
    L.take(10)
  )),
  console.log);

strict_or_lazy1(50);
// [1, 9, 25, 49, 81, 121, 169, 225, 289, 361]
// 50번 반복 (엄격)

strict_or_lazy1(100);
// [1, 9, 25, 49, 81, 121, 169, 225, 289, 361]
// 20번 반복 (지연)

strict_or_lazy1(15);
// [1, 9, 25, 49, 81, 121, 169]
// 15번 반복 (엄격)
```

strict_or_lazy1은 들어온 list의 크기에 따라 엄격한 평가로 돌리거나 지연 평가로 돌리고 있다. L 세트의 조합도 파이프라인 내부에서는 함수 조각이므로, L 세트로 넘어가기 전에 체크하여 함수 세트에 변화를 줄 수 있다. strict_or_lazy1의 엄격한 평가 부분의 코드를 전혀 다른 코드로도 대체할 수 있을 것이다. 그저 함수들이기 때문이다.

L에는 L.strict라는 함수가 있는데 strict_or_lazy1과 같은 일을 간결하게 표현할 수 있게 해 준다. L 세트의 맨 앞에 L.strict를 두고서 해당 조건일 경우 엄격한 평가를 하도록 자동으로 변경해 준다.

코드 5-77 L.strict로 지연 평가의 동작 조건을 동적으로 하기

```
var strict_or_lazy2 = __(
  _.range,
  L.strict(list => list.length < 100),
  L.map(square),
  L.filter(odd),
  L.take(10),
  console.log);

strict_or_lazy1(50);
// [1, 9, 25, 49, 81, 121, 169, 225, 289, 361]
// 50번 반복 (엄격)

strict_or_lazy2(100);
// [1, 9, 25, 49, 81, 121, 169, 225, 289, 361]
// 20번 반복 (지연)

strict_or_lazy2(15);
// [1, 9, 25, 49, 81, 121, 169]
// 15번 반복 (엄격)
```

L과 L.strict의 콘셉트는 다음과 같다.

1. 기본적으로 L을 통해 명시적으로 지연 평가 세트를 만들어 두면, 위에서 내려오는 값이 무엇이든 무조건 지연 평가로 동작한다.
2. L.strict를 사용하지 않았다면 항상 1과 같다.
3. L.strict에 함수를 넣어 이후 실행 시에 true를 리턴하면, 아래 지연 평가 세트와 매칭 되는 엄격 평가 세트로 대체하여 동작시킨다.

L.strict는 숫자를 사용하지 않고 함수를 사용하여 조건을 결정한다. 앱 전체에 일괄적으로 적용되는 상수는 아니고, 각 함수 세트에 맞게 적용할 수 있다. 그리고 조건이 반드시 length일 필요도 없다. 함수이므로 원하는 다른 조건이 있다면

구현하면 된다.

L.strict에는 숨은 기능이 있다. 함수 대신 숫자를 넘기면 자동으로 list. length < num으로 만들어 준다. 아래와 같이 간결하게 표현할 수 있다.

코드 5-78 L.strict로 지연 평가의 동작 조건을 동적으로 하기

```
var strict_or_lazy3 = __(
  _.range,
  L.strict(100),
  L.map(square),
  L.filter(odd),
  L.take(10),
  console.log);

strict_or_lazy3(50);
// [1, 9, 25, 49, 81, 121, 169, 225, 289, 361]
// 50번 반복 (염격)

strict_or_lazy3(100);
// [1, 9, 25, 49, 81, 121, 169, 225, 289, 361]
// 20번 반복 (지연)

strict_or_lazy3(15);
// [1, 9, 25, 49, 81, 121, 169]
// 15번 반복 (엄격)
```

Partial.js의 L을 통한 지연 평가 코드는 파이프라인에서 동작하며, Partial.js의 파이프라인은 비동기 제어 등의 다양한 기능을 제공한다. 파이프라인이기 때문에 준비된 함수가 아니여도 사이사이에 아무 함수나 넣을 수 있어, 더욱 다양한 함수들과 함께 어울려 지연 평가를 동작시킬 수 있다.

5.6.11 Partial.js

지금까지 Partial.js의 몇 가지 기능과 순수 함수를 강조하는 함수 조합 콘셉트를 확인해 보았다. 이 책의 내용이 독자에게 특정 라이브러리를 사용하라고 권유하는 것은 아니니 오해가 없길 바란다. 함수형 자바스크립트 콘셉트를 담은 구현체들을 통해, 함수형 자바스크립트의 콘셉트와 함수 자체의 기능과 가능성에 대해 소개하고자 했다.

6장에서는 '값'에 대해 좀 더 깊이 있게 다뤄 볼 것이다. 벌써 이 책을 5장이나 읽어 준 독자에게 진심으로 감사하다.

6장

값에 대해

함수로 협업하는 가장 좋은 방법은 인자와 리턴값으로만 소통하는 것이다. 순수하게 인자와 리턴값에만 의존하면 누가 만든 함수든 어떤 라이브러리로 만든 함수든 조립할 수 있게 된다. 이때 함수에서 다루는 값으로 자바스크립트의 기본 객체를 사용하거나 아주 보편적으로 약속된 객체만 사용하면 함수들 간의 조합성이 더욱 좋아진다.

여기서 말하는 기본 객체란 Array, Object, String, Number, Boolean, Null, Undefined 등의 자바스크립트 기본 객체를 말하며, 브라우저의 DOM 같은 것들도 범주 안에 들어올 수 있다. 아주 보편적으로 약속된 객체들은 jQuery 객체나 Express.js의 req, res 등이 될 수도 있다. 어떤 프로퍼티와 어떤 메서드를 가지고 있는지 충분히 약속되고 보장된 값들을 말한다. 약속된 스펙을 가진 값들만 사용하는 함수들은 언제나 어떤 환경에서나 사용하기 편하다.

6.1 순수 함수

6.1.1 순수 함수와 부수 효과

순수 함수(pure function)는 동일한 인자가 들어오면 항상 동일한 값을 리턴하는 함수다. 메서드가 자신이 가진 내부의 상태에 따라 다른 결과를 만든다면, 순수 함수는 들어온 인자와 상수만 사용하여 항상 동일한 결과를 리턴한다.

또 하나 중요한 특징이 있는데, 바로 외부의 상태를 변경하지 않는다는 점이다. 함수에게 들어온 인자를 포함하여, 외부와 공유되고 있는 값 중 함수가 참조할 수 있는 어떤 값도 변경하지 않는 것을 말한다. 함수가 외부 상태를 변경하면, 외부 상태와 연관이 있는 다른 부분에도 영향이 있고 이것을 부수 효과(Side effect)라고 한다.

부수 효과 문제는 특히 동시성(concurrency)이 생길 때 더욱 취약하다. 자바스크립트는 단일 스레드라서 무관한 내용이라고 생각할 수 있겠지만, 자바스크립트의 실제 실행 환경에서는 그렇지 않다. 브라우저나 Node.js는 다양한 작업을 동시에 처리한다. 이렇게 동시성이 생기는 상황에서는 여러 곳에서 공유되고 있는 값이 변경되는 것은 위험하다.

부수 효과는 단지 동시성에서만의 이슈가 아니다. 예를 들면 사용자가 오랫동안 인터랙션을 해서 상태를 지속적으로 관리해야 하는 웹 페이지나 앱의 코드들에서 부수 효과 문제가 생기는 경우가 많다.

클라이언트 측 개발자들이라면 사용 시간이 길어질수록 웹 페이지 혹은 아이폰/안드로이드 앱의 화면에 문제가 쌓이고 오류가 생길 가능성이 높아지는 상황을 경험해 보았을 것이다. 새로고침을 한 직후, 즉 앱을 최초 실행하여 웹 페이지, ViewController, Activity 등을 처음 그렸을 때는 잘 동작했지만, 한 화면에서 여러 기능을 오랫동안 사용하고 있다 보면 오류가 한두 개씩 생기거나 동작이 느려지는 경우가 많다. 어떤 일들이 수행될 때, 만들게 되는 객체를 최소화하고, 관리하는 상태가 적으며 리프레시가 잘 되는 상태를 만드는 식으로 코딩을 하면, 한 화면이 오랫동안 정상적으로 동작하도록 만들기에 유리하다. 상태를 세밀하게 잘 관리하느냐 못 하느냐에 따라 소프트웨어의 품질은 달라지게 된다. 결국 프로그래밍은 값을 어떻게 다루느냐에 대한 것이다.

서버 측 프로그램에서도 하나의 API가 응답을 내려주기까지의 과정이 길고 복잡할수록 부수 효과의 위험성이 높아진다. 데이터를 복잡하게 다루다가 DB에 다녀오고 Redis에 다녀오고 하면서 값을 잘못 다루면 엉뚱한 결과가 생길 수 있다.

순수 함수의 정의를 아는 것보다 중요한 점은 여기에 담긴 목적과 전략이다. 순수 함수에 담긴 전략은 그 이름처럼 간단 명료하다. 상태 변화를 최소화하고, 다음 단계로 넘어갈 때마다 새로운 값으로 출발하는 식으로 코딩하는 것이다. 이렇게 하면 문제가 쉬워진다. 문제가 단순해지면 해결책 역시 쉬워지고 오류를 만들 가능성도 줄어든다. 작은 순수 함수들을 모아 만든 소프트웨어는 유지 보수와 기획 변경에 유연하게 대응한다.

6.1.2 순수 함수와 순수 함수가 아닌 함수
순수 함수와 순수 함수가 아닌 함수가 무엇인지 알아보자.

코드 6-1

```javascript
// 순수 함수
function add(a, b) {
  return a + b;
}

// 순수 함수가 아닌 함수
function add2(obj, value) {
  obj.value = obj.value + value;
  return obj.value;
}

// 작은 차이지만 순수 함수
function add3(obj, value) {
  return obj.value + value;
}

// 작은 차이지만 순수 함수 2
function add4(obj, value) {
  return { value: obj.value + value };
}
```

add는 인자를 받아 새로운 값을 리턴했고 add2는 obj의 상태를 변경한다. add는 인자가 같으면 항상 결과가 같고 부수 효과가 없다. add2는 obj.value의 상태에 따라 결과가 달라진다. 이런 점 자체가 문제를 만들지는 않지만 만일 obj.value를 사용하는 코드가 add2 외에 다른 곳에도 있다면 반드시 obj.value가 변경될 수 있다는 점과 변경될 시점 등을 정확히 인지하고 제어해야 할 것이다.

객체의 값을 변경하는 함수가 없을 수는 없다. 오히려 반드시 있어야 하는 함수다. 이는 무엇이 올바른 함수인가에 대한 이야기가 아니다. add, add2, add3, add4가 각각 어떻게 다른지 구체적으로 알아야 한다는 이야기다. add3과 add4는 작은 차이가 있지만 순수 함수다. obj.value를 참조만 하기 때문이다. 순수 함수를 만들기 위해 항상 모든 값을 새로 만들어야 하는 것은 아니다. 조회 자체는 부수 효과를 일으키지 않는다.

순수 함수로 프로그래밍을 한다면 add 같은 작은 기능의 함수만 만들어지는 게 아닌가 하는 생각이 들 수 있다. 클래스나 객체처럼 풍부한 기능을 가진 모듈을 만들 수 없을 것만 같을 수 있다. 하지만 그렇지 않다. 인자로 함수를 사용하거나 고차 함수를 이용한 함수 조합을 통해 순수 함수의 조건을 따르면서 보다 풍부한 변화를 불러오는 함수들을 만들 수 있다. 필자의 경우, 순수 함수를 늘리는 것이 많은 경우에서 득이 되는 경험을 많이 했다.

앞서 말했듯 상태 변경을 안 할 수는 없다. 코드의 최종 결론은 상태 변경이다.

화면의 DOM을 변경해야 한다거나 DB에 들어 있는 값을 변경한다거나 쿠키의 값을 변경해야 한다. 그러므로 상태를 변경하는 함수도 당연히 필요하다. 다만 상태를 변경하는 것은 목적이 되어야지, 어떤 로직을 만들기 위한 수단이 되는 것은 좋지 않다고 본다. 상태를 변경하면서 결과를 만들어 가는 전략을 선택할 경우에는 부수 효과가 생길 가능성이 높아진다. 순수 함수와 상태를 변경하는 함수의 차이를 정확히 알고 구분하여 코딩 전략을 잘 세우면, '세밀하게, 기민하게, 동시적으로, 오랫동안 잘 동작하는 소프트웨어'를 만들 수 있다.

6.2 변경 최소화와 불변 객체

6.2.1 직접 변경하는 대신, 변경된 새로운 값을 만드는 전략:
_.sortBy, _.reject, _.pluck, _.initial, _.without

대부분 이미 확인한 함수들이지만 이번에는 '값'과 '값을 변경해 나가는 것'에 초점을 두고 설명하고자 한다. 이 함수들을 조회하거나 찾거나 필터링한다고 생각하지 말고 값을 변경해 나가기 위해 사용한다고 해 보자. Array.prototype.push나 Array.prototype.pop 같은 메서드처럼 말이다. 설명을 위해 _.sortBy, _.reject, _.pluck, _.initial, _.without 함수를 꼽아 보았는데, 이 함수들은 모두 새로운 값을 만드는 식으로 값을 변경해 나가는 함수들이다. 여기서 말하는 '새로운 값'이 무엇인지 예제들을 통해 좀 더 구체적으로 알아보자.

코드 6-2 자신의 상태를 변경하는 메서드 sort

```
var users1 = [
  { name: "ID", age: 32 },
  { name: "HA", age: 25 },
  { name: "BJ", age: 32 },
  { name: "PJ", age: 28 },
  { name: "JE", age: 27 }
];

var comparator = function(a, b) {
  if (a.age < b.age) return -1;
  if (a.age > b.age) return 1;
  return 0;
};

var sortedUsers1 = users1.sort(comparator); // ❶

console.log(users1 == sortedUsers1); // ❷
// true

console.log(_.pluck(sortedUsers1, 'age')); // ❸
// [25, 27, 28, 32, 32]
```

```
console.log(_.pluck(users1, 'age')); // ❹
// [25, 27, 28, 32, 32]
```

코드 6-2는 users1을 나이순으로 정렬하는 예제다. Array.prototype.sort는 자기 자신을 정렬하는 함수다. ❷의 결과가 true라는 것은 둘이 완전히 같은 객체라는 뜻이다. 동일한 값을 가진 객체가 아닌 완전히 같은 객체라는 것이다. ❶의 .sort() 메서드는 자기 자신을 바꾸고 자기 자신을 리턴한다. ❸_.pluck를 통해 age 값만 꺼내보면 둘 다 동일하게 정렬이 된 것을 확인할 수 있는데, users1과 sortedUsers1이 완전히 같은 값이어서 동일한 결과가 출력된 것이다.

코드 6-3 정렬된 새로운 값을 만드는 _.sortBy

```
var users2 = [
  { name: "ID", age: 32 },
  { name: "HA", age: 25 },
  { name: "BJ", age: 32 },
  { name: "PJ", age: 28 },
  { name: "JE", age: 27 }
];

var sortedUsers2 = _.sortBy(users2, 'age'); // ❶

console.log(users2 == sortedUsers2); // ❷
// false

console.log(_.pluck(sortedUsers2, 'age')); // ❸
// [25, 27, 28, 32, 32]

console.log(_.pluck(users2, 'age')); // ❹
// [32, 25, 32, 28, 27]
```

이번에는 _.sortBy 함수를 이용하여 정렬을 해 보았다. 그 전에 _.sortBy 함수에 대해 간단히 소개하자면, _.sortBy는 두 번째 인자로 문자열이나 함수를 받아 comparator를 대신 만들어 주기 때문에 매우 편하다. 코드 6-3의 ❶처럼 'age'를 넘기면 코드 6-2의 comparator와 동일한 조건으로 동작하게 해 준다.

본론으로 돌아와서 ❷를 확인해 보면 false가 나온다. ❶에서 리턴된 sorted Users2는 새로운 객체다. ❸❹를 확인해 보면 sortedUsers2는 나이순으로 정렬이 되었는데, users2는 원본 그대로임을 알 수 있다. 다른 곳에 users2의 순서에 의존하여 동작하고 있는 코드가 있다면, sortedUsers2처럼 새로운 객체를 만들어 정렬을 하는 방식이 부수 효과가 없고 유리하다.

sortedUsers2는 새로운 값이다. 그렇다면 배열 안의 값들도 새로운 값일까?

코드 6-4

```
console.log(users2[1] == sortedUsers2[0]);
// true
```

서로 다르게 정렬이 되어 있지만, 두 배열 안에 있는 모든 값은 새로운 값이 아닌 기존의 값이다. 항상 배열 내의 모든 값을 새롭게 만든다면 메모리 사용량이 매우 높아질 것이다. _.sortBy는 내부의 값은 기존의 값을 그대로 활용하면서 배열만 새로 만들어 정렬한다. 영리하지 않은가?

Underscore.js의 콘셉트 중에는 이러한 중요한 전략이 있다. 이 전략을 잘 따르면 부수 효과를 줄이면서도 메모리 사용량 증가는 최소화하는 좋은 함수들을 만들 수 있다. 그것은 바로 그 **함수가 변경할 영역에 대해서만 새 값을 만드는 전략**이다. 예를 들어 자신의 역할이 정렬이라면 정렬과 연관 있는 부분만 새 값으로 만들고 나머지 값들은 재활용하는 식이다. 이 전략은 거의 대부분의 함수적 함수에 적용된다. 이 내용만 잘 기억하고 적용한다면 부수 효과를 없애는 데 기본은 할 수 있다.

배열 내부의 값 중 특정 조건의 값들을 제외하는 _.reject 같은 함수도 배열 내부의 값들을 지우는 것이 아니라 값들이 지워진 새로운 배열을 만드는 것이다. _.reject도 결국 같은 전략을 따른 것이다. _.reject 함수의 역할은 값을 제외하는 것이고 달라지는 영역은 배열이기에 배열을 새로 만드는 것이다.

코드 6-5 _.reject

```
var rejectedUsers2 = _.reject(users2, function(user) { return user.age < 30; });
console.log(rejectedUsers2);
// [{ name: "ID", age: 32 }, { name: "BJ", age: 32 }]

console.log(rejectedUsers2 == users2);
// false
console.log(rejectedUsers2.length, users2.length);
// 2 5
console.log(rejectedUsers2[0] == users2[0]);
// true
```

users2에서 30세 미만인 사람들을 제외했다. 더 정확히 말하면 30세 미만인 사람들이 제외된 새로운 배열을 만들어 리턴했다. rejectedUsers2는 users2가 아니며, users2.length도 그대로이고, 배열 내부의 값들도 기존의 값 그대로다. users2를 다루면서 새로 정렬하고 배열 내부의 값도 지웠지만, users2는 원래 상태 그대로이다. users2가 변하지 않으니 안전하다는 생각이 들지 않는가? 상태 변경의 최소화는 동시성에서만 유리한 것이 아니다. 값을 다루는 과정에서 문제 해결을 쉽게 해 준다. 간단한 예로, 어떤 값이든 상태를 완전히 바꿔 놓은 후에는 원래 상태로 돌려 놓기 어렵다.

코드 6-6 _.reject, _.pluck

```
// ❶
console.log(
  _.pluck(_.reject(users2, function(user) { return user.age >= 30; }), 'name')
);
// ["HA", "PJ", "JE"]

// ❷
console.log(
  _.pluck(users2, 'name')
);
// ["ID", "HA", "BJ", "PJ", "JE"]

// ❸
console.log(users2);
// users2 원본 그대로
```

❶ users2에서는 _.reject로 30세 이상의 user를 제외한 새 배열을 만든 후, _.pluck를 통해 이름만 추출한 새 배열을 만들어 로그를 남겼다. _.reject를 이용해 users2의 상태를 변경하지 않으면서 필터링을 했고, _.pluck를 통해 역시 원본 소스들(users2 배열과 그 안의 객체)을 건들지 않고 name이 추출된 새로운 배열을 만들었다. 따라서 원본 데이터에는 아무런 영향을 끼치지 않았다. 그 덕분에 ❷에서는 어려움 없이 원본에 있는 모든 이름을 출력할 수 있다. ❷가 수행된 후에도 ❸ users2는 역시 변경되지 않는다. _.pluck도 앞서 말한 전략대로 상태를 변경하지 않는다.

아래 예제는 상태 변경과 직접적인 연관은 없지만 users2를 가지고 절차지향적 코드와 함수적 코드를 만들어 비교해 보았다. 잠시 쉬어가는 코너다. '코드 6-7'은 절차 지향적인 코드를 표현했기 때문에 보조 함수 기법은 사용하지 않는다고 가정했다.

코드 6-7 차이는 n명입니다. 절차 지향 버전

```
function sub(a, b) { return a - b; }

function diff(users, age, gt) {
  var rejectedUsers = [];
  for (var i = 0; i < users.length; i++) {
    if ((gt && users[i].age < age) || (!gt && users[i].age >= age)) {
      rejectedUsers.push(users[i])
```

```
    }
  }
  console.log('차이는 ' + sub(users2.length, rejectedUsers.length) + '명입니다.');
}

diff(users2, 30, true);
// 차이는 2명입니다.

diff(users2, 30, false);
// 차이는 3명입니다.
```

절차지향적 코드는 추상화가 어렵고 재사용성이 떨어진다. 비교 조건을 age밖에 사용할 수 없고, == 등의 예제 상황과 다른 비교를 할 수도 없으며 재조합 가능성도 없다. 함수적으로 코딩하면 이와 달리 재사용도 가능하고 다양한 조합도 할 수 있다.

코드 6-8 차이는 3명입니다. 함수 조합 버전

```
var diff2 = _.pipe(
  function(users, predi) {
    return sub(users.length, _.reject(users, predi).length);
  },
  _.s$('차이는 {{$}}명입니다.'),
  console.log);

diff2(users2, function(user) { return user.age < 30; });
// 차이는 3명입니다.
diff2(users2, function(user) { return user.age > 30; });
// 차이는 2명입니다.
diff2(users2, function(user) { return user.age == 25; });
// 차이는 1명입니다.

_.go(users2,
  _(diff2, _, function(user) { return user.age == 32; })); // _ == _.partial
// 차이는 2명입니다.

_.go(users2,
  _.reject(function(user) { return user.name == 'ID'; }),
  _(diff2, _, function(user) { return user.age == 32; }));
// 차이는 1명입니다.
```

위 예제에서 등장한 각 함수들은 재사용성과 diff2를 실행하기 전에 _.reject를 한 번 한다거나 하는 식의 재조합 가능성, 보조 함수를 통한 확장성 등이 절차지향 버전에 비해 훨씬 좋다.

코드 6-9 차이는 3명입니다. 과한 파이프라인 버전

```
var len = _.val('length');
var diff3 = __(
  _.all(len, __(_.reject, len)), sub, _.s$('차이는 {{$}}명입니다.'), console.log);
```

```
/*
 * X-ray
 *
 * __ == _.pipe
 *
 * function len(val) { return val.length; }
 *
 * var diff3 = _.pipe(
 *   function(users, predi) {
 *     return _.mr(len(users, predi), len(_.reject(users, predi)));
 *   },
 *   sub,
 *   _.s$('차이는 {{$}}명입니다.'),
 *   console.log);
 * */

diff3(users2, function(user) { return user.age < 30; });
// 차이는 3명입니다.
```

_.all은 223쪽 5.3절에서 확인했던 고차 함수로 받은 함수들에게 동일한 인자를 넘겨 주는 함수를 리턴한다. 함수 조합 연습을 위해 위와 같은 함수를 만들어 보았다.

다시 값과 상태 변경 최소화에 대한 이야기로 돌아오자. 아래 예제들도 원본 값을 변경하지 않고 변경된 새로운 값을 만드는 함수들이다. 각 함수의 기능 해석은 주석대로이다.

코드 6-10 _.initial, _.without

```
var b1 = [1, 2, 3, 4, 5];
var b2 = _.initial(b1, 2); // 뒤에서 2개 제거한 새로운 배열 리턴
console.log(b1 == b2, b1, b2);
// false [1, 2, 3, 4, 5] [1, 2, 3]

var b3 = _.without(b1, 1, 5); // 1과 5를 제거한 새로운 배열 리턴
var b4 = _.without(b3, 2);    // 2를 제거한 새로운 배열 리턴
console.log(b1 == b3, b3 == b4, b3, b4);
// false false [2, 3, 4] [3, 4]
```

맨 마지막에 b4를 만들 때, b3에서 2를 제거했지만 b3에는 여전히 2가 남아 있다.

지금까지 상태 변경을 최소화하면서 값을 변형해 나가는 몇 가지 예제를 확인했다. 모두 Underscore.js에 있는 함수들이다. 이 함수들은 배열에 있는 값을 직접 지우거나 변경하지 않으며, 상태 변화를 일으키지 않는다. Underscore.js 함수들을 단순히 값을 조회하거나 찾는 일, 루프를 돌리거나 map을 돌리기 위해 사용한다고 생각할 수 있다. 그러나 값을 변경해 나가는 것에 초점을 두고 Underscore.js의 함수들을 해석해 볼 필요가 있다. Underscore.js의 함수들은 값

을 만들어 가기 위해 존재하는 함수들이다. 초기에 생성된 값을 상태 변경 없이 돌리고, 매핑하고, 수집하고, 거르고, 줄이고, 접고, 찾고, 변형하는 단계를 걸쳐 원하는 값으로 만들어 가는 함수들이다.

6.2.2 _.clone으로 복사하기

_.clone은 배열이나 객체를 받아 복사하는 함수다. _.clone으로 값을 복사해 보면서 그 특징을 정확히 파악해 보자.

코드 6-11 _.clone

```
var product1 = {
  name: "AB 반팔티",
  price: 10000,
  sizes: ["M", "L", "XL"],
  colors: ["Black", "White", "Blue"]
};
var product2 = _.clone(product1);
console.log(product2);
// 결과:
// {
//    name: "AB 반팔티",
//    price: 10000,
//    sizes: ["M", "L", "XL"],
//    colors: ["Black", "White", "Blue"]
// }

console.log(product1 == product2);
// 결과: false

product2.name = "ABCD 긴팔티";
console.log(product1.name, product2.name);
// AB 반팔티 ABCD 긴팔티
```

product1을 _.clone 함수를 통해 복사했다. 동일한 내용이 들어 있는 새로운 객체가 리턴되어, 출력해 보면 내용은 같지만 비교하면 false가 나온다. product2. name을 변경해도 product1에는 영향을 끼치지 않는다. product2를 마음 편히 다룰 수 있다.

그런데 _.clone을 정확히 다루려면 _.clone이 객체를 복사하는 범위에 대해 제대로 알아야 한다. _.clone이 객체를 복사하는 것은 맞지만 객체 내부의 모든 값들까지 복사하는 것은 아니다. 다음 예제를 보자.

코드 6-12 객체 내부의 객체는 복사하지 않는 _.clone

```
product2.sizes.push("2XL");

console.log(product2.sizes);
```

```
// ["M", "L", "XL", "2XL"]

console.log(product1.sizes);
// ["M", "L", "XL", "2XL"]

console.log(product1.sizes == product2.sizes);
// true
```

_.clone은 동일한 key들을 가진 새로운 객체를 만들면서 각 key에 기존의 key에 해당하는 value를 할당한다. 때문에 내부의 값이 객체라면 같은 객체를 바라보게 된다. 코드로 설명하는 것이 확실하다. _.clone을 구현하면 다음과 같다.

코드 6-13 _.clone 구현해 보기

```
_clone = function(obj) {
  var cloned = _.isArray(obj) ? [] : {}; // Array 일때는 []로
  var keys = _.keys(obj);
  _.each(keys, function(key) {
    cloned[key] = obj[key]; // Array일 때는 key가 숫자
  });
  return cloned;
};

var obj1 = { a: 1, b: 2, c: { d: 3 } };
var obj2 = _clone(obj1);
obj2.b = 22;
console.log(obj2);
// { a: 1, b: 22, c: { d: 3 } } obj2.b만 변경
console.log(obj1);
// { a: 1, b: 2, c: { d: 3 } } obj2.b는 그대로
console.log(obj1 == obj2);      // 둘은 서로 다르지만
// false
console.log(obj1.c == obj2.c); // 내부 객체는 공유
// true
obj2.c.d = 33;           // 때문에 obj2.c.d를 변경하면
console.log(obj1.c.d); // obj1.c.d도 변경
// 33

var arr1 = [1, 2, { a: 3 }];
var arr2 = _clone(arr1); // 복사 후
arr2.push(4);            // arr2에 push해도
console.log(arr1.length, arr2.length);
// 3 4  arr1은 변하지 않고
arr1[2].b = 33; // arr1의 3번째 값을 변경하면
arr1.pop();      // arr1에서 지우든 말든 arr2와 공유되고 있던 값이기에
console.log(arr1);
// [1, 2]
console.log(arr2[2]); // 값은 변경되어 있다.
// { a: 3, b: 33 }
```

그렇다면 객체 안의 객체(깊은 값)를 변경하고 싶은 경우에는 어떻게 해야 원본에 영향을 주지 않으면서 값을 변경할 수 있을까? 간단하다.

코드 6-14 깊은 값 원본에 영향 주지 않고 변경하기

```
var product1 = {
  name: "AB 반팔티",
  price: 10000,
  sizes: ["M", "L", "XL"],
  colors: ["Black", "White", "Blue"]
};

var product2 = _.clone(product1);
product2.sizes = _.clone(product2.sizes); // 내부도 clone 후 push를 하거나
product2.sizes.push("2XL");
console.log(product2.sizes);
// ["M", "L", "XL", "2XL"]
console.log(product1.sizes);
// ["M", "L", "XL"]
console.log(product1.sizes == product2.sizes);
// false

product2.colors = product2.colors.concat("Yellow"); // 아니면 concat으로 한번에
console.log(product2.colors);
// ["Black", "White", "Blue", "Yellow"]
console.log(product1.colors);
// ["Black", "White", "Blue"]
console.log(product1.colors == product2.colors);
// false
```

위와 같이 하면 된다. 어차피 내부의 값도 복사하는 식으로 값을 다뤄야 한다면 왜 굳이 객체의 첫 번째 깊이만 복사하느냐고 생각할 수 있다. 값 복사 후 항상 내부의 모든 값을 변경할 것이 아니기에, 객체 내부의 객체는 공유하는 것이 메모리 사용에 유리하고, 복사 수행 처리 시간이라는 측면에서도 이점이 많다.

그리고 이게 뭐가 간단하냐고 생각할 수 있다. 간단하게 한번에 되는 메서드가 있는 것이 아니고 일일이 손을 봐야 하니 말이다. 하지만 이 자체로 충분히 간단하다. 값을 올바르게 변경하고 다루는 일은 개발자가 하는 일이다. 부수 효과를 만들지 않는 값 변경을 할 때 어떤 라이브러리를 사용할지보다 더 중요한 것은 값과 참조에 대해 정확히 이해하는 것이다. 값과 참조에 대한 정확한 이해를 기반으로 충분한 연습이 되어 있어야 라이브러리나 프레임워크를 사용할 때에도 해당 기능들을 정확히 사용할 수 있고, 실질적인 효율과 이점도 얻을 수 있다.

> **참고**
>
> _.clone을 구현하는 더 좋은 방법은 아래와 같다. 다만 설명을 쉽게 하고자 위 예제와 같이 작성했다.
>
> ```
> _.clone = function(obj) {
>   return !_.isObject(obj) ? obj : _.isArray(obj) ? obj.slice() : _.extend({}, obj);
> };
> ```

6.2.3 _.extend, _.defaults로 복사하기

_.extend나 _.defaults를 이용하면 값 복사와 변경을 좀 더 간결하게 할 수 있다.

코드 6-15 _.extend, _.defaults

```
var product1 = {
  name: "AB 반팔티",
  price: 10000,
  sizes: ["M", "L", "XL"],
  colors: ["Black", "White", "Blue"]
};

// ❶
var product2 = _.extend({}, product1, {
  name: "AB 긴팔티",
  price: 15000
});

// ❷
var product3 = _.defaults({
  name: "AB 후드티",
  price: 12000
}, product1);

console.log(product2);
// {name: "AB 긴팔티", price: 15000, sizes: Array[3], colors: Array[3]}
console.log(product3);
// {name: "AB 후드티", price: 12000, sizes: Array[3], colors: Array[3]}

// ❸
var product4 = _.extend({}, product3, {
  colors: product3.colors.concat("Purple")
});
var product5 = _.defaults({
  colors: product4.colors.concat("Red")
}, product4);

console.log(product3.colors);
// ["Black", "White", "Blue"]
console.log(product4.colors);
// ["Black", "White", "Blue", "Purple"]
console.log(product5.colors);
// ["Black", "White", "Blue", "Purple", "Red"]
```

❶ product2는 값 복사를 위해 새로운 객체인 {}를 _.extend의 첫 번째 인자로 넣었다.

❷ 어차피 { name: "AB 후드티", price: 12000 }도 새 객체이므로 product3처럼 _.defaults를 이용하는 것이 객체를 적게 생성해서 더 효율적이다. _.extend의 경우, 왼쪽 객체에 없는 key/value는 확장하고, 왼쪽 객체에 있던 key/value는 덮어쓴다. _.defaults는 왼쪽에 없는 key/value만 확장한다.

❸ ❶, ❷를 보면 _.clone 없이 복사와 변경을 동시에 하여 간결해졌지만, colors 처럼 깊은 값을 변경해야 할 경우에는 직접 다뤄줘야 한다. _.extend와 _.defaults 역시 변경이 필요 없는 값은 이전의 값을 그대로 공유한다.

6.2.4 불변 객체, 그리고 immutable.js의 훌륭한 점

불변 객체란, 최초에 값을 만든 후에 값을 변경할 수 없는 객체를 말한다. 그러나 자바스크립트에는 이 같은 불변 객체가 없다. 오히려 어떤 객체, 어떤 값이든 자유롭게 변경하고 확장할 수 있다.

필자는 자바스크립트에 불변 객체가 없으므로 함수형 프로그래밍을 할 수 없다는 주장에는 동의하지 않는다. 함수형 프로그래밍은 불변 객체 프로그래밍이 아니다. 추상화의 단위가 함수이고, 함수의 기능을 충분히 사용하고, 함수들을 잘 조합하고 순수성, 불변성, 다형성을 잘 다루는 것이 함수형 프로그래밍이다. 불변 객체가 있어야만 값을 불변적으로 다룰 수 있는 게 아니다. 불변 객체가 있든 없든 최초로 생성된 값이 변경되지 않게 다룰 수 있다. 불변성은 함수형 프로그래밍의 특성 중 하나이지 전부가 아니다.

자바스크립트에는 불변 객체가 없기 때문에, 불변 객체를 구현한 라이브러리들이 있다. 그중 유명한 라이브러리를 꼽자면 immutable.js와 baobab.js 등이다. immutable.js는 페이스북에서 만든 불변 객체 라이브러리다. immutable이라는 용어는 함수형 패러다임과 밀접한 연관이 있지만 immutable.js과 baobab.js는 객체지향적으로 구현되어 있다. API가 클래스를 통해 객체를 생성한 후 메서드를 실행하도록 구성되어 있고, 객체 내부에서 this를 중심으로 구현해 나가기 때문에 객체지향적이다. immutable.js나 baobab.js를 사용하는 개발자가 함수형 프로그래밍을 하기 위해 immutable.js의 클래스와 객체들을 운용할 수는 있겠지만, immutable.js와 baobab.js 자체는 객체지향적이다. 다시 말하지만 불변 객체가 곧 함수형 프로그래밍은 아니다.

페이스북은 React 애플리케이션 개발에서 Flux 아키텍처를 추천하며 Flux의 구현체는 Redux다. React, Redux와 어울리는 값 다루기가 불변적 값 다루기이며, 불변성이 보장될수록 React의 장점도 더욱 빛이 난다. 그렇기 때문에 페이스북은 불변 객체 라이브러리인 immutable.js를 추천한다. immutable.js는 List, Map, OrderedMap, Set, OrderedSet 등 다양하고 풍성한 데이터형들을 제공한다. immutable.js의 사용법들을 확인하다 보면 불변 객체 콘셉트에 대한 이해도 자연스럽게 확장될 것이다.

참고

아래 예제들은 *http://facebook.github.io/immutable-js/*에 있는 예제들을 그대로 가져와서 약간만 수정한 것이다.

코드 6-16 Immutable.Map

```javascript
var map1 = Immutable.Map({ a: 1, b: 2, c: 3 });
var map2 = map1.set('b', 50);
console.log(map1.get('b')); // 2
console.log(map2.get('b')); // 50
console.log(map1 == map2);  // false
```

map1을 만든 후 map1.set을 실행했다. map1의 b에 해당하는 값이 변경되어 있어야 할 것 같은데 map1의 b는 변경되지 않았다. 또한 map1.set의 실행 결과는 map1이 아닌 Immutable.Map의 새로운 인스턴스이며 map2의 b가 50이 되어 있다. 이것이 immutable.js의 핵심 콘셉트다. 값을 변경할 때, 그 부분의 값이 변경된 새로운 객체를 리턴하는 식이다.

만일 위와 동일한 코드를 Backbone.Model과 같은 코드로 동작시킨다면 다음과 같다. 차이를 확실히 확인해 보자.

코드 6-17 Backbone.Model

```javascript
var model1 = new Backbone.Model({ a: 1, b: 2, c: 3 });
var model2 = model1.set('b', 50);
console.log(model1.get('b'));  // 50
console.log(model2.get('b'));  // 50
console.log(model1 == model2); // true
```

일반적인 모델에서의 값 변경은 위와 같이 동작한다. immutable.js를 다시 보면 콘셉트의 차이를 확실히 알 수 있을 것이다. immutable.js는 값을 하나만 변경해도 새로운 객체를 리턴한다.

다시 immutable.js로 돌아와 다른 예제도 확인해 보자. 각 상황별로 어떻게 동작했는지는 주석으로 설명을 달았다.

코드 6-18 Immutable.List

```javascript
var list1 = Immutable.List([1, 2]);
console.log(list1.toArray()); // [1, 2]

var list2 = list1.push(3);
var list3 = list2.shift();

console.log(list1.size == 2); // true
console.log(list2.size == 3); // true
console.log(list3.size == 2); // true
```

```
console.log(list1.toArray()); // [1, 2]
// list1.push(3)을 했지만 list1은 변하지 않았다.
// 3이 추가된 새로운 객체가 만들어지기 때문이고 그 값은 list2에 담겼다.

console.log(list2.toArray()); // [1, 2, 3]
// list.shift()를 했지만 맨 앞에 1이 없어지지 않았다.
// 1이 제거된 새로운 객체가 만들어지기 때문이고 그 값은 list3에 담겼다.

console.log(list3.toArray()); // [2, 3]
```

Immutable.List는 자바스크립트에서 Array의 역할을 하는 객체다. `Immutable.`
`List`를 통해 `list1`을 만들고 다양하게 변형했지만 모든 값(`list1`, `list2`)은 최초 생성 단계의 상태에서 변경되지 않았다. Array는 위와 같이 동작하지 않는다. Immutable.List에는 예제에서 확인한 것 외에도 다양한 기능들이 제공된다. *http://facebook.github.io/immutable-js/*에서 확인할 수 있다. 이 책에서는 해당 기능들에 대해 자세히 다루지는 않는다.

immutable.js는 중첩 구조의 데이터도 잘 다룬다. 또한 객체 내의 객체의 값을 변경하는 기능을 제공하는데, 아주 깊은 깊이의 값도 찾아가서 확장하거나 변경할 수 있다.

코드 6-19 중첩 구조(Nested Structures)

```
var nested1 = Immutable.fromJS({ a: { b: { c: [3, 4, 5] } } });
// Map { a: Map { b: Map { c: List [3, 4, 5] } } }

var nested2 = nested1.mergeDeep({ a: { b: { d: 6 } } });
// Map { a: Map { b: Map { c: List [3, 4, 5], d: 6 } } }

console.log(nested1 == nested2); // false 역시 두 값은 다르다.
```

중첩 객체의 내부에 있는(a.b로 접근할 수 있는) 객체에 `{ d: 6 }`를 확장한 새로운 객체를 리턴하는 예제다. `_.extend`는 첫 번째 깊이에서만 확장이 된다. immutable.js의 `mergeDeep` 기능은 깊은 단계도 안으로 파고들면서 하나씩 모두 확인하면서 merge를 해 준다. 그렇게 merge된 새로운 객체를 리턴한다. 이때 리턴되는 새로운 객체는 merge된 내부의 대상 객체가 아닌 **nested1**이 복사된 부모 객체다. 이 점이 매우 중요하며, 아마도 이것이 immutable.js를 만든 목적일 것이다.

확인하고 넘어가야 하는 중요한 사항이 한 가지 더 있다. 위 코드에서 `{ c: [3, 4, 5] }` 부분의 Array가 **nested1**로 만들어질 때, 내부에서 Immutable.List 객체로 만들어진다는 점이다.

아래는 깊은 값 변경의 다른 방법이다.

코드 6-20 중첩 구조 2

```javascript
var nested3 = nested2.updateIn(['a', 'b', 'd'], function(value) {
  return value + 1;
});
// Map { a: Map { b: Map { c: List [ 3, 4, 5 ], d: 7 } } }

console.log(nested2 == nested3); // false
```

이때 nested2의 a.b.d의 값은 그대로 6이다. 새로 만들어진 nested3은 내부의 값이 변한 새로운 객체다.

다음에서는 내부에 있는 Immutable.List 객체에 push를 한다.

코드 6-21 중첩 구조 3

```javascript
var nested4 = nested3.updateIn(['a', 'b', 'c'], function(list) {
  return list.push(6);
});
// Map { a: Map { b: Map { c: List [ 3, 4, 5, 6 ], d: 7 } } }

console.log(nested3 == nested4); // false
```

이때 nested3의 a.b.c는 [3, 4, 5]로 유지해 두고, a.b.c의 값을 [3, 4, 5, 6]으로 변경한 새로운 부모 객체인 nested4가 생성된다. 중첩 구조의 데이터를 다룰 때에도 코드 6-16, 코드 6-18과 동일한 방식으로 동작한다. 내부의 값을 변경했을 때 부모가 함께 새로운 값이 된다. immutable.js는 중첩 구조를 가진 객체의 내부 깊은 곳의 값을 변경하는 좋은 도구들을 제공하고 있다.

이런 식으로 동작하는 immutable.js를 왜 만들었을까? immutable.js는 리액트와 잘 어울려 동작하며 리액트의 뷰 갱신 성능을 최적화하는 데 잘 맞는다. 값을 변경할 경우 부모 객체가 새로 생성되기 때문에, 부모 객체 자체가 이전에 알고 있던 그 객체가 맞는지만 체크하면 된다. 내부를 뒤지면서 값이 변경되었는지 체크한다거나 하는 별도의 로직이 필요 없다.

그런데 이렇게 하나의 값을 변경할 때마다 새 객체를 만들면 메모리 낭비가 심하고 문제가 클 것 같지 않은가? _.clone 사례를 소개할 때 언급한 것처럼, immutable.js 역시 변경된 부분과 연관된 곳을 제외하고는 기존 객체를 공유하도록 하여 새로운 메모리 할당을 최소화하도록 되어 있다. _.extend는 첫 번째 깊이만 관리하면 되기 때문에 이 같은 로직을 만들기 쉬운데, immutable.js처럼 깊은 값을 변경할 때에 살려도 되는 객체만 공유되도록 만드는 것은 상대적으로 난이도가 높다. immutable.js는 데이터를 순회하면서 안으로 파고들면서 복사가 필요한 값만 복사해 나간다. 그러면서 필요한 곳에서 보조 함수를 대신 실행한다거나, 그 함수의 리턴값을 통해 그 부분의 값만 변경된 부모 객체를 만드는 등의 난이도 있는 구현이 잘 되어 있다.

immutable.js의 장점은 위 예제들에서 확인해 본 것 외에도 메모이제이션(memoization), List의 값 조회 속도 등 훌륭한 것들이 많다. 아이디어도 좋고 구현도 훌륭하다. immutable.js의 기존 객체를 최대한 유지하면서 값을 복사하는 콘셉트 등에 대해서 더 궁금하다면 *https://www.youtube.com/watch?v=I7IdS-PbEgI* 영상을 참고하면 좋다. 구글에 immutable.js를 검색하면 한국어 문서도 꽤 나오고 좋은 블로그의 글도 있다.

6.2.5 immutable.js의 아쉬운 점

immutable.js를 왜 사용하는지 다시 생각해 보면 결국 중첩 구조의 값을 변경한 새로운 부모 객체를 만들 수 있다는 점 때문일 것이다. 실시간성을 띄는 웹 애플리케이션의 경우, 어떤 일이 먼저 수행될지 알 수 없고 꽤나 복잡하게 수행되기 마련인데, 이럴 때 불변적으로 값을 다루는 기법은 부수 효과를 줄이는 데 매우 큰 도움이 된다. 값을 변경하지 않으면서 값을 다루는 방법은 immutable.js를 사용하지 않아도 우리가 확인했던 _.map, _.filter, _.reject, _.clone, _.extend, _.rest, _.initial 등이나 기본 자바스크립트 헬퍼들을 잘 활용해도 충분히 할 수 있지만 결국 문제는 깊은 값의 변화이다.

요즘에는 중첩이 많이 된 데이터를 활발하게 사용한다. 데이터베이스에서도 JSON 사용이 매우 활성화되었다. 개발자도 기술에 능숙해지고 동시에 사용자의 눈높이도 높아지면서, 점점 애플리케이션의 기능들은 즉각적으로 반응해야 하고 중첩된 View들은 유기적으로 동작하도록 구성되고 있다. 이를 위해 보다 잘 정리된 데이터들이 필요해졌고 데이터의 중첩도 꽤나 깊어졌다.

중첩 구조의 깊이가 있는 데이터는 관리하거나 변형해 나가기 어렵다. 게다가 이것을 불변적으로 다루는 것은 더욱 어렵다. immutable.js는 이런 어려움을 상당 부분 해결해 준다. 또한 React의 아키텍처와 잘 맞물려 React의 성능 최적화를 돕고 효과적인 설계를 가능하도록 한다. immutable.js의 풍성한 기능과 퍼포먼스 그리고 함수를 통한 추상화 등은 매우 훌륭하다.

그러나 immutable.js로 데이터를 다루는 것에도 단점은 있다. 중첩 구조 내부의 객체가 전부 바로 JSON이 될 수 없는 커스텀 객체들이라는 점이다. 이 단점은 immutable.js를 포함한 데이터를 다루는 거의 모든 커스텀 객체들이 가진 단점이 기도 하다. 이런 커스텀 객체로 Node.js에서는 Sequalize, Bookshelf 등의 ORM 이 있으며, 브라우저에서는 immutable.js나 Backbone.js의 Model/Collection 등 이 있다.

6.2.6 Model/Collection 류의 커스텀 객체들의 아쉬운 점

요즘 JSON은 데이터를 주고받는 데 거의 대체 불가한 약속이다. 적은 표현으로도 아주 풍성하게 데이터를 표현할 수 있으며, 모든 환경에서 JSON을 파싱하고 있다.

커스텀 객체로 데이터를 다루면 브라우저상의 데이터를 서버에 보내기 전에 먼 저 .toJSON()을 해야 한다. 중첩된 커스텀 객체를 .toJSON()하려면 내부를 순회하 며 재귀적으로 깊이가 끝날 때까지 .toJSON()을 수행해야 한다. 이점이 커스텀 객 체의 단점 중 하나다. .toJSON()과 같은 일이 매우 순식간에 끝날 것 같지만 생각 보다 그렇지 않다. 사용자의 클릭 한 번에서 일어날 일에서, 데이터의 깊이와 양 이 많을 경우 toJSON을 한 후 커스텀 객체를 생성하는 것만으로 300ms 이상의 시 간을 써야 할 때도 있다.

우리는 사용자의 하나의 액션에서 보통 이러한 일들을 수행해야 한다.

1. 브라우저에서 다루는 커스텀 객체를 toJSON 한 후,
2. 브라우저가 가진 JSON을 서버에 보낸다.
3. 서버에서 받아서 다시 커스텀 객체로 만들고,
4. 데이터를 다룬 후,
5. 데이터베이스에 보내기 위해 다시 toJSON을 한다.
6. JSON으로 데이터베이스와 통신하고,
7. 데이터베이스에서 JSON을 다시 받는다.
8. 다시 커스텀 객체의 구조에 맞추고,
9. 데이터를 좀 더 다뤄서 최종 결과를 만든 후,
10. 다시 커스텀 객체를 toJSON을 한다.
11. 브라우저에게 JSON을 내려주고 브라우저는 받아서,
12. JSON을 다시 커스텀 객체로 만든 후,
13. 뷰를 갱신한다

이 과정에서 커스텀 객체가 없어진다면 꽤 단순해진다.

1. 브라우저가 가진 JSON을 서버에 보낸다.

2. 서버에서 받아서 데이터를 다루고,

3. JSON으로 데이터베이스와 통신한다.

4. 데이터베이스에서 JSON을 다시 받고,

5. 데이터를 좀 더 다뤄서 최종 결과를 만든 후,

6. 브라우저에게 JSON을 내려주고 브라우저는 받아서

7. 뷰를 갱신한다.

JSON Object를 String으로 만드는 과정은 생략하고 설명했다. 커스텀 객체를 가지고 데이터를 다루게 되면 위와 같은 추가적인 일들이 생긴다. 이것만으로 커스텀 객체를 사용하면 안 되는 이유로 보긴 어렵다. 커스텀 객체의 풍부한 기능들이 필요하기 때문이다.

　그런데 만일 JSON.stringify를 즉시 실행할 수 있는 자바스크립트 기본 객체를 잘 조회하고, 깊은 값도 잘 변형할 수 있는 풍부한 기능을 가진 함수들이 있다면 어떨까? 객체의 메서드가 아닌 함수로도 immutable.js와 같은 기능을 얼마든지 구현할 수 있으며, 복잡한 구조의 데이터도 잘 다룰 수 있다. 자바스크립트 기본 객체를 유지하면서 데이터를 다루면 toJSON을 하지 않아도 되고, Node.js를 이용할 경우 서버와 클라이언트에서 동일한 데이터 구조와 동일한 함수를 그대로 사용할 수 있어 코드의 재사용도 극대화할 수 있다.

6.3 기본 객체 다루기

6.3.1 _.sel과 JSON Selector로 중첩 구조 데이터 다루기

Partial.js에는 중첩된 기본 객체에 대한 조회와 변형을 지원하는 함수들이 있다. Lodash에서는 문자열로 된 path로 깊은 값을 조회하고, immutable.js는 ['a', 'b', 'c']와 같이 배열로 된 keyPath를 이용해 깊은 값을 조회한다. Partial.js도 깊은 값을 찾아가기 위한 별도의 문법을 만들었는데, JSON Selector라고 부른다. 기본적으로 JSON Selector는 문자열로 작성하는데, 함수적으로도 동작시킬 수 있어 훨씬 다양한 조건으로 데이터를 찾아갈 수 있다.

코드 6-22 key로만 찾기

```
var users = [
  {
```

```
      id: 1,
      name: 'BJ',
      post_count: 3,
      posts: [
        { id: 1, body: '하이', comments: [{ id: 3, body: '코멘트3' }] },
        { id: 2, body: '하이2', comments: [{ id: 1, body: '코멘트1' },
                                          { id: 2, body: '코멘트2' }] },
        { id: 4, body: '하이4', comments: [{ id: 4, body: '코멘트4' },
                                          { id: 5, body: '코멘트5' }] }
      ]
    },
    {
      id: 2,
      name: 'PJ',
      post_count: 1,
      posts: [
        { id: 3, body: '하이3', comments: [] }
      ]
    }
];

// key로만 찾기
console.log(
  _.sel(users, '0->name'),             // BJ
  _.sel(users, '1 -> name'),           // PJ
  _.sel(users, '0-> post_count'),      // 3
  _.sel(users, '1 ->post_count'),      // 1
  _.sel(users, '0-> posts-> 1-> body') // 하이2
);
```

JSON Selector는 자바스크립트 기본 객체에 최적화되어 있다. ->로 구분하여 중
첩 데이터의 안쪽으로 들어간다. 기본적으로 key들을 적어 주면 된다. 띄어 쓰고
자 한다면 마음대로 띄어쓰면 된다. 딱 붙이거나 양쪽을 띄거나 왼쪽에 붙이는 것
을 추천한다.

key로만 찾을 때는 Lodash의 path와 비교해 별로 특별하지 않다. JSON
Selector는 괄호를 통해 함수를 만들 수 있어 좀 더 복잡한 쿼리가 가능하다. 함
수적이기 때문에 동적인 쿼리도 가능하다. 내부적으로는 해당 깊이의 객체를
_.find에 넣고 JSON Selector에 정의된 조건을 predicate에 넣는 식으로 동작
한다.

코드 6-23 predicate 1

```
console.log(
  _.sel(users, '(u=>u.id==1) -> name'),                      // BJ
  _.sel(users, '(u=>u.id==1) -> posts -> (p=>p.id==4) -> body') // 하이4
);
```

users에서 id가 1인 객체를 찾아 name을 조회했고, posts 중에 id==4인 객체를 찾아 body를 조회했다. ()에 들어가는 코드는 내부적으로 Partial.js의 _.lambda를 사용하고 _.lambda == _.l이다. _.l은 문자열로 화살표 함수를 만드는 함수다. 위코드가 내부적으로 하는 일을 파이프라인 코드로 표현하면 다음과 같다.

코드 6-24 X-ray 1

```
_.go(users,
  _.find(_.l('u=>u.id==1')),
  function(user) { return user.name; },
  console.log); // BJ

_.go(users,
  _.find(function(u) { return u.id == 1; }), // _.find(_.l('u=>u.id==1'))
  function(user) { return user.posts; },
  _.find(function(p) { return p.id == 4; }),
  function(user) { return user.body; },
  console.log); // 하이4
```

JSON Selector의 ()에 들어가는 부분은 _.find의 predicate이므로 (val, idx, list) => ... 이런 식으로 작성하여 val, idx, list를 모두 사용할 수 있다. _.l은 인자를 하나만 사용할 때 화살표 함수 식을 보다 짧게 표현할 수 있도록 기본 인자 이름으로 $를 제공하여 인자 부분 정의를 생략했다. 해당 문법을 활용하면 좀 더 간결하게 표현이 가능하다.

코드 6-25 X-ray 2

```
_.go(users,
  _.find(_.l('$.id==1')), // function($) { return $.id == 1 }
  function(user) { return user.name; },
  console.log); // BJ

_.go(users,
  _.find(_.l('$.id==1')), // function($) { return $.id == 1 }
  function(user) { return user.posts; },
  _.find(_.l('$.id==4')), // function($) { return $.id == 4 }
  function(user) { return user.body; },
  console.log); // 하이4
```

더 짧게 표현할 수 있도록 지원하는 문법이 한 가지 더 있다. 아무래도 id라는 key를 가장 많이 사용하기 때문에 '$.id=='을 #으로 대체할 수 있도록 했다.

코드 6-26 X-ray 3

```
_.go(users,
  _.find(_.l('#1')), // function($) { return $.id == 1 }
  function(user) { return user.name; },
  console.log); // BJ
```

```
_.go(users,
  _.find(_.l('#1')), // function($) { return $.id == 1 }
  function(user) { return user.posts; },
  _.find(_.l('#4')), // function($) { return $.id == 4 }
  function(user) { return user.body; },
  console.log);
// 하이4
```

_.l이 이와 같이 동작한다는 것은 JSON Selector에서도 동일하게 사용할 수 있다는 얘기이므로 코드 6-23을 아래와 같이 간결하게 만들 수 있다.

코드 6-27 predicate 2

```
console.log(
  _.sel(users, '(#1) -> name'),                // BJ
  _.sel(users, '(#1) -> posts -> (#4) -> body') // 하이4
);
```

다시 한번 하이4만 코드로 표현하면 다음과 같다.

코드 6-28 X-ray 4 하이4

```
var user = _.find(users, function(user) { return user.id == 1; });
var posts = user.posts;
var post = _.find(posts, function(post) { return post.id == 4; });
var body = post.body;
console.log(body);
// 하이4
```

JSON Selector에서는 predicate를 작성할 수 있어 단순히 keyPath 정도로 찾는 방법보다 훨씬 유용하다. JSON Selector의 ()는 함수이므로, id 비교가 아닌 다른 조건도 만들 수 있다.

코드 6-29 predicate 3

```
var users = [
  {
    post_count: 3,
    posts: [
      { id: 1, body: '하이', comments: [{ id: 3, body: '코멘트3' }] },
      { id: 2, body: '하이2', comments: [{ id: 1, body: '코멘트1' },
                                    { id: 2, body: '코멘트2' }] },
      { id: 4, body: '하이4', comments: [{ id: 4, body: '코멘트4' },
                                    { id: 5, body: '코멘트5' }] }
    ]
  },
  {
    post_count: 1
  }
];
```

```
console.log(
  _.sel(users, '($.post_count > 1) -> posts -> ($.comments.length > 1) -> body')
);
// 하이2
```

함수이기 때문에 다양한 연산자, 메서드, 전역의 함수 등을 모두 사용할 수 있고 높은 다형성을 지원할 수 있다.

6.3.2 JSON Selector를 이용한 값 변경

JSON Selector를 이용하면 중첩 구조 객체의 안쪽 값을 찾아서 변경하기 편하다. JSON Selector를 이용해 깊은 값을 변경해 보자.

코드 6-30 _.set

```
var user = {
  id: 1,
  name: 'BJ',
  post_count: 3,
  posts: [
    { id: 1, body: '하이', comments: [{ id: 3, body: '코멘트3' }] },
    { id: 2, body: '하이2', comments: [{ id: 1, body: '코멘트1' },
                                      { id: 2, body: '코멘트2' }] },
    { id: 4, body: '하이4', comments: [{ id: 4, body: '코멘트4' },
                                      { id: 5, body: '코멘트5' }] }
  ]
};

_.set(user, 'posts -> (#4) -> comments -> (#4) -> body', '코멘트4를 수정');

console.log( user.posts[2].comments[0].body );
// 코멘트4를 수정
```

_.set을 사용하면 깊은 값을 JSON Selector로 찾아간 다음, 마지막 key에 해당하는 값을 변경할 수 있다. _.set은 첫 번째 인자의 내부 상태를 변경한 후 그대로 리턴한다. _.set은 객체 내부의 값을 직접 변경하는 함수다. _.set의 immutable 버전으로는 _.im.set이 있다.

책의 흐름상 코드 6-30 예제가 immutable이 아니어서 의아하게 생각할 수 있다. 함수형 프로그래밍이 곧 immutable은 아니다. 결국에는 값을 변경해야 한다. 항상 값을 새로 만들더라도 사용자에게 마지막으로 보여줘야 하는 화면은 결국 변경해야 한다. 개발자가 정확히 선택하며 다룰 수 있으면 된다. mutable하고 싶을 때와 immutable하고 싶을 때가 모두 있다.

다음은 _.set의 immutable 버전인 _.im.set의 예제다.

코드 6-31 _.im.set

```
_.go(
  _.im.set(user, 'posts -> (#4) -> comments -> (#4) -> body', '코멘트4를 새롭게 수정'),
  function(user2) {
    console.log(
      user == user2,                 // false
      user.posts[2].comments[0].body,   // 코멘트4를 수정
      user2.posts[2].comments[0].body,  // 코멘트4를 새롭게 수정

      user.posts == user2.posts,        // false
      user.posts[0] == user2.posts[0],  // true 기존 값 공유
      user.posts[1] == user2.posts[1],  // true 기존 값 공유
      user.posts[2] == user2.posts[2],  // false 부모 라인이므로 새로운 값
      user.posts[2].comments[0] == user2.posts[2].comments[0],  // false 새로운 값
      user.posts[2].comments[1] == user2.posts[2].comments[1]   // true 기존 값 공유
    )
  });
```

_.set의 immutable 버전인 _.im.set의 결과를 자세히 확인해 보면 위와 같다. start 객체인 user는 새로운 객체인 user2가 되었고 중첩 구조를 파고들면서, 새로 만들어야 하는 값만 새로 만들고, 그대로 재활용해도 되는 데이터는 남겼다. true로 찍히는 부분들을 확인해 보면 알 수 있다. 페이스북의 immutable.js처럼 값을 복사하면서 재활용할 수 있는 객체를 최대한 남겨 불필요한 메모리 사용을 줄였다. 새로운 철학이나 커스텀 객체, 클래스나 메서드가 없어도 위와 같은 로직을 얼마든지 구현할 수 있다. Partial.js의 함수들을 이용하면 기본 객체와 함수만으로도 값을 불변적으로 다룰 수 있다.

또한 함수형 프로그래밍은 서로 다른 주제의 코드들도 함수 단위로 로직을 공유하기 때문에 상속을 통한 코드 공유보다 훨씬 적은 코드로 중복을 제거할 수 있다. 완전히 동일한 역할을 하는 것은 아니니 비교하는 것이 무의미할 수 있지만 immutable.js가 4,900줄 정도이고 Partial.js는 1,800줄 정도이며, immutable.min.js은 57kb이고 partial.min.js는 42kb 정도다. Partial.js는 불변 객체 다루기 외에도 가변 객체 다루기, 함수형 고차 함수, 비동기 제어, 템플릿 엔진, 이벤트 등의 기능을 가지고 있다.

Partial.js 같은 경우에는 코드에 로직만 남는다. 고차 함수를 이용하면서 보조 함수로 다형성을 지원하기 때문에 데이터형 정의, 초기화, 타입 체크 등의 부수적인 코드들이 적고, 로직이 재사용되는 비율이 커서 훨씬 짧은 코드가 나온다. 함수형으로 코드를 작성하면 함수 선언과 실행만 있고, 클래스를 선언하거나 상속하거나 객체를 생성하거나 하는 코드가 없기 때문에도 코드가 짧아진다. 데이터

형이 없으면 비동기 제어, 템플릿 엔진, 값 변경 등 서로 전혀 다른 주제를 가진 기능들에서도 코드를 섞을 수 있다. 추상화의 단위가 함수이기에 가능한 일이다.

6.3.3 커스텀 객체 vs 기본 객체

잠시 샛길로 빠져 보자. 객체지향 프로그래밍에서는 어떤 객체에 기능을 부여하기 위해 메서드들을 지닌 객체로 기존 값들을 감싸는(wrapping) 방법을 취한다. immutable.js나 Backbone 등과 같은 커스텀 객체들은 내부 구조가 다음과 같다.

코드 6-32 커스텀 객체의 구조

```
function Model(attrs) {
  this._attributes = attrs;
}
Model.prototype.get = function(key) {
  return this._attributes[key];
};
Model.prototype.set = function(key, val) {
  this._attributes[key] = val;
  return this;
};
Model.prototype.unset = function(key) {
  delete this._attributes[key];
  return this;
};
Model.prototype.toJSON = function() {
  var json = {};
  for (var key in this._attributes) {
    var val = this._attributes[key];
    json[key] = val && val.toJSON ? val.toJSON() : val; // 안으로 파고 들면서 toJSON
  }
  return json;
};

function Collection(models) {
  this._models = models.map(function(attrs) { return new Model(attrs); });
}
Collection.prototype.at = function(idx) {
  return this._models[idx];
};
Collection.prototype.add = function(model) {
  return this._models.push(model.constructor == Model ? model : new Model(model));
};
Collection.prototype.remove = function(model) {
  var removed;
  this._models = this.reject(function(target) {
    if (target == model || (target.get('id') == ((model.get && model.get('id')) ||
                                                  model.id))) {
      removed = target;
      return true;
    }
```

```
    });
    return removed;
};
Collection.prototype.reset = function() {
  this._models = [];
  return this;
};
Collection.prototype.filter = function(predicate) {
  return this._models.filter(predicate);
};
Collection.prototype.reject = function(predicate) {
  return this._models.filter(function(val, idx, models) {
    return !predicate(val, idx, models);
  });
};
Collection.prototype.toJSON = function() {
  return this._models.map(function(model) {
    return model.toJSON(); // 안으로 파고들면서 toJSON
  });
};

var users = new Collection([
  { id: 1, name: "HA" },
  { id: 2, name: "PJ" },
  {
    id: 3,
    name: "JE",
    posts: new Collection([
      { id: 1, body: "내용1", user: new Model({ id: 3, name: "JE" }) },
      { id: 2, body: "내용2", user: new Model({ id: 3, name: "JE" }) }
    ])
  }
]);

users.remove({id: 2});

console.log(JSON.stringify(users.toJSON()));
/*
 * [{"id":1,"name":"HA"},
 *  {"id":3,"name":"JE","posts":[
 *  {"id":1,"body":"내용1","user":{"id":3,"name":"JE"}},
 *  {"id":2,"body":"내용2","user":{"id":3,"name":"JE"}}]}]
 * */-
```

데이터를 다루는 간단한 커스텀 클래스들을 만들어 보았다. Model은 객체에 기능을 더한 것이고 Collection에는 배열에 기능을 더한 것이다. 기본적으로 커스텀 클래스는 위와 같은 방식으로 만들어진다. 관리하고자 하는 기본 객체를 감싼 후 기본 객체의 메서드를 대신 실행하거나 없는 기능을 구현하는 식으로 기능을 확장한다. 체계적으로 느껴지고 장점도 있지만 단점도 있다. 가장 확실한 단점은 두 가지 정도이다.

첫 번째는 동일한 데이터 구조를 만드는 데 메모리 사용량이 꽤 증가한다는 점이다. 커스텀 객체들은 객체 자신과, _models나 _attributes와 같은 본체 객체 모두 존재해야 하기 때문이다. 결국은 보통 두 배의 객체가 생성되게 된다.

두 번째는 앞서 언급했던 toJSON을 해야 한다는 점이다. Collection.prototype.toJSON을 실행하면 안으로 파고들면서 model.toJSON()을 실행하고 그 안에서도 계속 .toJSON()을 하는 식이다. 위 예제에는 중첩 구조가 한 단계이지만 단계가 많을 경우에는 계속해서 파고드는 식으로 동작해야 한다. 또한 서버에 갔다와서 다시 set을 해줘야 할 때는 기존 값을 찾아가면서 끼워 맞추거나 새로 만드는 작업이 생긴다.

반대로 자바스크립트 기본 객체를 사용하면 세 가지 정도의 확실한 장점이 있다. 첫 번째는 통신 전후의 toJSON, set의 작업이 필요 없고, 두 번째는 객체 생성의 양이 반으로 줄어든다. 세 번째는 기본 객체의 메서드와 프로퍼티는 완전히 약속된 규약이어서 이 규약을 따르는 함수라면 누가 만들었든, 어떤 함수나 라이브러리든 함께 사용할 수 있다. 기본 객체를 사용하면 함수형 방식으로 구현한 코드에 더욱 많은 이점이 생긴다. 약속된 규약도 추상화의 도구가 된다.

다시 본론으로 돌아와 기본 객체 다루기의 다른 사례들을 확인해 보자.

6.3.4 _.set, _.unset, _.remove2, _.pop, _.shift, _.push, _.unshift

JSON Selector를 통해 깊은 값을 변경할 수 있는 함수는 _.set, _.unset, _.remove2, _.pop, _.shift, _.push, _.unshift, 그 외에 _.extend2, _.defaults2 등이 있다. 각각의 모든 함수는 _.im.set과 같이 앞에 _.im를 붙이면 immutable 버전으로 동작하여 부모 객체의 복사본을 리턴한다.

코드 6-33

```
var users = [
  {
    id: 1,
    name: 'BJ',
    post_count: 3,
    posts: [
      { id: 1, body: '하이', comments: [{ id: 3, body: '코멘트3' }] },
      { id: 2, body: '하이2', comments: [{ id: 1, body: '코멘트1' },
                                        { id: 2, body: '코멘트2' }] },
      { id: 4, body: '하이4', comments: [{ id: 4, body: '코멘트4' },
                                        { id: 5, body: '코멘트5' }] }
    ]
  },
  {
```

```
      id: 2,
      name: 'PJ',
      post_count: 1,
      posts: [
        { id: 3, body: '하이3', comments: [] }
      ]
    }
];

_.unset(users, '(#2)->name');
console.log(users[1]); // {id: 2, post_count: 1, posts: Array[1]}

_.remove2(users, '(#1)->posts->(#2)');
console.log(_.pluck(users[0].posts, 'body'));   // ["하이", "하이4"]

_.go(_.im.remove2(users, '(#2)->posts->(#3)'), // immutable
  function(users2) {
    console.log(users2[1].posts); // []
    console.log(users[1].posts);  // [{ id: 3, body: '하이3', comments: [] }]
  });

_.extend2(users, '(#2)->posts->(#3)', { body: "하이3 수정함", updated_at: new Date() });
console.log(users[1].posts[0]);
// {id: 3, body: "하이3 수정함", comments: Array[0], updated_at: Sun Mar 05 ... }

_.push(users, '(#2)->posts->(#3)->comments', { id: 6, body: '코멘트6' });
console.log(users[1].posts[0].comments[0].body); // 코멘트6
```

위 예제의 함수 결과는 예상대로 동작했을 것이다. 첫 번째 인자로 변경하고 싶은 부모 객체를 주고, JSON Selector를 사용해 변경할 위치를 지정한 후 마지막 인자로 변경할 값을 전달하면 된다.

6.3.5 _.set을 통한 값 변경을 함수로 하기

Partial.js의 깊은 값 변경 함수들은, 마지막 인자로 함수를 넘겨줄 경우 그 함수가 리턴하는 값으로 값을 변경해 준다.

코드 6-34

```
var users = [
  {
    id: 1,
    name: 'BJ',
    post_count: 3,
    posts: [
      { id: 1, body: '하이', comments: [{ id: 3, body: '코멘트3' }] },
      { id: 2, body: '하이2', comments: [{ id: 1, body: '코멘트1' },
                                        { id: 2, body: '코멘트2' }] },
      { id: 4, body: '하이4', comments: [{ id: 4, body: '코멘트4' },
                                        { id: 5, body: '코멘트5' }] }
```

```
    ]
  },
  {
    id: 2,
    name: 'PJ',
    post_count: 1,
    posts: [
      { id: 3, body: '하이3', comments: [] }
    ]
  }
];

// ❶
_.set(users, '(#1)->name', function(name) {
  return name.toLowerCase();
});
console.log(_.sel(users, '(#1)->name')); // bj

// ❷
_.set(users, '(#1)->posts', function(posts) {
  return _.reject(posts, function(post) {
    return post.comments.length < 2;
  });
});
console.log(_.sel(users, '(#1)->posts').length);  // 2

// ❸ immutable
_.go(
  _.im.set(users, '(#1)->posts', function(posts) {
    return _.pluck(posts, 'body');
  }),
  function(users2) {
    console.log(users == users2);        // false
    console.log(users2[0].posts);        // ["하이2", "하이4"]
    console.log(users[0].posts[0].body); // "하이2"
  });
```

❶ 함수를 통해 대문자 "BJ"를 "bj"로 변경했고, ❷ posts 중에 comments가 두 개
보다 작은 post를 제외한 posts로 대체했다. 또한, ❸ immutable하게 posts를 글
내용만 남긴 posts로 바꿨다.

6.3.6 깊은 값 꺼내기: _.deep_pluck

깊은 곳에 있는 모든 comments들의 내용을 모아 수집하고 싶다면 _.deep_pluck이
라는 함수가 유용하다.

코드 6-35
```
vvar users = [
  {
    id: 1,
    name: 'BJ',
```

```
      posts: [
        { id: 1, body: '하이', comments: [{ id: 3, body: '코멘트3' }] },
        { id: 2, body: '하이2', comments: [{ id: 1, body: '코멘트1' },
                                         { id: 2, body: '코멘트2' }] },
        { id: 4, body: '하이4', comments: [{ id: 4, body: '코멘트4' },
                                         { id: 5, body: '코멘트5' }] } }
      ]
    },
    {
      id: 2,
      name: 'PJ',
      posts: [
        { id: 3, body: '하이3', comments: [{ id: 6, body: '코멘트6' }] }
      ]
    }
];
console.log(
  _.deep_pluck(users, 'posts.comments')
);
// [ {id: 3, body: "코멘트3"}, {id: 1, body: "코멘트1"}, {id: 2, body: "코멘트2"},
//   {id: 4, body: "코멘트4"}, {id: 5, body: "코멘트5"}, {id: 6, body: "코멘트6"} ]

console.log(
  _.deep_pluck(users, 'posts.comments.body')
);
// ["코멘트3", "코멘트1", "코멘트2", "코멘트4", "코멘트5", "코멘트6"]

console.log(
  _.deep_pluck(users, 'posts.comments.id')
);
// [3, 1, 2, 4, 5, 6]
```

_.deep_pluck는 배열과 객체를 구분하면서 안으로 계속 파고들어 원하는 깊이의 결과들을 모은 새로운 객체를 리턴하는 함수다. 값을 다루는 데 기본 객체를 사용하면 _.pluck, _.deep_pluck 같은 함수들과도 합을 잘 맞출 수 있다. 기본 객체를 사용하면 key를 통해서만 값에 접근한다든지 하는 기본 객체와 어울릴 만한 함수들도 많이 만들어 둘 수 있게 된다.

커스텀 클래스는 메서드를 통해 값에 접근하거나 값을 다루기 때문에 재사용성이 높은 함수를 만들기 어렵다. 또한 진짜 값이 숨어 있기 때문에 더욱 다루기 힘들다.

필자는 의도하지 않은 값 변경을 막기 위해 은닉을 하여 차단하는 것보다는 개발자가 원하는 때에만 값을 변경하고, 값 변경이 일어나지 않기를 원할 때는 복사하고, 복사하면서 변경하고 싶을 때는 복사하면서 변경하는 식으로 다루는 것에 이점이 더 많다고 생각한다. 값을 선언하는 것도 개발자고, 값을 변경할지 말지 선택하는 것도 결국 개발자인데, 값을 굳이 안으로 숨길 필요는 없다고 생각한다.

6.4 정리

6장에서는 순수 함수, 변경 최소화, 불변 객체, 커스텀 객체, 기본 객체, 깊은 값 변경 등에 대해 다뤄보았다. 함수로 값을 다룰 때는 객체가 기본 객체일수록 잘 어울린다. 물론 보조 함수를 통해 얼마든지 커스텀 객체를 다룰 수 있지만, 기본 객체로 약속할 경우 JSON Selector 같은 구현도 가능하고 응용법도 훨씬 다양해진다.

깊은 값을 조회하고 변경하는 일을 고차 함수와 보조 함수의 조합으로 다루는 것은 매우 효율적이며, 기본 객체만을 사용하는 일은 메모리 사용과 toJSON 등의 추가 작업을 줄인다. 데이터를 다루는 기능을 풍성하게 만들기 위해 클래스와 메서드를 추가할 수도 있지만 기본 객체를 사용하는 유용한 함수들을 많이 만드는 방법도 있다.

JSON은 오늘날 데이터 통신에 있어 빠질 수 없는 표준이다. JSON에 맞춰서 로직을 작성하면 여러 곳에서 중복되는 코드를 줄일 수 있으며, 다른 언어나 환경이더라도 문제 해결에 있어 동일한 관점으로 문제를 바라볼 수 있다. 기본 객체를 사용해 보자. 중첩 구조의 코드를 다루는 데 있어 더 빠르고 효율적인 프로그래밍이 가능해진다. 만일 Node.js를 백엔드로 사용하고 있다면 기본 객체를 사용한 함수형 자바스크립트의 효율은 훨씬 크다.

7장

F u n c t i o n a l   J a v a S c r i p t

실전에서 함수형 자바스크립트 더 많이 사용하기

_.each, _.map, _.reduce 등의 고차 함수는 Array와 Object 외에도 다양한 데이터 형과 데이터들과 함께 사용할 수 있다. DOM 객체나 jQuery 객체를 다룰 수 있고, SQL이나 관계형 데이터를 다루는 데에도 사용할 수 있다. 7장에서는 실무적인 상황에서 _.each, _.map, _.reduce 등의 고차 함수들이 사용되는 사례들을 확인하고, 함수적 기법들이 어떤 부분을 대체할 수 있는지 확인할 것이다.

7.1 _.each, _.map

7.1.1 if 대신 _.each 사용하기

간단한 예제로 아이스 브레이킹 겸 가볍게 시작해 보자. 코딩을 하다 보면 값이 있는지에 따라서 다음 코드를 실행할지를 구분하려고 if를 사용하는 경우가 있다.

코드 7-1

```
<script>
function hi(list) {
  if (list && list.forEach) { // 이 if문이 없다면, null 등의 값이 오면 에러가 날 수 있음
    list.forEach(console.log);
    return list;
  }
}
hi(undefined); // if문에 걸려 실행이 안 됨
hi([1]);       // 1 0 [1]
</script>
```

위 코드에서 forEach 대신 _.each를 사용하면 코드 7-2의 hi2처럼 if문 없이도 에

러가 나지 않고 실행이 잘 된다. 만일 Partial.js의 _.each라면 부분 커링이 가능하므로 hi3처럼 코딩할 수도 있다.

코드 7-2

```
<script>
function hi2(list) {
  return _.each(list, console.log);
}
hi2(undefined); // 실행이 안 되고 에러도 안 난다
hi2([1]);       // 1 0 [1]

var hi3 = _.each(console.log);
hi3(undefined); // 실행이 안 되고 에러도 안 난다
hi3([1]);       // 1 0 [1]
```

실제 개발할 때도 위와 같은 상황이 많다. 이런 상황에서 if (obj && obj.length) {} 정도는 _.each, _.map, _.filter 등을 사용하는 것만으로 생략할 수 있다.

7.1.2 선택된 항목들 지우기와 _.map

이번엔 선택된 체크박스를 통해 지워야 할 task의 id를 얻어낸 후, 서버에도 반영하고 엘리먼트도 지우는 예제다. 아래 같은 상황에서는 _.map을 사용하면 좋다.

코드 7-3 task_app

```
<div id="task_app">
  <button type="button" class="remove">삭제</button>
  <ul class="task_list">
    <li task_id="3">
      <input type="checkbox" checked>
    </li>
    <li task_id="2">
      <input type="checkbox">
    </li>
    <li task_id="1">
      <input type="checkbox" checked>
    </li>
  </ul>
</div>

<script>
$('#task_app').on('click', '> button.remove', function() {
  var $inputs = $('#task_app .task_list input:checked');
  var lis = _.map($inputs, function(input) {
    return input.closest('li');
  });
  var ids = _.map(lis, function(li) {
    return parseInt(li.getAttribute('task_id'));
  });
  $.post('/api/remove_tasks', ids).then(function() {
```

```
        $(lis).remove();
    });
});
</script>
```

_.map은 [재료, 재료, 재료]를 [cook(재료), cook(재료), cook(재료)]로 만들어 [요리, 요리, 요리]를 만들고자 할 때 사용한다. 코드 7-5는 _.pipe를 통해 위 코드의 함수를 작게 쪼개는 아이디어를 확인해 보고자 작성했다. _.tap은 받아둔 함수들을 모두 실행한 후 처음 받은 인자를 동일하게 리턴하는 파이프라인 함수다.

코드 7-4 _.tap

```
<script>
_.go(10,
  _.tap(
    function(a) { return a * a },
    console.log), // 100
  console.log);   // 10
</script>
```

코드 7-5 _.pipe 버전

```
<script>
$('#task_app').unbind('click');

$('#task_app').on('click', '> button.remove', _.pipe(
  function() { return $('#task_app .task_list input:checked'); },
  _.map(function(input) { return input.closest('li'); }),
  _.tap(
    _.map(function(li) { return parseInt(li.getAttribute('task_id')); }),
    _($.post, '/api/remove_tasks')),
  function(lis) { $(lis).remove(); }
));
</script>
```

파이프라인은 Promise 객체의 결과를 기다려서 받은 후, 다음 함수를 실행하기 때문에 이런 코딩이 가능하다. 몇 가지 변형된 버전을 확인해 보자. Partial.js의 _는 _ == _.partial이며, 첫 번째 인자에 함수 대신 문자열이 들어오면 앞으로 들어올 첫 번째 인자의 메서드를 실행하는 함수가 된다. __ == _.pipe이고 _.c는 _.constant == _.c이며 받아둔 값을 리턴하는 함수를 리턴한다.

코드 7-6 _.pipe 버전 2

```
<script>
$('#task_app').unbind('click');

$('#task_app').on('click', '> button.remove', __(
  _.c('#task_app .task_list input:checked'), $,
```

```
  _.map(_('closest', 'li')),
  _.tap(
    _.map(__(_('getAttribute', 'task_id'), parseInt)),
    _($.post, '/api/remove_tasks')),
  $, _('remove')));
</script>
```

7.1.3 SQL의 insert문 만들기와 _.map

코드 7-7은 _.map을 주제로 SQL의 insert문을 만드는 예제이다. insert문을 직접 입력하지 않고 함수로 만드는 게 의미가 있으려면 유용한 기능들이 담겨 있어야 할 것이다. 자바스크립트 객체를 통해 쉽게 insert문을 생성하고, multi-row를 지원하고, 컬럼명들과 내용들의 순서를 맞춰주고, DEFAULT 예약어를 채우도록 했다. 또한 편리하고 안전하도록 컬럼명과 테이블명은 ""로 감싸고, 문자열 값은 ''로 감싸주는 기능도 지원한다. 예제는 서버에서 사용하게 될 코드이므로 화살표 함수도 함께 사용해 보았다. 주석을 보면서 하나씩 따라가 보자.

코드 7-7 sql.insert에서 사용할 함수들

```
_.wrap_arr = function(v) { return _.is_array(v) ? v : [v]; };
// 배열이 아니면 배열로 감싸서 리턴하는 함수

_.flatten([[1, 2, 3], [4, [5], 6]]);
// [1, 2, 3, 4, 5, 6]

_.uniq([1, 2, 1, 4, 1, 3]);
// [1, 2, 4, 3]

_.keys({one: 1, two: 2, three: 3});
// ["one", "two", "three"]

_.values({one: 1, two: 2, three: 3});
// [1, 2, 3]

_.map_object({x: 1, y: 2}, function(v) { return v + 1; });
// {x: 2, y: 3}

_.object([['a', 1], ['b', 2]]);
// {a: 1, b: 2}
```

코드 7-8 sql.insert

```
var sql = {};
sql.insert = function(table, data) {
  data = _.wrap_arr(data);

  // 사용될 컬럼명들 뽑기
  var columns = _.go(data,    // data = [{x: 0}, {y: 1}, {desc: "설명1", x: 1}]라고 가정
    _.map(_.keys),            // [['x'], ['y'], ['desc', 'x']] data를 모두 돌며 keys를 뽑음
    _.flatten,               // ['x', 'y', 'desc', 'x'] Array 깊이 제거
```

```
        _.uniq);                  // ['x', 'y', 'desc'] 중복 제거

    // 넘어오지 않은 값이 있을 경우 DEFAULT를 채우기 위해 defaults 만들기
    var defaults = _.go(columns, // columns는 ['x', 'y', 'desc'] 이 상태
      _.map(v=>[v, 'DEFAULT']),
      // [['x', 'DEFAULT'], ['y': 'DEFAULT'], ['desc', 'DEFAULT']]

      _.object);
      // { x: "DEFAULT", y: "DEFAULT", desc: "DEFAULT" }

    // data = [{x: 0}, {y: 1}, {desc: "설명1", x: 1}]라고 가정
    var sql_values = _.map(data, _.pipe(
        _.idtt, // (val, idx, list) 중 첫 번째 인자만 꺼냄

        // 아래 (1, DEFAULT, '설명1')까지의 코멘트들은 data[2]가 v일 때 기준
        _.map_object(v => _.is_string(v) ? "'" + v + "'" : v),
        // {desc: "'설명1'", x: 1}

        v => _.extend({}, defaults, v),
        // {x: 1, y: "DEFAULT", desc: "'설명1'"} 순서도 defaults 기준으로 맞추면서 채움

        _.values, // [1, "DEFAULT", "'설명1'"] 순서에 맞춰 values 뽑기

        v => '(' + v.join(", ") + ')') // (1, DEFAULT, '설명1')
      )
      // _.map 종료 [(0, DEFAULT, DEFAULT), (DEFAULT, 1, DEFAULT), (1, DEFAULT, '설명1')]
      .join(', ');
      // (0, DEFAULT, DEFAULT), (DEFAULT, 1, DEFAULT), (1, DEFAULT, '설명1')

    return 'insert into "'+table+'" ("'+columns.join('", "')+'") values '+sql_values;
};

console.log(
  sql.insert('files', {
    name: "image.png",
    type: "image/png"
  })
);
// insert into "files" ("name", "type") values ('image.png', 'image/png')

console.log(
  sql.insert('files', [
    { name: "image.png", type: "image/png" },
    { type: "image/jpeg", name: "image1.jpg" }, // type, name 순서가 다르게 들어감
    { type: "image/png" } // name 없음
  ])
);
// insert into "files" ("name", "type") values
//   ('image.png', 'image/png'), ('image1.jpg', 'image/jpeg'), (DEFAULT, 'image/png')
//                     순서 맞춰주고                     알아서 채워주도록

/* 위 코드에서 주석을 제거하고 간결하게 표현한 sql.insert 함수 */
sql.insert = function(table, data) {
  data = _.wrap_arr(data);
  var columns = _.go(data, _.map(_.keys), _.flatten, _.uniq);
  var defaults = _.object(_.map(columns, v=>[v, "DEFAULT"]));
```

```
    return 'insert into "'+table+'" ("' + columns.join('", "') + '") values '+
      _.map(data, __(_.idtt,
        _.map_object(v => _.is_string(v) ? "'" + v + "'" : v),
        v => _.extend({}, defaults, v),
        _.values, v => '(' + v.join(', ') + ')'
      )).join(', ');
};
```

함수 조합으로 유용한 함수를 만들어 보았다. 함수를 나열하고 함수에 값을 통과
시키면서 값이 어떻게 바뀌어 나갈지를 떠올리는 식으로 프로그래밍을 하면 문제
가 단순해지고 쉬워진다. 처음에는 이러한 방법이 익숙하지 않다고 느낄 수 있다.
함수에 함수를 넣어서 함수를 리턴 받아 함수에 넣고, 그 결과가 다음 함수에게 가
고, 괄호들이 많이 나오는 것이 복잡하게 느껴질 수 있다. 그러나 연습을 통해 어
느 정도 익숙해지고 나면, 작게 나뉜 문제를 해결하는 것이 더 쉽다는 것을 알게
될 것이다.

간결한 해결책들의 조합으로 구성된 코드는 다른 사람이 읽고 이해하기에도 용
이하다. 가지고 있는 재료들로 출발하여 '_.map하고 _.filter한 다음, _.reduce 하
면서 add하자.'하는 식으로 로직을 떠올리는 연습을 해 두면 점점 생산성이 높아진
다. 이미 오류가 없고 정상 동작이 보장된 함수들의 조합으로 프로그래밍하면 해당
부분이 잘 동작할 것이라는 확신이 상대적으로 빠르게 들고 생산성을 높여 준다.

7.1.4 그룹 채팅 초대와 _.map

코드 7-9 단체 채팅 초대

```
var invite = function(chat_id, users) {
  return sql.insert('chats_users', _.map(users, user => ({
    user_id: user.id, chat_id: chat_id
  })));
};

console.log(
  invite(8, [{ id: 1, name: "id" }, { id: 5, name: "pj" }, { id: 6, name: "bj" }])
);
// insert into "chats_users" ("user_id", "chat_id") values (1, 8), (5, 8), (6, 8)

// Partial.js라면 _.map의 부분 커링과 인자 추가 기능이 있어 아래처럼 작성 가능
var invite = _.pipe(
  _.map((chat_id, user) => ({ user_id: user.id, chat_id: chat_id })),
  _(sql.insert, 'chats_users'));

console.log(
  invite(12, [{ id: 1, name: "id" }, { id: 6, name: "bj" }])
);
// insert into "chats_users" ("user_id", "chat_id") values (1, 12), (6, 12)
```

(chat_id, users)로 출발하여 _.map과 보조 함수의 조합으로 chats_users 테이블에 맞는 데이터로 변형한 후, 이전에 만든 sql.insert를 실행했다. sql.insert도 다양한 함수들을 통과하여 SQL문을 리턴하게 된다.

7.1.5 함수 고르기

_.map과 _.map_object는 한끝 차이다. 같은 보조 함수여도 고차 함수가 무엇이냐에 따라 결과가 달라진다. 보조 함수를 잘 작성하는 것도 중요하지만 함수를 잘 고르는 것도 중요하다. 함수를 잘 골랐다는 것은 로직을 대체한 함수를 잘 골랐다는 것이다. 수많은 고차 함수 조합의 경우의 수 중 좋은 조합을 찾는 것이 중요하다.

코드 7-10

```
sql.insert = function(table, data) {
  data = _.wrap_arr(data);
  var columns = _.go(data, _.map(_.keys), _.flatten, _.uniq); // columns 뽑아내고
  var defaults = _.object(_.map(columns, v=>[v, "DEFAULT"])); // 그 순서대로
                                                              // defaults를 만들고

  return 'insert into "'+table+'" ("' + columns.join('", "') + '") values ' +
    _.map(data, __(_.idtt,
      _.map_object(v => _.is_string(v) ? "'" + v + "'" : v),
      v => _.extend({}, defaults, v), // defaults의 순서대로 다시 재배치하고
      _.values, v => '(' + v.join(', ') + ')'
    )).join(', ');
};
```

위 코드를 만들 때 제일 재미있었던 함수 선택을 꼽자면 _.extend다. _.extend에 defaults를 먼저 넣고, 그 뒤에 v를 넣으므로 key/value 쌍의 key의 순서는 defaults를 기준으로 맞춰진다. 자바스크립트에서 key/value 할당 순서는 의미가 있다.

Object.keys()는 객체에 key가 할당된 순서대로 key 배열을 뽑는다. 그 점을 활용하여 _.extend로 defaults의 key 할당 순서대로 v를 재배치했고, _.values에 들어가서 순서에 맞게 ('image.png', 'image/png'), ('image1.jpg', 'image/jpeg'), (DEFAULT, 'image/png')과 같이 만들 수 있게 된다. 함수의 조합으로 만들어진 로직이다. 이와 같은 연습이 잘 되어 있다면 생산성이 매우 높아진다. 그리고 이런 코딩은 기본 객체일수록 편하다. 기본 객체와 함수 조합의 실용성은 정말 높다.

7.1.6 많은 사람들이 기본 객체와 함수 중심으로 프로그래밍을 한다면

로버트 마틴(Robert C. Martin)은 'SW 분야가 현재의 기예(Art)의 단계에서 과학의 단계로 올라서야 한다. 그러기 위해 수학이나 화학에서처럼 단일한 언어가 필요하다.'라고 했다. 멋진 이야기다. 하지만 아무래도 이 주장이 현실화되는 날은 멀거나 오지 않을 것 같다.

목표를 조금 낮추거나 범위를 좁혀보면 어떨까? 기본 객체(타입)를 위주로 프로그래밍을 하는 그룹이 있다고 생각해 보자. JSON을 기반으로 하는 것이다. 많은 자바스크립트 개발자들이 기본 객체(타입)를 위주로 프로그래밍하고, 기본 객체를 다루는 좋은 함수들을 만들어 주제별로 공유를 하면, 더 많은 개발자들이 그 함수 조각들을 쉽게 가져다 쓰고 활용할 수 있을 것이다. 기본 객체와 고차 함수를 중심으로 한 프로그래밍 패러다임은 자바스크립트에서만 가능한 것이 아니다. 동일한 패러다임과 재료를 이용하면 다른 언어에서도 문제를 보는 시각이 같아진다. 문제를 보는 시각이 같다면 그 문제의 해결책인 함수 조합 사례도 다른 언어들에서 동일하게 적용될 수 있을 것이다.

7.2 input tag들을 통해 form data 만들기

7.2.1 _.reduce로 만들기

_.reduce는 [밥, 간식, 차]를 eat 함수에 순차적으로 모두 넣어 소화된 결과를 만들고 싶을 때 사용하는 함수다. input tag들을 순회하면서 서버에 전달할 JSON을 만드는 데 사용해 보자.

코드 7-11

```
<form>
  <input type="email" name="email" value="marpple@gmail.com">
  <input type="text" name="nickname" value="Cojamm">
  <input type="text" name="title" value="하이!">
  <input type="number" name="age" value="20">
  <textarea name="body">안녕하세요!</textarea>
  <input type="radio" name="type" value="1">
  <input type="radio" name="type" value="2" checked>
  <select name="categories" multiple>
    <option value="1" selected>1</option>
    <option value="2">2</option>
    <option value="3" selected>3</option>
  </select>
  <input type="checkbox" name="bool">
</form>

<script>
```

```
function inputs_to_obj(inputs) {
  return _.reduce(inputs, function(obj, input) {
    if (input.type == "radio" && !input.checked) return obj;
    if (input.type == "checkbox") {
      obj[input.name] = input.checked;
    } else {
      obj[input.name] = $(input).val();
    }
    return obj;
  }, {});
}

function form_to_obj($parent) {
  return inputs_to_obj($('[name]', $parent));
}

console.log(
  JSON.stringify(inputs_to_obj($('select, textarea'))));
// {"body":"안녕하세요!","categories":["1","3"]}

console.log(
  JSON.stringify(form_to_obj($('form'))));
// {"email":"marpple@gmail.com","nickname":"Cojamm","title":"하이!","age":20
//  "body":"안녕하세요!","type":"2","categories":["1","3"],"bool":false}
</script>
```

기본적으로 [밥, 간식, 차]를 eat하는 데 _.reduce만큼 적합한 함수가 없다. _.reduce는 문제를 단순하게 만들어 주면서 유연하고, 성능면에서도 좋다. 위 코드로도 충분하지만 이 책은 함수 조립의 다양한 사례를 보면서 아이디어를 확장하는 데 목적을 두고 있으니 동일한 로직을 좀 더 많은 함수 조합으로도 만들어 보고자 한다.

7.2.2 여러 가지 함수로 함수 조합 연습해 보기

코드 7-12

```
<script>
var inputs_to_obj = _.pipe(
  _.reject(function(input) { return input.type == "radio" && !input.checked; }),
  _.all(_.pluck("name"),
    _.map(function(input) {
      return input.type == "checkbox" ? input.checked : $(input).val();
    })),
  _.object);

console.log(
  JSON.stringify(form_to_obj($('form'))));
// {"email":"marpple@gmail.com","nickname":"Cojamm","title":"하이!","age":"20",
//  "body":"안녕하세요!","type":"2","categories":["1","3"],"bool":false}

var inputs_to_obj = _.pipe(
```

```
  _.reject(function(input) { return input.type == "radio" && !input.checked; }),
  _.partition(function(input) { return input.type == "checkbox" }), _.to_mr,
  _.spread(
    __(_.map(function(input) { return [input.name, input.checked]; }), _.object),
    __(_.map(function(input) { return [input.name, $(input).val()]; }), _.object)),
  _.extend);

console.log(
  JSON.stringify(form_to_obj($('form'))));
// {"bool":false,"email":"marpple@gmail.com","nickname":"Cojamm",
//  "title":"하이!","age":"20","body":"안녕하세요!","type":"2","categories":["1","3"]}
</script>
```

결과는 모두 동일하다. 해당 예제가 아닌 다른 경우에 적합하게 활용할 수 있기 때문에 소개해 보았다.

$.post 등에서 사용될 데이터를 만드는 유용한 함수를 만들었다. 그런데 만들어진 JSON에 아쉬운 점이 보인다. age, type이나 categories의 안쪽 값이 Number가 되면 더 좋을 것 같다. 결과를 얻는 함수를 새로 만들어서 해결해 보자.

코드 7-13

```
<script>
function is_numeric(n) {
  return !isNaN(parseFloat(n)) && isFinite(n);
}

function numeric_to_int(n) {
  return is_numeric(n) ? parseFloat(n) : n;
}

_.if_arr_map = function(val, iter) {
  return _.is_array(val) ? _.map(val, iter) : iter(val);
};

$.val = function(input) {
  if (input.type == "checkbox") return input.checked;
  return input.nodeName == 'SELECT' || _.contains(['radio', 'number'], input.type) ?
    _.if_arr_map($(input).val(), numeric_to_int) : $(input).val()
};

var inputs_to_obj = _.pipe(
  _.reject(function(input) { return input.type == "radio" && !input.checked; }),
  _.all(_.pluck("name"), _.map($.val)),
  _.object);

console.log(
  JSON.stringify(form_to_obj($('form'))));
// {"email":"marpple@gmail.com","nickname":"Cojamm","title":"하이!",
//  "age":20,"body":"안녕하세요!","type":2,"categories":[1,3],"bool":false}
```

```javascript
var inputs_to_obj = _.pipe(
  _.reject(function(input) { return input.type == "radio" && !input.checked; }),
  _.map(_.all(_.v('name'), $.val)),
  _.object);

console.log(
  JSON.stringify(form_to_obj($('form'))));
// {"email":"marpple@gmail.com","nickname":"Cojamm","title":"하이!",
//   "age":20,"body":"안녕하세요!","type":2,"categories":[1,3],"bool":false}

function inputs_to_obj(inputs) {
  return _.reduce(inputs, function(obj, input) {
    if (input.type == "radio" && !input.checked) return obj;
    obj[input.name] = $.val(input);
    return obj;
  }, {});
}

console.log(
  JSON.stringify(form_to_obj($('form'))));
// {"email":"marpple@gmail.com","nickname":"Cojamm","title":"하이!",
//   "age":20,"body":"안녕하세요!","type":2,"categories":[1,3],"bool":false}

var inputs_to_obj = _.reduce(function(obj, input) {
  return input.type == "radio" && !input.checked ?
                      obj : obj[input.name] = $.val(input), obj;
}, _.object);

console.log(
  JSON.stringify(form_to_obj($('form'))));
// {"email":"marpple@gmail.com","nickname":"Cojamm","title":"하이!",
//   "age":20,"body":"안녕하세요!","type":2,"categories":[1,3],"bool":false}
</script>
```

value가 Number일 가능성이 있는 HTML 엘리먼트이면서 Number로 바꿀 수 있는 value를 가진 경우에만 value를 Number로 바꾸는 코드를 추가했다. 그중 Multiple Select Box인 경우 Array로 값이 만들어지므로 _.map을 통해 내부 값을 Number로 바꾸도록 했다. inputs_to_obj 예시가 원하는 모든 경우를 만족하는 코드는 아닐 수 있지만 위 사례들처럼 _.reduce, _.map, _.filter, _.reject 등을 잘 조합하고 활용하면 원하는 데이터의 형태를 상황에 맞게 쉽게 만들어 갈 수 있다.

7.3 커머스 서비스 코드 조각

7.3.1 장바구니에 담기 옵션 선택과 _.find

여기에서는 커머스 서비스에서 사용할 만한 데이터와 흐름의 일부를 함수적으로 다뤄 본다. 커머스 서비스에서 나올 상황의 특정 부분을 단순화해서 표현한 코드 조각들이다. 함수형 자바스크립트의 실용성과 편리함을 확인해 보자.

코드 7-14 상품 데이터

```
var products = [
  {
    id: 1,
    name: "반팔티",
    price: 10000, // <--- 상품의 기본 가격
    sizes: [
      { name: "M", price: 0 },
      { name: "L", price: 0 },
      { name: "XL", price: 0 },
      { name: "2XL", price: 1000 } // <--- 해당 상품의 사이즈별 추가 금액
    ]
  },
  {
    id: 2,
    name: "후드티",
    price: 21000,
    sizes: [
      { name: "L", price: -1000 },
      { name: "XL", price: 0 },
      { name: "2XL", price: 3000 }
    ]
  },
  {
    id: 3,
    name: "맨투맨",
    price: 16000,
    sizes: [
      { name: "L", price: 0 },
      { name: "XL", price: 0 },
      { name: "2XL", price: 2000 }
    ]
  }
];
```

상품 데이터가 위와 같다고 가정해 보았다. 상품에는 기본 가격이 있고 옵션에 따라 추가 금액이 생길 수도 있는 상황이다. 위 데이터를 기준으로 몇 가지 함수를 만들어 보자.

코드 7-15 선택한 상품과 선택한 옵션에 해당하는 금액을 뽑는 함수 1

```
function order_price(product, size_name) {
  return product.price + _.find(product.sizes, function(size) {
    return size_name == size.name;
  }).price;
}

console.log(
  order_price(products[0], "XL"),
  order_price(products[0], "2XL"),
```

```
  order_price(products[1], "2XL"),
  order_price(products[2], "L")
);
// 10000 11000 24000 16000
```

상품과 사이즈 명을 넘겨 주문 금액을 뽑는 함수를 만들었다. 선택된 상품의
product.price와 상품의 사이즈에 따른 옵션 가격을 합했다.

자바스크립트 기본 객체로 데이터를 다루면 아래 _.find_where 같은 함수도 사
용할 수 있다.

코드 7-16 선택한 상품과 선택한 옵션에 해당하는 금액을 뽑는 함수 2

```
function order_price(product, size_name) {
  return product.price + _.find_where(product.sizes, { name: size_name
}).price;
}

console.log(
  order_price(products[0], "XL"),
  order_price(products[0], "2XL"),
  order_price(products[1], "2XL"),
  order_price(products[2], "L")
);
// 10000 11000 24000 16000
```

7.3.2 _.find_where

잠깐 딴 데로 새서 재미있는 코드들을 확인해 보자. _.find_where를 구현해 보면
서 함수 조합의 재미를 느껴 보자.

코드 7-17 _.find_where 1

```
_.find_where = function(list, attrs) {
  return _.find(list, function(obj) {
    var keys = _.keys(attrs);
    for (var i = 0, l = keys.length, key; i < l; i++) {
      key = keys[i];
      if (obj[key] !== attrs[key]) return false;
    }
    return true;
  });
};

console.log(
  _.find_where([{ id: 1, name: "ID" }, { id: 2, name: "CJ" }], { id: 1 })
);
// { id: 1, name: "ID" }
```

위와 같이 구현할 수 있다. 코드가 꽤 복잡하다. 다음의 코드 7-18처럼 동일한 로직

을 가진 고차 함수를 선택하고 predicate로 형의 특성을 맞춰 주는 식으로 _.find_
where를 만들 수 있다. 이렇게 함수를 조합하는 식으로 만들면 정상 동작이 보장된
함수들이어서 오류를 낼 일도 줄게 되고, 코드도 단순해져 읽기도 쉬워진다.

코드 7-18 _.find_where 2

```
_.find_where = function(list, attrs) {
  return _.find(list, function(obj) {
    return _.every(attrs, function(val, key) {
      return obj[key] === val;
    });
  });
};

console.log(
  _.find_where([{ id: 1, name: "ID" }, { id: 2, name: "CJ" }], { id: 1 })
);
// { id: 1, name: "ID" }
```

더 작은 단위로 로직들에 이름을 지어 주어 작게 쪼개 보자. 작게 쪼개면 의도도
더 잘 드러난다.

코드 7-19 _.find_where 3

```
_.is_match = function(a, b) {
  return _.every(b, function(b_val, b_key) {
    return a[b_key] === b_val;
  });
  // b의 key/value 모두가 a에도 포함되어 있으면 true
};

_.find_where = function(list, attrs) {
  return _.find(list, function(obj) {
    return _.is_match(obj, attrs);
  });
};

console.log(
  _.find_where([{ id: 1, name: "ID" }, { id: 2, name: "CJ" }], { id: 1 })
);
// { id: 1, name: "ID" }

console.log(
  _.is_match({ id: 5, name: "PJ" }, { id: 5 })
);
// true
```

_.is_match라는 유용한 함수도 하나 얻었다.

다음은 위 코드에서 Partial.js의 함수 조합 기법을 더 사용하여 코드를 줄인 버
전이다.

코드 7-20 _.find_where 4

```
_.is_match = _.every(function(a, b_val, b_key) { return a[b_key] === b_val; });
// 부분 커링 + predicate에게 인자 더 넘기기

_.find_where = function(list, attrs) {
  return _.find(list, _(_.is_match, _, attrs));
};
```

Partial.js의 고차 함수는 부분 커링이 가능하고 predicate에게 더 많은 인자를 넘겨줄 수 있기 때문에 _.is_match 같은 함수를 코드 7-20 같이 구현할 수 있다.

_.find_where의 predicate 부분에서도 _ 함수를 이용했다. 코드 7-17과 비교해 보면 매우 간결한 코드가 되었다.

함수형 패러다임은 이 같은 기법들로 짧은 코드를 만들 수 있게 해 준다. 기본 객체를 이용하고 함수로 추상화하고 로직 작성을 함수 선택으로 대체하면 소프트웨어의 전체 코드가 매우 간결해진다. 다시 돌아가서 장바구니를 보자.

7.3.3 장바구니에 담긴 상품들의 수량 합산하기와 _.reduce

장바구니에는 담긴 상품들이 있고, 각각의 상품들에는 선택된 옵션과 수량이 있으며, 주문할 상품들을 선택할 수 있다고 가정했다. 장바구니에서 수량을 변경하거나 선택된 상품을 변경함에 따라, 합산된 가격과 수량을 뽑아서 보여 주는 코드 조각이다. 우선 데이터 구조를 살펴보자.

코드 7-21 장바구니에 담긴 상품 데이터

```
var products = [
  {
    is_selected: true, // <--- 장바구니에서 체크 박스 선택
    name: "반팔티",
    price: 10000, // <--- 기본 가격
    sizes: [        // <--- 장바구니에 담은 동일 상품의 사이즈별 수량과 가격
      { name: "L", quantity: 2, price: 0 },
      { name: "XL", quantity: 3, price: 0 },
      { name: "2XL", quantity: 2, price: 2000 }, // <--- 옵션의 추가 가격
    ]
  },
  {
    is_selected: true,
    name: "후드티",
    price: 21000,
    sizes: [
      { name: "L", quantity: 3, price: -1000 },
      { name: "2XL", quantity: 1, price: 2000 },
    ]
  },
  {
```

```
    is_selected: false,
    name: "맨투맨",
    price: 16000,
    sizes: [
      { name: "L", quantity: 4, price: 0 }
    ]
  }
];
```

위 데이터에서 is_selected는 장바구니에서 선택된 상품을 나타내고, products [0].price는 상품 1개 기준의 기본 가격이다. products[0].sizes[0].price는 옵션에 따른 1개 상품 기준의 추가 금액이고, quantity는 동일 상품 내의 사이즈별 주문 수량이다. 데이터가 위와 같이 준비되어 있다고 가정하고 코드를 작성해 보자.

배열 내의 상품 객체의 값을 순회하면서 total_price나 total_quantity 같은 값을 구할 때는 _.reduce가 참 잘 어울린다. _.reduce는 코드에서 순회와 값을 모아두는 변수를 숨겨 관심사를 분리하고, 이를 통해 '어떤 key에 담긴 값을 합산할지'만 생각하게 해 준다. 이와 같은 방식은 문제의 난이도를 쉽게 만든다.

_.reduce는 객체가 중첩 구조로 되어 있을 때도 잘 어울린다.

코드 7-22 선택된 상품 전체 수량 합산하기 1

```
function selected_total_quantity(products) {
  return _.reduce(products, function(quantity, product) {
    if (!product.is_selected) return quantity;
    return quantity + _.reduce(product.sizes, function(quantity, size) {
      return quantity + size.quantity;
    }, 0);
  }, 0);
}

console.log( selected_total_quantity(products) );
// 11
```

위와 같은 방법도 있겠지만 코드 7-23처럼 _.filter를 통해 먼저 선택된 상품만 남기는 방법도 좋다. 이렇게 하면 total_quantity를 더 많은 경우에 사용할 수 있게 된다. 그리고 quantity를 +로 더하지 않고 내부 _.reduce에게 넘겨도 좋다. +가 하나 없는 이 작은 차이가 생각보다 코드를 꽤 간결하게 해 준다.

코드 7-23 선택된 상품 전체 수량 합산하기 2

```
function total_quantity(products) {
  return _.reduce(products, function(quantity, product) {
    return _.reduce(product.sizes, function(quantity, size) {
        return quantity + size.quantity;
      }, quantity); // <-- 인자로 사용
```

```
  }, 0);
}

function selected_total_quantity(products) {
  return total_quantity(_.filter(products, function(product) {
    return product.is_selected;
  }));
}

console.log( total_quantity(products) );
// 15

console.log( total_quantity([products[2]]) );
// 4

console.log( selected_total_quantity(products) );
// 11
```

__ 파이프라인으로 함수를 정의하면 코드가 간결해진다.

코드 7-24 선택된 상품 전체 수량 합산하기 3

```
var selected_total_quantity = __(
  _.filter(function(product) { return product.is_selected; }),
  total_quantity);

console.log( total_quantity(products) );
// 15
console.log( selected_total_quantity(products) );
// 11

/*
 * _.filter 함수에 보조 함수에 문자열을 넣으면
 * 해당 key를 조회하는 predicate를 자동으로 만들어준다.
 * */
var selected_total_quantity = __(_.filter('is_selected'), total_quantity);
console.log( selected_total_quantity(products) );
// 11

/* total_quantity도 부분 커링으로 코드를 줄일 수 있다. */
var total_quantity = _.reduce(function(quantity, product) {
  return _.reduce(product.sizes, function(quantity, size) {
      return quantity + size.quantity;
    }, quantity);
}, 0);
```

7.3.4 장바구니에 담긴 상품들의 금액 합산하기와 _.reduce

이번에는 합산 금액을 만들어 보자.

코드 7-25 선택된 상품 전체 금액 합산하기

```
var total_price = _.reduce(function(price, product) {
  return _.reduce(product.sizes, function(price, size) {
```

```
    return price + (product.price + size.price) * size.quantity;
  }, price);
}, 0);

console.log( total_price(products) );
// 221000

var selected_total_price = __(_.filter('is_selected'), total_price);

console.log( selected_total_price(products) );
// 157000
```

_.reduce를 통해 상품의 개별 금액과 sizes 내부의 각기 다른 추가 금액과 수량에 따른 순회와 합산을 동시에 했다. 최초 시작 값을 인자로 계속 넘기면서 중첩 구조의 데이터를 중첩 구조의 _.reduce를 통해 값을 만들어 가면, 문제가 매우 단순해진다. for, if, i, j 등이 보이지 않고 products의 데이터 구조만 보이기 때문에 의도도 잘 드러난다.

이번에는 수량과 금액을 동시에 합산해 보자. 앞서 + 연산자를 없애고 인자로 내부 _.reduce에게 넘기는 식으로 코딩된 구조가 다음과 같은 상황에서는 더욱 이점으로 작용한다.

코드 7-26 동시에 합산하기

```
var total = _.reduce(function(total, product) {
  return _.reduce(product.sizes, function(total, size) {
    total.quantity += size.quantity;
    total.price += (product.price + size.price) * size.quantity;
    return total;
  }, total);
}, { quantity: 0, price: 0 });

console.log( total(products) );
// {quantity: 15, price: 221000}

var selected_total = __(_.filter('is_selected'), total);

console.log( selected_total(products) );
// {quantity: 11, price: 157000}
```

_.reduce는 위와 같은 상황들에서 사용하기 정말 좋다. AAA처럼 생긴 데이터를 B 같은 데이터로 만들어야 할 때 사용한다. 다음 그림은 _.filter, _.map, _.reduce의 사용처를 명쾌하게 알려 준다.

출처: http://www.globalnerdy.com/2016/06/23/
map-filter-and-reduce-explained-using-emoji/

7.3.5 다른 함수 조합으로 수량 합산 구하기 _.deep_pluck, _.reduce

이 상황에서는 기본적으로는 _.reduce를 추천하지만 아래와 같은 합수 조합도 괜찮다.

코드 7-27

```javascript
var total_quantity = function(products) {
  var quantity_list = _.deep_pluck(products, 'sizes.quantity');
  // [2, 3, 2, 3, 1, 4]
  return _.reduce(quantity_list, function(a, b) {
    return a + b;
  });
};

console.log( total_quantity(products) );
// 15
```

위 코드도 파이프라인(__)으로 바꾸면 더 잘 읽히는 코드가 된다.

코드 7-28

```javascript
var total_quantity = __(
  _.deep_pluck('sizes.quantity'),
  _.reduce(function(a, b) { return a + b; }));

console.log( total_quantity(products) );
// 15
```

커머스 서비스에서 사용될 만한 코드 조각들을 보며 함수형 자바스크립트의 실용성과 편리함을 확인해 보았다. 함수형 자바스크립트의 대표적인 함수인 _.map, _.filter, _.reject, _.find, _.some, _.every, _.reduce는 정상 동작이 보장되어 있는 함수들이다. 이러한 함수들의 조합으로 로직을 만들면 안정성 높은 소프트웨어를 개발하고 운영하는 데 유리하다. 인자와 결과들만 맞아 떨어지면 정상적으로 동작하기 때문이다.

함수형 프로그래밍은 분기가 적고 앞으로만 가는 함수들의 나열을 통해 복잡한 로직을 단순하게 한다. 작은 단위의 함수들의 나열은 나중에 언제 다시 읽어도 이해하기 쉽다. 클래스, 객체, 이벤트 등의 조합으로 로직이 복잡하게 얽혀 있는 코드, 혹은 그때그때 새롭게 만든 로직보다 함수 조합으로 만들어진 코드가 훨씬 이해하기 쉽고 협업하기 좋다. 단순하면서도 고쳐나가기 쉽고 안정성도 높은 좋은 프로그래밍 패러다임이다.

7.4 백엔드와 비동기

7.4.1 백엔드에서 만날 수 있는 다양한 비동기 상황

백엔드에서는 비동기 상황을 더 자주 만나게 된다. 특히 Node.js를 이용하면 더욱 그렇다. 비동기 상황을 계속 마주하다 보면 콜백 지옥을 경험해 보게 된다. 콜백 지옥하면 가장 먼저 떠오르는 것은 Promise이고, 콜백 지옥을 벗어나는 것만이 목적이라면 Promise만으로도 충분하다(콜백 지옥이 비동기 지옥의 전부는 아니지만). 어쨌든 Promise는 한번 안쪽으로 파고든 들여 쓰기를 다시 바깥으로 꺼내는 데 용이하다. 안쪽으로 깊이 들어갔다고 해도 다시 바깥으로 쉽게 꺼낼 수 있다.

Promise가 자바스크립트의 콜백 지옥을 해결했던 다른 해법들과 가장 다른 점은 결과가 나오기로 약속된 Promise 객체를 값으로 다룰 수 있다는 점이다. Promise 객체는 일급 객체이므로 if else for 등으로도 어느 정도 다룰 수 있고, 변수에 담거나 함수의 인자로 사용할 수 있으며, 원하는 시점에 .then()과 함수 전달을 통해 결과값을 꺼내볼 수도 있다. Promise 객체를 값으로 다룰 수 있다는 점은 비동기 상황을 좀 더 편하게 제어할 수 있게 해준다. 이를테면 재귀 등으로 코딩해야 하는 상황 중 몇 가지 경우는 for와 Promise.all(); 등의 조합 정도로 대체할 수 있으며, if (bool) return new Promise(); else return new Promise();처럼 if else와 조합하는 일도 어느 정도 가능하다.

Promise는 비동기를 제어하는 다양한 동기적 패턴을 만들 수 있다는 가능성을 보여줬다. 앞서 말한 Promise.all([])을 이용하면 Promise 객체들을 배열로 넘겨 약속된 모든 결과가 완성된 시점을 잡을 수 있고, 그 결과들을 한번에 꺼내볼 수 있다. Promise.all의 사례는 Promise 객체 혹은 Promise 객체가 리턴될 함수들을 배열 등에 담거나 또 다른 함수에게 전달하거나 하는 식으로 다룰 수 있음을 보여준다.

그렇지만 new Promise()와 Promise.all([])은 비동기 상황에서 필요한 수많은 로직 중 일부일 뿐이다. Promise.all의 경우 배열에 담긴 모든 Promise 객체의 실행 순서를 보장하지 않는다. 문제라는 얘기가 아니라 Promise.all의 로직이 동시에 출발한다는 얘기다. 정확히 말하면 Promise.all()에 담기기 전에 이미 시작된다. 그런데 실제로 우리가 만들어야 할 프로그램에서는 배열에 담긴 비동기 상황들이 앞에서부터 순서대로 하나씩 수행되어야 할 때도 있고, 하나씩 수행해 나가다가 특정 조건에 맞는 결과를 만나면 나머지는 수행하지 않아도 될 때도 있고, 수행하지 않아야만 할 때도, 다시 처음부터 시작해야 할 때도 있다. 이런 다양한 상황들을 Promise만으로는 완벽히 제어할 수 없다.

그런데 값으로 선언될 수 있고, 값으로 다뤄질 수 있으며, 인자로 사용할 수 있고, 배열 등에 담길 수 있다는 이야기는 어디서 많이 들어 본 이야기 아닌가? 그렇다. 함수 얘기다. 자바스크립트에서는 함수도 일급 객체이므로 Promise 객체가 없이도 함수를 값으로 다룰 수 있다. 결국 비동기 제어의 핵심은 함수 실행을 내가 원하는 대로 일렬로 나열하는 것이고, 이것은 함수만으로도 충분히 가능하며 어쩌면 더 쉽다. 더 쉽다는 말이 Promise의 이점을 부정하는 이야기는 아니다.

'원하는 대로 일렬로 나열한다'는 것은 결국 '원하는 로직'을 만든다는 것이다. 그리고 함수형 프로그래밍은 원하는 로직을 함수로 구현하고, 구현된 함수들과 새로운 함수를 조합해가며 프로그래밍하는 것이다. 다양한 비동기 상황에 맞는 함수들을 준비해 두면, 나의 상황에 맞는 함수들을 골라 조합하는 식으로 비동기 상황을 매우 효율적으로 제어할 수 있다. 오류 없이 잘 동작하는 함수를 만들어두고 그 로직을 재사용하는 방식은 오류 발생률을 줄이며 문제의 난이도를 줄이고 개발자의 생산성을 높여 준다. 로직에 대한 부분은 다시 검증할 필요가 없고 그 부분만큼은 테스트 케이스를 작성할 필요도 없다. 내가 구현한 보조 함수나 주변 함수들에 대해서만 잘 검증하면 된다.

코드 7-29 넘겨준 결과를 그대로 1초 후에 돌려주는 함수

```
var delay = function(result) {
  return new Promise(function(resolve) {
    setTimeout(function() {
      resolve(result);
    }, 1000);
  });
};
```

코드 7-30의 delay는 다양한 비동기 상황을 테스트하기 위해 만든 함수다. 넘겨준 결과를 그대로 1초 후에 돌려준다.

코드 7-30 delay 사용해 보기

```
delay(5).then(console.log); // 1초 후 5를 로그에 남김
delay(10 === 10).then(console.log); // 1초 후 true를 로그에 남김
```

미리 구현해 둔 고차 함수들을 이용해 다양한 비동기 상황을 제어하는 코드들을 확인해 보자.

7.4.2 순서대로 하나씩 실행하기

_.each는 순서대로 하나씩 실행하는 함수다. Partial.js의 주요 고차 함수들은 하나의 함수가 동기와 비동기를 모두 지원한다.

코드 7-31 _.each

```
var list = _.each([1, 2, 3], function(v) {
  console.log(v);
});
console.log(list); // 결과 즉시 리턴
// 1
// 2
// 3
// [1, 2, 3]

var list2 = _.each([1, 2, 3], function(v) {
  return delay(v).then(console.log);
});
console.log(list2);
list2.then(console.log);
// Promise {[[PromiseStatus]]: "pending", [[PromiseValue]]: undefined} 먼저 리턴
// 1 (1초 후)
// 2 (다시 1초 후)
// 3 (다시 1초 후)
// [1, 2, 3]

var list3 = _.each([1, 2, 3], function(v) {
  return _.go(delay(v), console.log); // _.go도 비동기를 제어한다.
});
console.log(list3);
list3.then(console.log);
// Promise {[[PromiseStatus]]: "pending", [[PromiseValue]]: undefined} 먼저 리턴
// 1 (1초 후)
// 2 (다시 1초 후)
// 3 (다시 1초 후)
// [1, 2, 3]

var list4 = _.each([1, 2, 3], _.pipe(delay, console.log)); // _.pipe도 비동기를 제어한다.
console.log(list4);
```

```
list4.then(console.log);
// Promise {[[PromiseStatus]]: "pending", [[PromiseValue]]: undefined} 먼저 리턴
// 1 (1초 후)
// 2 (다시 1초 후)
// 3 (다시 1초 후)
// [1, 2, 3]
```

비동기 상황을 제어하기 위해 함수를 선택할 때도 동기 상황에서 함수를 선택할 때와 동일한 기준으로 선택하면 된다. _.each는 내부를 순회하면서 루프를 끝까지 돌고 싶을 때 사용하면 된다. _.each는 받은 iteratee의 결과가 나올 때까지 기다렸다가 다음 iteratee를 실행한다. 반복되는 일들이 반드시 순서대로 수행되어야 할 때 사용하면 된다.

7.4.3 실행한 후의 결과 담기

_.map은 데이터베이스에 각각 update 문을 실행한 후의 결과를 만든다거나 할 때 유용하다.

코드 7-32 _.map

```
var update = function(id) {
  return delay({ id: id, updated_at: new Date() });
};

var ids = [5, 10, 20];
_.go(ids,
  _.map(function(id) { return update(id); }),
  JSON.stringify,
  console.log);

// [{"id":5,"updated_at":"2017-04-07T16:25:53.626Z"},
//  {"id":10,"updated_at":"2017-04-07T16:25:54.627Z"},
//  {"id":20,"updated_at":"2017-04-07T16:25:55.629Z"}]
// 1초씩 증가
```

7.4.4 true를 만나면 그만 돌기

하나씩 수행하다 특정 상황을 만났을 경우에 그다음 일을 하지 않도록 해야 한다면 _.find 함수가 적합하다. 멈춰야 할 곳을 찾으면 된다.

코드 7-33 _.find

```
_.find([10, 20, 50, 100], function(v, i) {
  console.log(v, i);
  return delay(v > 30);
});
// 10 0
// 20 1 (1초 후)
```

```
// 50 2 (다시 1초 후)
// 끝

// 100 3은 찍히지 않는다.
```

함수도 값이므로 함수들을 미리 담아 특정 상황까지만 수행되도록 할 수도 있다.

코드 7-34 _.find에 함수들을 담아 중간에 멈추기

```
var a = 5;
_.find([
  function() {
    console.log(false);
    return delay(false);
  },
  function() {
    console.log("a == 10");
    return delay(a == 10);
  },
  function() {
    console.log("1 < 2");
    return delay(1 < 2);
  },
  function() {
    console.log(true);
    return delay(true);
  },
], function(fn) { return fn(); });
// false
// a == 10 (1초 후)
// i < 2    (다시 1초 후)
// 끝
```

7.4.5 _.if _.some, _.every 조합하기

_.some이나 _.every는 배열 등에 담긴 값을 순회하며 predicate를 실행한 후 boolean 값을 리턴하는 함수다. 두 함수 모두 데이터를 순회하면서 각각 한 번씩 비동기 상황을 끝낸 후의 결과를(데이터베이스를 조회하거나 갱신한 후의 결과를) 확인한다. _.every라면 false를 만났을 때 멈추고 _.some이라면 true를 만났을 때 멈춘다. _.every는 모든 비동기 결과가 true일 때 true이고, _.some은 하나라도 true라면 true다. _.find처럼 특정 조건에 멈추기 위할 때와 참인지 거짓인지 판별할 때 사용한다. _.if 함수와의 조합도 어울린다.

코드 7-35 _.if _.some, _.every 조합하기

```
var list = [0, 0, 10, 0, 0, 0];

/* 동기 */
_.go(list,
```

```
  _.some(function(val) { return val; }), // 즉시 결과를 리턴한 경우
  _.if(function() {
    console.log('true면 여기');
  }).else(function() {
    console.log('false면 여기');
  }));
// 바로 true면 여기 출력

/* 비동기 */
_.go(list,
  _.some(function(val) { return delay(val); }), // delay 사용
  _.if(function() {
    console.log('true면 여기');
  }).else(function() {
    console.log('false면 여기');
  }));
// 3초 후 true면 여기 출력

_.go(list,
  _.every(function(val) { return delay(val); }), // _.every로 변경
  _.if(function() {
    console.log('true면 여기');
  }).else(function() {
    console.log('false면 여기');
  }));
// 1초 후 false면 여기 출력

var list2 = [2, 3, 10, 4, 5, 2];
_.go(list2, // list2 사용
  _.every(function(val) { return delay(val); }),
  _.if(function() {
    console.log('true면 여기');
  }).else(function() {
    console.log('false면 여기');
  }));
// 6초 후 true면 여기 출력

/* _.if의 첫 번째 인자로 _.some()이나 _.every()를 사용해도 좋다. */
_.go(list,
  // 첫 번째부터 false여서 1초 걸린 후 로그를 출력하지 않고 .else_if로 넘어감
  _.if(_.every(function(val) { return delay(val); }),
    function() {
      console.log('list의 경우 _.every는 false여서 안 들어옴');
    })
  // 3초 더 걸린 후 "list의 경우 _.some은 true여서 여기 들어옴" 출력
  .else_if(_.some(function(val) { return delay(val); }),
    function() {
      console.log('list의 경우 _.some은 true여서 여기 들어옴');
    }),
  function() { return list2; },
  // 6초 더 걸린 후 "list2의 경우 _.every가 true여서 여기 들어옴" 출력
  _.if(_.every(function(val) { return delay(val); }),
    function() {
      console.log('list2의 경우 _.every가 true여서 여기 들어옴');
    }));
```

코드 7-35와 같은 코드를 응용하면 실제로 데이터베이스를 마이그레이션(migra-tion)하는 코드를 작성할 때 매우 편리하다. _.if의 보조 함수로 사용된 함수에서도 _.pipe로 감싸거나 _.go로 실행하거나 Promise를 사용하는 식으로 비동기 제어를 계속 할 수 있다. 조건문을 대신하는 함수인 _.if, '하나라도 true라면'의 역할을 하는 _.some, '모두 true라면'의 역할을 하는 _.every 같은 함수들로 비동기 상황을 제어하는 것이, Promise만으로 제어하는 것보다 훨씬 편리하다. _.some은 'true를 만날 때까지만 수행하라'는 용도로도 사용할 수도 있고 _.every는 'false를 만날 때까지만 수행하라'는 용도로도 사용할 수 있다.

Partial.js의 고차 함수들은 비동기 상황을 만나면 내부에서 알아서 로직을 변경하여 비동기를 제어하도록 만들어졌다. 이런 사례들처럼 어떤 로직이든지 간에 독자가 원하는 로직을 고차 함수로 만들어 두면, 더 많은 비동기 상황을 편하게 제어할 수 있을 것이다.

Partial.js의 경우 _.go, _.pipe, _.indent, _.tap, _.if, _.each, _.map, _.filter, _.reject, _.find, _.some, _.every, _.reduce 등의 다양한 고차 함수들이 비동기 상황을 제어하도록 되어 있다. 그리고 216쪽 5.2절에서 확인했던 것처럼 어떤 함수든 파이프라인 사이를 통과하기만 하면 비동기를 자동으로 제어해 준다.

필자는 실무에서 Partial.js의 고차 함수를 이용하여 거의 대부분의 비동기 상황을 효과적으로 제어할 수 있었다. 함수를 고차 함수로 만들고 파이프라인을 통과하는 식으로 코딩을 하면 비동기 상황을 제어하기 매우 편하다.

7.4.6 _.loop와 _.break

다음은 비동기 상황에서 유용한 또 하나의 고차 함수다. 기본적으로 _.reduce와 닮았지만 _.break를 통해 중간에 멈출 수 있다. 원하는 지점에서 멈추고자 한다면 _.find, _.some, _.every로도 가능하겠지만 이 세 가지의 고차 함수는 결과가 정해져 있다. _.find는 첫 번째 인자로 넘긴 배열을 돌며 찾아진 해당 번째 값이고 _.some, _.every는 boolean 값이다. _.loop를 이용하면 원하는 때에 멈추면서 그 때까지 만들어간 새로운 값을 리턴할 수 있어 _.find, _.some, _.every 와는 다른 로직이 필요할 때 사용할 수 있다.

코드 7-36 _.loop와 _.break

```
_.loop([1, 2, 3, 4, 5], function(memo, num, i) {
  return _.go(delay(memo + num), function(memo) {
    console.log(i + "번째", memo);
```

```
      return memo > 6 ? _.break(memo) : memo;
  });
}, 0).then(console.log);
// 0번째 1 "loop" (1초 후)
// 1번째 3 "loop" (다시 1초 후)
// 2번째 6 "loop" (다시 1초 후)
// 3번째 10 "loop" (다시 1초 후)
// 10 최종 결과
// 5번째는 돌지 않음
```

_.loop를 통해 memo를 만들어 가면서 memo가 6보다 크면 _.break로 결과를 감싸주어 멈추도록 했다. _.loop를 기반으로 다양한 고차 함수들을 조합하고 파이프라인과 함께 사용하면 꽤 복잡한 로직들을 굉장히 단순하게 만들어갈 수 있다.

필자가 하고 싶은 이야기는 이런 함수적 접근이 매우 실용적이라는 것이다. _.loop 함수도 _.find 함수로 구현한 것이다. 콜백 지옥만이 비동기 지옥이 아니며 콜백 지옥 외에 다양한 비동기 지옥의 난이도를, 미리 구현된 함수들을 조합하는 식으로 낮출 수 있다. 그리고 이런 방식으로 코딩하면 동기든 비동기든 상관없이 완전히 동일한 구조의 코드를 만들 수 있다.

7.4.7 async await 그리고 Babel은 모든 비동기 상황의 해결책일까?

async await 키워드를 이용하면 Promise 객체를 리턴하는 함수들을 이용하여 훨씬 간결하게 비동기 상황을 제어할 수 있고, 동기 코드와 거의 동일하게 작성할 수 있다. 하지만 모든 상황을 지원하지는 않는다. 물론 자바스크립트에서 async await가 지원되는 것은 매우 기쁜 일이다. 그렇지만 앞서 말한 대로 async await는 모든 비동기 상황의 해결책도 아니고 동기로 동작하는 함수와 함께 사용하는 것이 불가능하다. 하나씩 살펴보자.

우선 정상 동작하는 코드를 보자.

코드 7-37 test1

```
async function test1() {
  var a = await delay(1000);
  return a + 1000;
}

test1().then(function(result) {
  console.log(result);
  // 2000
});
```

잘 동작한다. 위 코드를 Babel은 어떻게 컴파일할까? 다음과 같다.

코드 7-38 Babel - test1

```
var test1 = function () {
  var _ref = _asyncToGenerator(regeneratorRuntime.mark(function _callee() {
    var a;
    return regeneratorRuntime.wrap(function _callee$(_context) {
      while (1) {
        switch (_context.prev = _context.next) {
          case 0:
            _context.next = 2;
            return delay(1000);

          case 2:
            a = _context.sent;
            return _context.abrupt("return", a + 1000);

          case 4:
          case "end":
            return _context.stop();
        }
      }
    }, _callee, this);
  }));

  return function test1() {
    return _ref.apply(this, arguments);
  };
}();

function _asyncToGenerator(fn) {
  return function () {
    var gen = fn.apply(this, arguments);
    return new Promise(function (resolve, reject) {
      function step(key, arg) {
        try {
          var info = gen[key](arg);
          var value = info.value;
        } catch (error) {
          reject(error);
          return;
        }
        if (info.done) {
          resolve(value);
        } else {
          return Promise.resolve(value).then(function (value) {
            step("next", value);
          }, function (err) {
            step("throw", err);
          });
        }
      }

      return step("next");
    });
  };
```

```
}
test1().then(function (result) {
  console.log(result);
  // 2000
});
```

위 코드를 Partial.js로는 아래처럼 코딩할 수 있다.

코드 7-39 Partial.js - test1

```
var test1 = _.async(
  function() {
    return delay(2000);
  },
  function(a) {
    return a + 2000;
  });

test1().then(function(result) {
  console.log(result);
  // 4000
});

// 혹은 _.go(delay(2000), function(a) { return a + 2000; });
```

7.4.8 async await를 for문과 if문에서 사용하기

async await는 for문이나 if문 사이에서 사용해도 잘 동작한다.

코드 7-40 test2

```
async function test2() {
  var list = [1, 3, 5, 6, 7, 9];
  for (var i = 0; i < list.length; i++) {
    var value = await delay(list[i]);
    console.log(value); // 1초마다 한 번씩 실행
    if (await delay(value % 2 == 0)) return list[i];
  }
}

test2().then(function(result) {
  console.log(result);
  // 6
})
```

원하는 대로 잘 동작했다. 물론 위 코드를 Babel로 컴파일할 경우 매우 복잡해지지만, 원래는 for문 사이에서나 if 사이에서 비동기 함수의 결과를 동기적으로 기다리지 못하기에 위 사례는 충분한 이점이 있다고 볼 수 있다.

7.4.9 async await의 한계

하지만 async await로 잡을 수 없는 부분이 있다. 동기 함수 혹은 메서드와의 협업이 불가능하다. async await의 문제라기보다는 원래 Promise의 특징이 그렇고 애초에 async await는 동기 함수와 함께 사용하려고 만들어진 것이 아니기 때문이다. 이점을 알고 사용해야 실수가 없을 것이다. 다음을 보자.

코드 7-41 test3

```
async function test3() {
  var list = [1, 3, 5, 6, 7, 9];
  return list.map(async function(val, i) {
    console.log(val, i);          // 동시에 모두 실행됨
    return await delay(val * 10); // 동시에 모두 실행됨
  });
}

test3().then(function(result) {
  console.log(result);
  // [Promise, Promise, Promise, Promise, Promise, Promise]
  // 결과로 바뀌지 않은 Promise들
});
```

7.4.10 함수를 값으로 다루는 고차 함수의 해법

async await를 어떻게 잘 배치해도 동기 함수와는 조합할 수 없다. Promise가 그렇듯 말이다. Partial.js를 함께 사용하면 해결할 수 있다. Partial.js는 Promise 없이도 비동기를 제어할 수 있지만 Promise를 대척하는 기법이 아니다. Promise나 async await를 더 잘 사용할 수 있도록 도와주는 라이브러리다.

코드 7-42 Partial.js + async await - test3

```
async function test3() {
  var list = [1, 3, 5, 6, 7, 9];
  return _.map(list, async function(val, i) {
    console.log(val, i);          // 1초씩 순차적으로 실행됨
    return await delay(val * 10); // 1초씩 순차적으로 실행되고 정상적으로 결과를 꺼냄
  });
}

test3().then(function(result) {
  console.log(result);
  // [10, 30, 50, 60, 70, 90]
});
```

Partial.js는 async await 키워드나 Promise가 없어도 완전히 동기 코드와 동일한 코드 작성이 가능하다.

코드 7-43 Partial.js - test3

```javascript
function test3() {
  var list = [1, 3, 5, 6, 7, 9];
  return _.map(list, function(val, i) {
    console.log(val, i);    // 1초씩 순차적으로 실행됨
    return delay(val * 10); // 1초씩 순차적으로 실행되고 정상적으로 결과를 꺼냄
  });
}

test3().then(function(result) {
  console.log(result);
  // [10, 30, 50, 60, 70, 90]
});

// 사실 파이프라인을 사용하면 then도 없어도 된다.
_.go([1, 3, 5, 6, 7, 9],
  _.map(function(val) { return delay(val * 10); }),
  console.log);

// 화살표 함수와 함께라면 더 예쁘다.
_.go([1, 3, 5, 6, 7, 9], _.map(val => delay(val * 10)), console.log)
```

Promise, async, await가 자바스크립트의 모든 비동기 상황에서의 문제를 풀어 주지는 않는다. 보다 풀기 쉽게 하는 하나의 단위를 만들어 줄 뿐이다. 그것을 활용하여 다양한 비동기 상황에 맞는 좋은 로직을 만드는 일은 여전히 개발자의 몫으로 남아 있다.

아직 Promise는 IE11에서 지원되지 않는다. 브라우저에서 Promise를 사용하려면 Promise를 구현한 라이브러리가 필요하다. 비동기 제어를 위한 라이브러리인 bluebird.js는 5,598줄에 78kb(compressed)이고 Partial.js는 1,800줄에 42kb (compressed)다. Partial.js의 파이프라인과 고차 함수들을 활용하면 비동기 코드를 동기 코드와 동일한 코드로 작성할 수 있고 복잡한 로직도 쉽게 구현할 수 있다.

비동기를 제어하는 일에 Promise보다 중요하고 핵심적인 개념은 일급 함수, 클로저, 재귀, 함수 나열, 이벤트 루프 등이다. Promise 지원 여부나 자바스크립트의 발전 여부와 상관없이 로직을 잘 다루는 좋은 함수를 만들어 두는 일은 앞으로도 계속 필요한 일이다. 재귀 등의 기본 개념이나 자바스크립트의 함수 기능 연습을 많이 하는 것이 중요하다. 그렇게 되면 자연스럽게 Promise도 아무런 어려움 없이 더욱 잘 사용할 수 있다.

8장

함수형으로 만드는 할 일 앱

*http://todomvc.com*에 가보면 MV* 프레임워크를 기반으로 만들어진 할 일 앱의 다양한 버전을 확인해 볼 수 있다. 8장에서는 TodoMVC 사이트의 할 일 앱을 함수형 자바스크립트로 만들어 볼 것이다. 함수형 자바스크립트로 작성된 프론트엔드 코드에는 어떤 특징이 있을지 살펴보자.

8.1 할 일 앱 만들기(1)

8.1.1 할 일 생성하기

미리 이야기하자면 이 장의 할 일 앱은 MV* 패턴의 코드가 아니다. 문제에 대해 매우 단순하게 접근할 것이다. 설계 등의 선행 작업은 없을 것이고, 필요한 기능을 하나씩 구현하면서 중복되는 코드는 함수로 제거할 것이다. 기능마다 일어나야 하는 일을 순서대로 잘 나열하고 각 동작에 딱 필요한 일만 하는 식으로 최적화된 코드를 작성할 것이다.

코드 8-1

```html
<div id="todos">
  <input type="text" class="create">
  <ul class="list">
  </ul>
</div>
```

할 일 목록을 만들려면 일단 할 일을 생성해야 한다. 필요한 최소한의 HTML을 작성했다. input에 할 일을 작성하고 엔터 키를 치면 li를 만들어 ul.list에 담을 것이다.

코드 8-2 할 일 생성 및 담기

```
$('body')
  .on('keyup', '.create', _.pipe(
    _.v('target'),              // 첫 번째 인자로 e가 들어오고 e.target이 됨
    _.tap(                      // _.tap으로 감싸면 내부 실행 후 위에서 받은 input을
                                // 아래 _.set('value'..에게 전달
      function(input) {
        return { body: input.value }; // todo key/value
      },
      _.t('todo', '\
        li.todo_item\
          .body {{todo.body}}'), // <li class="todo_item">
                                 // <div class="body">내용</div></li>
      $,                         // 위에서 생성된 문자열을
                                 // $("<li class="to"..</li>")
      _('appendTo', '#todos .list')), // function(li) { li.appendTo('#todos .list'); }
    _.set('value', '')              // 위에서 내려온 input을 받아 input.value = '';
  ));
```

.create에서 keyup을 하면 위에서부터 내려오면서 '할 일 생성 및 담기'를 점점 완성해 나간다. e를 통해 target을 꺼내고, _.tap을 통해 위에서 내려온 input을 받아서, 받아둔 첫 번째 함수에게 전달하고, 모두 실행이 끝나면 받았던 input을 그대로 리턴한다. 마지막 _.set('value', '')도 input을 받게 된다. _.tap 안에서는 input.value을 통해 todo data를 만들고, 그 값이 템플릿 함수에게 전달되어 html 문자열을 만든다. html 문자열은 jQuery 객체가 되고 #todo .list에 append된다.

그런데 코드 8-2는 keyup을 할 때마다 글이 써지고 있다. 한 글자만 쳐도 li가 추가된다. 아래 코드 8-3에서는 _.if 함수를 이용하여 엔터 키를 쳤을 때만 _.pipe가 리턴한 함수를 실행하도록 했다.

코드 8-3 _.if 로 엔터 키만 허용

```
function enter_n_has_val(e) {
  return e.keyCode == 13 && e.target.value;
}

$('body')                        // 이 부분을 통과해야 _.pipe가 리턴한 함수 실행
  .on('keyup', '.create', _.if(enter_n_has_val, _.pipe(
    _.v('target'),
    _.tap(
      function(input) {
        return { body: input.value };
      },
      _.t('todo', '\
        li.todo_item\
          .body {{todo.body}}'),
      $,
      _('appendTo', '#todos .list')),
    _.set('value', '')
  )));
```

이렇게 한 후 실행해 보면, input.create에 내용이 있고 엔터 키를 쳤을 때만 할 일 목록에 내용이 등록된다.

8.1.2 체크박스와 삭제 버튼

코드 8-4는 최소한의 변경으로 할 일 앱의 역할을 하도록 했다. 체크박스를 두어 체크를 할 수 있도록 하고 할 일을 삭제할 수 있도록 했다.

코드 8-4

```
function enter_n_has_val(e) {
  return e.keyCode == 13 && e.target.value;
}

$('body')
  .on('keyup', '.create', _.if(enter_n_has_val, _.pipe(
    _.v('target'),
    _.tap(
      function(input) {
        return { body: input.value };
      },
      _.t('todo', '\
        li.todo_item\
          input.toggle[type="checkbox"]\
          .body {{todo.body}}\
          button[type="button"].remove remove'), // 체크 박스와 remove 버튼 추가
      $,
      _('appendTo', '#todos .list')),
    _.set('value', '')
  )))

  .on('click', '.remove', function(e) {
    $(e.target).closest('.todo_item').remove(); // 삭제
  });
```

이제 한 일과 할 일을 구분할 수 있고 삭제도 할 수 있다. 그러나 아직 할 일 앱이라기엔 기능이 너무 적다. 기능을 확장해야 할 텐데 어떻게 해야 기능을 잘 확장할 수 있을까?

8.1.3 앱의 상태 관리를 위한 데이터 추가

지금까지는 앱의 상태를 따로 다루고 있지 않다. todo와 관련된 데이터를 html elements 외에 별도의 값으로 다루고 있지 않다는 얘기다. 데이터를 따로 두면 같은 내용을 뜻하는 값이 2개 이상이 되기 때문에 관리의 복잡도가 증가한다. 하지만 인터랙션이 많고 복잡한 애플리케이션을 구현하려면 앱의 상태를 기록하는 별도의 데이터가 있는 것이 좋다. 영구적으로 데이터를 기록하거나 서버와 통신하

기 위해서도 이 같은 데이터가 있는 것이 좋다.

할 일 앱에서는 할 일을 한 일로 변경해야 하고, 할 일 목록과 한 일 목록을 필터
링해서 보는 등의 기능도 필요하다. 그리고 이것들은 사용자가 마지막으로 만들
어 놓은 할 일들의 상태와 인터랙션에 따라 알맞게 보여 주어야 한다. 이 같은 기
능을 잘 구현하고 관리하기 위해서는 앞서 말한 것처럼 별도의 상태를 두는 것이
좋다. 코드로 확인해 보자.

코드 8-5

```
/* 범용적 코드 */
function enter_n_has_val(e) {
  return e.keyCode == 13 && e.target.value;
}

/* 앱 코드 */
_.go({
  list: [],          // 할 일 목록을 담을 배열
}, function(app) { // 익명 함수를 _.go로 즉시 실행하여 지역화

  $('body')
    .on('keyup', '.create', _.if(enter_n_has_val, _.pipe(
      _.v('target'),
      _.tap(
        function(id) {              // 클로저를 이용해 고유 아이디 생성 ++id
          return function(input) { // 리턴되어 파이프라인에서 사용될 함수
            return app.list[app.list.length] = { // 배열에 추가하면서 동시에
                                                  // todo key/value 아래로 리턴
              id: ++id, body: input.value, completed: false // id, completed 추가
            };
          }
        }(0), // 즉시 실행 함수
        _.t('todo', '\
li.todo_item[todo_id="{{todo.id}}" completed="{{todo.completed}}"]\
  input.toggle[type="checkbox" {{todo.completed ? "checked": ""}}]\
  .body {{todo.body}}\
  button[type="button"].remove remove'),
        // li의 attribute로 todo_id와 completed 추가
        // css에 아래 코드 추가
        // .todo_item[completed="true"] .body { text-decoration: line-through; }
        // completed에 따라 체크 박스의 checked 여부 결정하도록 추가
        $,
        _('appendTo', '#todos .list')),
      _.set('value', ''),
      function() {
        console.log(app.list); // 할 일을 생성할 때마다 데이터에 쌓이는지 확인해보기
        // [{id: 1 ...}]
        // [{id: 1 ...}, {id: 2 ...}]
        // [{id: 1 ...}, {id: 2 ...}, {id: 3 ...}]
      }
    )));

  function e_to_todo_item(e) {
```

```
        return $(e.target).closest('.todo_item');
    }

    function todo_item_to_todo(todo_item) {
      return _.find_where(app.list, { id: todo_item.attr('todo_id') });
    }

    $('body')
      .on('click', '.remove', _.pipe(
        e_to_todo_item,      // 아래 ❶에도 동일 코드가 필요해 함수로 만들고 중복 제거
        _('remove'),         // _.partial로 위에서 내려올 element의 메서드 remove를
                             // 실행하는 함수 생성,
        todo_item_to_todo,  // 아래 ❷에도 동일 코드가 필요해 함수로 만들고 중복 제거
        _(_.remove2, app, 'list'), // app.list에서 위에서 내려온 todo를 제거
        function() {
          console.log(app.list);  // 잘 지워졌는지 확인해보기
        }
      ))

      .on('change', '.toggle', _.pipe(
        function(e) {
          return e_to_todo_item(e).attr('completed', e.target.checked); // ❶ 재사용
        },
        todo_item_to_todo,         // ❷ 재사용
        _.set('completed', _.not), // 위에서 내려오는 todo에
                                   // todo.completed = !todo.completed 실행,
        function() {
          console.log(app.list);   // 상태가 잘 변경되었는지 확인해보기
        }
      ));

});
```

사용자에게는 할 일이 한 일이 되었을 때 취소선이 생기는 것 외에는 달라진 것이 없지만, 내부적으로는 데이터를 따로 관리하게 되어서 앞으로 기능들을 확장하기 좋은 코드가 되었다. 이제 필터링 기능을 추가할 것이다.

8.1.4 필터링 기능 추가하기

HTML을 다음과 같이 변경하고 스타일도 가볍게 입혀 보았다. 필터링 기능도 추가하였다. 바뀐 부분들을 주석을 통해 확인하자.

코드 8-6

```
<style>
  #todos {
    width: 500px;
    overflow: hidden;
    margin: 100px auto 0;
    border: 1px solid #ccc;
  }
  .create {
```

```
      font-size: 20px;
      width: 98%;
      margin: 0;
      padding: 1%;
      border-width: 1px 0;
    }
    .list {
      margin: 0;
      padding: 0;
    }
    .list li {
      position: relative;
      padding: 10px 100px 10px 40px;
      border-bottom: 1px solid #ccc;
    }
    .list li input {
      position: absolute;
      top: 10px;
      left: 10px;
    }
    .list li button {
      position: absolute;
      top: 10px;
      right: 10px;
      display: none;
      color: #666;
    }
    .list li:hover button {
      display: block;
    }
    .list li button:hover {
      color: #000;
    }
    .list li[completed="true"] .body {
      text-decoration: line-through;
      color: #aaa;
    }
    #todos[filter="all"] .filters .all,
    #todos[filter="active"] .filters .active,
    #todos[filter="completed"] .filters .completed {
      text-decoration: underline;
      font-weight: bold;
      color: brown;
    }
    .filters {
      list-style: none;
      width: 250px;
      text-align: center;
    }
    .filters li {
      display: inline-block;
      margin: 0 10px;
      cursor: pointer;
    }
    }
  </style>
```

```
<div id="todos" filter="all"> <!-- filter="all"의 상태에 따라 아래 .filters li 볼드 처리-->
  <input type="text" class="create" placeholder="What needs to be done?">
  <ul class="list">
  </ul>
  <!-- 필터링 HTML 추가 -->
  <ul class="filters">
    <li class="all">All</li>
    <li class="active">Active</li>
    <li class="completed">Completed</li>
  </ul>
</div>

<script>
function enter_n_has_val(e) {
  return e.keyCode == 13 && e.target.value;
}

_.go({
  list: [],
  filter_name: "all", // 현재 보고 있는 필터 조건 - 모든 일(all), 할 일(active),
                       // 한 일(completed)
}, function(app) {

  // ❶ todo_item html을 생성하여 append 하는 코드를 밑에서도 사용할 수 있도록 함수로 만들기
  var append_items = _.pipe(
    _.wrap_arr, // 인자가 배열이 아닌 경우 인자가 담긴 배열로 리턴 ([인자])
    // _.sum을 감싸서 반복된 HTML 생성하도록 변경
    _.sum(_.t('todo', '\
      li.todo_item[todo_id="{{todo.id}}" completed="{{todo.completed}}"]\
        input.toggle[type="checkbox" {{todo.completed ? "checked": ""}}]\
        .body {{todo.body}}\
        button[type="button"].remove remove")),
    $,
    _('appendTo', '#todos .list'));

  $('body')
    .on('keyup', '.create', _.if(enter_n_has_val, _.pipe(
      _.v('target'),
      _.tap(
        function(id) {
          return function(input) {
            return app.list[app.list.length] = {
              id: ++id, body: input.value, completed: false
            };
          }
        }(0),
        _.if(_(filter_is_not, 'completed'), append_items)), // ❷
        // 원래 여기 있던 템플릿 + append 코드를 이름을 지어 append_items 함수로 선언
        // _.if를 통해 현재 화면이 한 일 목록이라면 실행이 되지 않도록 하여
        // todo_item을 화면에 그리지 않도록
      _.set('value', '')
    )));

  function e_to_todo_item(e) {
    return $(e.target).closest('.todo_item');
  }
```

```
      function todo_item_to_todo(todo_item) {
        return _.find_where(app.list, { id: todo_item.attr('todo_id') });
      }

      $('body')
        .on('click', '.remove', _.pipe(
          e_to_todo_item,
          _('remove'),
          todo_item_to_todo,
          _(_.remove2, app, 'list')
        ))

        .on('change', '.toggle', _.pipe(
          function(e) {
            return e_to_todo_item(e).attr('completed', e.target.checked);
          },
          _.tap(_.if(_(filter_is_not, 'all'), _('remove'))),
          // all 화면이 아니면 check와 동시에 리스트에서 제거하기
          todo_item_to_todo,
          _.set('completed', _.not)
        ));

      function filter_is_not(filter_name) {
        return app.filter_name != filter_name;
      }

      // ❸
      function filter_changer(filter_name, filter) {
        return _.if(_(filter_is_not, filter_name), function() { // _.if로 현재의 필터가
                                                                 // 클릭되면 나가도록
          app.filter_name = filter_name; // filter_name 변경
          $('#todos').attr('filter', filter_name).find('.list').html('');
          // filter 변경 후 .list 비우기
          return _.go(app.list, filter, append_items); // ❹
          // 전체 list에서 필터링 후 해당 할 일 html 만들어 append하기
        });
      }

      $('body')  // filter_changer 함수를 통해 탭별로 서로 다른 동작을
                 // if문 대신 함수 조합으로 분기
        .on('click', 'li.all', filter_changer('all', _.idtt)) // ❺
                                          // 필터링을 하지 않는 함수
        .on('click', 'li.active', filter_changer('active', _.reject('completed'))) // ❻
                                                  // 완료된 것을 제외하는 함수
        .on('click', 'li.completed', filter_changer('completed', _.filter('completed'))); // ❼
                                                    // 완료된 것만 남기는 함수
      /* (8)
       * _.filter('completed')는 아래와 동일한 함수를 생성
       * function(list) {
       *   return _.filter(list, function(val) {
       *     return val.completed;
       *   });
       * }
       * */
    });
    </script>
```

코드 8-6을 실행해 보면 할 일 만들기, 한 일로 변경하기, 삭제하기, 모두 보기, 안한 일만 보기, 한 일만 보기가 가능해졌다.

❶을 보면 ❷에 있던 코드를 ❹에서도 사용하기 위해서 _.pipe로 감싸고 이름을 지어 주었다.

.filters li를 클릭했을 때 무엇이 눌렸는지에 따라 내부에서 if문으로 구분하여 다르게 동작하도록 할 수도 있지만, ❺❻❼처럼 미리 분기를 정해 두는 것도 좋은 방법이다. 각기 다른 함수를 만들었지만 함수 조합을 통해 서로 다르게 동작하도록 했다. 함수를 리턴하는 함수인 filter_changer를 이용해 3가지의 각기 다른 함수를 만들어 각각의 li에게 연결해 주었다.

filter_changer가 코드 중간에서 사용할 filter 함수를, 각각 _.idtt, _.reject('completed'), _.filter('completed')로 넘겨주어 서로 다르게 동작하도록 했다. 각각의 모든 함수는 분기 없이 앞으로만 진행된다. 필자의 경험에 의하면 대부분의 분기는 미리 정할 수 있다. 분기를 최대한 바깥으로 꺼낼수록 코드의 복잡도와 오류 발생률이 줄어들고 나중에 고치기도 쉬워진다.

8.1.5 한 일 모두 삭제하기

코드 8-7에는 한 일을 한번에 모두 삭제하는 기능을 추가했다.

코드 8-7

```
<button type="button" class="clear_completed">Clear completed</button>
_.go({
  list: [],
  filter_name: "all", // 현재 보고 있는 필터 조건 - 모든 일(all), 할 일(active),
                       // 한 일(completed)
}, function(app) {

  // 코드 생략
  $('body')
    .on('click', '.clear_completed', function() {
      app.list = _.reject(app.list, 'completed');
      // completed == true인 모든 목록을 제외한 후 app.list에 재할당
      if (filter_is_not('active')) $('.todo_item[completed="true"]').remove();
      // 현재 보고 있는 화면이 active가 아닐 때만(모두 보기 혹은 완료 보기 목록이라면)
      // 한 일 항목 찾아서 제거하기
    });

});
```

한 일을 모두 제거하기 위해 app.list에는 한 일이 제외된 새로운 배열을 만들어 할당했고, 해당하는 엘리먼트들을 삭제했다.

8.2 할 일 앱 만들기(2)

8.2.1 카운트 정보 표시하기

HTML, CSS를 좀 더 추가했고 카운트 정보를 반영했다. 할 일 목록이 하나도 없으면 깔끔하게 input만 보이게 했고, 안 한 일의 숫자를 표시해 주었다.

코드 8-8 추가된 CSS

```
<style>
  /* 할 일이 하나도 없으면 안쪽 view를 보여주지 않도록 */
  #todos[count="0"] .list,
  #todos[count="0"] .active_count,
  #todos[count="0"] .filters,
  #todos[count="0"] .clear_completed {
    display: none;
  }
  .clear_completed {
    border: 0 none;
    background: none;
  }
  .clear_completed:hover {
    text-decoration: underline;
  }
</style>

<div id="todos" filter="all" count="0">
  <input type="text" class="create" placeholder="What needs to be done?">
  <ul class="list">
  </ul>
  <div class="active_count">0 items left</div>
  <ul class="filters">
    <li class="all">All</li>
    <li class="active">Active</li>
    <li class="completed">Completed</li>
  </ul>
  <button type="button" class="clear_completed">Clear completed</button>
</div>

<script>
function enter_n_has_val(e) {
  return e.keyCode == 13 && e.target.value;
}

_.go({
  list: [],
  filter_name: "all",
}, function(app) {

  var append_items = _.pipe(
    _.wrap_arr,
    _.sum(_.t('todo', '\
      li.todo_item[todo_id="{{todo.id}}" completed="{{todo.completed}}"]\
        input.toggle[type="checkbox" {{todo.completed ? "checked": ""}}]\
```

```
            .body {{todo.body}}\
            button[type="button"].remove remove')),
      $,
      _('appendTo', '#todos .list'));

$('body')
  .on('keyup', '.create', _.if(enter_n_has_val, _.pipe(
    _.v('target'),
    _.tap(
      function(id) {
        return function(input) {
          return app.list[app.list.length] = {
            id: ++id, body: input.value, completed: false
          };
        }
      }(0),
      _.if(_(filter_is_not, 'completed'), append_items)),
    _.set('value', ''),
    draw_count // ❷
  )));

function e_to_todo_item(e) {
  return $(e.target).closest('.todo_item');
}

function todo_item_to_todo(todo_item) {
  return _.find_where(app.list, { id: todo_item.attr('todo_id') });
}

var reject_completed = _.reject('completed');
// draw_count에서도 동일 함수가 필요하기에 함수로 만들기
// 아래 (1)들도 이 함수로 대체.

var count_text = _.s$('{{$}} item{{$ == 1 ? "" : "s"}} left');
// 1일 때는 1 item left가 되고 아닐 때는 2 items left가 되도록

function draw_count() { // 이 함수를 카운트가 변경될 파이프라인들에 추가 (2)
  $('#todos').attr('count', app.list.length)
    .find('.active_count').text(count_text(reject_completed(app.list).length));
  // 함수 중첩
}

$('body')
  .on('click', '.remove', _.pipe(
    e_to_todo_item,
    _('remove'),
    todo_item_to_todo,
    _(_.remove2, app, 'list'),
    draw_count // ❷
  ))

  .on('change', '.toggle', _.pipe(
    function(e) {
      return e_to_todo_item(e).attr('completed', e.target.checked);
    },
    _.tap(_.if(_(filter_is_not, 'all'), _('remove'))),
```

```
        todo_item_to_todo,
        _.set('completed', _.not),
        draw_count // ❷
    ));

  function filter_is_not(filter_name) {
    return app.filter_name != filter_name;
  }

  function filter_changer(filter_name, filter) {
    return _.if(_(filter_is_not, filter_name), function() {
      app.filter_name = filter_name;
      $('#todos').attr('filter', filter_name).find('.list').html('');
      return _.go(app.list, filter, append_items);
    });
  }

  $('body')
    .on('click', 'li.all', filter_changer('all', _.idtt))

    .on('click', 'li.active', filter_changer('active', reject_completed)) // ❶

    .on('click', 'li.completed', filter_changer('completed', _.filter('completed')))

    .on('click', '.clear_completed', function() {
      app.list = reject_completed(app.list); // ❶
      if (filter_is_not('active')) $('.todo_item[completed="true"]').remove();
      draw_count(); // ❷
    });

});
</script>
```

8장에서 완성하고자 한 기능을 모두 완료했다. 완성해 가는 동안 계속 동일한 방법을 사용했다. 하나씩 기능을 구현하고 발전시켜가면서 중복이 생기면 함수로제거했다. 최대한 작은 단위의 함수를 사용하여 재사용성을 높이고 파이프라인과고차 함수 등으로 함수를 조합했다. 분기를 최대한 밖으로 꺼내고 앞으로만 가도록 하여 로직을 단순하게 만들었다. 함수형 프로그래밍은 쉽다. 만들고 고치고를반복하면 된다. 추상화의 단위를 함수로 하고 함수 조합으로 로직을 만들어 가면된다. 다음은 주석을 제거하고 약간만 더 정리한 코드다.

코드 8-9

```
function enter_n_has_val(e) {
  return e.keyCode == 13 && e.target.value;
}

_.go({
  list: [],
  filter_name: "all",
}, function(app) {
```

```javascript
    var add_todo = function(id) {
      return function(input) {
        return app.list[app.list.length] = {
          id: ++id, body: input.value, completed: false
        };
      }
    }(0);

    function todo_item_to_todo(todo_item) {
      return _.find_where(app.list, { id: todo_item.attr('todo_id') });
    }

    function filter_is_not(filter_name) {
      return app.filter_name != filter_name;
    }

    var reject_completed = _.reject('completed');

    var append_items = _.pipe(
      _.wrap_arr,
      _.sum(_.t('todo', '\
      li.todo_item[todo_id="{{todo.id}}" completed="{{todo.completed}}"]\
        input.toggle[type="checkbox" {{todo.completed ? "checked": ""}}]\
        .body {{todo.body}}\
        button[type="button"].remove remove')),
      $,
      _('appendTo', '#todos .list'));

    function e_to_todo_item(e) {
      return $(e.target).closest('.todo_item');
    }

    var count_text = _.s$('{{$}} item{{$ == 1 ? "" : "s"}} left');

    function draw_count() {
      $('#todos').attr('count', app.list.length)
        .find('.active_count').text(count_text(reject_completed(app.list).length));
    }

    function filter_changer(filter_name, filter) {
      return _.if(_(filter_is_not, filter_name), function() {
        app.filter_name = filter_name;
        $('#todos').attr('filter', filter_name).find('.list').html('');
        return _.go(app.list, filter, append_items);
      });
    }

    $('body')
      .on('keyup', '.create',
        _.if(enter_n_has_val, _.pipe(
          _.v('target'),
          _.tap(add_todo, _.if(_(filter_is_not, 'completed'), append_items)),
          _.set('value', ''),
          draw_count)))
```

```
  .on('click', '.remove', _.pipe(
    e_to_todo_item,
    _('remove'),
    todo_item_to_todo,
    _(_.remove2, app, 'list'),
    draw_count))

  .on('change', '.toggle', _.pipe(
    function(e) { return e_to_todo_item(e).attr('completed', e.target.checked); },
    _.tap(_.if(_(filter_is_not, 'all'), _('remove'))),
    todo_item_to_todo,
    _.set('completed', _.not),
    draw_count))

  .on('click', 'li.all', filter_changer('all', _.idtt))
  .on('click', 'li.active', filter_changer('active', reject_completed))
  .on('click', 'li.completed', filter_changer('completed', _.filter('completed')))

  .on('click', '.clear_completed', function() {
    app.list = reject_completed(app.list);
    if (filter_is_not('active')) $('.todo_item[completed="true"]').remove();
    draw_count();
  });

});
```

함수 조합으로 할 일 앱을 만들었다. todomvc에서 일부 기능은 제외했지만 함수
형 자바스크립트의 프론트엔드 코딩 사례는 충분히 확인할 수 있다. 9장에서는
메모이제이션에 대해 다루는데, 마지막에 할 일 앱에 대한 재미있는 이야기가 한
번 더 나오니 꼭 확인해 보자.

9장

메모이제이션

메모이제이션(memoization)은 컴퓨터 프로그램이 동일한 계산을 반복해야 할 때, 이전에 계산한 값을 메모리에 저장함으로써 동일한 계산의 반복 수행을 제거하여 프로그램 실행 속도를 빠르게 하는 기술이다. 메모이제이션은 함수형 프로그래밍 관련 이야기에서는 빠지지 않고 꼭 등장하는 사례이기도 하다.

함수형 자바스크립트에서 메모이제이션의 대표적인 사례로는, 한 번 들어온 인자에 대한 결과를 캐싱하여 함수 본체를 실행하지 않고 결과를 즉시 리턴하는 _.memoize 같은 고차 함수가 있다. 동일한 인자를 받으면 항상 동일한 결과를 리턴하는 순수 함수의 콘셉트를 잘 활용한 사례이다. 함수 본체에서 하는 일이 복잡하거나 연산이 많거나 내부에서 생성하는 자원이 많거나 시간이 오래 걸리는 함수일수록 메모이제이션을 통해 얻을 수 있는 성능적 이득도 커진다.

9.1 memoize 함수

9.1.1 메모이제이션 코드로 이해하기

메모이제이션에 대해 가장 빠르고 쉽게 이해하는 방법은 역시 코드를 통해 확인하는 것이다. 간단 버전의 memoize 함수를 구현하여 메모이제이션의 콘셉트에 대해 파악해 보자.

코드 9-1

```
function memoize(func) { // memoize는 함수를 받는 함수다.
  var cache = {};         // 이 객체에 결과를 남겨둘 것이다.
  return function(arg) {
    if (cache[arg]) {  // 이미 동일 인자에 대한 결과가 있으면 리턴
```

```
        console.log('캐시로 결과 바로 리턴', arg);
        return cache[arg];
    }
    console.log('본체 실행', arg);
    return cache[arg] = func.apply(this, arguments); // 받아둔 함수를 실행하면서
                                                     // 결과를 cache에 남겨둠
  }
}
```

간단 버전 memoize 함수를 구현했다. 사용해 보자. memoize 함수를 이용해 mult5
라는 함수를 만들었다.

코드 9-2
```
var mult5 = memoize(function(a) {
  return a * 5;
});

console.log( mult5(1) );
// 본체 실행 1
// 5

console.log( mult5(2) );
// 본체 실행 2
// 10

console.log( mult5(1) );
// 캐시로 결과 바로 리턴 1
// 5

console.log( mult5(2) );
// 캐시로 결과 바로 리턴 2
// 10
```

매우 간단한 개념이다. 이와 같은 코드를 함수 내부에서 직접 구현하는 경우도 있
다. 코드 9-1의 memoize는 고차 함수다. 해당 로직을 memoize가 대신하도록 만든
사례이다. 필자의 경험으로는 메모이제이션은 인자가 하나일 때 활용성이 높다.
그렇기는 하지만 코드 9-1의 memoize는 인자를 하나만 사용할 수 있다는 점과 문
자열로 식별이 가능한 인자만 사용할 수 있다는 점이 아쉽다.

코드 9-3 memoize의 한계
```
var add = memoize(function(a, b) {
  return a + b;
});

console.log( add(3, 5) );
// 본체 실행 3
// 8
```

```
console.log( add(3, 10) );
// 캐시로 결과 바로 리턴 3
// 8
// 캐시가 동작했지만 3에만 의존하기 때문에 오류

var keys = memoize(function(obj) {
  return _.keys(obj);
});

console.log( keys({a: 1, b: 2}) );
// 본체 실행 Object {a: 1, b: 2}
// ["a", "b"]

console.log( keys({a: 1, b: 2}) );
// 캐시로 결과 바로 리턴 Object {a: 1, b: 2}
// ["a", "b"]

console.log( keys({a: 10, b: 20}) );
// 캐시로 결과 바로 리턴 Object {a: 1, b: 2}
// ["a", "b"]
// 잘 동작하는 듯 했지만 cache가 { [object Object]: ... } 이런 식으로 되기 때문에 오류
```

코드 9-3을 보면 문제가 발생했다. JSON.stringify(arguments);를 활용해서 위와
같은 문제를 해결할 수 있다. 하지만 이 방법은 별도의 연산이 생겨 느리기도 하
고 해결할 수 있는 범위가 적다. 배보다 배꼽이 더 큰 상황도 많을 것이다. 이럴
때는 역시 함수로 추상화를 하는 것이 좋다.

9.1.2 Underscore.js의 _.memoize

Underscore.js의 memoize는 cache의 key를 함수를 통해 만드는 것도 가능하도록
했다. 함수를 정의할 사람은 개발자고 그 함수에 어떤 데이터가 들어올지 아는 것
도 개발자이므로 key를 뭐로 만들어야 할지도 개발자는 정확히 알 수 있다. 함수
를 통해 추상화하는 것은 정말이지 너무나 실용적인 해법이다.

아래 Underscore.js의 _.memoize 내부를 보면 어떻게 이 문제를 해결했는지 알
수 있다.

코드 9-4

```
_.memoize = function (func, hasher) { // 본체 함수와 hasher 함수를 받음
  var memoize = function (key) {
    var cache = memoize.cache;
    var address = '' + (hasher ? hasher.apply(this, arguments) : key);
    // hasher가 있으면 hasher에게도 인자들을 넘겨 cache의 key로 사용할 address를 생성
    // 없으면 첫 번째 인자를 그대로 사용
    if (!_.has(cache, address)) cache[address] = func.apply(this, arguments);
    // ❶ 결과가 없을 때만 함수를 실행하여 cache에 담음
    return cache[address]; // 결과 리턴
  };
```

```
    memoize.cache = {}; // ❷ 클로저를 사용하지 않고 리턴할 함수 자체에 cache를 달아둠
    return memoize;
};
```

❶에서 _.has를 사용한 이유는 캐시한 결과값이 null, 0, undefined일 수 있기 때문이고 prototype도 제외해 주기 때문이다.

❷에서 함수에 .cache를 쓴 이유는 개발자가 메모리 관리를 할 수 있도록 하기 위해서이다. cache를 클로저로 사용하면 값이 은닉되어 더 안전해 보인다고 생각할 수 있으나, 클로저를 사용할 경우 함수 자체에 null을 할당하지 않는 한 cache에 담긴 실행 결과들이 메모리에 계속 상주하고 있어야 하기 때문에 무한정으로 캐시가 증가될 수 있다. Underscore.js는 개발자가 메모리 관리를 할 수 있도록 하기 위해 이와 같이 구현했을 것이다.

_.memoize는 hasher를 통해 두 개 이상의 인자나 복잡한 인자들로부터 고유한 key를 생성할 수 있고, .cache를 통해 캐시 데이터를 관리할 수 있다. _.memoize는 객체보다는 숫자나 문자열 등을 인자로 사용할 때 좀 더 잘 어울리고, 계속해서 상주하는 함수보다는 함수 내부에서 생성하여 재귀적으로 호출하는 함수일 때 더욱 실용적이다.

9.1.3 Partial.js의 _.memoize2

Partial.js에도 _.memoize가 있다. partial.js의 _.memoize는 Underscore.js의 _.memoize다. Partial.js에는 또 다른 메모이제이션 함수인 _.memoize2가 있다. 이 함수는 인자를 하나만 사용하는 함수에서만 사용할 수 있으며 인자로 객체만 사용할 수 있다.

_.memoize가 캐시를 함수에 기록한다면 _.memoize2는 캐시를 인자에 기록한다. _.memoize2는 함수 생성 시 함수의 고유 아이디를 만든 후, 인자로 들어오는 객체에 해당 고유 아이디를 기준으로 arg._memoize밑에 담아 둔다. 여기까지만 설명을 들으면 몇 가지 의문이 생길 수도 있는데, 자세히 살펴보기 전에 결론을 먼저 얘기하자면 _.memoize2는 불변 객체 콘셉트와 함께 사용하기 위해 만든 함수이고 실무에서 사용하기 위해 만든 함수다.

코드 9-5
```
var f1 = _.memoize2(function(obj) {
  console.log('함수 본체에 들어옴');
  return obj.a + 10;
});
```

```
var obj1 = { a: 1 };
var obj2 = { a: 2 };

console.log( f1(obj1) );
// 함수 본체에 들어옴
// {a:11}
console.log( f1(obj1) );
// {a:11} (캐시 사용)
console.log( f1(obj1) );
// {a:11} (캐시 사용)

console.log( f1(obj2) );
// 함수 본체에 들어옴
// {a:12}
console.log( f1(obj2) );
// {a:12} (캐시 사용)
```

_.memoize2는 _.memoize와는 다른 특징과 장점을 가지고 있다. 우선 각 함수들에 대한 결과값을 인자로 사용된 객체에 담아두므로 한 번 사용하고 버리는 객체라면, 그 값은 별도의 관리 없이도 메모리에서 비워진다. 이것이 일단 가장 큰 장점이다. _.memoize는 결과 캐시가 함수에 쌓이기 때문에 함수를 없애거나 함수에 달린 캐시를 별도로 관리해야 하지만, _.memoize2는 사용한 인자에 결과 캐시가 쌓이므로 그 값을 계속 사용하느냐 아니냐에 따라 자동으로 메모리가 관리된다.

이것 외에도 값을 불변적으로 다룰 때 얻을 수 있는 실용적인 이점이 있다. 다음 코드를 보면 알 수 있다.

코드 9-6 mutable

```
var evens = _.memoize2(function(list) {
  console.log('함수 본체에 들어와서 loop 실행');
  return _.filter(list, function(num) {
    return num % 2 == 0;
  })
});

var list = [1, 2, 3, 4, 5, 6, 7, 8, 9, 10];
console.log( evens(list) );
// 함수 본체에 들어와서 loop 실행
// [2, 4, 6, 8, 10]
console.log( evens(list) );
// [2, 4, 6, 8, 10] (캐시를 사용하여 loop를 돌지 않음)

list.push(11);
list.push(12);
console.log( list );
// [1, 2, 3, 4, 5, 6, 7, 8, 9, 10, 11, 12]

console.log( evens(list) );
// [2, 4, 6, 8, 10] (캐시가 사용되어 12가 나오지 않음)
```

마지막 evens 실행 시에는 원하는 결과를 얻지 못했다. 값을 가변적(mutable)으로 다뤘기 때문이다. 불변적(immutable)으로 값을 다루게 되면 캐시도 자동으로 갱신되고, 값이 변경되지 않은 상태에서는 계속해서 캐시를 사용하기 때문에 성능적으로 이득을 얻을 수 있다. 다음은 불변적으로 값을 다뤄 정상적으로 동작한다.

코드 9-7 immutable

```
var list2 = [1, 2, 3, 4, 5, 6, 7, 8, 9, 10];
console.log( evens(list2) );
// 함수 본체에 들어와서 loop 실행
// [2, 4, 6, 8, 10]
console.log( evens(list2) );
// [2, 4, 6, 8, 10] (캐시를 사용하여 loop를 돌지 않음)

list2 = list2.concat(11, 12);
console.log( list2 );
// [1, 2, 3, 4, 5, 6, 7, 8, 9, 10, 11, 12]

console.log( evens(list2) );
// 함수 본체에 들어와서 loop 실행
// [2, 4, 6, 8, 10, 12]

console.log( evens(list2) );
// [2, 4, 6, 8, 10, 12] (캐시를 사용하여 loop를 돌지 않음)
```

9.1.3.1 _.memoize2와 _.im을 함께 사용하여 중첩 구조의 데이터 다루기

_.memoize2는 _.im 시리즈로 값을 다룰 때 더욱 실용적으로 사용할 수 있다. _.im은 객체 내부의 값을 변경해도 부모 객체를 복사하는 식으로 값을 다루고, 중첩 구조의 데이터를 다루기 좋다. _.im의 사용 사례는 6.3절에서도 확인했었다. 깊은 값을 변경했을 때 새로운 부모 객체가 생기기 때문에 캐시도 자동으로 갱신된다.

코드 9-8

```
  { id: 1, name: "ID", age: 32, count: { review: 3, cart: 5 } },
  { id: 2, name: "HA", age: 25, count: { review: 8, cart: 4 } },
  { id: 3, name: "BJ", age: 32, count: { review: 0, cart: 0 } },
  { id: 4, name: "PJ", age: 28, count: { review: 4, cart: 5 } },
  { id: 5, name: "JE", age: 27, count: { review: 5, cart: 2 } },
  { id: 6, name: "JM", age: 32, count: { review: 4, cart: 6 } },
  { id: 7, name: "JI", age: 31, count: { review: 7, cart: 2 } }
];

var best_reviewers = _.memoize2(function(list) {
  console.log('함수 본체에 들어와서 loop 실행');
  return _.filter(list, function(user) {
    return user.count.review > 5;
  })
});
```

```javascript
var cart_is_empty = _.memoize2(function(list) {
  console.log('함수 본체에 들어와서 loop 실행');
  return _.filter(list, function(user) {
    return user.count.cart == 0;
  })
});

_.go(users,
  best_reviewers,
  _.pluck('name'),
  console.log);
// 함수 본체에 들어와서 loop 실행
// ["HA", "JI"]

_.go(users,
  best_reviewers,
  _.pluck('name'),
  console.log);
// ["HA", "JI"] (캐시 사용)

_.go(users,
  cart_is_empty,
  _.pluck('name'),
  console.log);
// 함수 본체에 들어와서 loop 실행
// ["BJ"]

_.go(users,
  cart_is_empty,
  _.pluck('name'),
  console.log);
// ["BJ"] (캐시 사용)
```

users는 중첩 구조의 데이터다. 중첩 구조의 데이터에서 안쪽 깊은 값을 통해 필터링을 하고 있다. 가변적(mutable)으로 값을 변경하면 위 함수들이 캐시에 남은 값을 리턴하는 문제가 생길 것이다. 코드 9-9에서는 _.im을 이용하여 값을 변경하여 캐시도 함께 갱신했다.

코드 9-9

```javascript
// users를 새로 재할당
users = _.im.set(users, '(#3)->count', {
  review: 10,
  cart: 1
});

_.go(users,
  best_reviewers,
  _.pluck('name'),
  console.log);
// 함수 본체에 들어와서 loop 실행
// ["HA", "BJ", "JI"]
```

```
_.go(users,
  best_reviewers,
  _.pluck('name'),
  console.log);
// ["HA", "BJ", "JI"] (캐시 사용)

_.go(users,
  cart_is_empty,
  _.pluck('name'),
  console.log);
// 함수 본체에 들어와서 loop 실행
// []

_.go(users,
  cart_is_empty,
  _.pluck('name'),
  console.log);
// [] (캐시 사용)
```

위 예제에서 핵심적인 아이디어는 첫 줄이다. users를 재할당했기 때문에 이전 users와 users에게 달려 있던 캐시된 값을 메모리에 남길 이유가 없어진다. 규칙에 맞게 사용한다면 메모리 관리를 개발자가 해 줄 필요가 없다.

한 가지 중요한 아이디어가 더 있는데, 바로 _.im 함수들이 변경이 되지 않은 객체는 살려 두는 특성을 가지고 있다는 점이다. 위 코드에서 best_reviewers의 predicate를 _.memoize2로 만들어 보면 이 점이 왜 특별한지 알 수 있다.

코드 9-10

```
var predicate = _.memoize2(function(user) {
  console.log('predicate 실행');
  return user.count.review > 5;
});

var best_reviewers2 = _.memoize2(function(list) {
  console.log('함수 본체에 들어와서 loop 실행');
  return _.filter(list, predicate);
});

_.go(users,
  best_reviewers2,
  _.pluck('name'),
  console.log);
// 함수 본체에 들어와서 loop 실행
// predicate 실행 * 7번 실행
// ["HA", "BJ", "JI"]

_.go(users,
  best_reviewers2,
  _.pluck('name'),
  console.log);
// ["HA", "BJ", "JI"] (캐시 사용)
```

```
users = _.im.set(users, '(#3)->count->review', 2);
// BJ의 count.review를 다시 줄임

_.go(users,
  best_reviewers2,
  _.pluck('name'),
  console.log);
// 함수 본체에 들어와서 loop 실행
// predicate 실행 * 1번 실행
// ["HA", "JI"]
```

users를 새로운 값으로 변경했지만 내부 객체의 경우는 BJ만 변경되고 나머지는 공유했기 때문에, predicate도 자신을 다시 실행해야 하는지 여부를 판단할 수 있다. 큰 배열의 값을 변경하더라도 predicate의 실행을 스킵할 수 있다. predicate 나 iteratee 등은 반복 실행되는 함수이므로 내부에서 일어나는 일이 복잡하다면 length가 클수록 성능 이득도 배가 될 것이다. 이것도 불변성 콘셉트와 함께 맞물려 얻을 수 있는 아주 큰 이점이다.

불변적으로 값을 다루게 되면 값을 자꾸 새로 만드는 점에서 비용이 추가되지만, 불변적으로 다뤄서 얻을 수 있는 이점이 잘 활용되면 얼마든지 추가된 비용 이상을 다시 회수할 수 있다.

_.memoize2는 값을 다루는 함수다. 함수를 다루고 인자로 들어온 값을 다룬다. 값을 다루는 것에는 당연히 위험이 따른다. 용도에 맞게 또 조건과 규칙에 맞게 잘 사용해야 한다. _.memoize2는 잘 사용하기만 하면 실무에서 많은 이득을 얻을 수 있다.

9.1.4 _.memoize2 내부와 JSON.stringify
_.memoize2는 다음과 같이 구현되어 있다.

코드 9-11

```
_.memoize2 = function(mid) {
  return function(func) {
    var memoize_id = ++mid;
    var f = arguments.length == 1 ? func : __.apply(null, arguments);
    return function(obj) {                    // 함수로 달아 놓음
      return _.has(obj._memoize || (obj._memoize = function(){}), memoize_id) ?
        obj._memoize[memoize_id] : (obj._memoize[memoize_id] = f(obj));
    }
  }
}(0);
```

_.memoize2로 만든 함수는 인자를 한 개만 받을 수 있다. 두 개 이상의 인자를 필

요로 하는 함수는 _.memoize2를 사용할 수 없다. 필자의 경우는 실용적인 관점에서 캐시가 필요한 함수에서 인자가 2개 이상 필요한 경우가 거의 없다고 판단했다. (_.partial을 통해 인자들을 미리 심어 두는 식으로 사용하면 인자이더라도 상수이기 때문에 함께 사용할 수 있고, 그 함수의 인자는 결과적으로 하나다.)

_.memoize2에는 특별한 아이디어가 하나 더 있는데, 바로 캐시 객체를 함수로 달아 두었다는 점이다. 객체에 달린 함수는 JSON.stringfy에서 자동으로 지워지기 때문에 클라이언트에서 다루고 있던 값을 서버에 전송하려고 할 때, 아주 깊은 중첩 구조를 가지고 있다고 하더라도 서버에 전송되기 전에 캐시가 자동으로 제외된다.

Native Helper에 의해 캐시 객체(함수)가 떨어지기 때문에 성능적 이슈도 없다. immutable.js의 toJSON 같은 비용이 들지 않는다는 얘기다. 중첩 구조의 객체들 내부 모든 객체에 캐시가 붙어 있어 캐시 객체가 100,000개 이상이 담겨 있는 배열이어도 5ms 이하의 시간 차이밖에 나지 않는다. 사실상 성능 저하가 전혀 없다고 봐도 무방하다.

9.2 메모이제이션과 불변성, 그리고 할 일 앱

9.2.1 할 일 앱에 _.memoize2 적용시키기

8장의 할 일 앱은 함수적으로 구현되었다. 파이프라인을 사용하고 모든 함수 선언이 미리 이루어져 있다. 함수 선언이 미리 이루어졌다는 얘기는 객체나 메서드 혹은 이벤트처럼 특정 라이프 사이클 안에 갇혀 있거나 내부 깊은 곳에 어딘가에 있지 않고, 로직들이 최대한 외부로 나와 있다는 얘기다. 함수형 자바스크립트의 라이프사이클은 단순하다. 함수를 언제 선언했는가? 어느 스코프에서 선언했는가? 언제 실행했는가? 어느 스코프에서 실행했는가만 중요하다.

8장에서 만든 할 일 앱의 코드들은 파이프라인으로 구현되어 있어 특정 부분 사이에 새로운 함수를 끼워 넣거나 함수를 감싸는 일이 쉽다. 그렇기 때문에 8장의 할 일 앱에서 코드 구조를 거의 손대지 않고도 _.memoize2를 적용할 수 있다.

코드 9-12 _.memoize2 적용하기

```
function enter_n_has_val(e) {
  return e.keyCode == 13 && e.target.value;
}

_.go({
  list: [],
```

```
      filter_name: "all",
}, function(app) {

  var add_todo = function(id) {
    return function(input) {
      app.list._memoize = null; // ❶ app.list의 _memoize 갱신으로 app.list가 변경되었음을 기록
      return app.list[app.list.length] = { id: ++id, body: input.value, completed: false
};
    }
  }(0);

  function filter_is_not(filter_name) {
    return app.filter_name != filter_name;
  }

  var reject_completed = _.memoize2(_.reject('completed'));
  // ❷ 곳곳에 사용되고 있는 reject_completed 함수에 _.memoize2 적용

  var append_items = _.pipe(
    // ❸ 템플릿으로 HTML을 만들어 jQuery 객체를 만드는 부분까지 _.memoize2 적용
    _.memoize2(
      _.wrap_arr,
      // ❹ 부모가 변경되어도 안쪽의 값이 동일한 경우 만들었던 HTML을 리턴하도록
      _.sum(_.memoize2(_.t('todo', '\
        li.todo_item[todo_id="{{todo.id}}" completed="{{todo.completed}}"]\
          input.toggle[type="checkbox" {{todo.completed ? "checked": ""}}]\
          .body {{todo.body}}\
          button[type="button"].remove remove'))),
      $),
    _('appendTo', '#todos .list')); // ❺ 여기는 _.memoize2 적용을 하지 않음

  function e_to_todo_item(e) {
    return $(e.target).closest('.todo_item');
  }

  var count_text = _.s$('{{$}} item{{$ == 1 ? "" : "s"}} left');

  function draw_count() {
    $('#todos').attr('count', app.list.length)
      .find('.active_count').text(count_text(reject_completed(app.list).length));
                            // ❻ _.memoize2 적용된 reject_completed 함수 사용
  }

  function filter_changer(filter_name, filter) {
    return _.if(_(filter_is_not, filter_name), function() {
      app.filter_name = filter_name;
      $('#todos').attr('filter', filter_name).find('.list').html('');
      return _.go(app.list, filter, append_items);
                            // ❼ _.memoize2 적용된 filter, append_items 함수 사용
    });
  }

  $('body')
    .on('keyup', '.create',
      _.if(enter_n_has_val, _.pipe(
```

```
            _.v('target'),
            _.tap(add_todo, _.if(_(filter_is_not, 'completed'), append_items)),
            _.set('value', ''),
            draw_count)))

        .on('click', '.remove', _.pipe(
          e_to_todo_item,
          _('remove'),
          _('attr', 'todo_id'),
          function(todo_id) {
            app.list = _.reject(app.list, function(todo) { return todo.id == todo_id; });
            // ❽ 불변적(immutable)으로 변경, app.list를 새로 생성,
          }, draw_count))

        .on('change', '.toggle', _.pipe(
          function(e) {
            return e_to_todo_item(e).attr('completed', e.target.checked);
          },
          _.tap(_.if(_(filter_is_not, 'all'), _('remove'))),
          _('attr', 'todo_id'),
          function(todo_id) {
            app = _.im.set(app, 'list->(#'+todo_id+')->completed', _.not)[0];
            // ❾ 불변적(immutable)으로 변경, app이 새로 생성됨
          },
          draw_count))

        .on('click', 'li.all', filter_changer('all', _.idtt))
        .on('click', 'li.active', filter_changer('active', reject_completed))
                                            // ❿ _.memoize2 적용된 reject_completed
        .on('click', 'li.completed', filter_changer('completed',
                                    _.memoize2(_.filter('completed'))))
                                            // ⓫ _.filter에 _.memoize2 적용

        .on('click', '.clear_completed', function() {
          app.list = reject_completed(app.list);
          // ⓬ _.memoize2 적용된 reject_completed, app.list 새로 생성(불변적)되어 캐시 비워짐
          if (filter_is_not('active')) $('.todo_item[completed="true"]').remove();
          draw_count();
        });

});
```

_.memoize2를 각 부분에 적용했다. 곳곳에 동일 작업에 대한 성능 개선이 이루어
졌다. 각각을 설명해 보면 다음과 같다.

❶ app.list에 새로운 todo를 추가하면서 app.list의 캐시를 비웠다.

❷ 곳곳에서(❻❿⓬) 사용되고 있는 reject_completed에 _.memoize2가 적용되었
다. app.list가 동일한 객체일 경우 'app.list 전체를 순회하면서 새로운 객체
에 담는 일'을 건너뛰게 되어 성능적으로 이득을 얻었다.

❸ 새로운 글을 작성할 때는 append_items의 모든 함수가 실행되지만 사용자가 모든 탭을 이미 확인한 상태에서는 탭을 계속 변경해도 ❼의 filter가 동일한 객체를 리턴한다. 따라서 append_items 중 ❸으로 감싸진 부분을 건너뛰게 되어 이전에 만들어 둔 jQuery 객체를 바로 받아 append만 하게 된다.

❹ 사용자가 탭을 모두 확인한 상태에서는 ❸의 설명처럼 동작한다. 탭을 확인하지 않았더라도 사용자가 all 탭에서 할 일을 작성한 후, active나 complete 탭을 클릭하면, ❹의 _.t가 _.memoize2로 감싸졌으므로 한 번 생성한 HTML 문자열들은 다시 생성되지 않고 그대로 리턴되어 jQuery 객체로 감싸는 일만 한다. 할 일을 삭제하면 캐시도 자동으로 비워지고, todo.completed를 변경할 경우에는 해당 객체에 해당하는 HTML 문자열만을 생성한다. 예를 들어 할 일이 10개가 있었는데 2개 todo의 completed 상태를 변경했다면 _.memoize2(_.t(...))는 변경되지 않은 todo에 해당하는 모든 문자열들을 즉시 리턴하고, 변경된 2개 todo에 해당하는 문자열만 새로 만든다.

❺ 위에서 이미 그린 적이 있었던 jQuery 객체가 오든 새로 만들어진 객체가 오든 append는 무조건 한다. 하지만 _.memoize2에 의해 탭 변경 시 DOM을 새롭게 생성하는 경우가 적어졌다.

❻ ❷의 설명처럼 reject_completed가 기존에 계산한 값이 아닌 새로운 값을 리턴할 때만 append_items도 ❸의 설명처럼 부분적으로 새로운 일을 할 가능성이 생긴다.

❼-❾ 둘 다 값 변경을 불변적으로 다뤘다. 캐시된 값이 비워지도록 하여 app.list를 인자로 받는 함수들이 새롭게 동작할 수 있게 되었다. 내부 값은 공유하기 때문에 내부 값을 사용하는 함수들은 여전히 캐시를 유지한다. 더 최적화해야 할 경우는 가변적으로 값을 변경한 후 ❶처럼 _memoize만 갱신해도 된다.

❾-❿는 모두 filter_changer에서 사용하는 filter이고 ❷ 설명과 ❸ 설명대로 동작한다.

⓫ Active 탭을 클릭했거나 새로운 할 일을 작성했을 경우 reject_completed가 이미 실행된 적이 있기 때문에, 이미 만들어져 있는 해당 값을 바로 app.list에 할당하게 되고 캐시도 비워진다.

코드 구조를 거의 바꾸지 않고 _.memoize2를 적용하여 성능적으로 많은 이득을 얻었다. app.list.length가 많을수록 이득은 크다. 'app.list를 순회하면서 HTML

문자열로 만드는 일', '필터링' 등의 일이 필요 없을 때는 _.memoize2가 대신 판단하여 스킵해 준다.

파이프라인 식의 코드는 라이프 사이클이 단순하기 때문에 성능 튜닝이나 로직을 재설계하는 것이 쉽다. 언제든지 부수고 다시 만들기 쉬운 형태를 가졌다. 파이프라인 내부의 함수들을 고치거나 변경할 때는 그 함수가 하던 역할을 잘 유지하도록 인자와 결과만 신경 쓰면서 고쳐 나가면 된다.

9.2.2 최종 코드

다음은 이 책의 최종 코드이다. 약간 더 수정하고 주석을 제거했다.

코드 9-13 마지막 예제

```
function enter_n_has_val(e) {
  return e.keyCode == 13 && e.target.value;
}

_.go({
  list: [],
  filter_name: "all"
}, function(app) {

  var add_todo = _.go(0, function(id) {
    return __(function(input) {
      return app.list[app.list.length] = { id: ++id, body: input.value,
                                           completed: false };
    }, _.tap(clear_memoize));
  });

  function clear_memoize() { app.list._memoize = null; }

  function filter_is_not(filter_name) {
    return app.filter_name != filter_name;
  }

  var append_items = __(
    _.memoize2(
    _.wrap_arr,
    _.sum(_.memoize2(_.t('todo', '\
      li.todo_item[todo_id="{{todo.id}}" completed="{{todo.completed}}"]\
        input.toggle[type="checkbox" {{todo.completed ? "checked": ""}}]\
        .body {{todo.body}}\
        button[type="button"].remove remove'))),
    $),
    _('appendTo', '#todos .list'));

  var e_to_todo_item = __(_.v('target'), $, _('closest', '.todo_item'));

  function todo_item_to_todo(todo_item) {
    return _.find_where(app.list, { id: todo_item.attr('todo_id') });
```

```
}

var reject_completed = _.memoize2(_.reject('completed'));
var filter_completed = _.memoize2(_.filter('completed'));

var count_text = _.s$('{{$}} item{{$ == 1 ? "" : "s"}} left');

function draw_count() {
  $('#todos').attr('count', app.list.length)
    .find('.active_count').text(count_text(reject_completed(app.list).length));
}

function filter_changer(filter_name, filter) {
  return _.if(_(filter_is_not, filter_name), function() {
    app.filter_name = filter_name;
    $('#todos').attr('filter', filter_name).find('.list').html('');
    return _.go(app.list, filter, append_items);
  });
}

$('body')
  .on('keyup', '.create',
    _.if(enter_n_has_val, __(
      _.v('target'),
      _.tap(add_todo, _.if(_(filter_is_not, 'completed'), append_items)),
      _.set('value', ''),
      draw_count)))

  .on('click', '.remove', __(
    e_to_todo_item,
    _('remove'),
    todo_item_to_todo,
    _(_.remove2, app, 'list'),
    clear_memoize,
    draw_count))

  .on('change', '.toggle', __(
    function(e) { return e_to_todo_item(e).attr('completed', e.target.checked); },
    _.tap(_.if(_(filter_is_not, 'all'), _('remove'))),
    _('attr', 'todo_id'),
    _.s$('list->(#{{$}})->completed'),
    _(_.im.set, app, _, _.not),
    _(_.extend, app, _),
    draw_count))

  .on('click', 'li.all', filter_changer('all', _.idtt))
  .on('click', 'li.active', filter_changer('active', reject_completed))
  .on('click', 'li.completed', filter_changer('completed', filter_completed))

  .on('click', '.clear_completed', __(
    _.c(app),
    _.v('list'),
    reject_completed,
    _(_.set, app, 'list'),
    draw_count,
```

```
    function() {
      if (filter_is_not('active')) $('.todo_item[completed="true"]').remove();
    }));

});
```

9.3 마무리 하며

함수를 통해 프로그래밍을 해 나가는 것은 실용적이다. 거기에 새로운 데이터형을 만들지 않고, `JSON.stringify`가 가능한 데이터만으로 프로그래밍을 하면 실용성은 더욱 커진다.

한 가지 예로 브라우저의 `history.state`에 데이터를 담기 위해서는 해당하는 데이터를 JSON으로 직렬화할 수 있어야 한다. 언제든지 직렬화할 수 있는 형태로 데이터를 다루면 함수와 함수, 브라우저와 서버, NoSQL과 관계형 데이터베이스 등을 자유롭게 넘나들 수 있고, 상태를 세밀하게 다루고 유지시킬 수 있다. 이를 통해 더 나은 사용성도 제공할 수 있게 된다. 소프트웨어의 상태는 데이터다. 데이터를 임시적으로 다룰 공간이 많을수록 더 안전하고 더 좋은 서비스를 만들 수 있다.

함수형 기법과 단순한 데이터형의 조합은 많은 것을 단순하고 쉽게 만든다. 동시성, 병렬성, 비동기 등을 다룰 때에도 그렇다. 커스텀 객체가 스스로 자신의 상태를 동시적 또는 병렬적으로 변경하는 기능을 갖추도록 하는 것보다는, 기본적인 객체들을 동시성 또는 병렬성을 지원하는 함수에게 전달하여 결과를 리턴 받는 것이 훨씬 쉽고 동시성 및 병렬성에 어울린다. 자신들의 상태를 동시적이나 병렬적으로 변경하는 두 개 이상의 객체를 만든 후 서로가 협력하도록 해야 한다면 그 복잡도를 예상하는 것조차 어렵다.

클래스 없이, 함수와 언어가 제공하는 데이터형만으로 프로그래밍을 하는 콘셉트는 이 책만의 이야기가 아니다. 클로저나 엘릭서 같은 언어들도 이러한 전략을 따른다. 이런 식으로 코드를 작성하면 행사 코드도 최소화된다. 대부분의 모던 언어들은 이런 행사 코드를 제거하는 것에 중점을 두고 있다.

이런 실용성과 우아함 들을 책을 통해 잘 전달하고 싶었지만 많은 부족함을 느낀다. 더 잘 할 수 있었을 텐데 하는 아쉬움도 남는다. 모두 필자의 부족함 때문이다. 이 책을 만드는 데 도움을 준 많은 분들과 읽어준 독자에게 정말 감사하다. 책에 담지 못한 몇 가지 내용을 소개하는 것으로 이 책을 마무리하고자 한다.

9.3.1 인프런(Inflearn) 동영상 강의 : 자바스크립트로 알아보는 함수형 프로그래밍

책을 다 쓴 뒤, 이 책과 함께 보면 좋고 좀 더 짧은 시간에 함수형 프로그래밍의 전체적인 개요를 알 수 있는 강의가 있으면 좋겠다는 생각이 들어 동영상 강의를 제작했다. 아래 주소에서 강의를 무료로 볼 수 있다.

- *https://www.inflearn.com/course/함수형-프로그래밍*

이 책과 큰 흐름은 같지만 세부적으로는 조금 다르게 접근하기도 했다. 예제를 약간 다르게 하여 책과 동영상 강의가 서로 보완하도록 했다. 또한 책의 주제와 맞지 않아 담지 않았던 몇 가지 내용도 다뤘는데, 개발 동향, 엘릭서, 클로저, 병렬성, 동시성에 대한 이야기 등을 간략히 소개한다.

9.3.2 몇 가지 프로젝트 소개

필자의 개발팀에서는 마플 서비스에 사용하기 위해 몇 가지 함수형 오픈 소스 라이브러리들을 만들었다.

- 함수형 자바스크립트 라이브러리 Partial.js *http://marpple.github.io/partial.js*
- 함수형 jQuery Don.js *http://github.com/marpple/don.js*
- 함수형 자바스크립트 심플 세트 *http://github.com/marpple/window.functions.js*
- 함수형 파이썬 라이브러리 Partial.py *http://marpple.github.io/partial.py*

9.3.3 문의 사항

이 책의 GitHub 페이지 *http://github.com/indongyoo/functional-javascript*에서 오류, 오탈자 등을 확인할 수 있다. 그 외에 함수형 프로그래밍에 관한 여러 내용들을 업데이트해 나갈 예정이다.

찾아보기